复旦哲学·中国哲学丛书

江南儒学研究论集

第一辑

江南儒学的兴起

何俊 主编

上海古籍出版社

青浦—复旦江南文化研究院资助成果

复旦大学哲学学院资助成果

上海彦序服饰有限公司江南儒学研究资助成果

目 录

下篇：散焦的江南儒学

谁之江南，何种儒学？

陈来（清华大学国学研究院）

几年以前我们成立了复旦大学上海儒学院，这几年走下来，工作的范围，从开始到现在，大概可以概括为三个面向。这三个面向从近到远，展现出了上海儒学院有什么特点、要做什么事情：第一个是立足江南，第二个是面向东亚，第三个是放眼世界。立足江南是何俊教授负责的工作，面向东亚是吴震教授负责的工作，放眼世界是孙向晨教授关注的工作。立足江南、面向东亚、放眼世界应该是我们复旦大学上海儒学院工作中的三个主要的面向。

“江南儒学”项目去年开的会议，我因为有事未能来参加。这里我就谈谈我对这个问题的一些粗浅的看法。“江南儒学”有广义的和狭义的理解，都有意义，并覆盖我们上海儒学院做的一些工作。譬如将江南儒学追溯到孔门弟子的时代，这些都是从广义上来入手的。我这里要讲的是狭义的江南儒学，但是这并不是对广义的江南儒学的否定。

我把我的侧重点放在狭义的江南儒学，主题我归结为两句话：谁之江南？何种儒学？

这两句话当然是套用了 Alasdair MacIntyre 的书的名字。他在

写了 *After Virtue* 以后，又写了一本 *Whose Justice? Which Rationality?*，都早已有中译本。他的两本书不见得大家都细读过，可是他用的这个书名还颇流行，很多人都模仿他的书名。大概在 1998 年，我也写过一篇文章，在《读书》杂志上发表，题目就叫“谁之责任？何种伦理？”。当时欧洲神学家孔汉思倡导责任伦理宣言，他拿来文本让我们讨论、提意见。我的文章就是从中国儒学的一种立场针对其初稿所提的意见。后来有位学者在《读书》上写一篇批评我的文章，说人家提了这么重要的问题，我们怎么能反对呢？我说不是我们反对，而是人家拿着这篇文稿让我们提意见，我们当然不能拒绝表达我们的文化立场。

“谁之江南？何种儒学？”是我思考这个问题的一个切入点。

因为，我们以前的问题意识，如果可以用一句话来概括的话，我们以往的讨论都是集中于“何处是江南”。这本来是苏东坡的发问，最近几年好像成了非常流行的一句话。2011 年央视还拍了一个系列纪录片叫“何处是江南”，我还没有来得及看，网上有介绍，一共有八集。

我们在北京有一位朋友，即人大清史所的教授杨念群，他写的书书名也叫《何处是“江南”》，但是主要内容是清代的政治和社会。我举这些例子是想说明，以前我们有关江南的思考的问题意识，大多是集中在“何处是江南”。以“何处是江南”为主导的提问方式，应该说在过去这些年中，是比较流行和占主导地位的。

但是在这种讨论里面，我们会发现其实是很复杂的，因为“江南”的含义很多，而且在历史上变化也大。其中最明显的就是秦汉时代的“江南”，主要是湖南湖北，然后带上江西，这是我们早期从秦朝以来的“江南”。虽然是在长江之南，但是那个时候的关注点可能是以大湖为中心的，包括洞庭湖和鄱阳湖，是以两个大湖为中心的江南的区域。到了隋唐以后就不一样，到了唐代杭州就比较突出了。白居易的诗就有“江南忆，最忆是杭州”，这其中当然有他个人的经历的那种感觉，但这句诗也反映了杭州在那个时候确实很重要。到了明清，苏州的地位就比较突出了。所以“江南”的区域，在概念上是不断变化的。到了近代以来，我们发现它常常用于一个比较狭义的区域，这个地区就是太湖平原和杭嘉湖平原，语言上讲是集中在吴语区。这是我们在追问何处是江南的时候，看到的历史不断变化的方面。

那么我们现在要提出的问题是，江南的“中心”在中国历史上是不是有一个移动的过程？它能不能反映江南某种历史上的演变的趋向？在我看来，汉代以来江南的中心有一个沿江东移的过程，如果汉代江南的中心是两湖，那么六朝时江南的中心是金陵，再往下到隋代，扬州成为了中心。那再往下，就是宋代的杭州，再往下就是苏州。

那么江南的中心在哪？它是不是可以说有一个由西东移的过程？我以为，东移的过程内在地包含一种指向，我们可以说这个指向的目的就是上海。所以我们如果用黑格尔的语言来讲，目的论的一个描述就是，江南的中心移动，它内在地指向今天的上海，上海就是它的目的。或者说明清的以苏州为中心的江南在历史上已经准备了现代上海的崛起和兴起的条件。这是上海之所以成为上海的一个内在的条件。

五口通商后，这么多城市的开放通商，为什么只有上海变成一个中国经济发展最重要的中心？这是跟历史上为它准备的内在条件分不开的。五个通商口岸，近有厦门，南有广州，稍后又北有天津，都在那个时候通商，但只有上海成为中国近代以来的经济中心。所以外在的条件（包括西方文化的引进）虽然很重要，但内在的条件也不可忽略，可以说中国的江南发展的历史，内在地为上海的出现作了准备。

因此，我们在上海儒学院推动的江南儒学研究，不是要追溯“江南”的历史变化这样一个具体过程，更不是要陷入“何处是江南”的争论，我们所关注的江南，应该是一个以上海为中心的建构性的“江南”。这是我的看法。刚才何俊教授和向晨教授都提到了，江南文化是上海市最近提出来的文化发展的一个企划，重视发展江南文化的研究。所以我想，既然是从上海的角度提出来的构想，我们就不是要在广义上作历史溯源的描述，一定是突出上海为中心的建构性的江南文化研究。这是我们上海儒学院开展江南研究的基本方向。

我们说“江南儒学”是以上海为中心的建构性的研究，也意味着应该有其所关注的一个主要区域，这个区域它的边界当然是有弹性的，可是它的重点应该突出。何俊教授的文章，指明是环太湖区域。我再把它稍微强调一下，就是以太湖的西岸作一个切线，这个切线画下来向东，你发现它有两条线，一条是常州、无锡、苏州、昆山、太仓，这是太湖以东、北面的一条线；另一条线就是湖州、嘉兴、嘉善、松江，这是太湖以东、南面的一条线。同时这个区域，跟它南部的区域有着密切的联系，就是宁绍平原，特别到了近代以来，上海的兴起和这个区域连接越来越紧密。

所以我们讲，江南这个概念可以很大，包括很广，但是上海儒学院所要关注的江南及其研究，应该在空间上大大压缩。我不是反对广义的定义，我是说重点应该在这个地方，这是我们对江南儒学的空间界定。

如果从时间上谈江南儒学，何俊教授的文章，讲江南历史有三个时期，先秦、唐宋和近代三个时段。我的意思，时间也要大大的压缩。我个人意见是重点研究近三百年江南儒学史，或是江南儒学文化史。这是时间上面的限定。我们如果看钱宾四先生的《中国近三百年学术史》，其中很大部分都是与我们所说的江南相关的。当然，“近三百年”是二十世纪前期使用的史学概念，特指明清之际以来。今天算起来，已经又加了一百年，但我们还是习惯于学术史的这个“近三百年”说法，强调要特别重视明清之际以来江南的儒学思想文化史，它的发展脉络，以及和上海的关系。

所以我们使用的江南儒学的概念，要在时间和空间上大大的压缩，不能够无限扩展，要承认边界有弹性，但是重点要突出。

“谁之江南?”我的回答是什么呢?我前一段时间看到葛剑雄教授的文章，他的意思是强调“上海是江南的上海”，主要讲的是上海和江南之间的密切关系，他的讲法没有错。但我们想把这个话反过来说，作为补充:“江南是上海的江南。”所以，我对“谁之江南?”的回答是“上海之江南”。这不是反历史，是突出我们的研究的立场。我们建构性的立场和研究的重点是放在这样一个江南，意思就是要突出上海的视角。若全面地说，首先，上海是江南的上海；但我们要加上一句话，江南是上海的江南，以此来表明我们做江南儒学研究的一个立场。无疑，江南儒学的研究是开放的，其他各方面可以做各种各样的江南研究。但是上海儒学院要突出的一个立场，是不是可以放在这个方面。

其次，上海儒学院做江南儒学研究应该不是一个纯粹历史的考虑，当然大家应该关注历史，但也应该包含对上海城市和上海现代化的文化根源的一种探索。因此，近三百年江南儒学的研究应该包含有现代化文化根源的部分。我想起罗伯特·贝拉 50 年代的成名作《德川宗教：现代日本的文化渊源》，说的是德川时代日本文化的渊源如何有助于日本的现代化，它的一个重要的问题就在于：日本现代化的文化根源在德川时代的表现有哪些方面？比如与西方宗教伦理相当的日本儒教伦理等。而德川时代正是日本明治维新前的“近三百年”。

作为现代上海的江南儒学研究，不可能不具有上海现代化的文化视野。上海的江南儒学研究也必须内在地具有这种现代化的问题意识。这种研究不仅要关注文化取向特别是宗教伦理，还要关注文化的“精神气质”。韦伯所做的正是这样的研究。美国学者墨子刻《摆脱困境》对近代中国思想的研究也是以“精神气质”为中心的。精神气质也就是精神取向和文化心态。40 多年前我在北大念研究生的时候，住在我隔壁房间的是几位学数理逻辑的老兄，其中有一位同学是上海人，后来在华中工学院工作。他当时跟我说过一句话，他说上海的精神就是资本主义精神。我听了以后很是震惊。后来看了韦伯的书，我就想起他所讲的“上海的精神”。我认为他说的这个“资本主义”是中性的，主要是指西方最先发展的现代化形态。一般外地的人对上海只有一些粗浅的感知，而上海人对于本地的文化可以有先天的直觉。我们知道韦伯讲的新教与资本主义的起源，主要是要探讨社会文化的精神气质，认为精神气质才是资本主义产生、扩大的主要动力。上海文化、上海人的精神气质是什么，这是我们研究里面应该包含的内容。

这意味着，上海的现代化中心地位并不是通商、租界就能够直接带来的，是跟上海的江南周边往这个地方集聚所形成的这种条件相联系的，是和江南为它准备的文化、精神、伦理条件联系在一起的。如果换一个同样也是开放发展的内陆地区，举个极端的例子比如说蒙自，就很难想象能发展为上海。不同的土壤在开放的过程中，形成的文化是不同的，这是文化的根源的作用，也是精神气质的形成要素。

接下来我讲讲“何种儒学”的问题。我们所主张的江南儒学，其中的“儒学”应该是一个综合的思想文化形态，而不仅仅是哲学的义理。我们哲学系的学人最关心的就是义理，但江南儒学应该包含多种形态，比如说，如果就学术化的形态来讲，它应该既包括理学，又包括经学、子学、国学。理学、经学、子学、国学的视角都是我们江南儒学研究需要采用的。

不仅包括以上所说的儒家和儒学学术化的形式，也应包括儒学社会化的形式。因此在某种意义上，江南儒学的研究需要用一些多学科的方法和社会文化的视角。比如说书院，其研究属于教育史，但也应当关注。另外，我以前看社会史研究者梁其姿教授的著作，她的研究领域就是明清江南的慈善。如前面所说，从太湖由上线往东走，那条线上常州、无锡、苏州一下来到上海，就是清代的慈善事业最重要的地区。而推动慈善事业的发展后面的观念肯定是儒学的观念。这些都值得深入研究。我们的研究需要跨学科，我们要关注文化史和社会史的研究，包括宗族和风俗文化的研究。我觉得这应该都属于江南儒学的研究范围。儒家哲学是我们的拿手戏，但是对于江南儒学的研究，我想它应有更多的一些面向，包括我以前讲的世俗儒家伦理的形态，要使儒家思想文化在这个地区的方方面面有一个基本的展现。

关于理学，我在这里还要强调，上海儒学院必须要研究理学。如上面说的近三百年是从明清之际开始。近三百年中，朱子学最重要的学者是在今天的上海地区。明末以来最重要的、最有代表性的朱子学家，就是二陆：陆世仪、陆陇其。陆世仪是太仓人，太仓下来就是嘉定，陆陇其就在嘉定做官。所以明末清初最重要的朱子学是在太仓、嘉定。与陆世仪同时的顾炎武，在昆山，他的学术性格近于朱子而远于阳明。所以上海儒学院应该重视理学研究，特别是朱子学的研究。

我们今天看朱熹的《四书集注》，中华书局的排印本，它是清代中期吴郡吴氏的本子，中华书局在宋代以来的各种本子中，选的是清代吴郡吴氏的，这虽然是从版本学文献学来讲的，但也是江南儒学的一部分。至于近代无锡国专的唐文治先生，唐先生的学术也和朱子学有关，写有《紫阳学术发微》《性理学大义》，所以无锡国专是有渊源的，理学是不能避开的，需要好好研究理学。我说过"远有二陆，近有唐王"。唐就是唐文治，王就是王蘧常。王长于诸子学，所以江南儒学不仅要重视理学，也必然不能忽视诸子学。至于宁绍平原，近代的名家蜂起，各具特色，更需要多方面加以研究。所以我想对"何种儒学"的回答，应该是多重文化形态的儒学研究，而不是单一的儒家哲学研究。

上篇：江南儒学的视角

江南儒学的提出、指义与分段

何俊（复旦大学哲学学院）

江南研究早已是国内外学术研究的专门领域，并且呈现出从经济向社会、文化推进与展开的态势。我们提出江南儒学的研究视角，希望既能更深入地研究江南，又能为江南研究打开新的面相。然而，正如有形的地理空间江南还存在“何处是江南”的认识分歧，无形的精神世界江南儒学更呈现为多样性的存在。本文就江南儒学的认识理据、内涵理解以及分析框架作一尝试性的梳理，以获抛砖引玉之效。

一、为什么要研究江南儒学？

江南儒学并不是一个在历史中已有的概念。在广义的江南这个历史舞台上，以区域命名的学术思想派别自宋代起可谓一直不断。如北宋的湖学，南宋的浙学、婺学、永嘉之学、永康之学；明代的浙中、江右之学；清代的吴学、皖学、浙东与浙西之学，等等。这些以区域命名的学术思想派别是否具有确切的界定，另当别论，但它们仍然足以成为现代学术研究的对象，因为它们不仅是一种客观的历史存在，而且在历史上乃至现代都对区域性的学术思想产生过重要的影响，甚至这种影响还作用到更广的学术思想范围，即参与到所属时代的主流学术思想的流变之中。相比较起来，江南儒学的概念并不具有这样的来自历史的依据。因此，当我们以此概念来统摄我们将要讨论的对象，自然就有一个问题需要首先予以说明，即提出这个概念的事实与学理依据是什么？

毋庸讳言，一个首要的事实是，江南的经济社会文化发展的现状构成了提出江南儒学研究的最重要的直接的外部因素。改革开放以来中国社会的巨大转型中，江南的经济社会文化不仅位居整个中国的前列，而且呈现出强劲而耐久的动力；源自江南的许多理念与实践不断被上升到国家层面，以及长江三角洲一体化上升为国家战略，进一步从制度层面彰显了江南作为国家根基的性质。江南所放射出的吸引力与引导性，表征着她对未来中国的发展将富有影响，这一现实给二十世纪中叶以来持久展开着的江南研究注入了新的动力，促使江南获得更进一步的自我认知的要求。江南儒学的概念由此催生，以期江南研究获得纵深推进。

也许因为来自外部，似乎不足以构成作为学术研究的江南儒学在学理上的依据。这就需要指出，一方面如前文所言，江南儒学并不是一个历史中的概念，而完全是现代研究所提出的概念；另一方面由下文所述，江南儒学将聚焦于思想，因此，提出这个概念，虽然所将统摄而加以观照的更多是历史中的学术思想，但着眼的却是当代江南的思想表达，乃至未来的愿景。换言之，江南儒学的提出，虽然它的内容更多地涉及历史中的，但它的关怀与指向却是当下与未来的，江南儒学研究本身将构成当下的思想活动。在这个意义上，这一思想活动的产生来自外部因素的刺激，完全充满了学理上的正当性，因为我们认同思想史的基本观念就是以思想与环境的互动为其主题，[1] 尽管对于什么是思想史还有别的界定。

当然，强调江南儒学研究的当代与未来性，并不等于这一研究的提出完全基于此。相反，江南儒学研究的当代与未来性是基于历史本身而产生的，尽管历史上没有以此命名的思想流派，甚或没有江南儒学这样明确的自觉。为此，我们需要给予进一步的说明。

这个说明主要来自两个方面。一个方面是中国历史中的南北经济社会文化重心的转移及其延伸出的江南问题。在中国历史的发展上，经济社会文化中心的南移是一个非常显著而早已引起历史中人关注的问题，当然更引起现代学术研究的关注，相关的史料与研究汗牛充栋，毋需引证。这里，仅依钱穆在《国史大纲》中的梳理作一个简明的转述，以引起我们后续的讨论。《国史大纲》虽成于二十世纪前半叶，但钱穆以其纲目体，将中国长时段的重大的历史显象勾勒得极为清晰。钱穆指出，中国历史上半段的重心在北方，下半段在南方，这个转移以安史之乱为节点，转移的过程则很长，似乎直到明代才完成。[2] 钱穆从经济的指标，比如漕运、丝织业与陶业，到文化的各部分，比如应科举的人数、宰相籍贯，再到社

1 参见 Benjamin Schwartz，“*The Intellectual History of China*：*Preliminary Reflections*”，收入 J.K. Fairbank（ed.）*Chinese Thought and Institution*，The University of Chicago Press，1957. 关于“思想史”的理解，Benjamin Schwartz 在他的 *The World of Thought in Ancient China*（Harvard University Press，1985）中以 history of thought，history of ideas，intellectual history 作有说明（参见“导言”部分及注 1）。

2 关于南北经济中心的转移及其完成的起点与终点，历史学界的看法不完全一致，社会与文化的中心也是如此。这里的讨论且取安史之乱为起点，明代为终点，但具体到江南儒学的孕生与演化，后文将结合江南的形成具体而论。

会，如户口盈缩、行政区划的大小繁简，作了系统的梳理。[3] 从这个梳理与论证可以看到，中国历史上的经济社会文化中心的南移不仅是毋庸置疑的史实，而且这个南移的过程最终结穴于环太湖流域的江南也是极其明确的。

也许因为这个转移过程，尤其是环太湖流域的江南成为这个转移的完成标志直至明中叶才确立，所以才会在晚明出现陈子龙（1608—1647）那样的全面论证江南地位的系列文章。按照森正夫的研究，陈子龙论证的江南包括今日的江苏省南部、上海市、浙江省北部，即以长江下游南岸地区的三角洲为范围的区域，其实就是环太湖流域。在多达七篇专文中，陈子龙不仅从综合地理条件、具体的水利与地质特征、土木建筑技术、养蚕丝织业、女性能力、水产资源、文章与艺术个性等各方面系统地论证了江南在历史过程中所确立起来的重要性，而且更从明朝政权本身的建立过程及其完整的政治设置，赋予了江南是明朝国家之根基的地位。换言之，陈子龙的江南论绝不是就江南而论江南，而是已完全从整个中国的视野来强调江南的地位。[4]

不过，也正因为陈子龙的系列文章，可以反证江南作为中国的经济社会文化中心的真正确立虽然事实上早已在形成过程中，但名位似乎要晚来很多，否则陈子龙也无必要作这样的系列文章，尤其他要以自设问答的文体来作辩明。这一名位晚于实情的现象似乎在

---

3 钱穆在《国史大纲》中共用三章，即第三十八、三十九、四十章来梳理论证南移的问题，其中梳理南移现象与过程集中在第三十八章“南北经济文化之转移（上）自唐至明之社会”，九州出版社，2011 年。

4 森正夫：《陈子龙的江南论》，见氏著：《“地域社会”视野下的明清史研究：以江南和福建为中心》，江苏人民出版社，2017 年，第 125—149 页。

提示一个问题：为什么在江南已明确成为中国经济社会文化的中心的事实面前，还需要去辩明它对于国家的根基地位呢？可能的解释也许很多，但从陈子龙自己设定的提问，结合我们的研究对象，似乎可以聚焦在两个解释上。其一是江南成为经济社会文化的重心只是一个偶然的暂时的结果，对于历史中的人而言，仍然存有重心回归的期待，因此并不认定江南已为重心，直到晚明已为定局，还需要陈子龙来论证。其二是江南固然已成为经济社会文化的重心，但其经济行为、社会组织、文化形态背后的思想系统不具有正当性，陈子龙在辩论中强调，作为国家根基的江南的确立，“实惟有吴风教固殊焉”，这个“风教固殊”在陈子龙的论证中当然是正面的，但在北方看来也许完全是负面的，或至少是不正统的。[5]

这便意味着，作为一个区域，江南能否成为国家的根基？或者，江南为什么能够成为国家的根基？或者，江南是如何成为国家的根基的？自然便成为一个问题或者一个问题丛。由这样的问题丛出发，江南研究当然首先是一个区域研究的问题，但是由陈子龙的论证，已引发出超越区域研究的性质，关涉到中国历史的发展走向及其内在动力的问题。这便意味着江南研究不能满足于停留在经济、社会以及宽泛的文化研究，而必须深入到作为江南的精神中

5 晚清江南因太平天国战乱人口大减，有大批河南移民落户至浙江长兴与安徽广德之间（参见雷震《我的母亲》，台湾桂冠图书公司，1989 年）。据移民至长兴的笔者父系族谱，笔者已是第八代。在改革开放以前，河南移民基本以村为聚居，语言与文化殊于当地。虽然这些移民村落基本分布在县域中相对偏僻落后之处，经济水准明显低于当地社群，但在文化上却有着某种属于集体无意识性质的代表中原文化的优越感，一个最显明的证据就是他们都把当地人称为“蛮子”。这也许不一定构成非常强有力的证据，但至少可以提供一个田野性质的佐证。

去，这是江南儒学研究得以提出的重要学理所在。

另一个方面则是聚焦“有吴风教固殊”本身。既有的江南研究以经济为核心，广涉经济、社会、文化的各个方面，但似乎极少涉及意识层面的精神及其教化，即“风教”。这更多是属于狭义的文化，也就是本文提出的研究领域江南儒学。中国传统的文化主流虽然存有认识上的分歧，但我们取儒家为主流的认识。从陈子龙的论证看，他虽然从自然环境一直论证到制度设计与安排，但最终却归之于“风教”，这其实就是我们提出江南儒学最直接的历史依据。在前述中，我们指出历史上没有以江南为名的学术思想学派，甚或没有江南儒学这样明确的自觉，但是由陈子龙的论证中所提出的“有吴风教”，其实应该承认至晚在明末，从江南的整体性上来理解“风教”的意识还是产生了，而且毫无疑问的是，陈子龙所谓的“风教”，虽然不排除各种精神系统，但显然是以儒学为基本指向的。因此，相对于江南研究范畴内的大量经济、社会以及广义的文化研究的展开及其成果而言，聚焦于儒学的研究尚付阙如，亟待补上。需要说明的是，这样讲，并不是说关于江南区域内的具体的儒学研究没有展开，这样的研究及其成果可以说始终不断，且不断在推进，而是说从江南这一特定视角来研究此一区域的儒学的观念还没有形成。如果细细品味陈子龙的“有吴风教固殊”，可以体会到他一是从江南的整体性，即“有吴”来讲的，二是归结于“风教”的“固殊”，这个“固殊”正是江南儒学作为新的研究视域需要去面对的，固殊的面相究竟是什么？为什么有这样的固殊性？这样的固殊性为什么会导致中国经济社会文化中心的南移？以及它是否在当代仍然存活，并能否引向未来？

总之，江南儒学确实是一个首先由外部因素所形塑而成的概念，同时又是基于具有坚实历史基础的学理上的。不过，江南儒学的提出虽然具有事实与学理的依据，但落实到具体的研究，其内涵仍然需要进一步界定。这个界定首先涉及如何理解作为空间的江南，其次是作为对象的儒学。两个问题都所涉甚大，这里先处理儒学的界定。

儒学是一个边界很不清楚的语辞。广义上讲，即取其文化之义，则几乎涵盖传统生活的一切，尤其当研究一个区域内的儒学传统时，往往容易指向这样的广义。前述陈子龙所谓“风教”，便可以与此对应，虽然“风教”也可以作狭义的文化限定。但是，如果在文化的意义上来研究江南儒学，那么现有的江南文化研究就已经可以了，实在没有必要另外标举江南儒学。因此，当我们形塑江南儒学这个研究领域时，儒学的内涵指向不是广义的文化，而是狭义的“学”。借用李学勤“儒学的核心就是经学”[6]的话，江南儒学的研究对象将主要是以经学为核心而展开的儒家学术思想；而置换成现代学术的分类，则是以哲学为视角的儒学研究。不过，在明确了这个基本界定后，必须马上跟进的说明是，由于江南儒学的研究是一项与地方区域具有高度相关性的研究，而无论是作为传统知识意义上的经学，还是作为现代学术意义上的哲学，江南儒学不仅在知识上与其他门类具有非常粘连的关系，比如传统意义上的经史并重几乎是江南儒学中最显著的知识现象，而且在实践上延伸到需要其他知识门类来加以分析的领域，比如陈子龙所讲的“风教”就很大

6　李学勤：《国学的主流是儒学，儒学的核心是经学》，《光明网》，2012 年 6 月 23 日。

程度上溢出了哲学的分析范围。

由此出发，江南儒学的研究将聚焦于呈现思想的儒家思想者的文本分析，以期发现与阐明那些形塑江南性质与特征的内容，但同时又会兼顾这些思想文本与它的现实境遇之间的互动。在处理后者的问题时，也许我们的研究将溢出思想文本的哲学分析，延伸到其他文献的处理，以谋取思想史研究的效果，甚至不排除田野调查，尤其在进入明清以后，前文所注即是一个例子。毫无疑问，具体的过程将根据具体的研究对象而决定，不宜也难以作清晰的规定。此外，当我们对江南儒学研究中的儒学概念作经学与哲学这样的自我限定，除了儒学本身具有这样的依据外，一个最根本的考量是源自专业的操作。术业专攻也许是一个逃避研究复杂问题的遁词，但的确是一个方便操作的理由，况且专业精神终究也是现代学术分工的基础。当然，对江南儒学作这样的自我限定，绝不意味着其他视角的观察就不属于儒学研究。前文对“风教”的着意强调，实际上就包含着对儒学作广义文化意义上的理解。换言之，多视角的观察不仅不排除，而且正是发现与呈现儒学思想多样性的根本路径，在可能的情况下，江南儒学研究应该努力尝试。

相对于江南儒学研究中的儒学概念的自我限定，如何处理与历史中已形成的区域儒学的关系是一个更难的问题，比如浙学、吴学、皖学。前文已述，虽然江南儒学具有来自历史的依据，但它不是历史中的概念，而是今天在江南研究的学术语境中追求研究深化而提出的概念。当提出这一概念后，自然在认识上会以江南的视域来进行观察，在逻辑上就会涵摄江南区域内的各个学术思想流派，诸如吴学、皖学、浙学就成为江南儒学中的亚学术思想流派，整个研究应该在江南的意义上来探讨儒学，或者说是儒学的江南性认识。然而，一旦在进入具体研究时，不难想象，作为子项的各个亚学术思想流派将不可避免地成为理解江南儒学的窗口。如何与既有的各个亚学术思想流派的研究保持某种程度的间距，实乃江南儒学研究面临的难题。一方面，这个问题难以用预设的结构去框定，而是需要在实际的研究过程中去具体处理。部分与整体之间总是存在着张力的，但是通过部分来获得对整体认识的亲切感与丰富性，借助整体来凸现部分的存在感与普遍性，则部分与整体之间的张力就不再是冲突的，反而是必要的，不仅认识如此，实际也是如此。这同时也提醒我们，观察江南视域中的各个亚学术思想流派的互动，其实正是把握江南儒学的重要视角。另一方面，这一问题又有必要借助某种认识工具来加以化解，这个工具就是“江南”。江南儒学自始便预设了一个江南的视角，它自然地要求从江南的视域来理解自己的学术思想。因此，只要意识到这一点，无论是在处理哪个具体的亚学术思想流派，都足以由中跃出而见其江南性。但是问题，而且同样是不易解决的问题接踵而至：何谓江南？什么是作为儒学的江南？

二、作为儒学的江南

何处是江南？这好像是一个既容易又较难的问题。容易，实乃在地理上似乎是确定的，总应该是在江的南面，尽管这江是哪一条、哪一段仍可分疏；较难，则不仅是地理上的江南指认有时代的变化，以及历史行政区划中的江南在变化，而且江南是一个包含着多方面涵义的概念。由此，作为儒学的江南，无疑更难界定，因为它关乎学术思想，无形而又真实存在；加之作为学术思想的主体的学者与思想者是流动的，许多流寓江南的北方人，他们的学术思想如果归属于江南儒学，总应该是经过说明的。

其实，在中国的历史地理上，“南”似乎自始即是一个既有确定的空间所指，而又具延展性质的指向。《诗经》以周召二《南》开篇，这个“南”便是如此。程俊英在广泛征引材料，明确了二南的具体地区后，最终又引方玉润《诗经原始》以周、召为地名，南则是周、召以南的指称，断定：“周的西边是犬戎，北边是豳，东为列国，唯南最广，而及乎江汉之间。”[7] 所谓“江汉之间”，似乎已是以长江、汉水为边界了。只是“唯南最广”，向南的边界仍然是可以延伸的。所以，才会出现周振鹤所讲的情况：“即使在唐代，江南一语的用法，也常常超出长江以南的范围。故韩愈所说‘赋出天下，而江南居十之八九’的江南，指的其实是江淮以南、南岭以北的整个东南地区。”[8] 概言之，就中国的自然地理而言，广义的江南可以指淮河以南、南岭以北的广大区域。

不过，由于每个历史中的人似乎更多地归属于自己的所在社群，这样的归属又在很大程度上受制于行政区划，因此，在大致认同的自然地理环境中，政区地理对于人们的影响更具现实意义，江南的概念也当如此来看。按照周振鹤的梳理，作为行政区域的江南大致是沿着两条路线汇聚于环太湖流域。一条是由秦汉时期的长江中游以南的湖北南部和湖南全部，向唐代的江南道过渡，再经由两宋的

7　程俊英：《诗经译注》，上海古籍出版社，2014 年，第 2 页。

8　周振鹤：《释江南》，《中华文史论丛》第 49 辑，上海古籍出版社，1992 年。

两浙路，最后集聚为明代的环太湖流域；另一条是由秦汉时期的长江下游芜湖至南京一线的江东或江左，进入环太湖流域。因为这一段的长江流向是西南往东北，由中原过江向南，给人的现场感觉更像是由西向东，故有江东之称；而古人又以面对水的来源定方位，因此江东又称江左。由长江中游与下游所构成的广义江南，实际上横跨了今天的湖北、湖南、江西、浙江、江苏、安徽；而最后所集聚成的狭义江南，则是由苏州、松江、常州、嘉兴、湖州五府构成的环太湖流域，或者再加与此水系接壤的镇江府与杭州府，共七府。

从这个流变的江南，可以看到，一方面，江南概念的空间是在缩小。如果细加审视，则足以意识到这种缩小，亦是建立在巨大的共同性之上的。这个共同性首先还是基于自然地理。五府是环太湖流域，这个天然水系使得这个区域在传统农业中国成为一个天然的经济共同体。而镇江、杭州二府之所以加入，实际上是基于环太湖流域的运河水系，从而使得江南作为一个自组织区域获得某种开放性。其次是共同的语言系统。五府是吴语区，镇江是江淮官话，杭州因为曾为南宋都城而使它的语言既不属于吴语，也不属于钱塘江以东的越语，而成为一个自成系统的南北混合语系，似乎是吴语与越语的过渡。由此经济与文化的两端，可以看到，江南由一个宽泛的自然空间，经由行政区划的作用，最终所形成的环太湖流域，其实完全是建立在共同的经济活动与文化认同上的。另一方面，江南又有着很大的腹地。无论是从长江中游一线，还是从长江下游一线，环太湖流域的狭义江南与荆楚、湘赣、越瓯、淮扬有着天然的沟通。这种沟通使得江南在自成一个自足系统的同时，仍然具有开放的空间，江南也因此置身于一个多元文化的境域中。

与空间的流变相应，江南的地标也呈现出流动的状态。由于江南的开发在六朝就进入一个标志性时段，因此吴称建业、东晋始称建康的六朝之都南京，无疑是早期江南的地标。隋文帝统一南北，将南京夷为平地，以长江北岸的江都，即今日之扬州，作为扬州治所，因此唐以后扬州成为江南的地标。安史之乱后，江南进入继六朝之后的第二个重要开发阶段，重心向环太湖流域移动，苏州开始成为江南的地标，直至晚清太平天国。在从安史之乱至太平天国这个长时段的后半期，在整个环太湖流域中，元代所设的松江府逐渐凸显，并最终在清代太平天国严重破坏苏州之后，取苏州而代之，这便是上海的崛起。与此同时，原本位于环太湖边缘的杭州，以及钱塘江以东的宁波、绍兴，同样因太平天国而受重创。上海作为战争的避难地，终于在江浙皖三省的剧烈动荡中，辐聚整个地区的资源而成为江南的新地标。伴随着上海的崛起，一方面环太湖流域继续成为上海的腹地，另一方面海洋成为连接新世界的通道，江南以上海为龙头，在中国率先进入了由传统向现代转型的时代。

这里有个问题需要插入略加申述，即江南开发的这种流动性的背后动力来自哪里？冀朝鼎在二十世纪三十年代曾提出："中国历史上的每一个时期，有一些地区总是比其他地区受到更多的重视。这种受到特殊重视的地区，是在牺牲其他地区利益的条件下发展起来的，这种地区就是统治者想要建立和维护的所谓'基本经济区'。"[9] 这个论断在统一时代，即朝廷权力强盛时，也许是成立的，

9 冀朝鼎:《中国历史上的基本经济区与水利事业的发展》，中国社会科学出版社，1981年，第8页。

但在分裂或动荡时却未必成立。就江南的开发而言，后者显然更为重要，每一次江南开发的推进，更多地表现为人们逃离政治黑暗所引发的社会动荡的结果。[10]强调这一点，根本目的是为了说明江南以及江南儒学的发展的自主性或内生性。

回到我们的主题。对于我们而言，江南一方面完全是一个变化着的概念，另一方面又是一个趋向极其明显的概念。那么，什么又是作为儒学的江南呢？显然，由于江南是一个变化着的概念，因此处在这个变化中的江南儒学，很自然地呈现出多源与多样性。

如果说，中唐以前的儒学更多地呈现为“周孔之道”，那么来自江汉之间的《诗经》中的周召二《南》，似乎不宜排除在江南儒学之外，因为正如欧阳修所讲：“周召二《南》，至正之诗也。”[11]而诗教正是孔子行教的最基本内容，所谓“不学《诗》，无以言”。[12]至于孔门十哲之一的吴人子游，其思想更是孔子儒学在江南的开端。就此而言，江南儒学自始就呈现出两个源头，一个是来自长江中游的更古朴原始的周召遗风，一个则是直承孔子的在长江下游传播的仁学。自此以下，两个源头流向环太湖流域的江南儒学，似乎更清晰地呈现为江南的亚区域学术思想流派，而很难简单地界定谁能代表江南儒学，或者由此提炼出江南儒学是什么。此外，两个源头以下的江南儒学流变，并不是师承谱系上的学术传承，而更主要是空间地理上的思想起落。换言之，若以江南论其儒学，则历史中的亚区

10 参见钱穆在《国史大纲》第三十九、四十章的论述。

11 洪本健校笺：《欧阳修诗文集校笺》外集卷十《经旨·诗解八篇·王国风解》，上海古籍出版社，2009年，第1602页。

12 《论语·季氏》。

域学术思想流派是清晰的，而作为江南的儒学却不免是模糊的。

比如江汉以南，便有湖湘学派。在南宋儒学的整个建构中，从胡安国父子到张栻，湖湘学派不仅于当时卓有建树，而且影响及于后世。由湖南向东进入江西，赣学在北宋就已经由欧阳修引领士林，而王安石新学更是左右了北南宋之际一百多年的学术思想；南宋中期以后虽然新学逐渐消歇，但象山心学与荆公新学很难说完全没有精神上的共通。至于浙学，虽然不能说从南宋事功学至明代阳明心学，再到清代浙东史学，甚至到晚清民初的浙学，有一个确定的学术思想谱系，但毫无疑问的是，后起的浙学代表人物总是有意无意地将自己的学术思想通过接续前人而加以表达，而且越往后越是明显。湘、赣、浙三省如此，苏、皖亦然。甚至可以说，在江南的各个区亚域中，更细分的学术思想流派似乎显得更具有确定性，比如章学诚分浙学为浙东与浙西之学，吴学则有推尊古文经学的扬州学派与崇尚今文经学的常州学派。显然，要将整个江南的这些不同区域的学术思想流派统摄为一个清晰的江南儒学，不仅是很困难的，甚至不免是不可能的。

不过，在充分认识到这样的事实的同时，另一个事实也是不应该被遮蔽的，即上述例举的这些内涵与边界相对清晰的江南亚区域学术思想派别，它们之间又有着密切的关联。有些是直接受容的，比如湖湘学派与浙学。张栻去世以后，浙学中的陈傅良到湘中，尽收张栻门人。[13] 这样的记载，不免有夸大的成分，而且这样的尽收，

13 黎靖德编：《朱子语类》卷一百二十三："君举到湘中一收，收尽南轩门人，胡季随亦从之问学。"中华书局，1986 年，第 2961 页。

诸如科举这样的外在原因起了很大的作用，但是也难以否定湖湘学与浙学之间存在着某种精神的共鸣。又如阳明学在浙中的传播与在江右的传播，恐亦难定伯仲。有些则呈现为竞争的态势，比如章学诚区分浙东与浙西之学，便涵蓄着他与戴震学术思想的较劲；而同为吴学的扬州学派与常州学派更是显见的对抗。这样的关联不仅存在于同时代的区域性学术思想流派之间，而且甚至存在于跨时代的区域性学术思想流派之间，比如晚清的湘学代表谭嗣同便是“夙慕宋陈同甫，故自名嗣同”。[14] 学术思想之间的这种关联，也许在古今中外的学术思想中都能找到些许例子，但在江南的各个亚区域学术思想流派之间所普遍存在的这一事实，很难轻易否定儒学在江南存在着某种精神的一致性，即共同的精神维度、相关的思想内涵，以及近似的风格与特征，等等。事实上，《中庸》所记子路问强，而孔子区分南方与北方之强，便是取精神的一致性来作答的。承认精神的一致性，并不意味着与多样性的截然对立。在讲到摩尼教义正是适应于特定的时间、特定的空间所处的生态环境而获得继续的存在这一历史事实时，张广达以为，“在不同的环境和语境中，历史的一致性（historical coherence）各有各自的心智、意识的投影，并通过史学、文学、艺术、宗教等不同方式的叙事（narrative）体现为文化的多样性”。[15] 这个论断对于理解江南儒学的精神一致性与学术思想流派的多样性应该是有启发的。

---

14 胡珠生编：《宋恕集》卷九《哭六烈士》之《哭谭嗣同》“空见文章嗣同甫”及其注，中华书局，1993 年，第 815 页。

15 张广达为马小鹤《霞浦文书研究》写的序，兰州大学出版社，2014 年，第 4 页。

当然，承认江南儒学具有精神的一致性，并不等于要给予江南儒学某种僵硬的界定。相反，与其追求对丰富的江南儒学作出某种界定，毋宁将江南儒学视为在历史的时间中流过不同区域的河流。这不仅更符合事实，而且也更能帮助我们理解为什么今天要取江南儒学的视角来统摄这个极具丰富性与层次感的对象。作为儒学的江南，正与江南本身一样，不是静止的，而是流动的；而且这一流动至今没有停止。虽然在整个中国现代化的过程中江南儒学这条河流曾经出现过干涸与断流，但最近的四十年改革开放所引发的社会转型又极大地激活了她。因此，理解作为儒学的江南，在时间的维度上展开，既可以对她曾经的构成与创化把握得真切，更可以通过这样的把握对她未来的可能流向进行前瞻、表达期盼。

三、江南儒学的分析时段

对传统中国进行研究，普遍受制于朝代史的影响，这中间自然有某种合理处，尤其是方便于史事的陈述；而对于学术思想的衍化，政治毫无疑问又是最为重要的外部因素，因此朝代更替作为理解学术思想变化的时间坐标，更具有某种难以动摇的必要性。但是，就史事的陈述而言，所有的陈述都构成为某种叙事，而叙事一旦形成为模式以后，往往会成为人们观察历史中的一切现象的预设；至于学术思想的衍化，在充分承认政治因素的外部作用的同时，还应该考虑来自学术思想自身的动力，以及同样属于外部作用的其他因素，比如经济方式、地理环境。事实上，对于江南儒学而言，经济方式与地理环境的影响恰恰是很大的。

由于地理环境的改变是缓慢的，而且地理环境的改变又往往是由于经济活动所引起的，而传统时代的经济变化也是渐进的，因此对于江南儒学的分段，我们更倾向于取长时段，从而尽可能地凸显江南儒学的江南性。当然，一切渐进的变化又往往因政治事件而出现拐点从而获得彰显，因此分段又总是会以政治事件而标识。当然，这与习惯于朝代史的分析框架终究已有很大的不同。

由此，江南儒学被分为三个时段。第一个时段是先秦至六朝的江南儒学孕生。前文已有述及，在先秦时期，既有江汉之间反映周代风尚的《诗经》二《南》，又有南归的子游儒学，它们都构成江南儒学最早的内容。尽管在学术思想的意义上或许还不够充分成型，但是近年来郭店竹简的研究推进，结合散见于《论语》《礼记》《史记》等传世文献的资料，子游的思想有所丰满，不仅有助于理解孔子思想的南传，而且更有益于理解南归的儒学具有怎样的特质，这种特质对于江南儒学的意义几乎是基因般的重要。

当然，作为江南儒学的真正孕生，无疑应以六朝为重。在江南开发史上，六朝原本就是一个极其重要的历史时期，而对于儒学而言，晋室东渡则是一个极其重要的标志。由于晋室是被匈奴刘汉所灭，因此晋室东渡不仅是一个朝代的替代，更是华夏文明的南移。尽管江东士族也自有文化渊源，吴地也有贺循这样的礼学名士重臣，但中原衣冠南渡却直接催生了江南儒学。一方面，东晋带来的晋室中兴复使玄风独振，另一方面，西晋的灭亡也让时人将永嘉之弊归咎于正始以来的虚荡放浊。在这种充满张力的学术思想语境中，东晋及其后的南朝儒学不仅在承续汉代经学与魏晋玄学的基础上逐渐开出兼综佛道，“约简，得其英华”[16]的新风格，而且培植起“家寻孔教，人诵儒书”[17]的新风尚，江南儒学得以形塑。

从学术思想所依赖的文本分析看，东晋虽然儒学有所复兴，但玄风仍炽，六朝江南儒学的成就更主要集中在南朝经学，前述新风格见于此，新风尚也因此而起。只是，南朝虽然经学颇为兴盛，但著述却基本散佚。除了清人马国翰《玉函山房辑佚书》等书中辑佚的南朝诸位经学家如雷次宗、贺瑒等的文献可供综合研究外，最可称幸的是吴郡皇侃《论语义疏》完整保存了下来。综述一个时代的学术思想而提及一专书，实乃皇侃此书经历了失而复得的命运，而它对于理解此一时代的江南儒学及其在整个儒学发展中的意义又至为重要。据四库馆臣讲：“迨乾淳以后，讲学家门户日坚，羽翼日众，铲除异己，惟恐有一字之遗，遂无复称引之者，而陈氏《书录解题》亦遂不著录，知其佚在南宋时矣。惟唐时旧本流传，存于海外。”[18]清儒对宋学多有贬斥，馆臣所讲的原因是否可靠，且存而不论。皇侃此书在南宋中晚期失传，直至清乾隆开四库馆才从日本流回，则是一个事实。这意味着从晚宋到清初的长时段内，此书已没有影响。不过，由于宋晁公武《郡斋读书志》、尤袤《遂初堂书目》都著录有此书，因此表明至南宋初，此书还为人知，对北宋，甚至对朱熹那代人，都仍然会有影响。事实上，只要稍加细审，就可以清楚地看到，《论语义疏》最显见的集解法在朱熹的《论语集注》

---

16 魏徵等：《隋书》卷七十五《儒林》，中华书局，1973年，第1706页。

17 萧子显：《南齐书》卷三十九《刘瓛陆澄传》，中华书局，2017年，第763页。

18 纪昀：《四库全书总目提要》卷三十五《经部三十五》，第一册，河北人民出版社，2000年，第917页。

得到传承，而义疏体最重要的分章句与设问答则在《朱子语类》中获得充分的呈现。此处仅举这一著述风格，以说明《论语义疏》尽管在南宋中晚期后失传，但其实是构成了儒学从汉唐转向宋明的重要环节而为宋代儒学所吸纳。更进一步说，南朝的江南儒学对于南宋儒学的意义是存在的，隋唐的政治统一乃至学风的南北汇流，似乎并不必然阻止江南学术思想的隔代传承。

第二个时段是唐宋变革后的江南儒学衍化。这样确定第二个时段，问题接踵而至。首先，唐宋变革是一个长时段的历史过程，起点与终点都难以精准确定。其次，如果将安史之乱作为一个起始的节点，那么在我们的分析架构里，从隋到安史之乱这段时间似乎断了。最后，所谓唐宋变革以后，这个“以后”又到什么时候，在我们的分析架构中，一直是到近代，那么这个时段就显得特别长。

必须承认，上述问题是存在的，而回答也确实是勉强的。唐宋变革自内藤湖南提出后，虽然成为史学界分析传统中国由中古转向近世的一个颇有意义的框架，但这个变革的起点与终点都不具有确定的时间，而只是一个宽泛的过程；况且唐宋变革的预设也并非是史学界的共识。但是，我们认同唐宋变革的分析框架，因为自内藤湖南提出这一预设后，不仅大量的研究佐证了这一预设，而且也有效地推进了对近世中国的认识；至于把安史之乱作为这个变革的时间节点，固然与史学界众多的研究相关，比如前引钱穆的论述，也是因为安史之乱与永嘉之乱相似，直接导致了中原人口向江南移动，推动江南进入第二次大规模的开发，以及江南儒学在新的历史境遇中的勃发。相比于晋室东渡，安史之乱虽然没有使政治中心由北南移，但经济、社会、文化的南移却有过之而无不及，即李白所谓“天下衣冠士庶，避地东吴，永嘉南迁，未盛于此”。[19]江南由此踏上传统中国的经济社会文化中心的道路而不可逆转，虽至今日仍大势未改。这也是这个时段拖得很长，直划至近代的原因；而所以要将近代以降另辟一个时段，不是因为江南作为中心地位的改变，而是因为此后的中国进入现代化转型，江南儒学面临着新的挑战与追求。

由于将安史之乱作为江南儒学第二个阶段的起点，自然就存在着如何看待从隋至安史之乱这一时期江南儒学的问题。事实上，随着隋灭陈，如前所言隋文帝夷平南京，至唐中期江南便一直处于被贬压的态势，包括儒学在内的江南文化自然首当其冲。“吴宫花草埋幽径，晋代衣冠成古丘。”[20]“旧时王谢堂前燕，飞入寻常百姓家。”[21]形象地折射了此一时期整个江南文化的衰落。这种状态一直要到唐中期整个国家的经济社会发生变化时才开始改变，陈寅恪讲：“夫唐代之国家财政制度本为北朝之系统，而北朝之社会经济较南朝为落后，至唐代社会经济之发展渐超越北朝旧日之限度，而达到南朝当时之历程时，则其国家财政制度亦不能不随之以演进。唐代之新财政制度，初视之似为当时政府一二人所特创，实则本为南朝之旧制。”[22]财政制度开始取用南朝旧制，南朝的旧文化也始得复苏，所谓“宣城有贤长帅以廉风俗，新安有佳山水以资胜践，为

19 瞿蜕园、朱金城校注：《李白集校注》卷二十六《为宋中丞请都金陵表》，上海古籍出版社，2016年，第1784页。

20 瞿蜕园、朱金城校注：《李白集校注》卷二十一《登金陵凤凰台》，第1456页。

21 刘禹锡：《乌衣巷》，《全唐诗》卷三百六十五，中华书局，1999年，第4127页。

22 陈寅恪：《隋唐制度渊源略论稿·唐代政治史述论稿》，生活·读书·新知三联书店，2001年，第160页。

仁由己，赋禄且厚，此皆不期至而至者”。[23] 总之，从六朝到唐宋变革之间，江南儒学存在着一个中断，这确是事实。

从安史之乱到近代，这一长时段的江南儒学虽然在根本的学术思想范式上同处于一个时段，但可以进一步分为前后两个时段，既为了叙述的方便，更有内容的依据。前一个时段是从安史之乱到 1421 年，这一年明朝迁都北京。后一个时段是此后至近代开始。选择明永乐十九年迁都北京作为节点，取自斯波义信对江南经济的考察。在考察宋代江南经济时，依据上升、平衡、下降之类的周期循环理论，斯波将考察的时段从宋朝开国一直下延到明初，分成七个时期：“第一期，960—1030 年代，开拓疆土的开国期；第二期，1030 年代—1060 年代，上升开始发动期；第三期，1060 年代—1127 年，上升期；第四期，1127—1206 年，实质性成长期；第五期，1207—1279 年，下降始动期；第六期，1279—1367 年，下降期；第七期，1368—1421 年，上升始动期。”他的整个时段选择与分期是多方参照了政治变迁和制度框架的结构变化而作出的。[24] 而对江南儒学而言，援引这一经济史的分期，一则是因为我们基本认为经济民生的关怀是江南儒学的重要基础与核心内容，再则是从江南儒学的自身变化出发的。朱元璋取得天下，与金华士人社群具有重要关系。朱棣发动靖难之变，于建文四年（1402）取代建文帝登基，属于金华朱学的方孝孺殉难，可以说是启动了两浙朱子学的下降期，为后来浙中王阳明心学的崛起提供了某种思想空间，而阳明

23 权德兴：《权载之文集》卷三十六《送歙州陆使君员外赴任序》，商务印书馆，1926 年，第 8 页。

24 斯波义信：《宋代江南经济史研究》，江苏人民出版社，2001 年，第 80—82 页。

心学使得包括江南儒学在内的整个宋明理学发生转向。

在整个第二个阶段，与江南经济社会文化定格为此一历史时期中国的中心相似，江南儒学既是江南区域性的，也代表了中国。在前一个阶段中，流寓江南的中晚唐啖助、赵匡以及啖助弟子吴人陆淳的新《春秋》学以及北宋湖学先后开启了宋学。此后北宋儒学的中心虽然在河洛地区，但从欧阳修、范仲淹，到王安石、周敦颐，都是来自江南，而传承传播二程洛学者，江南人士构成了重要力量。南宋儒学的重镇虽称闽学，但一则朱熹的故里（今天的江西婺源）在当时属于皖南的徽州，再则朱熹的活动中心主要在建阳武夷地区，与浙东金衢相邻，而金华则可以说是南宋儒学的学术中心。进入元代，金华儒学仍是学术思想的代表之一，至元末明初更成为重心。

后一个阶段，从阳明学的崛起到清代考证学，江南儒学的版图渐由江右向两浙与皖南移动，最终集中于环太湖流域。阳明心学与清代朴学风格迥异，纳入一个阶段，似颇不类。但如果意识到清代朴学虽然与整个宋学相对立，但却是直接因阳明心学激起的反动，相反相成，适成映照，阳明心学正可以视为宋学到清学转移的环节而纳入此一阶段作为理解江南儒学的重要内容。而且，这种学术思想上的对话乃至冲撞，正构成为此一阶段江南儒学的重要形态，比如东林对阳明心学的纠弹，晚明耶稣会士传入的西教西学与儒学的碰撞，章学诚对浙东与浙西之学的区分，吴学与皖学的双峰对峙，同为吴学的扬州学派与常州学派的分水竞流，其学术思想的主体性挺立未尝不是阳明心学的思想遗产。

第三个，也是最后的时段，则是近代以降，直迄今日的追求现代化转型中的江南儒学探索。道光十九年（1839）己亥，四十八岁的龚自珍“不携眷属傔从，雇两车，以一车自载，一车载文集百卷出都”，[25] 踏上南归之路。这年离他从学于刘逢禄、皈依常州公羊学已整二十年。[26] 这位十二岁即亲炙于外祖父段玉裁，深得朴学精髓而又皈依于今文经学的敏感诗人 [27] 已预感动荡时代的来临，并揭开了江南儒学回应时代的新篇章。

自此以下，中国便进入了三千年未遇之变局，江南儒学与整个时代一起跌宕起伏。从晚清到五四,五四到“文革”，直到 1978 年后的改革开放，江南儒学与整个儒学一样，似乎经历了一个从勉力求变以图回应世变，到彻底污化跌至谷底，又绝处逢生再现贞下起元的过程。虽然整个时代呈现出这样的起伏波段，但细加观察江南儒学，则又因其复杂而呈现出丰富性。且举一例以见之。俞樾、章太炎、鲁迅，可谓师承清晰，而其学术思想所造迥异；师承有自，尚且如此，整个江南儒学更可想见。如果为了观察与理解此一时段复杂的江南儒学提供某种切入点，我们姑且提示两个视角，并以此结束本文。

这两个视角似乎都可以由独身南归的龚自珍身上获得呈现。一是出都。此一阶段的江南儒学似乎都自外于体制，留情于社会。晚清的孙衣言、张謇、唐文治如此，民国的章太炎、马一浮也是如此。学术思想如此，改革开放以来的江南经济得力于民营也是如此。出都，离开政治，但不对抗；自外于体制，用心于社会。也许

25 龚自珍:《龚自珍已亥杂诗注》之四自注，中华书局，1980 年，第 3—4 页。

26 龚自珍:《龚自珍已亥杂诗注》之五十九自注，第 81 页。

27 龚自珍:《龚自珍已亥杂诗注》之五十八自注，第 79 页。

这种倾向早已在江南儒学得以孕生的六朝时期就已播下种子，因为无论是从江南士族，还是从南迁士族，我们都能看到这样的思想与行动。而且，在唐宋变革后的第二个时段的江南儒学那里，可以更清晰地看到六朝的种子已出苗成林；在第三个时段，这些林木已然成为起屋架房的支撑。

二是载书。此一时段虽然学术思想正在巨变之中，但江南诸儒无论各以何种形态呈现其学术思想，无不基于深厚而广博的知识，中学固不待言，西学也深涵其中，不仅经史子集，而且数理工商，儒学通经致用的精神深得贯彻。龚自珍的“载书”可谓极具象征。在学术思想大变更的时代，江南儒学致力于旧学新知的融合创新，而其思想的新创每每基于坚实的学术，学术与思想、知识与价值相涵共生。且引前注所及龚自珍《己亥杂诗》之五十八、五十九，以见此一时段江南儒学斯文有自而又微言阐扬的精神与风格：

张杜西京说外家，斯文吾述段金沙。
导河积石归东海，一字源流奠万哗。
（年十有二，外王父金坛段先生授以许氏部目，是平生以经说字、以字说经之始。）

端门受命有云礽，一脉微言我敬承。
宿草敢祧刘礼部，东南绝学在毗陵。
（年二十有八，始从武进刘申受受《公羊春秋》。近岁成《春秋决事比》六卷。刘先生卒十年矣。）

江南儒学的起点

——胡瑗的“苏湖之学”

徐洪兴（复旦大学哲学学院）

讨论“江南儒学”，断代十分重要。因为“江南”概念古已有之，我们的研究起点断在何时？我个人以为当从北宋开始。

在中国历史上，唐宋之际是一个值得高度重视的历史阶段。因为在这一时期，中国历史出现了重大转折。这个转折是多方位的，无论是从政治史、经济史、社会史还是思想文化史角度来看，这一阶段都可谓是个极其重要的分界岭。

正因为从中唐到北宋发生了这么多的变化，所以海外学者有所谓“唐宋变革说”或“宋以后近世说”，[1] 即认为这一时期的中国已进入了“近世化”“近代化”或“亚近代”。此说未必精准，因按通常理解，近代社会的基础是工业资本主义及近代科学文明，而这个

---

1 按：首倡此说的是日本京都大学东洋史学派的内藤湖南（1866—1934）。该说于1925年提出，是内藤湖南中国史学研究的主要贡献之一，不仅在日本学界获得广泛认同，且在欧美史学界至今仍有相当的影响，有所谓“内藤假说”（Naito Hypothesis）之称。内藤从政治、经济、文化等角度，对唐宋转型（即中世转向近世）作了详尽论证。详见《内藤湖南全集》卷十《中国近世史》，筑摩书房，1969年。中文译本，选入《中国史通论——内藤湖南博士中国史学著作选译》，社会科学文献出版社，2004年。

基础在唐宋之际事实上还不存在。但如从思想文化史角度看，此说对于唐宋之际的历史文化演变亦不可谓无所见。实际上，先于“唐宋变革说”，晚清著名思想家严复在写给熊纯如的信中就指出过：

> 古人好读“前四史”，亦以其文字耳。若研究人心政俗，则赵宋一代，最宜究心。中国所以成为今日现象者，为善为恶，姑不具论，而为宋人所造就，什九可断言也。[2]

这里，严复主要是针对思想文化而讲的，而其所说实可视为不刊之论。

出于这样的想法，此次出席何俊教授的会议，就从旧箧中翻检出有关胡瑗“苏湖之学”的一些以往研究文字，提供给诸位高明参考和批评。

一

胡瑗、孙复、石介，被后人称之为“宋初三先生”。全祖望在《宋元学案》中这么评价他们：

> 宋世学术之盛，安定（胡瑗）、泰山（孙复）为之先河。[3]

石介因为是孙复的弟子，全祖望省略未提。一般认为，“三先生”

2 《学衡》，第 13 期。

3 黄宗羲：《宋元学案》卷首《序录》。

是北宋道学思潮的先驱人物。但“三先生”的生平不像范仲淹、欧阳修那样为人所熟知，而《宋史》本传的记载非常简略，语焉而不详，以后的学术史著作则基本沿用本传。所以我先对胡瑗的生平略作勾稽，聊补史乘之阙。

胡瑗（993—1059）字翼之，泰州如皋（今江苏如皋）人，一说为泰州海陵（今江苏泰州）人，其远祖世居安定（今甘肃泾川以北），学者习称其为“安定先生”。胡瑗六世祖胡洵，为唐代兵部尚书。曾祖胡韬因乱留居四川，曾任后蜀陵州刺史，蜀平后降宋，以卫尉卿终。其祖胡修己为泰州司寇参军。其父胡讷曾任宁海军节度推官，博学善文，吕夷简尝荐其备修国史，卒赠太子中允，胡瑗是其长子。[4]

胡瑗自幼专意于儒家经典的修习，他“七岁善属文，十三通五经，即以圣贤自期许”。[5]据说以后他又上泰山苦读十年不归，收到家书见上有“平安”两字，即投入涧中不复展读，唯恐家事扰乱其读书的心志。[6]除精通儒经之外，胡瑗还深谙音律。

当胡瑗学成之后，曾经希望通过科举之途谋取一官半职。但是，数度应试，胡瑗均名落孙山。[7]由于家境并不富裕，后来胡瑗

---

4 蔡襄:《端明集》卷三十七《太常致仕胡君墓志》(下略作《胡瑗墓志》)，文渊阁《四库全书》本。

5 《宋元学案》卷一《安定学案》。

6 丁宝书编:《安定言行录·规范第二》,《月河精舍丛钞》本。按：传统说法认为胡瑗、孙复、石介曾在泰山同学十年，此说并不正确，但胡瑗本人是否上泰山苦读十年已不可详考，这里仍维持旧说。

7 此点《宋史》本传、《宋元学案》本传均未提及。但据曾巩《隆平集》卷十五《胡瑗传》谓胡瑗“累举进士不中”，又朱熹《五朝名臣言行录》卷十“胡瑗行实”中谓其“累举不第”，今取其说。

不得不绝意于场屋的较艺，以其所学教书谋生。

宋仁宗景祐元年（1034），胡瑗已年逾不惑，在苏州以经术教授生徒。是年，范仲淹由睦州迁知苏州，一见胡瑗便“爱而敬之”，此后两人的关系始终十分密切。范仲淹创建“为诸郡倡”的苏州府学，延聘胡瑗担任教授。胡瑗制订出了详密的学规，诸生因其严苛而多不执行。为此，范仲淹特把长子范纯佑送入府学，纯佑在诸生中年龄最小，但却能严守规矩，自此以后诸生也不敢犯规了。[8]

景祐二年（1035），朝廷更定雅乐，诏求天下知音律者。因范仲淹的推荐，胡瑗以白丁身份于崇政殿接受宋仁宗的召见。召见时，胡瑗的举止皆合古礼，受到宋仁宗的嘉许。[9]遂以布衣超拜秘书省校书郎，与阮逸等人一起考较钟律，胡瑗专门负责乐制的计算工作。翌年乐成，因丁度等的非难，遂作罢。[10]

议乐结束以后，胡瑗仍回苏州掌学。宝元二年（1039）末，西夏元昊入寇宋境，明年，范仲淹出任陕西安抚副使，举胡瑗为陕西丹州军事推官。[11]胡瑗上任伊始，帅府的武人对他并不以为然，以为他只知古书，但胡瑗的作为很快改变他们的看法。胡瑗根据当时的实际情况，提出了更陈法、治兵器、开废地为营田、召募当地人当兵以取代不能打仗的政府军等建议；他平时留意从前方将士、当地少数民族头领，乃至打杂的厮役们那里收集有关战争的消息，供帅府参考。[12]不久，胡瑗调任密州观察推官，旋即因父丧而

8 参见富弼：《范纯佑墓志铭》，《宋文鉴》卷一百三十九。又参见《宋史 · 范纯佑传》。
9 《安定言行录 · 规范第二》。
10 《宋史 · 乐志二》。
11 李焘：《续资治通鉴长编》卷一百二十八（下略作《长编》）。
12 蔡襄：《胡瑗墓志》。

去职。

庆历二年（1042），胡瑗服阕，迁任保宁军节度推官。[13]这一年，他应范仲淹同年好友滕宗谅之邀，出掌湖州府学。在“湖学”的九年里，胡瑗的教学声名日显。其中，最引人注目的就是庆历四年（1044），朝廷正式建立太学，有司取胡瑗在苏、湖两地的学规作为太学法。[14]当时，朝廷曾召他为诸王宫教授，胡瑗辞疾不行，为太子中舍，以殿中丞致仕。[15]

皇祐二年（1050），朝廷更铸太常寺钟磬，有司荐胡瑗通晓音律，以公车召至秘阁。十一月，皇帝下诏重定国乐，又命胡瑗典作乐事。[16]授大理寺评事，兼太常寺主簿，胡瑗固辞不就。[17]皇祐四年（1052），胡瑗落致仕，授为光禄寺臣、国子监直讲，继续参与议乐。[18]明年，乐成，迁大理寺丞，赐绯衣银鱼。[19]

从皇祐四年至嘉祐四年（1059），胡瑗在太学执教凡八年。其中，嘉祐元年（1056）起，他迁任太子中允，充天章阁侍讲，并兼任“管勾太学”的学政。[20]当胡瑗初入太学任教时，京都的士人对其颇有不服，胡瑗先让自己一些得意的弟子分管诸事，并亲自登上讲坛主讲《周易》，令诸生大服。这一度曾引起其他一些教官的不

13 蔡襄：《胡瑗墓志》。

14 欧阳修：《欧阳修全集》卷二十五《胡先生墓表》，又参见《文献通考》卷四十二《学校三》。

15 《宋史·胡瑗传》。

16 《宋史·乐志二》。

17 《欧阳修全集》卷二十五《胡先生墓表》，又参见《文献通考》卷四十二《学校三》。

18 《长编》卷一百七十五。

19 《长编》卷一百七十五。

20 吕希哲：《吕氏杂记》卷上，文渊阁《四库全书》本。

满，但胡瑗坚持自己的做法，最终确立了他在太学的地位。[21] 四方学子纷纷到太学来听胡瑗讲课，致使太学一度无法容纳，只能旁拓步军居署为学舍。[22]

嘉祐四年春，胡瑗以病重致仕，封为太常博士。[23] 胡瑗东归之日，太学诸生和他那些已经任官的学生们搭帐篷相送，执弟子礼者难以计数，时人以此事为荣。同年六月，胡瑗病逝于杭州，享年六十八岁。明年，其子葬胡瑗于湖州乌程何山，由时之名宦兼名儒蔡襄和欧阳修分别撰写了胡瑗的《墓志》和《墓表》。

胡瑗一生中培养了许多学生，其中不少人后来成为名宦、大儒，在弟子们的颂扬下，胡瑗的声名历久不衰。宋神宗曾经亲自题赞词于其画像上；[24] 南宋高宗绍兴八年（1138），下诏录用胡瑗后人，其曾孙胡涤补下湖文学；[25] 南宋宁宗嘉定十一年（1218），追赐胡瑗谥号“文昭”；[26] 明世宗嘉靖九年（1530），下诏胡瑗从祀孔庙，称“先儒胡子”。[27]

二

胡瑗是有宋一代著名教育家，也是中国历史上杰出的教育家之

---

21 吕希哲:《吕氏杂记》卷上，文渊阁《四库全书》本。

22 《欧阳修全集》卷二十五《胡先生墓表》，又参见《文献通考》卷四十二《学校三》。

23 《长编》卷一百八十九。

24 《宋元学案》卷一《安定学案》。

25 《安定言行录·传志第一》引《永乐大典》卷四百零八《宋会要》。

26 《安定言行录·传志第一》引周必大《玉牒初草》。

27 参见《明通鉴》卷五十五。

一。北宋中期许多知名学者和执政的公卿大夫，往往出自胡瑗的门下，胡瑗的学术思想基本上也是通过其教学活动阐发的。

从现有资料看，胡瑗的教学活动至迟在宋仁宗的景祐元年（1034）就已开始了。到宋仁宗嘉祐四年（1059）去世，在长达二十六年的生涯里，除去为时不长的外任和参与朝廷制乐外，胡瑗始终是以“传道授业解惑”为职志的。在“师道废久矣”的当时，胡瑗因为长期从事教育而使他极负时名，正如欧阳修所说的：

> 师道废久矣，自景祐、明道以来，学者有师，惟先生暨泰山孙明复（复）、石守道（介）三人，而先生之徒最盛。[28]

胡瑗的教学，能“使诚明者达，昏愚者励，而顽傲者革”。[29]他在湖州府学时，身边经常有数百名弟子，王安石为此曾特撰诗寄赠，誉其“文章事业望孔、孟”，“魁冠大带满门下”，甚至以宰相之业期许之。[30]当胡瑗入主太学后，“天下之士不远万里来就师之”，[31]以致太学无法容纳，只能旁拓军署作为学舍。

胡瑗的教学之所以如此有名，是因为他在长期的教学实践中形成了一套行之有效的教学方法。他制订了“科条纤悉备具”的学规，从学习到言行举止等各方面都严格约束其学生，自己更能做到“以身先之”。由于纪律严整，胡瑗的学生服饰容止大都相类，所以

---

28 欧阳修：《胡先生墓表》。

29 欧阳修：《胡先生墓表》。

30 参见《王文公文集》卷三十四《寄赠胡先生》，第 497 页。

31 李廌：《师友谈记》卷二上，文渊阁《四库全书》本。

一旦外出，人们“不问可知为先生弟子”。胡瑗很注意在严格要求学生的同时关心和爱护学生，平时对学生的生活起居等琐事都能放在心上，学习结束后则与学生一起娱乐。他把学生视为自己的子弟，学生对他则“爱敬如父兄”，因此师生关系十分融洽。

在具体的教学方面，胡瑗的分科教学法是很受时人赞誉的。在湖州府学，胡瑗设立了“经义”和“治事”两个学斋：

> “经义”则选其心性疏通、有器局、可任大事者，使之讲明六经；“治事”则一人各治一事，又兼摄一事，如治民以安其生，讲武以御其寇，堰水以利田，算历以明数是也。[32]

这种根据学生的才能禀赋和兴趣爱好而因材施教的方法，是胡瑗教育能够获得成功的重要原因之一。二程就曾赞誉过胡瑗的这种教学方法，其谓：

> 胡安定在湖州置“治道斋”，学者有欲明治道者，讲之于中，如治兵、治民、水利、算数之类。尝言刘彝善治水利，后果为政皆兴水利有功。[33]

胡瑗的“经义”教学，则如蔡襄为其志墓中所言：

> 解经至有要意，恳恳为诸生言其所以治己而后治乎人者。学

32 《宋元学案》卷一《安定学案》。

33 程颢、程颐：《二程集》，中华书局，2004 年，第 18 页。

徒千数，日月刮劘为文章，皆传经义，必以理胜，信其师说，敦尚行实。后为太学，四方归之。[34]

在具体的教学方法上，胡瑗真正做到了不拘一格，有授课、讨论、辅导等等，这样颇得学生的喜爱，《宋元学案》的附录中记：

先生初为直讲，有旨掌一学之政。遂推诚教育多士，亦甄别人物。故如尚经术者、好谈兵者、好文艺者、好尚节义者，使之以类群居讲习。先生亦时时召之，使论其所学，为定其理。或自出一义，使人人以对，为可否之。或即当时政事，俾之折衷。故人人乐从而有成效。朝廷名臣，往往皆先生之徒也。[35]

为了增广学生们的阅历，胡瑗还亲自率学生游历名山大川，以见人情物态、南北风俗、山川气象。[36]

上述这一切，就使得胡瑗的教学成效十分明显，每当礼部贡举，考中进士者，胡瑗的学生常居其中的十之四、五。

三

胡瑗从事教育具有明确的宗旨，那就是让学生能够做到掌握儒家的“明体用”之学。有关胡瑗的这一教育宗旨，其水利科的高材

34 蔡襄：《胡瑗墓志》。

35 《宋元学案》卷一《安定学案》。

36 详见王铚：《默记》卷下，文渊阁《四库全书》本。

生刘彝，在一次回答宋神宗问王安石与胡瑗两人孰优时，曾作了颇为详尽的阐述：

> 臣闻圣人之道，有体、有用、有文。君臣父子、仁义礼乐，历世不可变者，其体也；《诗》、《书》、史、传、子、集，垂法后世者，文也；举而措之天下，能润泽其民，归于皇极者，其用也。国家累朝取士，不以体用为本，而尚其声律浮华之词，是以风俗偷薄。臣师瑗当宝元、明道之间，尤病其失，遂明体用之学，以授诸生，夙夜勤瘁，二十余年，专切学校，始于苏、湖，终于太学，出其门者无虑二千余人。故今学者明夫圣人体用，以为政教之本，皆臣师之功也。[37]

这里，胡瑗把“道”——儒家的“圣人之道”——规定为体、用、文三个方面，这是一个十分全面的论述。所谓“体”，属于形上学的哲学范畴，是根本原则，按胡瑗的解释即支配人们之间各种关系的原则，它是不变的；所谓“文”，属于代表文化价值传统的范畴，那是以儒家经典为代表的各种文献、也包含了经史词章的文与史，它们是传递“圣贤”思想的载体；所谓“用”，属于现实政治的范畴，那就是如何以儒家学说为指导来建立社会政治秩序，即经世致

37 朱熹：《五朝名臣言行录》卷十之二《安定胡先生》，《四部丛刊》初编本。按：此则资料首见于朱熹所辑的《五朝名臣言行录》，为元祐间的李廌所记，但已不见于其《师友谈记》中，不知朱熹所据为何本。许多学者在引此条资料时，多从《宋元学案》卷一《安定学案》中转引。实际两者略有不同，最大的不同是《言行录》本为“遂明体用之学以授诸生”，《学案》本作“遂以明体达用之学授诸生”，“明体用”与“明体达用”是有别的，此不具论，此处所取为《言行录》本。

用，“润泽其民，归于皇极”等。

如溢出本文主题发挥，从胡瑗的宗旨我们还可看到，道学思潮在其源头时的气象是十分宏阔的，而思潮的兴起与展开也确实是在哲学思辨、文化价值和经世致用多个层面上进行的。当然，就胡瑗的宗旨而言，虽然是“体”“文”“用”三者并举，但就实质来看则是以“体”和“用”为本，即所谓的“明体用之学”“明夫圣人体用”。因而，“明体用”三字可看作道学思潮兴起时的主题或纲领。

这里还值得重视的是，“体用”本不是儒家的概念，而与佛道二教关系甚密。[38] 唐代科举考试中由“天子自诏”，“所以待非常之才”而非常举的“制举”[39] 中，有“才识兼茂，明于体用”一科，北宋真宗时恢复此科，宋仁宗对此科亦甚为重视。[40] 胡瑗提出的“明体用”是否与此有关？已不得而知，但这实际上并不重要。重

---

38 据目前所知，“体用”概念首见于《荀子·富国》：“万物同宇而异体，无宜而有用，为人数也。”这里的“体用”，按杨倞注云：“同生宇内，形体有异。虽于人无常定之宜，皆有可用之理。”亦即“体用”分别指形体和作用，不是严格意义上的哲学范畴，只是其中已具有了“体用”范畴的原始含义。“体用”对举，始于魏晋时期，如王弼注《老子》第三十八章云：“虽贵以无为用，不能舍无以为体也。”意思是说，天地万物以无为体，以有为用。反映的是贵无贱有的思想主张。王弼虽以体用对举，但对此未作深入阐发。“体用”作为一对哲学范畴出现，与早期佛教般若学兴起有关。沈绩为梁武帝《立神明成佛义记》一文作注时，明确使用了“体用”范畴：“既有其体，便有其用；语用非体，论体非用，用有兴废，体无生灭者也。……夫体之与用，不离不即，离体无用，故云不离；用义非体，故云不即。”（《弘明集》卷九）认为体用区别在于：体是不变的，用则是屡变的；而两者又具有“不离不即”之关系。体用观点对后世佛学的发展影响颇深，华严宗讲理事关系、禅宗讲定慧关系，大多从体用立论。如《坛经》第十五章云：“灯是光之体，光是灯之用。名即有二，体无二般。”这里的体用是泛指，即基本的东西是体，由此引发出来的是用，第一性的是体，第二性的是用。体用范畴对后来的宋明理学产生了广泛和深远的影响。

39 参见马端临：《文献通考》卷二十九《选举考二》，中华书局，1986年，第271页。

40 参见余英时：《朱熹的历史世界》，生活·读书·新知三联书店，2011年，第409页。

要的是，胡瑗把“体用”范畴引入儒家的思想中，这对以后的道学思潮乃至心学思潮都可谓关系重大，以至于其大有不可取代的重要地位，就如南宋道学家魏了翁指出的：

> 六经、《语》、《孟》发多少义理，不曾有“体用”二字，逮后世方有此字，先儒不以人废言，取之以明理，而二百年来才说性理，便欠此字不得，亦要别寻一字换，却终不得似此精密。[41]

胡瑗引入“体用”范畴，标志着儒学真正开始向哲学本体论方向发展。儒学不再仅限于人伦道德的实践及宇宙始源生化和“天人相副”目的论的解释，而是首先努力确立起人伦道德之所以存在的最终依据，然后再从中引申出各种“修己”的道德践履工夫，以及“安人”的经世致用、治国平天下的政治方略。尽管可以说，胡瑗本人并未在儒学“体”这一向度方面有深入的研究和重大的贡献，但其“点题”之功是不可没的。

回到本文主题，胡瑗把儒家的“圣人之道”规定为体、用、文三方面，而其从事教育活动，就是对学生传习这些内容。这个教育宗旨的重要性，在于重新确立自魏晋以降迄至隋唐这数百年内业已衰弱的儒家“师道”，此点这里不便展开。要言之，“师道”的确立与道学的兴起及其流变关系甚大，理学所阐发的伦理本体，之所以能够在后来深入人心，浸润于中国人的日常生活之中，并产生其潜移默化的作用，“师道”的确立是非常重要的一个原因。当然，胡

41　魏了翁：《鹤山大全文集》卷三十六《答李监丞》，文渊阁《四库全书》本。

瑗的这个教育宗旨，与后来理学家把“明人伦”奉为最高教育宗旨，还是有一定的区别，这区别就在于胡瑗还比较重视“用”的层面。但两者间的前后联系是显而易见的。

四

从个案研究角度出发，这里具体探讨一下胡瑗确立“明体达用”教育宗旨的动因何在，以及这一宗旨为何能取得成功。

历史的辩证法告诉我们，历史的必然性经常是通过许多个体非自觉的活动来展现的。所以，胡瑗从事教育事业，就其个人而言，一开始并不是那么有意识和自觉的。考察胡瑗的早期经历，可以发现他并不是生来就热衷于教育事业的，恰恰相反，他是在无可奈何的境遇下才操此业的。

胡瑗出生于一个低级官宦世家，青少年时代曾专心于儒家经典的修习，“十三通五经，即以圣贤自期许”，以后据说又外出苦读不归。当他学成之后，一开始也希望像他父辈一样，通过科举考试之途谋得一官半职。然而事与愿违，他居然连遭挫折，始终名落孙山。时至宋仁宗明道、景祐年间，年逾不惑的胡瑗依然是一个白丁。由于家境并不富裕，为了谋生，他不得不绝意场屋较艺，在苏州以其所学经术教授生徒。科场“累举不第”的失意，使得胡瑗对“隋唐已来仕进尚文词而遗经业，苟趋禄利”[42]的取士制度深致不满。此外，魏晋以降儒学中衰的事实，也使自幼熟读儒家经典，

42　蔡襄：《胡瑗墓志》。

“以圣贤自期许”的胡瑗深表感慨。不满与感慨化为行动，就落实到了他的教育实践中，促使他一反时尚，不强调文辞，而把儒家经学和实际时务作为自己教学的主要内容，“明体用之学以授诸生”。

如果说胡瑗本人的遭际及其从小所受的熏陶，是其“明体用”教育宗旨形成的重要原因，那么，范仲淹的知遇以及庆历前后整个社会氛围的变化，则是这一宗旨得到社会认同的关键因素。倘若没有这个因素，胡瑗或许一辈子只能局限于吴中一隅，当个默默无闻的乡村经师。

我们知道，范仲淹早在天圣五年就已经提出要振兴教育以改变士林风气。但当时他人微言轻，因此，他“先天下之忧而忧”的《上执政书》，根本没能引起上层统治者的重视。六年以后，他在苏州任上发现了胡瑗，后者的教学活动与他的想法竟不谋而合，范仲淹一见便“爱而敬之”，共同的志向使他们两人携起手来。范仲淹创建“苏学”，聘请胡瑗任教，为胡瑗提供了实现自己愿望的第一个重要场所。以后，范仲淹又到处荐引胡瑗，为胡瑗的教育活动开辟了广阔的天地。当范仲淹的同年好友滕宗谅聘请胡瑗执掌“湖学”，胡瑗在那里建立起“经义”“治事”二斋，他的教育宗旨才得到真正的展开。

对胡瑗来说幸运的是，他从事教育的开始，正是范仲淹、欧阳修等酝酿及尝试改革弊政之际。范仲淹、欧阳修等“庆历名士”所造成的舆论影响，大大改变了当时因循苟且、崇尚美文的士林风气，一股复兴儒学的社会思潮正在当时的学术界兴起。在范仲淹、欧阳修之辈的“新政”中，贡举改革是其中十分重要的一项内容，它的实施，为以经义和时务为主要内容的“策论”在科举考试中争得了颇为重要的一席之地。一方面，是知识分子的学术兴趣的转向；另一方面，则与知识分子的仕途出身息息相关，这就使得胡瑗的“明体用”之学如鱼得水。再加上胡瑗整饬的学风和切实的教法，促使众多学子辐辏而至，纷纷投入胡瑗的门下。庆历四年，当贡举改革以皇帝诏书的形式颁行全国，有司在范仲淹的推荐下取胡瑗在苏、湖的学规作“太学法”，标志着胡瑗教育宗旨取得了真正的成功。

五

最后谈一下胡瑗学术思想的时代影响。胡瑗长期从事教育实践，又担任过当时国家最高学府太学的教官，其产生的社会影响是不容低估的。在宋代学术的兴起，包括理学的形成、“师道”的确立等方面，胡瑗都起到了程度不同的作用。南宋末的黄震曾这么评价道：

> 师道之废、正学之不明，久矣！宋兴八十年，安定胡先生、泰山孙先生、徂徕石先生，始以其学教授，而安定之徒最盛，继而伊洛之学兴矣。故本朝理学虽至伊洛而精，实自三先生而始，故晦翁有伊川不敢忘三先生之语。[43]

黄震的这番话是符合历史发展的真实过程的。胡瑗在苏、湖两地执教长达十余年之久，其学生遍及整个东南地区，他的思想学说也在

43　黄震：《黄氏日钞》卷四十五。

这一地区广泛流传。陆游的父亲陆佃，庆历二年（1042）才出生，到他青年时代，所见到的还是这么一种状况：

淮之南，学士大夫宗安定先生之学。[44]

尽管陆佃本人已经不甚推崇胡瑗的学说，开始转向更为高明的王安石“新义”之学，但他所说出的却是一个不争的事实。当胡瑗入主太学后，其社会影响的广泛程度更是可以想见。程颐在《回礼部取问状》中曾描述过：

胡太常瑗、张著作载、邵推官雍之辈，所居之乡，学者不远千里而至，愿一识其面，一闻其言，以为楷模。

往年，胡博士瑗讲《易》，常有外来请听者，多或至千数人。[45]

我们可以说，这种直接讲授的方式，在当时的条件下，其效果和影响较之出版一部学术专著应该是要大得多了。

胡瑗在当时的社会影响，我想仅举程颐一例就足以说明问题了。史载，小程子于皇祐间在太学从师于胡瑗，深得胡瑗青睐。《宋史·道学传》记：

程颐，字正叔，年十八，上书阙下，欲天子黜世俗之论，以王道为心。游太学，见胡瑗问诸生以“颜子所好何学”。颐因答

44 陆佃：《陶山集》卷十五《傅府君墓志》，文渊阁《四库全书》本。

45 《二程集》第564、568页。

> 曰："学以至圣人之道也"。"圣人可学而至欤？"曰："然"。"学之道如何？"曰："……不求诸己而求诸外，以博闻强记、巧文丽辞为工，荣华其言，鲜有至于道者；则今之学与颜子所好异矣。"瑗得其文大惊异之，即延见，处以学职。

如果说大程子从周敦颐处得寻"孔颜乐处"，那么小程子从胡瑗处得探"颜子所好何学"，两者颇有异曲同工之妙。黄百家在《宋元学案》中特别强调了胡瑗与程颐之间的关系，谓其：

> 知契独深，伊川敬礼先生亦至。于濂溪虽尝从学，往往字之曰"茂叔"，于先生非"安定先生"不称也。

这个说法或略有片面之嫌，二程不称胡瑗为"先生"的地方也不是没有，但对胡瑗却从未说过类似"周茂叔穷禅客"[46]这样稍带贬义的话。所以，比较而言，二程之尊胡瑗胜过尊周敦颐，这应该说是可以成立的断语。

再从学术渊源上来看，胡瑗对小程的影响也大于周敦颐对小程的影响。众所周知，小程子的《伊川易传》是程朱学派的经典之一，其地位与朱熹的《四书集注》同样重要，明清时代的科举考试用来作为标准答案，因此也是中国封建社会后期教科书。程颐晚年最得意的弟子，悟出《伊川易传》中"体用一源，显微无间"这一重要"天机"的尹焞，曾这么评价乃师的这部要著：

---

46 《二程集》第85页。

> 先生践履尽《易》，其作《传》只是因而写成。熟读玩味，即可见矣。先生平生用意，惟在《易传》，求先生之学者，观此足矣。《语录》之类，出于学者所记。所见有深浅，故所记有工拙，盖未能无失也。[47]

类似的话在《尹和靖集》中亦有多处。可知，《伊川易传》代表了程颐的最基本的思想。

程颐曾前后师从周敦颐和胡瑗，但其《伊川易传》不取周敦颐之《太极图易说》(《太极图说》之本名)，而取胡瑗之“以义理说《易》”。更进一步，程颐还对《易》学中的“图书”采取了批评的立场。在《答张闳中书》中，程颐曰：

> 来书云：“《易》之义本起于数。”谓义起于数则非也。有理而后有象，有象而后有数。《易》因象以明理，由象而知数。得其义，则象数在其中矣。必欲穷象之隐微，尽数之毫忽，乃寻流逐末，术家之所尚，非儒者之所务也。管辂、郭璞之徒是也。理无形也，故因象以明理，理既见乎辞矣，则可由辞以观象。故曰：得其义，则象数在其中矣。[48]

这番话明白地表述了程颐的《易》学研究取向。此外，二程批评邵雍之学“犹空中楼阁”，[49]“其学难以治天下国家”[50]等等，主要也是

47　朱熹《伊川先生年谱》引，见《二程集》第345页。

48 《二程集》第615页。

49 《二程集》第97页。

50 《二程集》第45页。

针对邵雍的象数之学而言的。

胡瑗的《易》学对程颐的影响不止在形式方面，就是在具体的学术见解上，程颐对胡瑗的《易》学也是有所资取的。晁公武在《郡斋读书志》中尝谓："程正叔解，颇与翼之相类。"如在《伊川易传》的序文中，程颐劈头就强调：

《易》，变易也，随时变易以从道也。[51]

在《易序》中，程颐又说：

六十四卦，三百八十四爻，皆所以顺性命之理，尽变化之道也。[52]

这些观点，不能不认为是与胡瑗所谓《易》的"变易之道"乃"天人之理"之所在的思想有很大的关联。在具体解释《易》卦方面，如《观》《大畜》《夬》《渐》等卦，《伊川易传》都吸取了胡瑗的一些见解。[53] 程颐让他的弟子们熟读王弼、胡瑗、王安石三人的《易》学著作，而其他的则"无取枉费功"：

51 《二程集》第 689 页。

52 《二程集》第 690 页。

53 如《伊川易传》卷二《观》"观：盥而不荐，有孚若"条下"予闻之胡翼之先生曰……"；《大畜》"上九，何天之衢，亨"条下"予闻之胡先生曰……"；卷三《夬》"九三，壮于頄，有凶。君子夬夬，独行遇雨，若濡，有愠，无咎"条下"爻乱差错，安定胡公移其文曰……"；卷四《渐》"上九，鸿渐于陆，其羽可用为仪，吉"条下"安定胡公以陆为逵。逵，云路也，谓虚空之中……"。

> 《易》有百余家，难为遍观。如素未读，不晓文义，且须看王弼、胡先生、荆公三家。理会得文义，且要熟读，然后却有用心处。[54]
>
> 若欲治《易》，先寻绎令熟，只看王弼、胡先生、王介甫三家文字，令通贯，余人《易》说，无取枉费功。[55]

甚至，当其弟子指出胡瑗的《易》学著作中存在“不是卦义”的地方时，程颐还尽可能地为之辩护。[56]这就不难说明程颐《易》学与胡瑗《易》学之间的关系了，尽管《伊川易传》在理学理论方面的价值非胡瑗《周易口义》所能比拟。

胡瑗的时代影响当然不仅仅局限在其《易》学方面，他对传统经学的怀疑和否定，他的自出意见解经，也多多少少对转变当时的学风，促进儒学的复兴和理学的崛起等，起到了一定的作用，这些就不再一一论述了。

---

54 《二程集》第248页。

55 《二程集》第613页等。

56 《程氏遗书》卷十九载：“问：‘胡先生解九四（指《乾》之九四）作太子，恐不是卦义。’先生曰：‘亦不妨，只看如何用。当储贰，则做储贰。使九四近君，便作储贰亦不害，但不要拘一。若执一事，则三百八十四爻只作得三百八十四件事便休也。’”《二程集》第249页。

江南儒学与宋元变革

王瑞来（日本学习院大学东洋文化研究所）

绪说

如果我们将目光投射在江南儒学前所未有的兴盛时期，那就一定是道学张大的南宋。而考察南宋乃至其后的江南儒学的发展演变，则又一定要纳入特定的历史背景之下。由南宋至元，以江南为中心，中国社会发生了继唐宋变革之后的又一次大转型，这就是宋元变革。沿着宋元变革社会转型的路向，中国历史经历明清，走到今天。宋元变革中的江南儒学，具有什么样的特征，经历了江山鼎革，又发生了什么样的变化，本文尝试回答。

一、特定场域下的江南儒学

儒学是一个大概念，以五经为主，由先秦儒家学派所归纳以及衍生的学问，皆可称为儒学。儒学在西汉定为一尊之后，成为显学。作为事实上的国教，迄止于现代以前，在后世也没有任何宗教或思想能够撼动其正统地位。不过，伴随着时代的变化，不同时代的儒学在特定的背景下，亦吸收不同的思想要素，呈现出不同的风貌。汉学、玄学、宋学皆为儒学在特定时代背景下的显现形态。而江南儒学，则是以地域的视点对儒学的区分，将儒学定位于江南这一特定场域。然而，即使强调的是地域，也是历时性的，这是一个历史的概念。学以地分，也是一个传统的习惯。就儒学来说，宋代就有以关、蜀、洛、闽等命名之学。不过较之这些地域之学，江南儒学是涵盖了闽学，又融合了浙东、湖湘等其他地域一些学问的大概念。即从先秦以来，在江南这一地域所产生的跟儒学相关的学人与学问。纵观这一地域的儒学，历代不乏其人其学，可以撰著出一部充实的江南儒学史。不过，谈到复兴的辉煌，我们的目光一定要移到南宋。

何处是江南？几乎人人心里都有一个温润的意象。不过尽管耳熟能详，也还是需要做一个准确的地域界定。狭义的江南，指长江三角洲，在清代具体指苏州、松江、常州、镇江、江宁、杭州、嘉兴和湖州八府之地。至少从宋代以来，这是中国经济上最为富饶的地域。广义的江南，则指长江以南，主要指东南，即江苏、浙江、江西、福建四省。在明洪武二十六年（1393）的人口统计中，这四省的人口占了全国的51%，[1] 富庶与人口都足以代表中国。

从秦汉以来，王朝的政治中心一直位居中原，以“中国”昭示着正统。不过当西晋在“五胡”的铁蹄下灭亡，永嘉南渡，便开启了历史的大变局。东晋以及其后南朝的立国，不仅以文化优越成

1 张居正等奉敕纂修：《大明会典》卷一九，台北新文丰出版公司影印万历十五年本，1976年。

为脱离中原的正统所在，而且几百年的开发，使江南成为中国的经济重心。此后，尽管隋唐统一，政治重心回归中原，但经济重心在江南一直确固不移。中原的政治重心对江南的经济重心形成极度倚赖，所以才会有南北大运河的开通。

十二世纪初，女真人的突袭颠覆了繁盛的北宋王朝。建炎南渡，王朝再建，不死鸟在江南浴火重生，又迎来了新一轮历史大变局，南宋回归南朝。回归不是重复，历史螺旋式演进。南宋是一个特殊的时代，王朝承续北宋的帝系，偏安于广袤的中国大陆的一隅，统治仅及北宋三分之二的地域。然而以狭义的江南为中心的这一地域却是中国最富庶的地域。在江南这一特殊的场域，政治重心与经济重心合一，社会转型，经历了唐宋变革之后的中国，宋元变革开启。

在思想层面上，南宋的江南儒学以道学的面目出现。从宋初三先生到北宋五子张载、周敦颐、二程、邵雍，再加上王安石的新学，理学在北宋已经有了相当深厚的积淀。南宋王朝强调对北宋的合法承继，高扬正统的大旗。于是以传承道统的理学，便以道学的名目转身亮相。分宗别派的理学，根据对政治的依附程度以及被加以政治利用的程度，有着不同的沉浮。不过，无论如何，犹如“润物细无声”的春雨，道学逐渐在江南这一地域广泛地传播开来。

思想的疆界不同于界碑明示的国界，人的流徙与书信往来、著作传播，会使思想像空气一样弥漫扩散。江南儒学尽管受宋金疆界的阻隔，在南宋基本未能向北方发展，但却从狭义的江南向没有割据限制的南宋全域扩张，拥有了广义江南的涵盖。这样的学术背景，就使我们的讨论不仅仅局限于狭义的江南。

本来，作为士大夫政治理论基础的理学，凌驾于政治。“道理最大”[2]，让至高无上的皇权也要服从于理。以朱子学为中心的儒学获得难以撼动的正统地位，实现了继西汉“废黜百家，独尊儒术”之后的再度辉煌。

承续唐宋变革的积淀，宋元变革在社会层面全方位展开。以道学为中心的江南儒学，让传统儒学发展到了那个时代的极致，成为社会转型的精神引导。

二、江南儒学的南宋发端与社会指向

在南宋，最初与政治依附过于紧密的道学，在特殊的政治背景下遭受了与北宋元祐党禁同样的打击。经过庆元党禁，压制带来的刺激与反弹，反而让道学变得影响更大，在知识阶层获得较为普遍的认同。政治形势的逆转，可资利用的价值，终于让朝廷把道学当作弱势王朝的精神支撑，成为失去中原的王朝伸张正统的理论依据。朝野内外，道学大盛。无论是真心还是假意，道学获得从皇帝到执政的士大夫一致提倡，获得了正统地位。南宋第五代皇帝由于大力提倡道学，死后还获得了理宗的庙号。

与北宋不同的政治环境，让道学的指向不仅仅眼光向上，专注于“格君心之非”[3]，停留于得君行道，更是放下身段，致力于以道化俗。朱熹、陆九渊、吕祖谦、魏了翁、真德秀等辈出的道学大家及其众多门人，力行以道化俗的社会指向，引领地方士人，通过兴

---

2 沈括:《梦溪笔谈 · 续笔谈》，中华书局，2015 年，第 327 页。

3 焦循:《孟子正义 · 离娄章句上》，中华书局，1987 年，第 525 页。

办学校，普及教化，影响极为广泛。南宋以来在江南遍地开花的书院，不仅是弘扬儒学理想的实践，还为以道化俗培养了推广人才。在道学的价值理念指引下，对乡贤或先贤的发掘、树立乃至祭祀，不仅显示了士人精英对地方认同的意识强化，还成为士人掌控精神指导权，直接或间接显示领导地位的一种方式。

晚年致仕家居的宰相周必大发掘近代以来的庐陵乡贤，为文豪欧阳修、抗金义士杨邦乂和抨击权相秦桧的胡铨建立纪念堂，并专门撰写了《三忠堂记》。周必大的作为，既是普及教化，增强地方认同之举，也是自身试图掌控精神指导权的努力。[4]周必大还为一个叫王子俊的友人写过一篇文章，在这篇文章中，他说曾经受学于朱熹的王子俊“位非其志，无所于用”，意思是说他没有机会做官，于是这个王子俊“乃退修以教其家，因以化其乡之人”。就是说，没有机会做官的士人王子俊扎根地域，从事了教化乡里的事业。[5]

继承北宋张载、程颐对慎终追远的思考和对民间祭礼的关注，从而形成的《朱子家礼》对社会最小细胞家庭的道德规范，则在此后的宋元社会更是产生了深远的影响。[6]朱熹晚年改革传统的乡饮酒礼，重视礼遇“处士贤者”的“宾”和“介”，即地方上未曾出仕的长者、贤者，这些人属于乡绅的阶层。朱熹的做法，其实从另一个侧面也折射出南宋乡绅势力的增长。[7]

---

4 脱脱等：《宋史》卷三九一《周必大传》，中华书局，1985 年，第 11972 页。

5 周必大：《振古堂记》，载光绪《吉水县志》卷八，光绪元年刻本。

6 王美华：《家礼与国礼之间：〈朱子家礼〉的时代意义探析》，《史学集刊》，2015 年第 1 期。

7 杨华：《朱熹与宋代的乡饮酒礼改革》，《武汉大学学报》，2019 年第 3 期。

“格物，致知，诚意，正心，修身，齐家，治国，平天下”，儒学“八条目”被重新发掘、阐释并强调，把个人、家庭、国家乃至天下连为不可分割的一体。互为作用的社会权威场，透过族规、乡约、社仓、乡贤祠等公约与机构建构，士人在道学理想牵引下对地方的关怀与指导得以实现。

江南儒学这种社会指向的变化，与从南宋开始发生的社会转型密不可分。统治区域和行政机构较之北宋大幅缩减的南宋，科举依旧三年一度进行，登第者不断产出。加上习举业、应科考以及大量落第士人，有学者估计，大约每年产生的“非士大夫知识人”数量平均上万。[8]这是一个十分庞大的士人群体。在士人群体的上层，是走上仕途，在各个政治层级上主导政治的士大夫。在士人群体的下层，则是大量滞留于幕职州县官的下级官僚选人和将近90%无缘入仕的布衣士人。无法达则兼济天下的大量士人，遍布于各地，出于生计，从事教书、经商、行医、务农以及胥吏等多种职业。[9]

读书未必做官，人生有很多选项。立足于地域社会的大量士人，不仅与入仕的士大夫们有着密切的联系，而且在士人层，通过婚姻、宗族、学校、诗社等各种形式构成广泛的社会网络。拥有知识的优势，拥有广泛的人脉，使士人在地域社会有着举足轻重的影响力，成为地域社会的主导阶层。适应生存环境的自然调整，使多数士人不再走出地域，向上向中央集中，而是弥散于地方。

---

8 内山精也：《宋诗惑问》，在第一章《宋诗彰显“近世”吗？》指出：“科举等于是年均量产万名非士大夫知识人的制度。”东京研文出版社，2018年，第44页。

9 王瑞来：《士人流向与社会转型：宋元变革论实证研究举隅之四》，《上海师范大学学报》，2014年第3期。

这些弥散于地域社会的士人，作为承载道统的社会精神领袖，更是实现道学以道化俗指向的主要力量。没有入仕的士人通过学问、财力、宗族等不同因素，照样可以成为在地方上拥有相当影响力的乡绅。在南宋，这样的乡绅被称为士族，当然这是有别于魏晋南北朝时期的新士族。宋人判断士族的标准并不是以是否出仕做官为尺度。

我曾经考察过杨万里写给《鹤林玉露》作者罗大经父亲的一篇集外佚文。这篇佚文题为《桃林罗氏族谱序》。[10]《族谱序》的开篇这样写道："吾郡多著姓，而印岗之罗，其一也。由印岗而之竹溪者，率称士族。竹溪有隐君子曰季温氏，余忘年友也。"短短的几句话，杨万里的表述很值得注意。他称罗大经的父亲罗茂良（字季温）为"隐君子"，说明罗茂良未曾入仕做官，但又称罗氏一族为士族。说明在杨万里眼中，能否称为士族并不是以入仕与否为衡量标准的。我以为这并非是杨万里个人的独特认知，而是反映了当时社会的普遍认同。

在杨万里笔下作为"隐君子"的罗茂良，既潜心理学、著书立说，又敦族齐家、教化乡里。就是说罗茂良除了出仕做官才能实现的治国平天下，格物致知、正心诚意、修身齐家，他都做到了。由此可见，除了历来研究者的聚光灯大多打在显赫的官僚士大夫之外，大量的民间士人群体也拥有相当大的能量，不应忽视。

民间的士人群体，加上像我研究过的罗大经那样，[11]由于制度

10 佚文收录于罗氏后人所刊《桃林罗氏族谱》，录文参见笔者《地方士人与宋元变革管窥：杨万里集外佚文〈桃林罗氏族谱序〉考实》，《河北大学学报》，2019 年第 3 期。

11 王瑞来：《小官僚大投射：罗大经仕履考析——宋元变革论实证研究举隅之三》，《文史哲》，2014 年第 1 期。

性和人为性的因素无法向上升迁而滞留于官僚层级底部的士人，构成了庞大的金字塔基座。杨万里之所以郑重地写下《族谱序》加以褒扬，其背后也折射出罗氏家族在当地的势力。地方建设从敦族齐家的宗族建设出发，从而在地域社会发挥影响。

关于罗茂良拥有的能量，我们从罗大经的仕宦经历中也可以窥见一斑。进士登第足足等待了八年，罗大经才获得容州司法参军的选人职位。通过罗大经在《鹤林玉露》中的自述，可知他在担任容州司法参军期间，曾有过三个过从密切的上司。一个是被当时人评价为“经术似兒宽，决狱似隽不疑，治民似龚遂，风采似范滂，理财似刘晏，而正大过之”的范应铃。[12] 作为名臣，其司法判例曾被收录于《名公书判清明集》。[13] 当时范应铃担任广南西路提点刑狱，一纸难求的推荐状居然主动要写给罗大经。另一个是担任静江知府的赵师恕。《鹤林玉露》中多达五条记载了与赵师恕游山逛水的交游。还有一个是担任容州知州的顶头上司王太冲。这三个人都是罗大经在任职地的朋友。这就给人一个印象：他们是罗大经到了广西才结识的新朋友。

不过，当我们深入考察这三个人的履历，发现并非如此。范应铃曾在嘉定年间担任过罗大经家乡吉州的知州，[14] 与罗大经父亲罗茂良的友人杨万里长子杨长孺是朋友，应该也熟悉罗茂良，那时罗大经还是十五六岁的少年。赵师恕则在端平年间担任过吉州邻近袁

---

12 《宋史》卷四一〇《范应铃传》，第 12347 页。

13 中国社会科学院历史研究所宋辽金元史研究室点校：《名公书判清明集》，中华书局，1987 年。

14 《宋史》卷四一〇《范应铃传》，第 12345 页。

州的知州，[15]也是杨长孺的朋友。杨长孺去世时曾接济营办丧事。[16]而王太冲曾在罗大经的家乡吉水县担任过知县。对于王太冲任内的善政，刘克庄撰写的《礼部王郎中墓志铭》这样写道“罗君茂良歌之”，[17]直接提到了罗大经的父亲罗茂良。

厘清三人的仕履，便揭示出一个秘密，罗大经为什么会远赴广西任官？因为待阙八年也无法任职的罗大经，因缘巧合，此时跟其父罗茂良是朋友的三个人刚好都在广西担任要职，是他们给了罗大经这个位置。换句话说，罗大经等于是走了三个父辈友人的后门，才结束了漫长的待阙。[18]这一事实揭示，在“员多阙少，一官至数人共之”[19]的南宋，即使是千辛万苦千里拔一地考中进士，依然难以很快获得官职，依然要托关系自谋出路。[20]这是我们考察士人流向多元化的绝好具体个案。

这三个父辈的朋友对晚辈罗大经都很好。拿范应铃主动要给罗大经写推荐状看，这可不是很小的人情。固然，范应铃对罗大经相当器重。然而，作为有推荐资格的官员，所请托者多，而每年可以推荐的名额又有限，推荐谁，给谁当举主，恐怕不仅仅单凭被推荐人的能力、才华以及政务业绩，这背后有着复杂的人际关系和利益

---

15 《袁州府志》卷六，上海书店，《天一阁藏明代方志选刊》影印明正德九年（1514）刻本，1982年。

16 罗大经：《鹤林玉露》丙编卷四《诚斋夫人》，中华书局，1983年，第309页。

17 刘克庄：《后村先生大全集》卷一五五，《四部丛刊》初编影印旧抄本。

18 关于罗大经的事迹，参见笔者《小官僚大投射：罗大经仕履考析——宋元变革论实证研究举隅之三》。

19 杨士奇编：《历代名臣奏议》卷一六九《赵汝愚奏疏》，上海古籍出版社影印本，1989年。

20 参见王瑞来：《金榜题名后：“破白”与“合尖”——宋元变革论实证研究举隅之一》，《国际社会科学》，2009年第3期。

考量。这三个上司能够用力提携罗大经，从上述的事实考察也同样可以折射出罗大经的父亲罗茂良这个未曾入仕做官的地方乡绅的人脉、势力与能量。这又是一例反映乡绅势力的绝好个案。

杨万里在族谱还提及："季温益潜心于理学，著有《竹谷丛稿》若干卷，取正于余与丞相周公必大。观之所撰《畏说》，胥叹其有不可及处，此其言之立也。"罗大经在《鹤林玉露》全文引述了其父这篇拥有广泛影响的文章，并且指出："先君此说出，一时流辈潜心理学者，咸以为不可易。"此外还全文刊载了当时人欧阳景颜的跋语。其中写道："谒竹谷罗先生，以所著《畏说》见教，仆醒然若有所悟。呜呼！畏即敬也，使人知畏父母，畏尊长，畏天命，畏师友，畏公论，一如先生所言，欲不敬，得乎？每事有所持循而畏，则其敬也，莫非体察在己实事，见面盎背，临渊履冰。以伪自盖者，能之乎？高视阔步，幅巾大袖，假声音笑貌以为敬，求之于父母兄长师友之间，多可憾焉，人其以敬许之乎！盖先生以实而求敬，故其敬不可伪。世人以虚而求敬，故其敬或可假。是说也，羽翼吾道，其功岂浅浅哉！"[21]

罗茂良的理学形象还为梳理上述的人际关系提供了思路上的启示。细缕上述的人际关系，会发现个人间友情之中，还有学术脉络潜伏。罗茂良既是杨长孺的友人，又是杨万里的门人。[22] 而杨长孺也是朱熹学生，[23] 赵师恕从学于朱熹与黄榦，实出朱门。[24] 这一层关

21 《鹤林玉露》甲编卷三《畏说》，第 44 页。

22 《四部丛刊》初编本影印宋钞本《诚斋集》的每卷之末，多有"门人罗茂良校订"之识语。

23 黎靖德《朱子语类》卷首《朱子语录姓氏》杨长孺名列其中。中华书局，1986 年，第 18 页。

24 黄宗羲：《宋元学案》卷六三《勉斋学案》，中华书局，1986 年，第 2044 页。

系又揭示出另一个事实，即南宋从士人到乡绅的关系，还建立在学术层面的志趣相合与师友渊源。嘤鸣友声，同类相援。这一层关系所构筑的社会联系值得关注。

杨万里的大力褒扬，罗大经的事实叙述，欧阳景颜的高度评价，可以说从学问的角度看，构成江南儒学的并不仅仅是几个名家大儒，民间士人应当视为一个庞大体系的基础。除了罗茂良，民间士人在地方引领儒学、发挥影响的也还大有人在。南宋中晚期，与罗大经同榜进士的李昴英，曾在一篇题跋中这样写道："是邦老成人，无逾田知白者。闻其壮即厌科举，专志理学，使领袖书生为宜。"[25]

从南宋开始的社会现实与以道化俗的道学理想，让士人的社会角色发生了转变，从而也推动了精英文化向平民文化的转型。社会转向平民文化，其实是北宋以来的趋势，历来被认为是唐宋变革的指标之一。其实，北宋的平民文化只能看作是南宋的基础，南宋的平民文化在城市化发展和商品经济的推动下走得更远。江南儒学致力于向民众普及教化，既有着与时俱进的敏锐，也是顺应时代潮流的必然。在朝廷的支持下，江南儒学所实施的各种道学礼仪以及乡贤祭祀，也让宗教走向泛化。

在南宋繁荣的商品经济和平民文化的刺激下，伴随着造纸技术的改良，印刷术冲破了政府垄断，民间书坊蜂起。继纸张普及，印刷业的兴盛是又一次新媒体革命，不仅儒学道学著作，释道经典、科举时文、诗词文集、笔记小说、童蒙历算，大量的印刷书籍模糊

25 李昴英：《文溪集》卷五《书方右史请田知白作濂泉堂宾书后》，台北商务印书馆，影印文渊阁《四库全书》本，1983 年。

了精英与凡庶的界限，加速了文化下移。超越时空的书籍成为士人交往的媒介。繁荣的印刷业的推手促进了社会转型。在南宋的福建就已经出现了集中刊刻并贩卖书籍的“书市”。朱熹在一封信中写道：“《小学》未成而为子澄刊刻，见此刊修，旦夕可就，当送书市别刊，成当奉寄。”[26]可见当时书籍刊刻出版并非难事。南宋兴起的书市，到了明代更为繁荣。嘉靖《建阳县志》卷三载：“书市在崇化里，比屋皆鬻书籍，天下客商贩者如织。”[27]仅从“书市”的兴起到繁盛，也可以窥见社会转型的印记。

繁荣的印刷业为注重移风易俗、教化民众的江南儒学提供了强大的助力。普及教化从儿童做起。作为教材的童蒙书籍，在那一时代获得了数量空前的增长。有研究统计两宋的童蒙书凡 144 种，而南宋便占有 114 种。这个数字，不仅述说着印刷业的繁荣，还折射了发轫于南宋的宋元社会转型，承继了北宋的积淀，而又有了极大的飞跃，更反映了江南儒学放下身段普及民众的努力。童蒙书籍尽管是百科全书式的内容无所不包，但其中核则是道学的普及作品。比如朱熹的《童蒙须知》《小学》，其门人李宗思的《尊幼仪训》等，朱熹还以诗的形式撰写有通俗易懂的《训蒙绝句》。在朱熹的示范之下，又有了程端蒙的《性理字训》，陈淳的《训蒙雅言》和《启蒙初诵》，彭龟年的《止堂训蒙》，牟少真的《发蒙中庸大学俗解》，黎自昭的《性理蒙求》，鲁饶的《训蒙理诗》等等。[28]在宋

26　朱熹：《朱文公文集》卷五〇《答潘恭叔》，郭齐、尹波编注《朱熹文集编年评注》，福建人民出版社，2020 年，第 2422 页。

27　冯继科等纂修：《建阳县志》，嘉靖三十二年刻本。

28　童蒙书籍的数量统计和本文所举书名，均据周扬波《知识社会史视野下的宋代蒙书》，《厦门大学学报》，2018 年第 2 期。

元变革的大背景之下，江南儒学顺应自北宋以来的平民化趋势，礼下庶人，直至儿童。持续不断的从儿童入手的发蒙灌输，既让道学伸展浸润到了社会末端，又为道学代有传人奠定了基础。有了人的资源，即使江山鼎革，学问的发展也依然会一如既往。

以江南儒学为主导的士人对地域社会的各种精神建构，致力于儒学社会化，由雅入俗，让文化不仅存在于庙堂，更深寓于民间，形成了超越王朝的延续。

三、宋元鼎革后江南儒学统合定尊的历程

宋元易代，江山鼎革。中国大陆第一次为汉族以外的民族全面统治。蒙元统治时代，人们往往认为是一个黑暗的时代，充满血腥暴力以及四等人制的民族歧视。这种认识可以拿写下著名的《蒙元入侵前夜的中国日常生活》的法国学者谢和耐为代表。他在书中这样写道："在中国早已开始了近代化时期，是蒙古人的入侵阻断了这一迅速进步的过程。"[29] 然而，他引用《马可波罗游记》记述南宋灭亡以后杭州等城市的商业繁华，则直接否定了他自己前述想当然的推断。

南宋灭亡后的江南城市为何还会如此繁华，这与蒙古征服江南的方式有关。蒙古征服江南的统帅伯颜，被类比为北宋征服江南不事杀戮的曹彬。[30] 这尽管有些夸大，但基本符合事实。蒙古征服江南跟征服女真治下的中原不同，除了在常州等少数遭遇激烈抵抗的

29 谢和耐著，刘东译：《蒙元入侵前夜的中国日常生活》，江苏人民出版社，1995 年，第 5 页。

30 宋濂等：《元史》卷一二七《伯颜传》，中华书局，1976 年，第 3100 页。

城市实施野蛮屠城之外，基本是降者不杀，还用原来的官吏维持行政运营。我这样讲，不光是基于既有的研究，也是根据我自身发掘的史料。《宋季三朝政要》于咸淳十年载："伯颜大兵至复州，诱守臣翟贵曰：汝曹知几而降，有官者仍居其官，吏民按堵如故，衣冠仍旧，市肆不易，秋毫无犯，关会铜钱依例行用。"[31] 意思是说，如果识时务投降承认蒙元统治，则一切不变，做官的依然做官，经商的依然经商，乡绅的社会地位不变，市场交易正常进行，南宋的货币照旧流通，蒙古军队保证秋毫无犯。同书卷六之末也写道："大元兵锋所至，降者不杀。"那么，蒙古人是不是恪守了这一诺言了呢？上述的同一事件还可以看到另一侧面和后续的记载。的确，蒙古征服者基本上恪守了对降服者不杀之诺言。元人刘敏中《平宋录》记载了翟贵举城降服后蒙古军的对处，这是被《宋季三朝政要》的编者略去的部分："其翟安抚贵即日出降。诸将言于丞相曰：自古降礼当要降表，须知计点粮军数，差官镇守。丞相不听，传谕诸将，无令一军入城，违者斩之。于是无秋毫之扰。"[32]

或许有人会提出质疑，蒙古征服江南不是有过常州屠城吗？这的确也是事实。但蒙古军队是在什么情况下实施屠城，也须辨别。蒙古铁蹄征服江南，除了对常州等少数激烈抵抗的城市实行了野蛮屠城之外，对江南基本上是不流血征服。蒙古军队进行残暴屠杀是一种恐怖战术，让人闻风丧胆而放弃抵抗。美国学者贾志扬曾这样指出过："对抵抗者施行屠城，是蒙古征服中国和世界其他地方的

---

31 王瑞来：《宋季三朝政要笺证》卷四，中华书局，2010 年，第 365 页。

32 刘敏中：《平宋录》卷上，上海古籍出版社，影印文渊阁《四库全书》本，1987 年。

标志性行为。”[33] 然而，对不进行抵抗的地域，蒙古军队实行的则是怀柔政策。

这种不流血征服的方式，对于维持江南的千年繁华，社会结构和生产力没有遭受重创，经济发展没有中断，意义极为重大。此外，自南宋以来的士人流向多元化，注重于家族与地方的经营，也让士人对政治产生了相当程度的疏离，因此，在没有遭受社会重创的江南，江山鼎革对士人的冲击要比人们通常想象的低得多。

宋元易代，不仅江南社会结构与经济基础没有遭受重创，战争带来的流离失所与统一后割据疆界的消失，都在空间上造成了学者的流动自由。一个自幼生长在江南的士人，在元朝统一后游览北方，写下一部《北游日志》，在序中慨叹道：“且以余有生时言之，北至淮极矣，借得在全宋盛时，北亦止极白沟耳。今逾淮又逾白沟，信乎此游为北之极也。吁，其亦可喜也夫！其亦可悲也夫！”[34] 平生只到过南宋边界淮河流域的士人，在元朝统一后，游历北方甚至越过了北宋跟辽的界河白沟。这让他既悲且喜。悲者盖因汉族失去了宗主权，喜者则是没有了疆界的限制，可以自由往来。这个士人感慨赋诗：“梦亦何曾渡白沟，今朝却作等闲游。”[35] 元代的大儒吴澄也曾写诗这样形容：“男子初生射矢蓬，已包六合在胸中。往年南北一江限，今日车书四海同。”[36]

---

33 贾志扬著，赵冬梅译：《天潢贵胄：宋代宗室史》，江苏人民出版社，2005 年，第 246 页。

34 汪梦斗：《北游集》卷首，上海古籍出版社，影印文渊阁《四库全书》本，1987 年。

35 汪梦斗：《北游集》卷上《丘舜臣遣人还乡托以家书时六月望因走笔寄主学胡君及士招学正诸同舍》。

36 吴澄：《吴文正集》卷九四《送龚舜咨南归》，上海古籍出版社，影印文渊阁《四库全书》本，1987 年。

以朱子学为主的江南儒学开始驰骋于南北，终于覆盖全域。早期的德安出身的赵复被俘后北上，讲学于燕京的太极书院，据《宋元学案》载："（赵复）以所学教授学子，从者百余人。当是时，南北不通，程、朱之书不及于北，自先生而发之。（姚）枢与杨惟中建太极书院，立周子祠，以二程、张、杨、游、朱六君子配食，选取遗书八千余卷，请先生讲授其中。先生以周、程而后，其书广博，学者未能贯通，乃原羲、农、尧、舜所以继天立极，孔子、颜、孟所以垂世立教，周、程、张、朱所以发明绍续者，作《传道图》，而以书目条列于后。（姚）枢退隐苏门，以传其学，由是许衡、郝经、刘因皆得其书而崇信之。"[37]

关于这一事实，元人已有述及："初，蒙古破许州，获金军资库使姚枢。杨惟中见之，以兄事枢。时北庭无汉人士大夫，太祖皇帝见枢至甚喜，特加重焉。及阔端太子南伐，俾枢从惟中即军中求儒、释、道、医、卜之人。枢招致稍众。至是，破枣阳，大将忒没歹欲坑士人，枢力与辨，得脱死者数十人。继拔德安，得赵复，以儒学见重于世，其徒称为江汉先生。既被获，不欲北行，力求死所。枢譬说百端，复始悟，枢与至燕，学徒百人。由是北方始知经学，而枢亦初得睹程朱性理之书焉。"[38] 学术的传播通过学者的行动来实现，赵复就是显著的一例。

前引《宋元学案》讲到姚枢学传许衡等人，是有具体根据的。史载："闻姚枢以道学自任，乃诣苏门见之。枢授以伊川易传、晦

37 《宋元学案》卷九〇《鲁斋学案·程朱续传·隐君赵江汉先生复》，第 2994 页。
38 陈桱：《通鉴续编》卷二二《蒙古取枣阳军德安府》，元刊本，第 10 页。

庵四书集注、或问及小学书。衡读之，深有默契于中，遂手写而还。谓学者曰：'昔所授受，殊孟浪也，今始闻进学之序。若必欲相从，当悉去前日所学章句之习，从事于小学，洒扫应对，以为进德之基。不然，当求他师。'众皆曰：'唯先生命。'遂悉取向来简帙焚之，使无小大，皆自小学入。衡亦旦夕精诵不辍，笃志力行，以身先之，虽隆冬盛暑不废也。诸生出入，惴栗惟谨。客至则欢然延接，使之恻然动念，渐濡善意而去。尝与其子书曰：'小学、四书，吾敬信如神明，能明此，他书虽不治可也。'既而移家苏门，依姚枢以便讲习。及枢被征，衡独处苏门，始有任道之意。"[39] 由此可见，以朱子著作为主，在元朝尚未统一大陆全域之时，道学正宗已在北方传播。

道学北上，政治力量也发挥了作用。史载："时濂溪周子之学未至于河朔，杨惟中用师于蜀、湖、京、汉，得名士数十人，始知其道之粹。乃收集伊洛诸书，载送燕京。及师还，遂建太极书院及周子祠，以二程、张、杨、游、朱六子配食。又刻《太极图》《通书》《西铭》于祠壁，请赵复为师，儒王粹佐之。选俊秀有识度者为道学生，由是河朔始知道学。"[40] 蒙古领中书行省杨惟中行使公权力，对道学的早期传播起到了很大的推动作用。而张德辉"与元好问启请世祖皇帝（忽必烈）为儒教大宗师，帝悦而受之"，[41] 则是最大限度利用公权力对儒学地位的提升与全面普及的巧妙施策。

---

39 陈桱：《通鉴续编》卷二三《蒙古皇弟召许衡为京兆提学不至》，元刊本，第 3 页。

40 陈桱：《通鉴续编》卷二二《蒙古领中书行省杨惟中建太极书院于燕京延赵复为师》，元刊本，第 15 页。

41 陈桱：《通鉴续编》卷二四《秋七月蒙古以张德辉参议中书省事》，元刊本，第 2 页。

通过一些有影响的高官的推动，在蒙古立国号为元的第二年，继朱熹从祀孔子庙庭之后，张栻、吕祖谦也被封伯，从祀孔子庙庭。[42]这一事实表明，元朝官方对道学的接受与推广，并不具有排他性，虽以朱子学为主，但容纳学派也相当广泛。

我们再来看一例。上面引述《宋元学案》提及的元代理学家刘因，其弟子虞集也是元代大儒。其曾祖虞刚简与私淑朱熹的魏了翁有过学术交流，“尝与魏了翁、范仲黼、李心传辈讲学蜀东门外，得程朱微旨，著《易》《书》《论语说》以发明其义，蜀人师尊之”。[43]拥有这样家学传统的虞集自幼随父从四川仁寿迁徙到江西崇仁，后来历任大都路儒学教授、奎章阁侍书学士。黄溍评价说：“国朝一代文章家，莫盛于阁学蜀郡虞公。”[44]虞集曾为苏州的魏了翁后人写下过《魏氏请建鹤山书院序》。其中就提及“我曾大父建学简州，文靖公（魏了翁）为之记”的往事，[45]并且说道“某虽不敏，尚愿诵所闻于父兄者，以与其子弟从事乎二家之家学”。[46]魏了翁在《虞公墓志铭》中高度评价了虞刚简的学术成就：“气质之

42 陈桱：《通鉴续编》卷二三《诏追封张栻为华阳伯吕祖谦为开封伯从祀孔子庙庭》载：“太子既谒孔子，还即上奏曰：‘先圣之道，至我朝而后，有以续夫孟氏之传。然诸说并驾，未知统一。迨朱熹、张栻、吕祖谦志同道合，切思讲磨，择精语详，开牖后学，人心一正，圣道大明。今熹已秩从祀，而栻、祖谦尚未奉明诏，臣窃望焉。’故有是诏。”元刊本，第 17 页。

43 凌迪知《万姓统谱》卷九，上海古籍出版社，影印文渊阁《四库全书》本，1987 年。检《鹤山大全集》，魏了翁曾为虞刚简写下过《朝请大夫利州路提点刑狱主管冲佑观虞公墓志铭》，见卷七六。

44 虞集：《道园遗稿》卷首黄溍序，上海古籍出版社，影印文渊阁《四库全书》本，1987 年。

45 虞集提及的“文靖公为之记”，载《鹤山大全集》卷四二，题为《简州见思堂记》。

46 虞集：《道园学古录》卷七《鹤山书院记》，上海古籍出版社，影印文渊阁《四库全书》本，1987 年。

禀，自非生知上知，宁能无偏？学则所以矫其偏而复于正也。然今之学者有二：由博以致约则落华而就实，故志为之主，愈敛而愈实，愈久则愈明；或者唯博之趋，若可以哗世取荣，然气为之主，气衰则志索，于是有始锐而终惰，始明而终暗者矣。学乎学乎，其记览词章之谓乎！”魏了翁评价的虞集先祖的学术成就作为家学，无疑成为虞集志业目标。家学代有传人，人则徙地传学。元代道学完成南北统一，在朝廷的提倡之下，是通过学者的流徙而具体实现的。江南儒学就是这样由江南发散，进而张大于全国的。在公权力主导的政治力量的作用之下，儒学教化体系在全国范围内形成。除了官督民办的书院之外，从中央的国子学，到地方的路学、府学、县学，乃至基层的社学、义塾，所在皆有。据《元史》的记载，在元世祖至元二十五年（1288），全国各地所建学已达两万四千多所。这是士大夫政治主宰之下的宋代也没有出现过的盛况。

四、朱子学一统天下

自南宋到元代，在地方上活跃的士人，除了在各级官府为吏，从事地方教育的也为数甚夥。学校教什么，学什么？除了各种实际技能以外，最主要的就是儒学。这是当时的政治课。那么，所学习的儒学，具体内容又是什么？简言之，朱子学。经过学派间的不断争鸣论辩，取长补短的学术整合，是朱子学逐渐壮大的内在因素，而南宋庆元党禁的打压，作为外部促因，更为促使原本注重于民众教化的朱子学扎根于地方，通过从事教育活动和慈善事业来宣传理念，张扬声势，形成凝聚力强固、影响力广泛的道学大宗，嗣后又借党禁解禁之东风，一跃成为朝廷认可其官学地位的道学主流。

从地域而言，朱子学无疑也是江南儒学的主干。承继这样的客观现实，宋元易代之后，没有遭受战争重创的江南，朱子学更为发展，成为影响统一后全国的学问集散地。特别是元朝后来恢复的科举规定考试以《四书》为主要内容，以朱熹的集注为唯一标准，则更使道学的官学地位确固难移。

其实元朝的规定也体现了历史的延续，或者说承继自南宋的道学积淀。在南宋中后期的理宗朝，以朱子学为中核的道学已经确立了官学的正统地位。淳祐元年（1241），朱熹从祀孔庙，朝廷正式规定《四书章句集注》作为官学和科举的教材。王朝鼎革只是作为历史演进的自然段，并不反映时代变革的逻辑关系。政策的延续性，则反映了超越王朝的帝国同一性。朱子学在元代地位的再度确认并得以维持，不仅体现了不同朝廷的政策延续，更反映出江南儒学借由政治力量向全国范围的扩展。

以朱子学为主的江南儒学之所以能在元代占据官学的正统地位，也是多方面的合力所致。

一是朱子学自身的因素。产生年代久远的六经繁难，或佶屈聱牙，或歧义丛生，还存在断编残简，又有真伪难辨。因此，朱熹等宋代理学家在重新诠释六经的基础上，将六经的衍生物《论语》《孟子》《大学》《中庸》特别抽出，确立了“四书学”。这四部经典既保留有六经原旨，又有时代发展，最重要的是四书通俗易懂，容易为各种文化层次的人接受。对于六经与四书的关系，元人有个很有意思的比喻：“六经，天地也。四书，行天之日月也。”并且说：“子朱子平生精力之所萃，而尧、舜、禹、汤、文、武、周、孔、颜、曾、思、孟之心之所寄也。”[47] 这句话也是强调朱熹对四书的提倡与阐发。四书学的确立与推广，让儒学走出了原始经学狭小的象牙塔，使经学走向理学，二者结合，为儒学的发展开辟了新的广阔空间。于是，提倡四书学的朱子学便受到朝野的普遍欢迎，拥有了广泛的受众。

二是源自宋朝的政治遗传。由于朝廷的提倡，大量习举业的士人都把朱子学作为通往仕途的敲门砖，来加以研习。宋理宗朝的许月卿就指出过这样的现象：“嘉定以来，士大夫专以朱氏之学为仕途捷径。”[48] 走这条捷径成功地走入仕途的士大夫们，又成为后来士人所效法的榜样。实惠的利益驱动，首先让朱子学在产生士大夫的士人精英层获得了广泛的接受。而这样的接受必然会像水波漫延，影响到所有的知识层以及社会的各个角落。同时为了对应大量的需求，一贯以刊刻科举时文牟利的民间书坊也刊刻了大量朱子学的著作，这在客观上也扩大了朱子学的影响。元代尽管长时期停废科举，但士人的期待加之文化运行的惯力，依然让朱子学在社会上拥有广泛的市场。

三是出于朱子学目光向下的通俗普及。以朱子学为主的江南儒学，一反艰深繁琐的经学注疏传统，以通俗易懂的言传身教来普及教化。朱熹主张下学上达，学由渐进，当时陆九渊对朱熹一派的做法觉得是支离破碎，主张“见性明心，不涉笺注训诂，而直超于高明光大”，但朱熹则“每不然之，以为江西之学近乎禅”，其实朱陆

47　胡炳文：《云峰集》卷三《四书通序》。

48　程敏政编：《新安文献志》卷四五载许月卿《婺源朱塘晦庵亭祠堂碑》。

异同仅仅是在于寻求真理的路径有别。朱熹主张是针对资质平平的普通人而言，陆九渊则是面向悟性很高的聪明人而发。所以朱熹死后，“其徒大盛，其学大明。士大夫皆宗其说，片言只字，苟合时好，则可以掇科取士，而象山之学反郁而不彰”。[49] 入学取径的差异，便让后来很多学者由陆学转向了朱学。元人黄溍就曾讲到过这种学术转向：“四明之学，祖陆氏而宗杨袁，其言朱子之学者，自黄氏震、史氏蒙卿始。”

为什么会产生这样的学术转向呢？从黄溍接下来讲的黄震和史蒙卿的治学主张与特点应当可以概见：“黄氏主于躬行，而史氏务明体以达用。”[50]“躬行”与“明体以达用”都是注重学以致用的实践操作。“朱子在经学中，于礼特所重视。”[51] 在具体操作上，比如对乡饮酒礼，朱熹也做了简化的改革。[52] 正如钱穆先生所云：“朱子治礼，则以社会风教实际应用为主。”[53] 当然，虽说当时道学显现出的表象为由陆转朱，其实并不是对陆学的简单放弃，而是二者融合。按南宋后期的一个士人的话说，就是“贯彻朱陆”。[54]

朱子学这种放下身段的普及操作，不仅在南宋，在元代也为

49 刘埙：《隐居通议》卷一，上海古籍出版社，影印文渊阁《四库全书》本，1987 年。

50 黄溍：《文献集》卷九下《将仕佐郎台州路儒学教授致仕程先生墓志铭》，影印文渊阁《四库全书》本，1987 年。

51 钱穆：《朱子之礼学》，《朱子新学案》第 4 册，台北联经出版事业公司，2010 年。

52 杨华：《朱熹与宋代的乡饮酒礼变革：兼论礼典设计对地方官僚政治的回应》，《武汉大学学报》，2019 年第 3 期。

53 杨华：《朱熹与宋代的乡饮酒礼变革：兼论礼典设计对地方官僚政治的回应》，《武汉大学学报》，2019 年第 3 期。

54 刘辰翁：《须溪集》卷七《黄纯父墓志铭》载：“（黄丙炎）自其父得闻象山之学于其诸大父，益贯彻朱陆。”上海古籍出版社，影印文渊阁《四库全书》本，1987 年。

各个文化水准的社会层次所易于接受。其实，从本源来看，儒学从来都是一种关怀现实的学问，贴近生活。孔子就说“未知生，焉知死”，强调的是当下的世界。纵观儒学发展的历史，经历过魏晋玄学以及个别理学的形而上的艰深玄虚，而以朱子学为主的道学，又在平民文化兴盛的宋元社会转型大背景下，回归贴近了民众。南渡之后的平民文化，战争的阴影一直笼罩，不追求永恒，不向往虚幻，关注生活日常，珍惜身边的实际。这种意识，在南宋绘画中也有显现，全景式的宏大叙事消失了，有的是画面的截景边角，剩山剩水，认为这才是真山真水，可以把玩的眼前存在。文化艺术的相通，便让朱子学也敏感地捕捉到这样的社会意识，自然而然地走了一条下行路线。

四是朱子学整合诸学说的结果。弱势的南宋中央政权无力对强势的地方社会施以全面的思想钳制，特别是面对“庆元党禁”之后的道学逆反，朝廷基本采取了放任的态度。在这样的政治背景之下，地方繁荣的经济环境又滋润了学术交流的兴盛。类似春秋战国时期的百家争鸣，也在外敌压力下的承平环境中得以产生。各学派学说之间并非处于泾渭分明的状态，而是通过交往论辩而互相吸收。其中强势的朱子学则整合了诸如湖湘性学、陆九渊心学以及浙东事功之学等各种学说的一些因素，最终成为主流，从而在元代定于一尊。美国学者田浩就认为，朱熹在 1190 年代以后，更加愿意与陆九渊门人建立共识。[55]

回溯道学的发展史，各个学派当初，的确是壁垒森严，井河难

55　田浩：《朱熹的思维世界》，江苏人民出版社，2009 年，第 227 页。

犯。正如《宋元学案》所言："当乾道、淳熙间，朱、张、吕、陆四君子皆谈性命而辟功利，学者各守其师说，截然不可犯。"[56]不过，这种状况，首先由陈亮开始大声疾呼扭转，[57]继又由于"庆元党禁"严酷打压而形成了同舟共济的凝聚力。从而，道学诸学派虽论旨师从各异，但逐渐走向趋同。道学诸学派间的融合贯通，不仅体现在学问的内容上，还反映在学者的师从上。比如被《宋元学案》列入"东莱门人"的巩丰[58]，就是"学吕氏者也，然亦及学朱氏"。[59]而另一个学者孙应时的师承，则为陆九渊、朱熹、吕祖谦。[60]一个人连起了几个学派，也是折射道学流派非斥而兼容的典型案例。

五是广域涵盖的众多弟子的弘扬。田浩曾利用陈荣捷统计的朱熹门人数字，做过这样的分析，在378名学生籍贯中，福建人

56 《宋元学案》卷五六《龙川学案》"龙川门人：签判喻芦隐先生侃"，第1850页。

57 《宋元学案》卷五六《龙川学案》"龙川门人：签判喻芦隐先生侃"载："陈同甫崛起其旁，独以为不然。且谓，性命之微，子贡不得而闻，吾夫子所罕言，后生小子与之谈之不置，殆多乎哉！禹无功，何以成六府？乾无利，何以具四德？如之何其可废也！于是推寻孔、孟之志，六经之旨，诸子百家分析聚散之故，然后知圣贤经理世故，与三才并立而不废者，皆皇帝王霸之大略。明白简大，坦然易行。"

58 《宋元学案》卷七三《丽泽诸儒学案》"东莱门人：提辖巩栗斋先生丰"，第2447页。

59 戴表元：《剡源逸稿》，缪荃孙《艺风堂读书记》本。

60 孙应时师承陆九渊，见《（宝庆）会稽续志》："年方弱冠，从江西象山陆公九渊悟存心养性之学。"《象山集》卷三六《年谱》载陆九龄与学者书亦云："子静（九渊）入浙，则有杨简敬仲、石崇昭应之、诸葛诚之、胡拱达才、高宗商应朝、孙应时季和从之游，其余不能悉数，皆亹亹笃学，尊信吾道，甚可喜也。"师承吕祖谦，《烛湖集》卷一六《哭吕东莱先生》诗，有"镜曲重携杖，京都再及门。诗书窥梗概，耳目竟烦昏"句。此诗《东莱集》附录径以"门人孙应时哀诗"称之。师承朱熹，《（宝庆）会稽续志》载："登淳熙乙未进士第。初尉黄岩，士民惜其去，欲共置田宅留居焉，辞不受。朱文公熹为常平使者，一见即与定交。"检视《朱文公文集》卷五四，有《答孙季和应时》书二题七篇，皆为教诲门人语，而此卷亦标作"知旧门人问答"。清人万斯同所撰《儒林宗派》，亦于卷一〇"朱子门人"和卷一一"吕氏学派""陆氏学派"均记有孙应时之名。

占 43%，浙江 21%，江西 21%，其余 15% 来自其他地区。[61] 众多弟子在广范围进行的道学弘扬，让朱子学较之其他道学流派声势更大，影响更广。这种声势与影响不能不被从上到下的各个阶层与势力所瞩目和利用。

道学，是江南儒学的主要显现。其实，作为道学的面相，朱子学仅仅是呈现出一种主流形态。从北宋理学发展而来的南宋道学，是一个集合概念，具有广泛的包容性，涵盖了那个时代的儒学名家以及众多的士人乃至布衣学者。以私淑弟子成为南宋后期朱子学重要传人的魏了翁就曾这样缕述过道统："自井田、封建坏，君师之职分不明，六经之道千数百年几为未试之书。国朝自周、程、张氏及近世朱、张、吕氏相与扶持绵延，斯道复明。"[62] 从魏了翁的缕述看，北宋是周敦颐、二程、张载，南宋是朱熹、张栻、吕祖谦，这是一个涵盖很广泛的道统概括，没有强调朱子学一枝独秀。其实，南宋后期以降的道学就是一种集合的形态，魏了翁的概括很准确。惟其集合，没有排他，才具有凝聚力，方显恢宏，方有不断的壮大，从而显示出强大的影响力。

六是朱子学在政治上更倾向整合皇权，谋求与皇权的协调与共生。这就决定了朱子学在南宋也比吕祖谦、陈亮等其他主张在政治上强力制约皇权的学派更占有政治优势。[63] 这种政治路向与策略主导下的朱子学，进入元代，与主流政治不至于发生冲突，反倒借助

61 田浩：《朱熹的思维世界》，第 283 页。

62 魏了翁：《鹤山先生大全文集》卷七四《中大夫秘阁修撰致仕杨公墓志铭》，《全宋文》第 311 册，第 158 页。

63 田浩：《宋代思想史的再思考》，《复旦学报》，2019 年第 1 期。

于民间的影响为新朝廷所接受。

七是出于元廷的政策导向。在汉族以及汉化程度较深的其他民族士人的影响下，早在窝阔台时期，就曾以“儒通吏事”和“吏通经术”为标准，[64] 选拔官员。由此可见对儒学经术的重视。后来又根据耶律楚材的提议，设置了儒户。儒户的设置尽管是对待佛道等教徒的政策参照，又把士人与工匠屠夫等编户齐民等同相待，但也给成为儒户的士人带来免除赋役的优待。重要的是，从南宋晚期“士籍”的出现，到元代儒户的设置，不凭血缘，不靠门第，无恒产的士终于以精神贵族的身份确立了地位。这种身份地位的确立，无疑与江南儒学生发的道学巨大的影响有关。从元代多达十万户的儒户到清代太平天国之前的一百五十万人之多的乡绅，其间若明若暗的联系，展示着宋元变革的轨迹。

八是朱子学与元廷的互相接纳。宋亡之后，由金入元的北方士人较少拥有华夷之辨的意识，对蒙元统治并无太多的抵触。这些在政治上居于优势的士人，影响了由江南北上的士人，二者合流，共同弘扬道学。并且随着时间的推移，多数士人逐渐不再强调“夷夏大防”，认同蒙元的合法统治，认为“天命归元”。[65] 这种在政治伦理意识上对元廷的接受，又让元廷更为乐于接纳道学这种已从盛行的江南向北方浸润的儒学新形态。朱子学的主要传人魏了翁的后人请求重建鹤山书院，称元朝为“圣明之朝”，而盛元时期的文宗又认同故宋魏了翁传承性命道德之学，而命虞集“题鹤山书院，著记

64 《元史》卷八三《选举志》三。

65 参见萧启庆：《元朝史新论》，台北允晨文化，1999 年，第 114—136 页。涂云清：《蒙元统治下的士人及其经学发展》，台湾大学出版中心，2012 年，第 88 页。

以赐之”，就是明显的一例。[66]

江南儒学北上，在元朝统一中国大陆之前，像涓涓细流那样的悄然而缓慢地浸透，是结合各种偶然因素的个别传播，“润物细无声”。借政治统一之势，无战乱与疆界的阻隔，以朱子学为主的江南儒学，则像大潮一般涌向中原和北方，实现了道学的南北统一。关于这一点，我们可以通过一例个案来具体观察。

前面曾经述及，许衡作为姚枢的弟子，在元朝统一之前的道学传播，发挥了重要的作用。统一之后的许衡与江南儒学便产生了直接的接触。宋末元初，在江南朱熹的故乡有位叫熊禾的学者，从辅广学，是朱熹的三传弟子。在著述方面，写下许多朱熹未来得及撰述的著作，丰富了道学。在去世之后，许衡为熊禾的文集写序，对熊禾的成就做了高度评价。

在《熊勿轩先生文集序》中，许衡说：“先生生文公考亭阙里，虽未及门受业，其真才实学，著书立言，实有功于文公也。”直接指出熊禾是朱熹功臣。文集序还通过诉说熊禾之幸与不幸来表达了许衡自己的见解：“惜乎遭宋叔世，不能以竟其蕴，乃时之不幸，非先生之不幸也。然其遗书尚存，嘉惠后学，于以立纲常，关世教，绍统绪，实斯文之幸，天下后世之幸。”通过讲述幸与不幸，指出了熊禾的贡献，这就是“立纲常，关世教，绍统绪”。许衡很看重名声不显的熊禾这些带给“天下后世之幸”。他在文集序开头就铺垫了这一层意思：“文之传世，岂易云乎？不深于道德，不能以为文；不关乎世教，不足以言文。道德其本，世教其用与。求其

66　虞集：《题鹤山书院记应制》，《道园学古录》卷七，《四部丛刊初编》本。

真才实学，全体大用，具天地之纲常，寿斯民之命脉，绍圣贤之统绪者，吾于建阳熊先生足征焉。”[67]

许衡在《文集序》的这些话，其实是在强调熊禾在传承道统方面的重大作用。这表明，学承北方的许衡对江南儒学的朱子学道统有着明确的认同。这种认同则折射了道学的南北统一而无殊。

没有资料表明熊禾与许衡二人生前是否有过直接会面交流，但通过传播的著作彼此有着互相了解与认同则是确凿的事实。清人朱轼撰《史传三编》卷七《名儒传》六《熊禾传》后“论曰”这样写道：“禾与许衡出处不同，一则抱采薇之孤志，一则际从龙之盛遇。然禾谓衡倡明文公之学，启沃君心，栽培相业，以开治平之原；而衡序禾遗集有立纲常、关世教、绍统绪之称。盖其心同，其道同，易地则皆然也。殆孟子所谓其趋一者是耶。”[68] 检视《勿轩集》卷一，朱轼所转述熊禾评论许衡的言论出自熊禾所撰《考亭书院记》，其云：“过江来，中州文献欲尽，自左丞覃怀许公衡，倡明公学，家诵其书，人尊其道，凡所以启沃君心、栽培相业、以开治平之原者，皆公余泽也。”[69] 显然，熊禾对许衡有较深的了解。在这段话中，不仅评价了许衡推广普及朱子学之功，更是高度赞扬了许衡以朱子学“启沃君心、栽培相业、以开治平之原”的政治意义。

入世的儒学从诞生之日起，便有这明确的为拯救乱世开药方的

67　许衡：《许衡集》卷八，中华书局，2019 年，第 304 页。按，《四库提要》以《熊勿轩先生文集序》文末署时有误，而指为伪托，又有学者认为是明代书商所为。审视文集序内容，当可信为出自许衡手笔。

68　朱轼：《史传三编》，上海古籍出版社，影印文渊阁《四库全书》本，1987 年。

69　苏天爵：《元文类》卷二九《考亭书院记》，上海古籍出版社，影印文渊阁《四库全书》本，1987 年。

意识，而经历“独尊儒术”的尊崇之后，儒学的政治学意义更被光大。宋亡隐居不仕的熊禾认同仕元的许衡所发挥的作用，无疑是在异族入主中原的特殊背景下，对许衡以道学规劝君相、以文化蛮的肯定。

道学的南北合流，道统归一，从熊禾与许衡的隔空交流也可以略见一斑。

五、儒学根植大地

元代长达几代人、几十年的科举停废，堵塞了士人向上流动的这条原本难行的通路。谋求在地方的横向发展，成为士人的不二选择。“贡举法废，士无入仕之阶，或习刀笔以为吏胥，或执仆役以事官僚，或作技巧贩鬻以为工匠商贾。”[70]《元史·选举志》概括地描述了士人流向多元化的趋势。我曾考察过画有著名的《富春山居图》的画家黄公望的生平。[71] 黄公望自幼作为黄家的养子为了科举考试习神童业，“经史二氏九流之学无不通晓”。[72] 成年之后，在科举停废的时代，黄公望也未能免俗，而是顺应潮流，“舍方册而从刀笔”，[73] 加入了胥吏大军。几度做吏的黄公望，还被解雇和关进过监狱。元人郑元佑《侨吴集》有首《黄公望山水》诗似乎也披露出

70 《元史》卷八一《选举志》一，第 2017 页。

71 王瑞来：《写意黄公望——由宋入元：一个人折射的大时代》，《国际社会科学》，2011 年第 4 期。

72 朱谋垔：《画史会要》卷二，中国书店出版社，2018 年。

73 唐元：《筠轩集》卷一二《唐处士墓志铭》，上海古籍出版社，影印文渊阁《四库全书》本，1987 年。

一些事实："勇饥驱东阁，肯为儿女资。不惮北游行万里，归来画山复画水。"[74] 第二次为吏被捕入狱，对黄公望的打击，比前一次罢归更大，47 岁的黄公望对官场彻底心灰意冷，如《梧溪集》诗序所云"得不死，遂入道云"。[75] 明人所编《姑苏志》载："黄冠野服，往来三吴，开三教堂于苏之文德桥。三教中人，多执弟子礼。"[76] 这是黄公望从事宗教活动的纪录。加入道教主流教派全真教的黄公望，与教友来往较频。著名的《富春山居图》就是为教友无用师而作。《录鬼簿》说黄公望"以卜术闲居"，[77] 打卦算命也是黄公望的谋生手段之一。清《嘉庆一统志》载有黄公望小传，说松江"其地有精《九章算术》者，盖得其传也"。[78] 打卦算命，需要精通算学。后来的黄公望教书、算卦、传教，从事过多种职业，而作画不过是他的兼职。

元朝以吏为官。在士人的众多职业选项中，为吏居多。元人萨都剌在《雁门集》中题为《为姑苏陈子平题山居图黄公望作》描述的"尘途宦游廿年余"，[79] 指的当是黄公望。在这种利用知识优势的务实之举中，其实也隐含了士人过去通过科举走向仕途之梦。尽管黄公望从事过各种职业，早年长时期从事的，还是吏职。所以《南村辍耕录》中的《戏题小像》条有这样的记载："张句曲戏题《黄

---

74 郑元佑：《侨吴集》卷三，上海古籍出版社，影印文渊阁《四库全书》本，1987 年。

75 王逢：《梧溪集》卷四，上海古籍出版社，影印文渊阁《四库全书》本，1987 年。

76 王鏊：《姑苏志》卷五六，上海古籍出版社，影印文渊阁《四库全书》本，1987 年。

77 钟嗣成：《录鬼簿（外四种）》卷下，上海古籍出版社，1978 年。

78 《嘉庆重修大清一统志》卷五九，《四部丛刊》三编本。

79 萨都剌：《雁门集》卷四《为姑苏陈子平题山居图黄公望作》，上海古籍出版社，影印文渊阁《四库全书》本，1987 年。

大痴小像》云：全真家数，禅和口鼓。贫子骨头，吏员脏腑。”[80]看来，长期为吏的生涯，在黄公望身上打下了深深的烙印。观察士人的流向，黄公望是一个绝好的缩影。与元代相始终的黄公望，顺应时代潮流，长期为吏，此后又入教、教书、算卦、作画，从事多种职业。

在宋代，科举是官僚再生产的主要工具。那么元代从事行政管理的吏从哪里产生呢？主要由学校产出。宋末元初的刘辰翁就说："科举废而学校兴，学校兴而人材出。故学校又为天地心之心也。"[81]在元代科举停废的背景之下，书院这类官督民办的教育机构如雨后春笋，大量涌现。清初孙承泽在《春明梦余录》卷五六说道："书院之设，莫盛于元，而皆设山长以主之，给廪饩以养之，几遍天下。"[82]据统计，元代百余年间，恢复与兴建的各类书院近三百余所[83]。这一数量，尽管上不及两宋，下不逮明清，但这是在科举长时期被取消的时代生产士人的主要机构，其教授的内容与发挥的作用，皆大于其他时代以习举业为目标的书院。

在元代，江南儒学也得以持续发展。停废科举的时代，士人除了出于生计从事各种职业之外，也有不少潜心向学之士。《元史》载："陈栎，字寿翁，徽之休宁人。栎生三岁，祖母吴氏口授《孝经》《论语》，辄成诵。五岁入小学，即涉猎经史，七岁通进士业，十五乡人皆师之。宋亡，科举废，栎慨然发愤致力于圣人之学。涵

80　陶宗仪：《南村辍耕录》卷二八，中华书局，1958年。

81　刘辰翁：《须溪集》卷三《庐陵县学立心堂记》，上海古籍出版社，影印文渊阁《四库全书》本，1987年。

82　孙承泽：《春明梦余录》卷五六，北京出版社，1992年。

83　邓洪波：《中国书院教育概论》，《中国书院》第五辑，湖南教育出版社，2003年。

濡玩索，贯穿古今。尝以谓有功于圣门者莫若朱熹氏，熹没未久，而诸家之说往往乱其本真，乃著《四书发明》《书传纂疏》《礼记集义》等书，亡虑数十万言。凡诸儒之说，有畔于朱氏者，刊而去之。其微辞隐义，则引而伸之。而其所未备者，复为说以补其阙。于是朱熹之说大明于世。延祐初，诏以科举取士，栎不欲就试。有司强之，试乡闱中选，遂不复赴礼部，教授于家，不出门户者数十年。”[84] 之所以举出陈栎的例子，是因为具有一定的典型性。科举停废对自幼习举业的陈栎来说，其实是一种解脱，使他可以毫无所累地去做自己想做的事，终于成为硕果累累的大儒。

而另一个福建人邱葵，《四库全书总目》介绍他的《周礼补亡》时写道：“宋末，科举废，葵杜门励学，居海屿中，因自号钓矶翁，所著有《易解义》《书解义》《诗口义》《春秋通义》《四书日讲》《周礼补亡》。”[85] 可见邱葵也取得了不亚于陈栎的成就。正如欧阳玄也在《元故旌表高年耆德山村先生欧阳公（泾）墓碑铭》中记载欧阳泾所云，“至宋亡，科举废，乃更沉潜性命之学，手编诸经传注”。[86] 这其实就是江南儒学在元代继续得以长足发展、并让明清得以承继的普遍状况。

在朱子学的基础之上，元儒有着继往开来的使命感，有针对性地对道学进行了补充和弘扬。比如与朱熹同里的熊禾就认识到具有开创之功的朱熹还有许多学术事业尚未来得及做：“谓朱子平生

---

84 《元史》卷一八九《儒学传》，第 4321 页。

85 永瑢等：《四库全书总目》卷二三经部礼类存目《周礼补亡》，中华书局，1965 年，第 182 页。

86 欧阳玄：《圭斋文集》卷一〇《元故旌表高年耆德山村先生欧阳公（泾）墓碑铭》，《四部丛刊初编》本。

精力，惟在《易》与《四书》两部，《诗》仅完稿，《尚书》开端而未及竟，三《礼》虽有《通解》，缺略尚多。勉斋黄氏、信斋杨氏粗完《丧制》二编，而授受损益精意，竟无能续。若《春秋》，则不过发其大义而已。”[87]“当吾世不完，则亦愧负师训矣。”[88]使命感使然，熊禾“因于每经取一家之说为主，而裒众说以疏之。剖析异同，多扩先儒所未发”。[89]由此一例，我们可以概见道学在元代的发展与充实。

六、传统文化的发展规律

根据我对中国文化纵向发展的观察，政治钳制强烈的传统社会，文化总是在乱世开出璀璨之花。因为乱世的相对无政府状态，思想钳制相对松弛，所以文化才获得自由发展的良机。乱世给大多数民众带来了莫大的苦难，不过也在客观上给了文化松绑的空间。这是一个悖论，也是一种无奈。从世界史的视野观察，这也是文化发展的一个普遍特征。写作《民主与爱国》的思想家小熊英二就根据对日本近现代史的观察指出，思想繁荣的时代是不幸的时代。不过，这一特征在传统中国显现得格外突出。

我们可以观察到，较之西周统治比较稳定的时期，春秋战国的乱世，思想空前活跃，老子、管子、孔子、墨子、庄子、孙子、孟子、荀子等思想家成群涌现，儒、墨、道、法、名、阴阳、纵横等

87 陆心源：《宋史翼》卷三四《熊禾传》。

88 《宋元学案》卷六四《潜庵学案》“刘氏门人：参军熊勿轩先生禾”，第 2068 页。

89 陆心源：《宋史翼》卷三四《熊禾传》。

百家争鸣，纷纷为乱世开药方。秦汉统一，集权的政治与强大的经济为消化、吸收和整合乱世形成的文化提供了基础和环境。这一乱世到治世的过程，通过以黄河流域为主的内部整合，实现了中国文化的最初繁荣。

此后的文化发展也基本遵循了乱世开花、治世结果的模式。比如，接下来魏晋南北朝的乱世，五胡的进入，佛教的传播，外部的因素又给文化注入了新鲜血液，变得更有生机，进入隋唐统一的治世，终于形成更为宏大的文化气象。此后从中唐安史之乱开始的唐宋变革，经历了五代十国的分裂混乱，彻底改变了几百年来既有的社会结构，魏晋以来世家大族逐渐走向消亡。加之科举等因素带来的社会流动，社会呈现平民化倾向。隋唐以来崇文的潜流，伴随着北宋科举规模的扩大，终于形成了士大夫政治文化。在士大夫成为政治主宰的背景之下，特别是澶渊之盟之后的百年承平，更为中国文化带来了少有的非乱世而开花的局面。当然，作为一种文化现象，乱世开花、治世结果的模式只是忽略个别例外的宏观观察。而例外则是，在特殊的历史背景之下，乱世也未必开花，治世也未必结果。

靖康之变的混乱，南宋王朝的草创，短时期准乱世的时代背景，庆元党禁的政治钳制失败，让融合佛道的北宋理学顺理成章地在南宋特殊地理和政治场域张大为道学。顺应社会转型，道学在南宋伴随着士人的流向根植于地域。在这样的积淀之下，中国历史发生了前所未有的政治变局，非汉族的蒙元统治了大陆全域。有元一代，在宋元变革的时代背景之下，成为中国文化走向近代的极为重要的发展时期。明清以后呈现出的繁荣文化，其实就是来自宋元的积淀，而江南儒学也正是在这样的基础上获得了长足的发展。

蒙元对江南实行的基本不流血征服，王朝鼎革没有造成社会的结构性巨变，保全了作为中国大陆经济重心的生产力，让繁荣的经济发展得以持续，并且还获得了更为广阔的生长空间。经济是基础，在此之上，相对隔阂于汉字文化的蒙元统治又在无意中形成了没有文字狱的政治宽松。在这个时代，我们看得到满怀故国之思的坊间史书的大量出版，我们看得到关汉卿们在杂剧元曲中的含沙射影、指桑骂槐。而朝廷出于统治需要又对儒释道大力均等扶持，宗教也有着空前的自由度。这些都给文化带来了另一类难得的非乱世承平发展时期。

说中国文化造极于赵宋，其实并不仅仅是有宋一代，准确说是自南宋至元的宋元变革期。士大夫政治主导的文化宽松和无意形成的无钳制，正是这两个接续的长时段造就了中国文化前所未有的繁荣，而以道学的形态出现的江南儒学又在朝廷提倡和民间普及的合力之下一统文化江湖，形成了空前的宏大与辉煌。此后的中国文化，同样又分别经历了明末清初和清末民初的乱世开花和承平结果。

结语

以江南儒学为中核的道学，其所弘扬的道统，既超越了王朝，也超越了汉字文化覆盖下的族群。道学承续北宋理学的理论积淀，在政治、经济重心合一的江南场域，经历了庆元党禁的刺激，顺应士人流向多元化的势态，在商品经济的繁荣，平民文化发达，特别是印刷业兴盛等多种因素的作用之下，不再仅仅着眼于致君行道，而是走出象牙塔，眼光向下，致力于移风易俗的通俗教化。江南儒学这种文化下移的自觉，也是促使宋元社会转型的重要推手。道学在南宋最终获得的正统地位，又为其在元代确立为官学奠定了基础。

蒙元征服南宋，基本上实行的是不流血征服，使江南的社会结构与经济繁荣都没有受到重创，科举的长期停废，尽管让“士失其业”，但也在一定意义上说卸下了狭窄的习举业的负担，可以专心治学，这就使本未遭受较大冲击的江南儒学得以向深度和广度自由伸展。元朝恢复科举，规定以《四书》为考试内容，也反映了接受以朱子学为主的江南儒学拥有普遍影响的现实。

历来，伴随着政治中心之所在，儒学的中心也根植于中原。然而，北宋的靖康之变，让政治中心南下，与经济重心合一，共同铸成了文化中心。而江南的文化中心，在元代全国统一的格局之下，向全国弥散，江南成为新的文化源头。其中的江南儒学也乘文化弥散的大潮终于一统天下。而在这一现实所奠定的基础之上，此后的明清时代的承续建构，又让江南儒学增添了新的内容，其中的阳明学在汉字文化圈的范围内产生相当大的影响。在特定的时代背景之下，传统的儒学也被重新审视、整理，汉学、宋学、公羊学精彩纷呈，杰出学者辈出，群星闪耀。迄至近代以前，江南儒学所光大的道学一直定为一尊，影响庙堂，深入社会。秦汉唐宋元明清，王朝都消失了，包括江南儒学，承载着文化的中国一直屹立在这块古老的大陆上。

元代江浙儒学提举司与江南儒学社会基盘的确立

王宇（浙江省社会科学院文化所）

在行省一级设置儒学提举司是元代的创举。关于这一机构的职能和品级，《元史》卷九十一《百官七》载："儒学提举司，秩从五品。各处行省所署之地，皆置一司，统诸路、府、州、县学校祭祀教养钱粮之事，及考校呈进著述文字。每司提举一员，从五品；副提举一员，从七品；吏目一人，司吏二人。"可见，儒学提举司的职能是管理各级儒学的祭祀、教养、学田钱粮等事务，同时也有责任过问辖区内的文化事务。在文献中，儒学提举司提举又被称为"儒台""提学""文台"。元代的儒学提举司与明代在行省设置提学御史（提学道）、清代的学政，在制度渊源上有着密切的关系。

江浙儒学提举司管辖范围相当于今天的浙江、福建两省全境以及皖南、苏南、上饶等地区，这一辖区文化积淀丰厚、文化精英密集、文化活动繁荣，覆盖了江南儒学的活跃范围。在蒙元统治冲击南宋文化的大背景下，儒学提举司对辖区内文化教育事业的发展起到了一定的促进作用。浙江是江浙儒学提举司辖区中的核心部分，江浙儒学提举司又驻扎于杭州，故元代浙江文化的发展得益于江浙儒学提举司的保护和奖掖，同时，浙籍人士也在江浙儒学提举司中发挥了主导作用。日本学者櫻井智美的论文《元代の儒学提举司——江浙儒学ぞ提举中心に》，[1] 对江浙儒学提举司的历任提举、副提举进行了考证，并分析了这些官员的出身背景、提举司与其他行省监司的关系、提举司与元代杭州的出版事业等问题。櫻井的研究虽然存在个别不足，[2] 仍有较大参考价值。

有鉴于此，本文对江浙儒学提举司的建制沿革、业务职掌略加考述，并对浙籍提举司长官（提举、副提举）进行梳理。

一、江浙儒学提举司的建制沿革与职掌

元灭南宋之前，于世祖至元六年（1269）下旨在各路设立提举学校官，用从六品印信。[3] 元灭南宋之初，在浙江地区设置了浙东道儒学提举和浙西道儒学提举两个衙门，辖区内的各路也设置了儒学提举。到了至元十九年（1282），江浙行中书省根据浙西道宣慰司、浙西提刑按察司的请求，认为既然浙东道、浙西道各有儒学提举，"其各路提学职事委是不应设立"，决定全部裁减，只保留杭州路儒学提举（时任提举为孙朝瑞）。[4] 至元二十一年闰五月，朝廷决定把各道的儒学提举司一体革罢，各级儒学事务统归所属文资正官一员专一提调；[5] 至元二十四年闰二月，各道儒学提举司又被恢复设

1 《东洋史研究》第 61 卷第 3 号，2002 年 12 月，第 459—488 页。

2 譬如，櫻井把至正十六年福建分省之后的福建儒学提举、副提举也计入江浙儒学提举，把元贞元年以前各路设置的儒学提举也纳入讨论范围，都是不妥的。

3 佚名：《庙学典礼》卷一《设提举学校官及教授》，浙江古籍出版社，1992 年，第 14 页。

4 佚名：《庙学典礼》卷一《郡县学院官职员数》，第 16 页。

5 佚名：《庙学典礼》卷一《革提举司令文资正官提调》，第 25 页。

置，提举从五品、副提举正七品。[6]浙东道儒学提举司于该年十二月十九日开司办公，[7]浙西儒学提举司恢复的时间应该相距不远。元贞元年（1295），诏江南各行省只设一个儒学提举司，裁撤各道儒学提举司，遂改为江浙等处儒学提举司，并由礼部铸造从五品铜印一颗，交由江浙儒学副提举陈友龙收管。[8]管辖范围相当于今天的浙江、福建两省全境以及皖南、苏南、上饶等地区。顺帝至治十六年（1356）正月，改福建宣慰使司都元帅府为福建行中书省，[9]福建地区从江浙行省分离出来，相应另设了福建儒学提举司。尽管江浙儒学提举司管辖范围远不止两浙地区，因其治所驻扎于杭州，故对江浙儒学提举司、对浙江文化的发展有着不容忽视的影响。

关于儒学提举司的职能，《元史》卷九十一《百官七》载："统诸路、府、州、县学校祭祀教养钱粮之事，及考校呈进著述文字。"在实际运行中，儒学提举司不仅要管理学校、书院的内部事务（祭祀、教学），还要管理所属学田的钱粮，同时维护学官、儒户、儒人的权利和利益，在科举考试恢复后，儒学提举、副提举还要被调派充任乡试考官。以下分别论述之。

（一）选拔和管理各级学官教职

在仁宗延祐元年重开科举之前，担任学官和胥吏是元代儒生入仕的两个主要途径，其中学官的升迁空间虽然十分狭窄，但名义较

---

6 佚名：《庙学典礼》卷二《左丞叶李奏立太学设提举司及路教迁转格例儒户免差》，第 30 页。

7 佚名：《庙学典礼》卷二《差设学官学职》，第 43 页。

8 佚名：《庙学典礼》卷四《设立随省儒学提举司》，第 91 页。

9 宋濂：《元史》卷四十四《顺帝纪七》。

为清高，与儒生的本色更加接近，在附属学田较广、钱粮收入较富的学校、书院出任学官或山长，收入也相当优厚，因此学官是儒生竞相追求的职务。[10]

元代的儒学提举（包括元贞元年以前浙东道、浙西道儒学提举）在学官的选拔、管理的流程中扮演了重要的角色。

元代学官大致分成五个层次：（1）各级学校设置的直学，管理学校的钱粮田土和各种杂务；（2）县学教谕，学录（路学设学录一员）；（3）书院山长，学正（下州州学设学正一员，路学设学正一员）；（4）散府儒学、州学教授，正九品；（5）路级儒学教授，从八品。[11] 路学教授再往上便是儒学副提举。这五个层次中，只有（4）（5）是有品级的流内官，因此，从层次（3）继续往上晋升迁转非常困难，得任路学教授者寥寥，有论者指出，学正、山长最多晋升到州学教授，大多数人终生徘徊于层次（2）。[12]

两浙地区各级儒学设立的情况也大致如此。以庆元府路昌国州为例，至元十七年浙东道儒学提举借拟儒人为州学教授，管理州学，并设学正、学录；至元二十九年，江浙行省命令下州不得设教授，只保留了学正、学录。昌国州境内有翁洲书院、岱山书院，各设山长一员。[13]《延祐四明志》则反映了元中期路、州两级儒学学官设置的个案情况，见下表。

10 参见陈高华：《元代的地方官学》，中国元史研究会编《元史论丛》第五辑，中国社会科学出版社，1993 年。

11 参见陈高华：《元代的地方官学》，第 171 页。

12 徐梓：《元代书院研究》，中国社会科学出版社，2000 年，第 75—76 页。

13 冯福京：《大德昌国州志》卷二《学校》，宋元方志丛刊本。

附表一：《延祐四明志》所见庆元路各级儒学学官教职设置[14]

	教授	学正	教谕	学录	备　注
庆元路儒学（总管府）	1	1		1	曾设副教授一员，延祐年间已不设。
鄞县儒学			1		
奉化州儒学		1			
昌国州儒学		1			
慈溪县儒学			1		
定海县儒学			1		
象山县儒学			1		
鄮山书院、翁洲书院、岱山书院、慈湖书院			山长一员		
甬东书院			未设山长		

至元二十五年十二月，浙东道儒学提举司就设置学官岗位、学官迁转管理等事项请示浙东道宣慰司。为此，浙东道宣慰司回复浙东儒学提举司：学正（指下州州学学正、路学学正）、书院山长达到可晋升路学教授的年限（“比拟路教资次”），儒学提举司保明，申覆上司，转呈行省出给札付；学录、教谕、直学，并从儒学提举司差设，出给付身，并免体覆。[15]

至元二十七年二月，集贤院札付国子监，根据浙东道儒学提举司的请求，明确了江淮以南教官，从本路儒学公众推举保申，各道提举司就便依例行移按察司体覆相同，然后从儒学提举司考较所业文字，循例定拟职名，山长、学正申行省，学录申宣慰司，就便出

14　见该书卷十三、十四。

15　佚名：《庙学典礼》卷二《差设学官格例》，第 46 页。

给札付；[16]各县学教谕，由儒学提举司委付。[17]可以说，儒学提举司主导了教授以下各级学职的选拔管理，即：教谕、直学，完全由儒学提举司差设，并颁给任命公文；山长、学正、学录等职，经各级学校师生公共推选初步人选，由儒学提举司汇总后移送提刑按察司复核（体覆），然后送回儒学提举司考核其专业水平，初拟职名，然后分别报送行省、宣慰司定夺。

但是，至元二十七年的规定只是规定了山长以上教职学官应送提刑按察司体覆，并未明确，由儒学提举司差设的教谕等职人选是否也要送提刑按察司体覆。至元二十七年，提刑按察司副使王俣认为："勉励学校，宣明教化，乃风宪所掌。"学正、学录、教谕等职，由儒学提举司保明送提刑按察司体覆，如实相应，儒学提举司应该在收到按察司批准的回文后，方许委用；但是在实际运行中，儒学提举司保用教官，多不行移体覆，或于已差之后方才移文提刑按察司。为此，行御史台札付浙东提刑按察司，要求进一步严格对教职学官的体覆。[18]元贞元年（1295）四月，江南行御史台又就此事札付浙东廉访司，指出各级学官教职多有冒滥不法、侵夺学产者，主要原因是自教授至学正的教职由儒学提举司保申，学录以下教职学官由儒学提举司自行委用。而提举司考察不严，甚至收受贿赂，"以致侥幸躁进之流，无才有力者得以滥处师席"。今后，应严责各道廉访司文资正官从实体察，及戒约儒学提举司以每岁举用当否，定为黜陟之例，仍从国子监命题引试相应综名核实，然后注

16　佚名:《庙学典礼》卷三《正路任满给由》，第49页。

17　佚名:《庙学典礼》卷三《按察副使王朝请俣申明体覆》，第52页。

18　佚名:《庙学典礼》卷三《按察副使王朝请俣申明体覆》，第52页。

授。[19] 这道公文对儒学提举司选拔管理教职学官的工作提出了相当严厉的批评。而同年五月，朝廷下令裁减各道儒学提举，每个行省只设一个提举司，似乎也是不满于提举司未能举职、导致学官教职冒滥不得其人。

（二）维护儒户优免差役的权利

儒户身份认定是与免除差役直接相关的问题。儒学提举司设置之后，认定儒户身份，维护儒户免差役的权益，对儒户的管理和权益保护，是这个机构重要的职能。姚燧甚至认为提举司地位提高的直接原因就是至元二十五年朝廷下诏免去儒人差役：

> 况提举学校五品，居职军民官下，其受成文以行，无惑也。然其治必居宣慰、廉访所治府州，教官听其约束者，其地与二司等，此实世祖建元后故事也。二十五年始方降诏，复江淮多士力役。俾一提学，自掌其一。由是师生鼓舞相语，以为平日谕所不及。一旦与行省院台廉访转运者同有是掌，卑于名而尊其实，其势反若居宣慰职军民者上，自十三年平宋后所无。北方人士闻之曰："是岂独无，平宋之后，列圣兹降所无，实兴起斯文万世之成规也。"[20]

江南儒人最终获得免役权，经历了一个复杂的历史过程，其中颇多反复。在征服南宋前，蒙元统治者曾多次下令免除其统治区内儒

19　佚名：《庙学典礼》卷四《教官任满给由》，第 92 页。
20　《牧庵集》卷七《奎章阁记》，文渊阁《四库全书》本。

人、儒户的杂泛差役。但是，为了防止过多的人口免役，蒙元统治者又要不定期地对儒人进行专业考试，考试不合格者被剥夺儒户身份。譬如，太宗（窝阔台）九年（1237）八月诏选试儒人，中选儒人做买卖的纳商税，种田纳地税，其余差发并行蠲免，考试内容为论、经义、词赋三科。[21] 至元八年颁布的《户令》规定："中统四年分拣儒人内，今次再行保勘到委通文学，依旧免差，不通文学，收系当差；而诸色人户下子弟读书深通文学者，止免本身差役。"[22] 元灭南宋的当年（至元十三年）三月，元廷在汉地举行了儒人选试，中选儒户三千八百九十户。但是，元灭南宋后，可能是为了收买人心，也可能是考虑到江南地区的儒学水平较高，在至元十四年根据坊正里长的抄报，建立原南宋统治区内的儒户籍册，而没有举行分拣考试。[23] 至元十八年，叶李任浙西道儒学提举时又对浙西地区的儒户进行了统计，登记儒户数量较至元十四年有所增多。

至元二十五年十一月，世祖下旨："江淮等处在籍秀才，做买卖的纳商税，种田纳地税，其余一切杂泛差役并行蠲免，所在官司常切存恤。"此旨显然是对以往历次命令的重申。但所谓"今后在籍秀才"之籍，则表示从此以后儒户的资格将长期固定，由儒学提举司管理，非如此前还不定期地进行分拣考试。而两浙地区儒户密集，一旦认定为儒户，今后很难改易。因此，在至元二十五年十一月的圣旨下达后，官府对儒户资格的认定、统计（"攒报"）更加严格、谨慎，儒户资格的认定追溯到何时、由哪一级机构认定，就

21　佚名:《庙学典礼》卷一《选试儒人免差》，第 9 页。

22　方龄贵:《通制条格校注》卷二，中华书局，2001 年，第 24 页。

23　佚名:《庙学典礼》卷三，第 58 页。

成了一个严重的问题。同年十二月二十日，江淮行省要求主要依据目前各级儒学“各处自有见数”认定儒户，不得将不系儒户动摇违错。[24]至元二十七年九月，行尚书省咨文江淮行省，指出浙东儒学提举司以至元二十四年为止所管儒户数目申报给行省，其中不少儒户仅凭儒户自身的申请（“供具手状”）认定，“恐真伪难辨，虚数增多”，为此行省札付浙东道儒学提举司，儒户认定以至元十四年统计的户籍为依据，此年之后陆续认定的儒户，收系为民，不得免役。[25]

至元二十八年正月，江淮行省回复尚书省，称两浙地区中，只有临安府在至元十四年由坊正里长进行了攒报，很不完全，如果按照这一统计核对现有儒户，百不存一，“恐误籍内博学硕儒”，而至元十八年浙西道儒学提举叶李主持统计的儒户籍册，也应该予以承认。经过江淮行省和各道儒学提举司的争取，最后尚书省同意，承认至元二十四年以前儒学提举司所管儒户和各级儒学所管儒户，但是二十四年之后所收儒户，则不予承认，仍旧差役。[26]然而，浙东地区在至元十八年前未如浙西地区那样进行过两次儒户普查统计，只有各级地方儒学教官学职历年所统计的儒户花名册，因此到至元二十五年为止所管儒户只有 8724 户，而总户数是 114 万，百不及一，显然缺漏极多。为此，浙东儒学提举司要求重新进行户籍普查统计。最终，江淮行省以“取到手状入籍”的方式进行了儒户统计甄别。[27]

24　佚名：《庙学典礼》卷二，第 42 页。
25　佚名：《庙学典礼》卷三，第 58 页。
26　佚名：《庙学典礼》卷三，第 58—59 页。
27　佚名：《庙学典礼》卷三，第 62—63 页。

此后，虽然儒户籍贯已经固化，但违反圣旨向儒户摊派差异的做法时有发生，儒学提举司在一定程度上发挥了维护儒户免役权益的功能。至元三十一年，盐官县学教谕投诉本县差役儒户修理海塘，浙西道肃政廉访司分司发文纠正，绍兴路也出现了差役儒户之事，浙东道儒学提举司牒呈绍兴路总管府，并行文该路儒学、书院，重申儒户免差役的特权。[28] 大德二年（1298）十一月，江浙儒学提举司行文各路儒学，通报了临江路总管李倜将本路儒户充作各乡里正，被浙西肃政廉访司追问一事，重申各级政府应该“钦依累降圣旨事意施行”。[29] 大德四年，江浙儒学提举司申状江浙行省，历数大德元年以来嘉兴路、临江路、平江路、杭州路、庆元路、绍兴路等地儒户对本地官司摊派差役的申诉，请求行省遍行各所属路州，不得将在籍儒户动摇差扰；另一方面，儒学提举司也行文各级学校，不得擅自将不系在籍儒人影蔽，致使有司借此为词，泛行科差。[30]

从上述论述可见，儒户免役受到了地方政府一定程度的抵制，而朝廷的政策受此影响也有反复，儒户的免役特权在大德五年一度被取消了，至大年间（1308—1311）再度恢复免役，至皇庆元年（1312）又取消了免役权，元统二年又恢复免役。可见，到了元代中期以后，元廷对儒户的差役问题已无一定之规可以遵循，而是随宜更改，但一般来说，在元朝大部分的时间里，儒户是可优免差役的。[31] 这一成果的取得，与以江浙儒学提举司为代表的各省儒学提

28 佚名：《庙学典礼》卷四，第 79—80 页。

29 佚名：《庙学典礼》卷五，第 117 页。

30 佚名：《庙学典礼》卷六，第 129 页。

31 萧启庆：《元代的儒户：儒士地位演进史上的一章》，《元代史新探》，台湾新文丰出版公司，1983 年，第 23—24 页。

举司及其下属各级教职学官的努力是密不可分的。

（三）维护儒户的司法特权

由于儒户是一种特殊户籍，与普通“民人”有身份的差异，因此享有一定的司法特权。至元二十六年（1289），浙东儒学提举司呈文集贤院：“各道儒学提举司管领儒人，但有公事与管民官司相关者，管民官司并不问事理轻重，径直勾摄，泛行骚扰，深为未便，拟合照依诸衙门体例，一同约会。”所谓约会，即地方官司衙门要提问儒人时，必须知会当地儒学，一同参加。尚书省据此行文江淮行省，规定：“儒人遇有公事，除犯奸盗归有司归问外，其余一切事务，并从约会。”[32] 至元三十三年正月，世祖下旨：儒人与道士、和尚发生纠纷，管民官司不得独自审理处断，必须约会儒学和佛教、道教管理机构一同审问。[33] 元贞元年（1295）六月，行御史台就学校规章事宜札付浙东海右肃政廉访司，其中重申了至元二十六年尚书省命令，“儒人词讼，除奸盗从有司归问外，其余公事并从约会，不许有司径直勾摄”；如发现有管民官司违反，许各级儒学向肃政廉访申诉，儒学提举司向廉访司申诉。[34] 大德三年六月，江浙儒学提举司副提举柯谦指出近年以来，“有司往往不从约问，一面径直勾摄，深不副圣朝崇儒重道之美意”，为此申状江南浙西道肃政廉访司，请求宪司行文各路遵守。[35]

---

32 佚名：《庙学典礼》卷二，第 47 页。

33 佚名：《庙学典礼》卷四，第 77—78 页。

34 佚名：《庙学典礼》卷五，第 104 页。

35 佚名：《庙学典礼》卷六，第 124 页。

（四）管理学田钱粮

两浙地区因宋之旧，各地儒学、书院置办了大量学田、贡士庄，这些学田的钱粮主要用于修理文庙学校、教官学职的俸禄、释奠祭祀、儒人在学饮食、救济年老儒人、接待游学的外地儒人等用途。[36]但是，自元灭南宋以来，元政权多次企图将学田钱粮收归国有，僧、道等势力也不断侵蚀学田和学校资产。在这种情况下，儒学提举司不得不承担起维护学田及其钱粮的责任。

至元二十年，浙东宣慰司石国秀等向朝廷献计，指江南四道学校、南宋临安太学置办学田甚多，应该官为拘收，十分之八献给皇帝，剩余的十分之二完全足够赡学之用。为此浙西儒学提举司申状行省申辩，石国秀的建议夸大了各级学校所管学田，甚至指无为有：杭州的太学、武学、宗学，在南宋时代从未置办学田，而是由官库拨给钱米养赡，无田可献，但石国秀却妄指田亩。[37]石国秀献田之计是否得逞，不得而知，但儒学提举司确实进行了力争。至元二十四年，尚书省咨文江淮行省，江南学校赡士田土由儒学自行管理，必须于上、下半年向行省、宣慰司、总管供报收支情况，学田钱粮只由各道儒学提举司负责点检，不许教授滥用。[38]实际上剥夺了书院和学校处分学田财产的权利。至元二十九年，浙西儒学提举司为了保护各级儒学书院支配赡学田粮的权利而申状江浙行省。[39]元贞元年，江淮行省颁布了学校规章，其中明确了随处文庙或有损

36　佚名：《庙学典礼》卷一，第22页。
37　佚名：《庙学典礼》卷一，第20页。
38　佚名：《庙学典礼》卷二，第34页。
39　佚名：《庙学典礼》卷四，第75页。

坏，由教官从实检计，于本学钱粮公支修理，将用过钱数各各备细数目，开申儒学提举司点检，备坐申覆肃政廉访司照验。[40] 这样一来，学官可以先行支用钱粮用于相关用途。

尽管如此，学田受到侵占的现象仍时有发生。柯谦于延祐初年任江浙儒学提举时，就曾为维护儒学学田而上奏朝廷：

> 初，学田所入，制于有司，职教者莫敢触毫发，或廊屋坏，日饍不充，皆坐视。士甚病焉。君声于朝有司，始不能与。又处州路学田干为僧据有数十年，历数校官无有一敢明者，亦闻而复之君曰："圣天子肇举宾兴，嘉惠斯文甚至，所司期毋负上，斯称职已。"故所在教政胥著。[41]

由此可见，地方儒学在学田争夺中始终处于劣势，而主要依靠儒学提举出面维护学田的所有权和支配权。

二、浙籍儒学提举司长官考

关于江浙儒学提举司长官人选的重要性，王士熙写道：

> 杭为郡，甲于江左。宋之南为行都……我元底奠行省莅之，以事之殷、地之重，于今视它行省，独丞相置，丞相之属，非清强膺时望者不得预。其司文教者曰儒学提举。泰定三年夏，应奉

40 佚名：《庙学典礼》卷四，第105页。

41 张养浩：《归田类稿》卷十三《江浙儒学提举柯君墓志铭》，文渊阁《四库全书》本。

> 翰林文字天台杨仲礼以选被命往。夫杭之土风重文，士子兢兢，佩服整洁，出辞粲然，落笔缜然，处其上者，必鉴别衡析，陶良汰浮，烛其衷，斯有以服之也。行省之属事上皆有等威，虽大府连率，俛首趋对唯谨。提举官五品，登阶而揖，省僚必改容礼焉。夫礼之严必有以尊其学，众之服必有以重其德。不尊不严，不重不服。若曩之为是官者，吴兴赵先生、巴西邓先生，皆由侍从出，美望孚于人。[42]

在王士熙看来，杭州系人文荟萃之地，所谓江浙儒学提举司辖区的核心部分就在两浙，两浙之核心即是杭州，杭州一地文化教育的进步即可衡量提举的业绩。而且儒学提举在行省各监司衙门中受到尊重，担任这一职务的人不乏一时名士，突出的代表就是赵孟頫、邓文原。元人刘岳申就说："元兴，提学学官多用一时名士。"[43] 欧阳玄《圭斋文集》卷十五《与刘文廷书》也说："承有儒台之擢，既喜且骇，其喜则以国初甚重此职，覃怀许公由是拜左辖，亦愚叶公由是拜右辖，大德中，吴兴赵公由是入为侍讲。"其中列举的元初三位获得擢用的儒学提举中，叶李是浙西儒学提举、赵孟頫是江浙儒学提举，是元前期的两浙儒学提举的代表人物。那么，在历任提举、副提举中，浙江籍贯的文化精英占了多大比例呢？

江浙儒学提举司的长官是提举和副提举，根据樱井的统计，元代（1277—1368）76 位可考的江浙儒学提举、副提举中，江浙籍贯人士达到了 60 人之多。那么，这 60 人中有多少出自两浙地区的

42　苏天爵编：《元文类》卷三十六《送杨仲礼序》，文渊阁《四库全书》本。
43　刘岳申：《申斋集》卷十《梁先生墓志铭》，文渊阁《四库全书》本。

呢？下面以樱井的论文为基础，结合新的研究发现，对两浙籍贯的历任江浙儒学提举、副提举（包括元贞元年以前的浙东道、浙西道儒学提举）进行简单的考证。

（一）浙籍提举

叶李（1242—1292），字亦愚，杭州人，至元十四年至二十四年间任浙西道儒学提举，后官至尚书右丞，《元史》卷一百七十三有传。

赵孟至，祖籍青田，宋宗室，著有《九经音释》，朱彝尊《经义考》卷二百四十五著录《九经音释》并引“郑元庆曰”指其为咸淳元年榜进士，在南宋官至运判。《乾隆浙江通志》卷一百二十九咸淳元年（1365）科亦著录赵孟至，但籍贯为缙云。戴表元《剡源文集》卷十六《故浏阳教授李君（梦登）墓志铭》：“至元丙子乡校毁，帅乡人新之。于是提学赵公孟至闻其才，檄充徽州月泉山长不赴。”据唐若瀛修乾隆《余姚县志》卷十三《学校》，余姚县学曾于德祐二年（1275，丙）被毁，至元十四年（1277，丁丑）重修，此与至元丙子被毁应为一事，故李梦登重修县学事应该在至元十四年，任儒学提举当在此年前后，应该是与叶李同时在任的浙东道儒学提举。樱井未著录此人。

樊万，字万里，处州缙云人，[44]“北山四先生”之一王柏门人，曾任应奉翰林文字，元初官至江浙儒学提举，生平见《宋元学案》卷八十二。

44 樱井误作“处州缙山”。

范霖（1258—1321），字君泽，处州缙云人，成宗大德三年（1299）前后任江浙儒学提举，赵孟頫是他的继任者。《两浙金石志》卷十四《元嘉兴路重修儒学碑》题：“江浙等处儒学提举范霖篆盖。”

赵孟頫（1255—1322），字子昂，湖州人，大德三年至大德十年间任江浙儒学提举。赵孟頫是元代著名的书法家、画家。赵孟頫任儒学提举长达十年，这期间他广泛结交了寓居杭州的南宋文化遗民和后起文化精英，如鲜于枢（1246—1302）、方回（1227—1307）、牟巘、仇远（1247—1326）、牟应龙（1247—1324，牟巘之子）、邓文原、黄溍等。柳贯对赵孟頫在杭提学期间的文化活动有这样的表述：

> 至元、大德间，儒生学士，搜讲艺文，绍隆制作，礼乐之事，盖彬彬乎，太平极盛之观矣。然北汴南杭，皆宋故都，黎献耆长往往犹在，有能参稽互订，交证所闻，则起绝鉴于败缣残楮之中，寄至音于清琴雅瑟之外。虽道山藏室，奉常礼寺，亦将资之以为饰治之黼黻。……时梁集贤贡父、高尚书彦敬、鲜于都曹伯几、赵承旨子昂、乔饶州仲山、邓侍讲善之，尤鉴古有清裁。[45]

尽管柳贯所举出的文化精英都是著名的古物书画鉴定家，其实也都是书画家、音乐家，从“搜讲艺文”的交往可以看出，赵孟頫在各种文化雅集中发挥了核心的作用，具有很强的凝聚力。[46] 邓文原于

45 柳贯：《柳待制文集》卷十一《夷门老人杜君行简墓碣铭》，文渊阁《四库全书》本。
46 陈云琴：《松雪斋主：赵孟頫传》，浙江人民出版社，2006 年，第 164 页。

至大三年（1310）至皇庆元年（1312）间，以儒林郎出为江浙等处儒学提举，期间“教人先学行而后文艺，士习为之丕变”。[47] 白珽差不多同时任江浙儒学副提举，他与邓文原搭档：“邓文肃公文原实为之长，与先生志气吻合，举刺得宜，文化大行。”[48]

邓文原（1259—1328），字善之，其先蜀人，其父于南宋末年迁居杭州，遂定居。据吴澄《吴文正公集》卷六十四《邓文原神道碑》，其于至大三年（1310，庚戌）任江浙儒学提举，皇庆元年（1312，壬子）任国子司业。延祐元年（1314）被任命为江浙行省乡试考官，此后的延祐七年乡试，他也充任了考官。邓文原对浙江文化的影响力前后持续十年，是元中期浙江文化史上的一个标志性人物。

柯谦（1251—1319），字自牧，号山斋，台州仙居人，元贞三年间任江浙儒学副提举，延祐二年在江浙儒学提举任上。《东瓯金石志》卷十保存了他于延祐二年撰写的《温州路重修庙学记》。生平见张养浩《归田类稿》卷十三《江浙等处儒学提举柯君墓志铭》、《全元文》卷七百〇三小传。

赵孟籥，延祐六年左右任，湖州人，赵孟頫之弟。其职务见《两浙金石志》卷十五《重修飞英舍利塔记》：“文林郎江浙等处儒学提举。”

杨敬德，字仲礼，台州临海人，泰定三年前后，以翰林应奉文字任，参见《元文类》卷三十六王士熙《送杨仲礼序》。

47　黄溍：《金华黄先生文集》卷二十六《邓文原神道碑》，文渊阁《四库全书》本。
48　宋濂：《宋文宪公文集》卷十九《元故湛渊先生白公墓志铭》，文渊阁《四库全书》本。

黄溍（1277—1357），婺州义乌（今浙江省义乌市）人，字文晋，又字晋卿。元代著名史官、文学家、书法家、画家。自国子博士任江浙儒学提举，至正元年（1335）至至正三年间在任。元人认为黄氏任提举实至名归："当是时（按指至正元年前后），文章巨家如黄文献公溍、陈监丞旅，前后相继为江浙提学。"[49] 黄溍于至正元年至三年（1341—1343）间提举江浙儒学。这一时期，科举重开，文化的生产机制出现了重大的制度变革，儒学提举往往充当乡试考官。黄溍于至正元年和建德推官李粲同为江浙行省乡试考官，选中举人28人。

王大本，字中夫，号弘毅，台州宁海人，据《全元文》卷一七九一小传，他曾任翰林伴读、安庆路儒学教授，国子博士，据《两浙金石志》卷十八《杭州路重建庙学之碑》，他于至正十五年左右在任，《万历杭州府志》卷九载其在任时间为至正十二年。方孝孺《逊志斋集》卷十九有《王中夫先生像赞》。

宇文公谅，字子贞，湖州归安人，至顺四年进士，据《元史》卷一百九十宇文公谅本传，他是由国子监丞改江浙儒学提举的，据樱井考证，在任时间应为至正中期。而宇文公谅于至正十五年为周伯琦《说文字原》撰序，序文末的系衔为"奉直大夫、国子监丞"，则其任江浙儒学提举时间不会早于此年。《式古堂书画汇考》四十六收录了赵孟頫《幼舆丘壑图》的四个人的题跋（依次为赵雍、赵麟、宇文公谅、杨维桢），其中赵孟頫之子赵雍的题跋称，此画为钱塘琴川邹伯常收藏，自己是在至正十七年春才在杭州见

49　徐一夔：《始丰稿》卷十三《俞子中墓志铭》，文渊阁《四库全书》本。

到此画的，赵麟题跋的时间也是在至正十七年，杨维桢跋于至正二十一年。宇文公谅虽未留下题跋时间，但有可能他至正十七年在杭州任儒学提举时写下相关题跋。因此，宇文公谅的任职时间可能在至正十五年至十七年间。

郑元祐，字明德，处州遂昌人，曾任平江府路儒学教授，进士，至正二十四年二月任此职，十一月卒于任上。有《侨吴集》，生平见苏大年撰写的《遂昌先生郑君墓志铭》，收入《侨吴集》附录。

胡世佐，字伯衡，天台人，胡三省之孙，长年寓居宁海，乡贡进士，至正十七年在徽州儒学教授任上。[50]

陈德永，字叔夏，号两峰，黄岩人，台省辟为和靖书院山长，元末任江浙儒学提举，有《两峰惭稿》，陶宗仪《书史会要》称其书法宗李北海，顾嗣立《元诗选》三集卷八有小传并收录其诗作，《全元文》一九七九收文八篇，其中《忧忧集跋》提到“黄岩改州六十余年”，黄岩升为州在元贞元年（1295），则此文作于至正十五年（1355）之后，元灭亡之前；《李五峰（即李孝光）行状》撰于至正二十五年，大致可以推知陈德永的生活时代。

（二）浙籍副提举

历任副提举的相关资料更少，以下主要根据樱井的考证罗列浙江籍贯的江浙儒学副提举。

朱子昌，温州平阳人，元贞元年五月在浙西道儒学副提举

50　胡世佐：《六艺纲目序》，见《丛书集成续编》本《六艺纲目》卷首。

任上。

陈友龙，温州永嘉人，元贞元年左右在江浙儒学副提举任上。

柯谦，大德年间任副提举，后任提举，已见前。

陈公举，婺州浦江人，大德十年在任。

白珽（1246—1348），杭州钱塘人，至大、皇庆年间在任，白氏有《湛渊集》行世，其副提举任期部分与邓文原的提举任期重合。

陈遘（1296—1344），台州临海人，至元末年至至正三年左右在任。

刘基（1311—1375），即刘伯温，至正八年二月（一说至正七年）至九年间在任。

洪钦，温州人，至正十九年左右在任。

叶广居，嘉兴人，寓居杭州，至正二十五年在任。

杨彝，杭州人，至正二十六年在任，系曾任江浙儒学提举的杨刚中的外甥。

此外，在任时期不明、但可能曾担任副提举的浙籍人士还有：徐一清（兰溪人）、刘希贤（鄞县人）、陶宗暹（黄岩人）、邓衍（邓文原之子）。

在总共75人可考的江浙儒学提举、副提举中，江浙行省籍贯者为60人，而两浙籍贯的人士达到了28人。而且，樱井所考证的75位提举、副提举中，还有12人属于至正十六年福建独立建省之后的福建儒学提举，如果把这12人剔除，则任儒学提举的两浙籍贯人士比重超过了50%。由此可以看出，两浙地区对江浙行省的文化影响力。

结语

我们在研究江南儒学时，固然要重视引领时代潮流的名儒大师和学术流派，但也要注意到，江南儒学繁荣是建立在独特的社会基盘之上的，这一社会基盘就是高密度的“儒学人口”：到底有多少人、有多少家庭是以儒学为职业的，这一“儒学人口”的密集度如何，决定了特定区域的儒学发展程度。但在元以前，“儒学人口”是一个无法把握的对象，因为宋代从未将“儒学”作为一种职业、身份、户籍进行登记管理，而宋代的科举制度是以“州”为基本单位的（元明清以县为基本管理单位），远离了基层社会，加上人口流动、各种寄籍伪托，这就导致厘清江南地区儒学人口是一个不可能完成的任务。

元征服江南地区之后，在历史上首次将“儒学”这一观念引入了户籍管理之中，使得两宋时期外延模糊不清的“业儒”“儒士”观念成了一个具有法律地位的户籍分类地位；而为了维护、管理或者监视“儒人”，儒学提举司应运而生，承担起管理户籍、选拔教职、管理教育、维护特权等职能，多方面地保障“儒人”的社会地位、政治地位和经济地位。自此以后直至帝制中国的结束，“儒”成为一种身份和户籍，用现代术语来描述的话，“儒学人口”作为江南儒学赖以生根发芽的社会基盘，成为一个可以把握的研究对象。

儒学的身份化、户籍化，对于江南儒学的发展产生了复杂而且深远的影响，儒士再也不能像唐宋时期那样流动到其他区域参加科举考试，而必须在十五岁起就在县级儒学应试，逐级考试，从这个意义上说，长时期地离开籍贯，到外地自由流动地讲学交流被遏制了，而这显然也是元明清统治者如此施政的出发点之一；但在另一方面，儒者的“在地化”程度却明显加强了，儒学的区域集聚现象也由此繁荣起来，到了清代乾嘉时期，缺乏出仕记录的“职业学者”开始在江南地区不断涌现，这正是我们观察江南儒学发展的一个重要角度。

江南儒学的“现象学”转向

——以王阳明及刘蕺山为例

林安悟（山东大学易学与中国古代哲学中心特聘教授、
台湾元亨书院院长）

一

0. 明代江南儒学发展颇盛，由王阳明哲学到刘蕺山哲学隐含一极为有趣的转向。此转向先是由王阳明对原先的朱熹所提出的“性即理”“格物致知”“知先行后”做了一大翻转，阳明提出“心即理”“致良知”“知行合一”。这可以说是旋乾转坤的大翻转。这可以说是一“摄所归能”的翻转。这亦可以说是由“客观的法则性”到“内在主体性”的大翻转。再者，由阳明强调内在主体性，到蕺山又更而强调善的“纯粹意向性”，这是往更深一层的转向，此转向似有打破主体性的倾向。因为是由“主体性”转向了“意向性”，这与近现代哲学所提出的现象学的意涵颇有可相模比拟者，因此，姑且用“现象学转向”这语汇去描述它。

二

1. 盖阳明之学与象山之学虽引为同调，但却有所异。象山、明道近之，皆属一道德美学式的实践；阳明则再由此转为一“纵贯横推”的系统。此“纵贯横推”之系统实乃朱子“横摄归纵”的转折发展。从朱子的“横摄归纵”到阳明的“纵贯横推”，在阳明思想历程可能就是由“格竹子”到“致良知”的历程。

1.1“横摄归纵”重在“横摄”，此是一道德认知系统；“纵贯横推”重在“横推”，此是一道德实践系统；而两者之座落点都在心体之作为主体上。朱子之重点在于“格事事物物之理”，阳明之重点在于“致良知于事事物物之上”。阳明“格竹子”而病，此是错用了朱子的格物工夫，如此只有“横摄”而没有“归纵”，自不能豁然贯通。尔后，阳明龙场悟道已不是走一“横摄归纵”之路，而是在百死千难中，经由生死关而进入主体与道体的冥契状态。阳明之由百死千难中进入主体与道体的冥契状态，此已非话语系统的溯源，而是生命实存的证悟；于阳明而言，“良知”已不只是一圣贤教言而已，“良知”乃其生命之体，亦是造化之精灵。

1.2 朱子所说之“致知在格物”是说“致，推极也。知，犹识也。推极吾之知识，欲其所知无不尽也。格，至也。物，犹事也。穷至事物之理，欲其极处无不到也”。[1] 而阳明于《大学问》中则说“致知云者，非若后儒所谓充广其知识之谓也，致吾心之良知焉耳。……故致知必在于格物。物者，事也，凡意之所发必有其事，

1　请参见朱熹:《四书章句集注·大学章句》，台湾鹅湖出版社，1984 年，第 6—7 页。

意所在之事谓之物。格者，正也，正其不正以归于正之谓也”。[2] 这是个大转折，而阳明所作的《朱子晚年定论》介乎其间。[3]《答黄直卿书》云：“为学直是先要立本。文义却可且与说出正意，令其宽心玩味；未可便令考校同异，研究纤密，恐其意思促迫，难得长进。”由《答吕子约》云：“文字虽不可废，然涵养本原而察于天理人欲之判，此是日用动静之间，不可顷刻间断底事。”此分明见出“横摄归纵”的大方向，有此横摄归纵之朱子，方有纵贯横推之阳明，此是一转折发展。

1.3 朱子与阳明皆同意儒学之本怀，强调“道德与存在的一致性”，朱子之理学重在“理”上的一致性，而阳明心学则重在“心”上的一致性。前者强调“道德之理”与“存在之理”的一致性，这样的一致性是由道德的智识主义之途径做成的；后者强调“道德之源”与“存在之源”的一致性，并强调须由道德的实践途径方能将此一致性彰显出来。阳明虽亦同于先儒之“一体观”，但阳明强调“一体之仁”，这是经由“仁”的感通实践，才通为一体的。[4]“一体”不是宗教上的忘我神迷，不是美学上的境界合一；而是走向人间世，力行实践所达成。

1.4 从朱子到阳明，这是由“道德的超越形式性原则”转向“道德的内在主体性原则”，而两者之座落点都在“心体”之作为一

---

2 请参见《王阳明的本体诠释学：以〈大学问〉为核心的展开》，《阳明学学术讨论会论文集》，台北行政院文建会暨台湾师范大学人文教育中心，1988 年。这篇文章收入林安梧：《中国宗教与意义治疗》，明文书局，1996 年。

3 关于此，请参见陈荣捷：《王阳明传习录详注集评》，附录《从朱子晚年定论看阳明之于朱子》，台湾学生书局，1983 年，第 437—462 页。

4 关于一体观，请参见注 2。

"主体"上说。唯朱子之主体乃是一"以主摄客""横摄"义下的、道德认知义下的主体，而阳明之主体则是一"主客不二""纵贯"义下的、道德实践义下的主体。朱子学之主体虽为"横摄"，但毕竟"归纵"；阳明学之主体虽为"纵贯"，但重在"横推"。前者之归纵，指向一根源之总体的确立；后者之横推，则重在个人主体的确立。前者重在客观法则性的确立，而后者重在道德主体动源的开发。由隋唐之"经学"转为宋代之"理学"，朱子"道德超越形式性原理"的证立是一重大转折；而由宋代之"理学"再转为明代之"心学"，阳明"道德内在主体性原理"的证立，这又是一大转折。就以阳明之转折而言，他标举的《朱子晚年定论》正显示了其中诠释转化的关键转折点。

1.5 再进一步言之，依程朱学，谈论任何事物，自是一"即事言理""即物言理"的传统，但这样说的"理"多是伦理之理，而说的事物亦多是伦理之事物，即非伦理之事物亦多转为此意象而理解之。这是从一事一物，并即于其中即了解此"物物一太极"，又此物物一太极，又统体一太极也。这样的物事多失却了动态的历程义，反而重在静态的理型义，当然这样的静态的理型义并不同于柏拉图式的理型义，亦不同于亚里士多德的形式义，它是伦理的理型义。

1.6 再以"心性"问题论之，程朱学强调"心"是气之灵，而"性"则是道德本性，心可以通过修养工夫让道德本性具于其中，而发为道德实践。总体言之，此与其"涵养主敬""格物穷理"之工夫，密切相关。朱子所强调之"道德本性"重点在伦理的理型义，而不是道德创生义，此"性即理"之谓也。依朱子学论之，

“心、性”是二，但不是以心治性，而是以“心知”穷其物理，而把握其理，并同时以“心灵”涵养其本性，如此之工夫，如车之双轮、鸟之双翼，“心”以其“灵”与“知”通于“性理”，合于太极。[5]

1.7 对比论之，陆王学之重点则在“心即理”之论，此心是道德本心，即此道德本心即是天理。这样说的“天理”虽明说其为天理，但其所重并不是“伦理的理型义”，而是其“道德创生义”。如此说来，陆王学之“心、性”是一，而不是二。“心”之作为一活动义说，其所重在“灵”，而不在“知”；是就存在的道德真实感说，而不是对物理的客观把握下的心知；是就主客交融义下的“一体之仁”，而不是“以主摄客”并上及于统体太极的“格物穷理”。[6]

1.8 关联此“心即理”之说，陆王学自不会如程朱之强调“理先气后”，而会强调“吾心即宇宙”“宇宙即吾心”。换言之，陆王学之重点在于“心、性、理”，以及“吾心、宇宙”（人与天地）这样的问题，而于“理气”问题则随顺传统之气化宇宙论，并无创意。不过值得注意的是，这样的气化宇宙论之“气”多不强调其为

5 或者，我们可以这么说：“性即理”指的是将“人与宇宙的内在同一性”视为一“超越的形式性原则”。就其为超越的，可以知其为先于人的生活世界与整个历史社会总体的，是一虚廓之体，故说是一形式性的原则，此形式性的原则必须挂搭于作为实质性原则的气上，才得开显。或者，我们可以说，经由实质性原则气上的磨炼，才能使那超越的形式性原则由隐之显，这由隐之显的过程即是一道德实践的过程。朱子所谓“涵养用敬，格物穷理”皆指此而言。以上所论，请参见笔者所著《实践的异化及其复归之可能——环绕台湾当前处境对新儒家实践问题的理解与检讨》，《儒释道与现代社会学术研讨会论文集》，台湾东海大学哲学研究所，1990 年，第 164 页。

6 关于陆王学与朱子学之对比，请参见拙著《知识与道德的辩证性结构——对朱子学的一些探讨》（收入林安梧《现代儒学论衡》，业强出版社，1987 年，第 145—168 页）、《象山心学义理下的本体诠释学》（收入林安梧《中国宗教与意义治疗》，明文书局，1996 年，第 51—80 页）。本文论及“心即理”与“性即理”之区别，多本于此。

“物质面”或“客观面”，而是强调其为“心气合一”“即心即气”，以“心灵”为主导的路子。这是另一类型之“理气合一论”。陆王学之重视“心即理”“心性不二”“心性天通而为一”，但于“理欲问题”上仍主张“存天理、去人欲”，他们并未能正视人的感性欲望的价值。换言之，陆王学是将主体上遂于道体，这样的道体仍是以伦理性的道德创生性为主导的，并未正视“气”之优先性，而是以“心”为优先的。

1.9 进一步论之，陆王学谈论任何事物，亦是一“即事言理”“即物言理”之立场。然而，彼所强调者是面对此事之伦理态度，或者说彼偏重于伦理的实践动源，而不是伦理的理型义。关连着“一体之仁”，阳明学强调的是“致良知于事事物物之上”，而不是朱子“心知”对于“物理”的把握。两者迥然不同。[7]或者，吾人可以说程朱学于“知”“物”之关系是在“心、物为二”的型态下思考的，“知”是认知之知，是以心去认知事物的伦理性理型。相对而言，陆王学之“知”“物”则是在“心、物为一”的型态下思考的，“知”是知善知恶的“知”，这样的“知”是就一“伦理的实践指向”与“动源”而说的知，“知”“物”的关系是“致良知于事事物物之上”。[8]它更且进一步又将“物”往后返而说“意之所在即是物”，于是“格物”就是“致知”，“致知”即是“诚意”，“诚意”即是“正心”，“心、意、知、物”通而为一。

---

7 关于“一体之仁”论点，请参见王阳明《大学问》，此在在可见阳明所说之“良知”并不是“主客两橛”下的思考，而是主客融通为一的感通振动。

8 牟先生即以为此物应是“行为物”，此说多次见于他的著作中，最近重读《现象与物自身》亦见之，见书第七章《执相与无执相的对照》第十二节“儒家的无执的存有论”，台湾学生书局，1990 年，第 435—437 页。

三

2.0 阳明学之强调“道德内在的主体性”，就义理观念的发展来说，是从朱子的“横向归纵”转而为“纵贯横推”，但就良知学本身的发展，却又有了新的转进，当然这转进也是关连到新的问题而滋生出来的。刘蕺山就这么说：“今天下争言良知矣！及其弊也，猖狂者参之以情识，而一是皆良；超洁者荡之以玄虚，而夷良于贼。”[9] 这是就当时王学末流来说，但末流之为末流，就王学理论本身似乎也有可议论者。正因如此，蕺山以为若将龙溪之“四无教”更动一字便一切顺当矣！蕺山以为若“心是有善无恶之心，则意亦是有善无恶之意，知亦是有善无恶之知，物亦是有善无恶之物”，这样才能“心、意、知、物”通贯为一。[10]

2.1 大体来说，龙溪的“四无教”是将阳明之“四句教”所含之“主体性”化去，而呈现其“透明性”与“空无性”，而这样的“化”，却也藏于阳明“四句教”之中，这是以“四句教”之第一句“无善无恶心之体”赅摄并化解以下三句。蕺山则进一步，在这“无善无恶心之体”下，而就其“微几”，而见其为好善恶恶，而特意彰显了“善之纯粹意向性”。蕺山以为：“天地间道理只是个有善而无恶，我辈人学问只是个为善而去恶，言有善便是无恶，言无恶便是有善，以此思之，则阳明先生所谓无善无恶心之体未必然也。”[11] “阳明先生曰无善无恶者理之静，有善有恶者气之动。理

9 见《刘子遗书及遗编》卷六，《证学杂解》，解廿五。

10 见《刘子遗书及遗编》卷四〇，《年谱》上，第 915 页。

11 见《刘子遗书及遗编》卷十九，《论学书》，第 338 页。

无动静，气有寂感，离气无理，动静有无，通一无二，今以理为静，以气为动，言有言无，则善恶之辨，辗转悠谬矣！”[12] 如上所引述的，阳明之学最终结穴在超乎善恶之上的“心之体”，并因此而进一步说“知善知恶”的“良知”，并说“良知”是心之本体，并即此“致良知于事事物物之上”，正其不正，使归于正。蕺山则专在有善无恶、好善恶恶的“善的意向性”下做工夫，并以为一论及善恶两端则落于念起念灭处，而不为究竟。这也就是说，蕺山进一步破解了阳明可能的两端对治，而调适上遂到意的纯粹性上，并以“意”来“存心”，他说“意是心之所存”，即指此而言。

2.2 显然地，阳明学对“心”“意”“知”“物”之论定，大体是如其虚笼地说的心灵意识之总体而为“心”，如心之所发而为“意”，就“意”之所在，而言其为“物”，而再就心之本体，而言其为“良知”，以是言“致知在格物”。这是分解的说，再就此分解的说，而有对治之方。理论上之分解的说，实践方法论上则为对治，此是关联而一致的；此不同于理论上之为非分解的说，而实践方法论上亦采一非对治的方式。非分解的说，龙溪是归于空无透明而抒其义，蕺山则归于一善的纯粹意向性而展开其立论。

2.3 如此对比而论，相对于“无善无恶心之体”，蕺山言“有善有恶者心之动”；相对于“有善有恶意之动”，蕺山言“好善恶恶者意之静”。此如前所言，显然地，蕺山是将“心”“意”之前后做了一个大的翻转，甚至可以认定他不只是以“意”为“心”之前，而“心”在“意”之后；亦可以说“意”“心”乃是一“存”与

12 见《刘子遗书及遗编》卷十二，《学言》下，第 176 页。

“发”，此为“内、外”之际，而非为“前、后”之际。明显可见，阳明所说之“心”是一虚笼地说之“心”，当亦有超越本体一面；此与蕺山所说之“心”是一为意所发之心，是“心念之心”，迥不相侔。然若对比而视，则可见此“心念之心”与阳明所说之“意”为近，盖阳明所说之“意”乃“意念”之“意”，心念、意念，皆一于念也。其所不同者，意念重在心之所发上说，而心念则如其为心气之动而说，前者以心为体，而后者盖以心为气也，此所以不同也。[13]

2.4 蕺山认为：“学者但证得性体分明，而以时保之，即是慎矣！慎之工夫，只在主宰上，觉有主，是曰意，离意根一步，便是妄，便非独矣！”[14] 又说：“辨意不清，则以起灭为情缘；辨心不清，则以虚无落幻相。两者相为表里，言有言无，不可方物，即区区一点良知，亦终日受其颠倒播弄，而不自知，适以为济恶之具而已。”[15] 如此可见，蕺山深切见及阳明学末流之弊（案：特别是其末流，而不是阳明学本身），故不愿落入念起念灭处用工夫，甚而以为念起念灭处用工夫之为无用；工夫之用当在意根上用，而意根者何？意根乃是“性体之独”，是无所依傍，而上及于天地宇宙的根源之性这样的“独”，如此之“独”乃振拔于流俗之上，而又开启一崭新的善的意向性之可能，此善的意向性之可能则再转而开启一历史性，此于梨洲、船山可见及。蕺山之最重“慎独”“诚意”之教，相较于阳明之“致良知”，此当是“以心著性”“归显于密”之

13 有关蕺山“心”“意”之问题，其详请参见林安梧《论刘蕺山哲学中“善之意向性”——以〈答董标心意十问〉为核心的展开》，《“国立”编译馆馆刊》第十九卷第一期，1991 年 1 月，第 107—115 页。

14 见《明儒学案》卷六十二《蕺山学案》，里仁书局，1987 年，第 1512 页。

15 见《刘子遗书及遗编》卷十二，《学言》下，第 182 页。

大工夫，此牟先生言之详矣！若关联此而论之，是可见蕺山所开启之意向性的哲学，虽亦强调打破心性主体在念起念灭处、主客两橛观的限制，但其“归显于密”，用力之所，重在内在“心性修养”，而非走向历史社会之“道德实践”。此反不若东林诸人仍强调由修身推而扩充之，及于社会之实践也。蕺山所行之路，仍是一形而上的保存之路，而非社会道德实践之开启也。但这样的理解是偏颇的，因为蕺山正通过这形而上的保存之路而开启他的实践之途，正因归显于密，所以开出了道德纯粹的意向性来，启动了走向生活世界的崭新可能。

2.5 显然地，蕺山将原先分上、下层的“心、意”，分内、外层的“知、物”通而为一，而以“意”为首出。换言之，蕺山于整个心性结构不再落到“分别相”的层次作理论的分解与建构，而是由“分别相”上及于“无分别相”，由“境识俱起而已分”上溯于“境识俱起而未分”，由“形乃谓之器”回溯到“见（现）乃谓之象”，如其“见象”（现象）之描述与示现，这当然是阳明学进一步的转化与发展。[16]

2.6“意”之为一具体而实存之善的意向性，此可通过如上所述那种“如其现象”而还原之、描述之、示现之。如此一来，蕺山“诚意”之学便从原先阳明学等之对于意念的“克治”工夫，一转而为对于那具体而实存之善的意向性之“护养”；并且以为离此护养，即无克治之可言，此即彼所谓“静存之外无动察”之谓也。换

16　关于此，请参见林安梧《〈揭谛〉发刊词——“道”与“言”》，特别是第一节“道显为象”，《揭谛》创刊号，南华管理学院哲学研究所，1997 年，第 1—14 页。

言之，相对于强调主体性之架构式的挺立，蕺山学则转化为重视意向性之辩证式的护养。正由于强调意向性之辩证式的护养，便使得道、理、气、性、情，心、意、知、物等都辩证地关联起来，而收摄于具体而实存的意向性之中。[17]

2.7 总而言之，刘蕺山哲学乃是一内敛而归显于密的哲学，就此而言，我们可以将之视为“宋明理学的殿军”；但此归显于密的意向性哲学，却有一层新的转折，它不囿限于原先主体性哲学的思考，而迈向了广大的生活世界，开启了历史性与社会性的崭新契机，这是极为可贵的，它或可以说是一“启蒙的转折”。[18]笔者以为这里有一极为吊诡而有趣的连续性在，须得进一步去探索，而刘蕺山哲学正是此论题的关键处。或者，用一个崭新的语汇去说它，名之曰“现象学的转向”。

---

17 关于此，笔者已先有所论及，请参阅林安梧前揭文《论刘蕺山哲学中“善之意向性”》，第107—115页。

18 钱宾四先生、牟宗三先生皆以刘蕺山为“宋明理学的殿军”，钱氏之说见《宋明理学概述》，台湾学生书局，1977年，第417页。牟氏之说，见牟宗三前揭书《序言》。又“启蒙”一语乃大陆学者萧萐父、冯天瑜等与西方汉学家对顾、黄、王等思想家的论法，不过彼等多将此两者（殿军与启蒙）做一断裂而对比的理解，少做内在思维的连续探索。笔者以为这里有一极为吊诡而有趣的连续性在，须得进一步去探索，而刘蕺山哲学正是此论题的关键处。

晚明江南儒学中的四端与性体之辨

——以孙慎行、黄宗羲为中心

陈畅（同济大学哲学系）

众所周知，明清之际学风出现了由性理之学转向经史之学（亦即尊德性转向道问学）的转型；钱穆先生认为，这是由于“宋明儒的心学，愈走愈向里，愈逼愈渺茫，结果不得不转身向外来重找新天地，这是学术上的穷途”。[1] 事实上，晚明江南儒学在这一转型过程中做出了重要的理论贡献，学界对其内在理路仍然缺乏深入研究，殊为可惜。江南儒学在晚明清初思想界具有举足轻重的地位，其中以东林学派和蕺山学派为最重要的代表。黄宗羲在《明儒学案·东林学案》中指出东林学术最重要的代表是顾宪成、高攀龙、孙慎行三人，而孙慎行则是东林之学集大成者。[2] 孙慎行（1565—1636），字闻斯，号淇澳，江苏武进人，主要著作有《玄宴斋困思抄》《止躬斋慎独义》和《周易明洛义纂述》。孙慎行提出了许多重要的思想议题，被黄宗羲赞誉为“发先儒之未发”“云雾为之一开，

1 钱穆：《前期清儒思想之新天地》，《中国学术思想史论丛》第八卷，安徽教育出版社，2004年，第2页。

2 黄宗羲：《明儒学案》卷五十九《东林学案二》，《黄宗羲全集》第八册，浙江古籍出版社，1992年，第814页。

真有功于孟子者”(《明儒学案·东林学案二》)。黄宗羲的名著《孟子师说》详细引述了孙慎行的三个创见，并作出深刻的理论推进，在明清之际学风转变过程中起到了重要作用。本文以孙慎行发端的“四端与性体”之辨，以及黄宗羲在孙慎行基础上提出的“仁义礼智是后起之名”命题为中心，探讨晚明江南儒学孙慎行—刘宗周—黄宗羲一脉针对朱子学与阳明学流弊而建构的新型形上学思想。

关于黄宗羲在思想史上的地位，学界已有不少相关研究成果。然而，目前的研究多从时代风气、经世致用的角度切入，没有从理学义理核心——理气论、心性论、工夫论的角度展开，因此无法从根本上理解这种学风转变的内在机制。只有从内在机制的角度切入，方能全面理解黄宗羲《孟子师说》所开辟的思想进路。

一、理为气之条理

孙慎行在其著作《困思抄》中提出了四端与仁义礼智关系的全新论述：

> 孟子劈头说人皆有不忍人之心。欲人识心，故将恻隐之心指为仁之端，非仁在中，而恻隐之心反为端也。孟子又说仁义礼智根于心，若仁在中而恻隐之心反为端，是应言心根于德，不应言德根于心也。若心根于德，则百方求德，心恐有不真之时。唯德根于心，则一味求心，德自无不真之处。故曰，学问之道无他，求其放心而已矣。孟子一书，专为性善说也，然则仁义礼智可谓非性乎？曰：中庸言性之德也，谓之德则可，谓之即性则不可，

于文，生心为性，惟性善故心善，心善故随所发无不善，而有四端，端者倪也，有端倪不可不穷分量，故须扩充，故曰尽其心者知其性也，扩而充之便是尽心，知仁义礼智之根于心，便是知性，若仁在中而恻隐之心反为端，是应言反求，不应言扩充也。(《困思抄·四端》)

对于这一段话的理论意义，黄宗羲结合晚明思想史作出一个深刻的申论：

自来皆以仁义礼智为性，恻隐羞恶辞让是非为情，李见罗《道性编》欲从已发推原未发，不可执恻隐羞恶辞让是非之心而昧性，自谓提得头脑。不知有恻隐而始有仁之名，有羞恶而始有义之名，有辞让而始有礼之名，有是非而始有智之名，离却恻隐羞恶辞让是非，则心行路绝，亦无从见性矣。先生乃谓孟子欲人识心，故将恻隐之心指为仁之端，非仁在中而恻隐之心反为端也。如此则见罗之说不辨而知其非矣。(《明儒学案·东林学案二》)

在黄宗羲看来，孙慎行这个新思想的意义在于：通过四端与性体之辨，提出心性关系的新论述。黄宗羲这段论述是以李材（号见罗）为参照而展开的。李材是晚明时代前期最负盛名的思想家之一，其学术特点是出身于阳明学派（师承王阳明弟子邹守益，为阳明再传弟子）而又以反省、批判阳明学为学术起点，兼及救正朱子学之流弊。在李材经由批判阳明学、朱子学流弊而创立的新思想体系中，心性之辨是一个核心议题，而李材亦常常以自己在这一议题上的创见自豪。[3] 然而，刘宗周对此有所辨析：

> 见罗先生曰："心性，古人无辨者，辨之自仆始。"然予阅其《道性善》篇，大抵言情善知良，皆指心之用言，而所以情善知良者，性也，则心之体也。如此，则依旧只是先儒之说，曷云破荒？[4]

在阳明学的良知教体系之中，由于"心即理"的前提，昭灵明觉之心与天命之性是直接同一的，这种"同一"构成了"良知"的本质内涵，良知是当下具足、无所欠缺的根源存在，完全没有必要另外展开心性之辨。如前文所述，良知教过于强调现成，就有变质为放荡无耻之弊。李材认为这是由于误认"昭灵知觉之心"为"天命之性"所导致："从古以来，大率知性者少，识心者多。往往只认着一个昭昭灵灵、能识能知者，便以为生天生地之主本矣。此其所以不知性也。盖直以心为性也。转转差讹，又以知能之发指作天命之体，除却昭昭灵灵，全然不复知所有事。认心为性，已昧理气之分；以知作体，更复远于本末之辨。"[5] 李材的心性之辨思想主张区别心性（不可混然合为一），往人生而静上求一"性"为根据而后发为"心"（不可截然分为二），以这种"不一不二"的方式来破解"现成之弊"。这种思想在李材《道性善编》（今收入《见罗先生书》卷二）中有集中的展现。刘宗周则毫不留情地指出李材并没有

3 李材在许多书信和会讲语录中都有此表述。例如李材：《正学堂稿》卷十七《答王汉治书》，收入《儒藏》（精华编二六二册），北京大学出版社，2010 年，第 223—224 页。

4 刘宗周：《学言下》，《刘宗周全集》第二册，浙江古籍出版社，2007 年，第 558 页。

5 李材：《见罗先生书》卷十三《书问 · 答徐清甫》，收入《四库全书存目丛书》子部第十二册，第 22 页。

超出先儒（朱子）“性体情用、体用二元”之立场，其所追求的仍然是（朱子学意义上）超越于情的“所以然”之“性体”，丝毫没有他所标榜的前无古人之创新性。有趣的是，李材的学生中也有人提出类似的观点，质疑李材的解决方案“不免于心小性大之意”。[6]显然，李材的心性之辨思想本质上就是以回归朱子学立场的方式来建构“新”思想，亦无法避免朱子学拘执之流弊，而此类流弊正是经过阳明学洗礼之后的晚明学术界明确反对的。由此，孙慎行对四端之心的辨析就展现了针锋相对的意味。概言之，孙慎行对端绪涵义的辨析意在表明，“性”不是独立于“心”并作为“心”之根据，它们之间应该是一体化的关系。孙慎行在这里指示了一个解决心性之辨难题的基本方向：应该在保证心性一体无碍的基础上解决朱子学、阳明学流弊。亦即：以一种广义上的心学立场来解决朱子学和阳明学所无法处理的难题。其中暗含的文化意蕴是，晚明社会的问题在于社会各主体局限于自我欲望的满足，从而瓦解了社会秩序和凝聚力，解决的途径应该是在肯定人的感性自然欲求之正当性的前提下（而非以一种超越于日常情感与行事的高标之理压制之），重新将已经瓦解为一盘散沙的社会各主体凝聚成团结的整体。

黄宗羲在《孟子师说》中引述孙慎行的这个命题，并且在形上学义理上作出了重要的推进：

> 孟子之言，明白显易，因恻隐、羞恶、恭敬、是非之发，而名之为仁、义、礼、智，离情无以见性。仁义礼智是后起之名，

6 详见李材《见罗先生书》卷九《答李汝潜书》，收入《四库全书存目丛书》子部第十一册，第775页。

故曰仁义礼智根于心。若恻隐、羞恶、恭敬、是非之先另有源头为仁义礼智，则当云心根于仁义礼智矣。是故情性二字分析不得，此理气合一之说也。(《孟子师说》卷六)

仁义礼智是后起之名，初看甚为离经叛道，其实是对孙慎行“四端与性体”之辨的理论概括。概言之，黄宗羲的理论重心从心性之辨议题扩展到理气之辨，把心性合一命题抽象为理气合一论述。因此，在上引文中，黄宗羲是以理气合一的立场强调存在的真实内涵，反对将天理抽离活泼泼之现实生活。黄宗羲继承其师刘宗周哲学立场，主张盈天地间皆气，理为气之条理；因此理（主宰）不在气之外，气是自为主宰。其中，作为元气运行秩序的天理，是不断生成的动态关系。他强调气是自作主宰的理气合一论述，是针对朱子学流弊而提。在他看来，朱子学流弊的根源在于“理生气”之类的命题把“理”“性”都对象化了，妄想在气（情、心）之外另寻“性体”(理)，而对象化的结果则是把性情、心性割裂开来，使“性体”脱离流动的、活泼泼的现实基础（情）而成为僵化拘执的观念。此即朱子学“惨刻而不情”流弊的理论根源。

众所周知，朱子对于天理概念的定义是：“至于天下之物，则必各有所以然之故，与其所当然之则，所谓理也。”[7] 这种定义既包括当下事物之变化的个别性之理，也包括超越个别性限定的根源之理、结构之理，天下万事万物因此而被纳入相互通达、彼此相与的贯通状态。上述两个涵义分别代表个体性与公共性。就此而言，黄

7 朱熹：《大学或问上》,《四书或问》,《朱子全书》第六册，上海古籍出版社、安徽教育出版社，2002年，第8页。

宗羲从刘宗周那里继承的元气论思想的理论意义在于通过重新探讨理学本体观念，提供了一种新型的个体性与公共性平衡结构。黄宗羲对此有清晰的认知："理为气之理，无气则无理……盖以大德敦化者言之，气无穷尽，理无穷尽，不特理无聚散，气亦无聚散也。以小德川流者言之，日新不已，不以已往之气为方来之气，亦不以已往之理为方来之理，不特气有聚散，理亦有聚散也。"[8]从天地万物总体的层面看，盈天地间皆气，元气及作为元气之秩序（理想状态）的理生生不息、无穷无尽，不存在气（理）之聚散存亡的问题；从具体的个体事物层面来看，万物生生不已，每一事物都是独特的，不能僵滞地使用过往的、其他事物的规则来束缚当下的、个体的事物。换言之，黄宗羲的"盈天地间皆气"学说解放了朱子学中公共之理对于个别性事物的限制（理生气之类），赋予每一个体性事物以内在创造力与自由。"敦化川流"说的意义在于：从本体的层面确认了"气"的自我延展与自我更新；其理论旨趣是生生活泼的宇宙，稍有停滞，便是过与恶。

综上，黄宗羲对气与本体的全新理解，一方面确认万物都是自生、自得、自化、自足的，祛除整齐划一之外在束缚，强调个体性和多样性；另一方面确认天理就是万物自生自长内在的通达条理，强调建立在个体性和多样性基础上的公共性。这意味着一种新型个体性哲学的建立。其反映在学术观，便是多元与开放立场的确立，主张"此编所列，有一偏之见，有相反之论，学者于其不同处，正

8 黄宗羲：《明儒学案》卷七《河东学案上·文清薛敬轩先生瑄》，《黄宗羲全集》第七册，第121页。

宜着眼理会，所谓一本而万殊也。以水济水，岂是学问！”[9]

二、事的本体工夫论

就人的日常认知状态而言，个体事物往往局限于零碎的个别性或有限性之中；理则的公共性就表现在打破上述局限，将一切事物囊括于相互通达、彼此相与的贯通状态之中。这样一来，个体性与公共性之间似乎形成悖反的关系。理学本体工夫论的意义，就在于突破两者之间的向背离合关系，以获得真正的主体性自由。众所周知，朱子学和阳明学分别以“性即理”的理本论立场和“心即理”的心本论立场著称，前者注重作为类本质的统贯之理，事物以之为本性，受其规范；后者以心认定的“理”来统摄事物。这两种立场都没有承认事物的独立性，其所追求的天理相对于物而言都是先在之理。刘宗周、黄宗羲的元气论思想根本性地改变了事（物）的哲学地位。质言之，元气论直接把个体事物自身之条理提升为本体，在肯定个体性和差异性的基础上兼顾“主宰性”，在多与一、个体与公共之间取得恰当平衡；这种平衡是在“事”的场域中实现的。

黄宗羲顺着其师门学术理路解释“左右逢其源”称：“心与事融，外不见人，内不见己，浑然至善之中，万物一太极也。”（《孟子师说》卷四）强调事与心的融合状态超越了人己内外的区别，成为一体的存在。其格物说侧重于“事”上判理。此处所说的“事”是由心物交互感应所形构，是处于事件性的实践过程中的关系性存

9　黄宗羲：《明儒学案发凡》，《黄宗羲全集》第七册，第 6 页。

在。这一存在没有局限于人主观的精神意识，亦非与人的情感无涉的所谓“客观万物”。事在心物交感场域中生发、丰富和发展自身，从人的意识反射落实为具体行事；这一过程中自我延展的条理，就是“理”，此理之生成是心物之间生意感通的结果，而非心或物单方决定。这种“事”的工夫论结构，将事物从“良知心体”的附属地位（良知之所照）中解放出来，获得独立的意义。每一场域之事都是独一无二，每一件事只要实现了自己之“条理”，就具有独立自足性；不同之事有不同之理，不存在作为类本质的统贯之理；心与物同为事的结构元素，不存在超离于事而又作为事之主宰的“绝对”本体。正如黄宗羲在《明儒学案·姚江学案》案语中指出：“先生点出心之所以为心，不在明觉而在天理，金镜已坠而复收，遂使儒释疆界渺若山河，此有目者所共睹也。”[10] 这是强调阳明心学的基本立场：天理不是心体的认知对象，而是心体之天理；心体自作主宰，天地间万事万物都是透过心体良知而显现。黄宗羲的格物说仍然在阳明心学的阵营之中，其强调“心”对于千变万化之事理的裁决权即是。他用简洁的语言总结如下：

> 夫天之生人，除虚灵知觉之外，更无别物，虚灵知觉之自然恰好处，便是天理。以其己所自有，无待假借，谓之独得可也；以其人所同具，更无差别，谓之公共可也。乃一以为公共，一以为独得，析之为二，以待其粘合，恐终不能粘合也。[11]

10　黄宗羲：《明儒学案》卷十《姚江学案》，《黄宗羲全集》第七册，第 202 页。

11　黄宗羲：《明儒学案》卷四十二《甘泉学案六·端洁杨止庵先生时乔》，《黄宗羲全集》第八册，第 317 页。

在黄宗羲的解释中，心以气言，性是心之条理；在心即气的意义上，心的全幅内容就是虚灵知觉，故而性理是虚灵知觉之条理（自然恰好处）。虚灵知觉之自然恰好处，之所以具有“己所独得”和“人所公共”的双重意义，就源于事的工夫论域。总之，黄宗羲基于心学立场融汇理学之长，避免两家之短。这种融汇又发展出新的哲学意义，可从三个方面加以概括。

第一，令心学的尊德性工夫具备道问学的知识意义。这是晚明思想界因应朱子学、阳明学流弊而催生出来的一种趋势，如东林学派集大成者孙慎行称“舍学问思辨行，而另求一段静存动察工夫，以养中和者，未有不流于禅学者也”。[12] 事的工夫论使得这一目标成为可能。在事的工夫论域中，天理是虚灵知觉之条理，静存工夫表现为“循理为静，非动静对待之静”；[13] 因此省察穷理与存养知觉统一，动察静存统一于学问思辨行中。穷理省察与存养本心是一回事，物理之穷致与心意之自慊是一回事。此即黄宗羲所总结的刘宗周思想四大创见之一的“静存之外无动察”[14] 之哲学意义。

第二，本体不会局限于内在意识，而是展开于事的客观性之中，展现于万事万物自我延展的无尽过程。按刘宗周、黄宗羲师徒的“主宰即在流行之中”命题，本体并非独立于事物的心性实体，而是事物之条理；因其自作主宰，故推尊为本体。这也意味着性理本体本来是空虚无可想像，良知之当下呈现是电光石火稍纵即逝的

---

12 黄宗羲：《明儒学案》卷五十九《东林学案二·文介孙淇澳先生慎行》，《黄宗羲全集》第八册，第 812 页。

13 刘宗周：《圣学宗要》，《刘宗周全集》第二册，第 287 页。

14 黄宗羲：《子刘子行状卷下》，《黄宗羲全集》第一册，第 250 页。

状态，必须落实于行事，以一种客观化的方式致良知于事事物物。良知之条理在这一过程中被推致其极，脉络分明，从事物的角度看是一种客观化的认知状态；从身心的角度看则是满腔恻隐之心、无非性体的心性状态。[15] 黄宗羲更加侧重在工夫与行事过程中对本体（条理）的客观化把握，此为“心无本体，工夫所至即为本体”；[16] 又因每一实现自身通达条理之个体都有其独立自足性，事物异彩纷呈的多样性并不意味着对立，而是体现了道体之无尽，此即表现为对于不同宗旨之学术的包容。而从哲学上讲，这意味着一种“存在于历史人事之变动之中”的新理观的诞生：“（这种新理）已不再受到先天本来性的规范性约束，而获得了自我延展的可能性。”[17]

第三，奠定建立在个体性基础上的公共性。在事的工夫论域，虚灵知觉之条理展现为“轻重长短之形，仍听之于物”；万事万物不受宰制性的先验本体压制和干涉，自然、自由地生成长养，这是事物个体性秩序的实现。而“意”的主宰性展现为黄宗羲所说的“权度在我”“己所自有，无待假借之独得”，经由此一主宰性而呈现的万事万物自然具有相互通达、彼此相与的贯通意义。换言之，每一事物条理的呈现，本身就具备公共意义，这是建立在个体性基础之上的公共性之落实。由此，“我”的道德主体性不是建立在忘

15　黄宗羲：《明儒学案》卷二十五《南中王门学案一·副使薛畏斋先生甲》，中华书局，2008 年修订版，第 594 页；《孟子师说》卷七“尽其心者”章，《黄宗羲全集》第一册，第 148 页。

16　黄宗羲：《明儒学案·自序》，《黄宗羲全集》第七册，第 3 页。

17　张志强：《从“理学别派”到士人佛学——由明清思想史的主题演进试论近代唯识学的思想特质》，《朱陆·孔佛·现代思想——佛学与晚明以来中国思想的现代转换》，中国社会科学出版社，2012 年，第 22 页。

物的基础上，而是以“万物皆备于我”为基础，富有责任担当精神。一方面，万物皆因我而名，如父便是我之父，君便是我之君；另一方面，万物皆备而后成其所谓我，若一物不备，我分中便有亏欠。[18] 换言之，格物致知的目标，除了实现道德自由，令每一事物是其所是、如其所是地呈现亦是道德主体不可推卸的责任。

综上，黄宗羲格物说发展出心学的道问学途径，其对客观性与知识进路的强调值得我们进一步深入探讨。前文所述明清之际学风出现了由性理之学转向经史之学（亦即尊德性转向道问学）的转型，事实上，孙慎行—刘宗周—黄宗羲一脉的四端与性体之辨以及格物思想正展现了明清思想转型的独特面向。

结语：心学的道问学进路

黄宗羲对于孙慎行在中晚明理学的重要地位有清晰的提示。《明儒学案·东林学案》中推重孙慎行为东林学术集大成者，《移史馆论不宜立理学传书》中反驳明史馆馆臣所言“阳明之后，流弊甚多，程朱门人必不至此”时也说：“此据条约所及者言之，其间如江右之王塘南，毗陵之孙淇澳，皆卓然圣学，岂可埋没。”[19] 目前学术界对顾宪成、高攀龙思想的研究比较多，孙慎行思想则几乎被忽略。[20] 事实上，孙慎行及其哲学是我们深入理解明代思想史、明清

18　刘宗周：《学言中》《会录》，《刘宗周全集》第二册，第 506、617 页。黄宗羲：《孟子师说》卷七“万物皆备”章，《黄宗羲全集》第一册，第 149—150 页。

19　黄宗羲《移史馆论不宜立理学传书》，《黄宗羲全集》第十册，浙江古籍出版社，2005 年增订版，第 213 页。

20　笔者曾著文论及，详见拙作《孙慎行慎独学的义理结构》，载于《中国哲学史》2009 年第 2 期。

思想转型的一条重要线索。黄宗羲在《明儒学案》中表彰孙慎行为东林学派集大成者，是其独特的思想史目标所致，本文暂不论及。[21] 但是在哲学立场和思想类型上，孙慎行与刘宗周、黄宗羲是毫无二致的。在这一意义上，本文将孙慎行视为晚明心学道问学进路的重要开创者。

黄宗羲《孟子师说·题辞》称："天下之最难知者，一人索之而弗获，千万人索之而无弗获矣。天下之最难致者，一时穷之而未尽，千百年穷之而无不尽矣。"开篇即定义了此书道问学进路及其意义。阳明定义良知与见闻（知识）之关系为："良知不由见闻而有，而见闻莫非良知之用。"[22] 区分良知与知识，并以良知统摄知识，是阳明学的一大特色。因此学界向来视阳明学为尊德性类型之儒家学术，与朱子学的道问学类型截然异趣。[23] 刘宗周对阳明观点有严厉的批评，并修正良知与闻见之知的关系为："盖良知与闻见之知总是一知，良知何尝离得闻见？闻见何尝遗得心灵？"[24] 这种主张经由其及门高弟黄宗羲诠释，则为"读书不多无以证斯理之变化，多而不求于心，则为俗学"。[25] 余英时对此有一个颇具启发意义的观察。余氏认为，刘宗周之学脱胎于阳明，但加重了"闻见之知"在儒学中的分量，代表十六七世纪儒家知识论发展的新

21　详参拙作《论〈明儒学案〉的道统论话语建构》，载于《学海》2012 年第 1 期。

22　王阳明：《传习录中·答欧阳崇一》，《王阳明全集》，上海古籍出版社，2011 年，第 71 页。

23　余英时：《论戴震与章学诚》，生活·读书·新知三联书店，2012 年，第 332 页。

24　刘宗周：《学言下》，《刘宗周全集》第二册，第 534 页。

25　全祖望：《梨洲先生神道碑文》，《全祖望集汇校集注》，上海古籍出版社，2000 年，第 220 页。

方向。[26] 余氏同时又视刘宗周思想为“儒学在外在世界受到重重挫折之余，不得不退归内心世界，最后竟退至无可再退之境”之象征。[27] 余氏这两个评价有自相矛盾之处：“退归”是以反求内心为方向，“闻见之知”则是以外在客观世界为方向，两个方向是相反的。这种矛盾其实反映了刘宗周思想的复杂多样性，余氏只是以历史学家的敏锐观察将其捕捉描述出来。余氏的观察启发我们思考一个问题：刘宗周向内用力将阳明心学立场推到极致，何以能够展现出儒家知识论发展的新方向？或者说，向内与向外两个方向何以能统合于一体？显然，晚明江南儒学孙慎行—刘宗周—黄宗羲一脉的哲学思考，为我们展示了其中的内在机制。

就思想型态而言，宋明理学内部蕴涵主体修养（尊德性）与知识规范（道问学）的关系问题，存在着重主体与重知识两种进路。明代阳明学的兴起，标志着宋明理学实现从重知识规范到重主体修养的转向。这种转向在源头上是针对朱子学注重知识规范而导致的支离流弊；但是，阳明学对主体修养的注重并不意味着轻视和忽略知识规范，而是以另一种方式囊括和扩展之。晚明江南儒学孙慎行—刘宗周—黄宗羲一脉所建构的思想体系正是沿着这一进路展开的，因此成为阳明心学道问学开展途径的主要代表。

---

26 余英时：《清代学术思想史重要观念通释》，《余英时文集》第四卷《中国知识人之史的考察》，广西师范大学出版社，2004 年，第 463 页；及《论戴震与章学诚》，第 336 页。

27 余英时：《清代学术思想史重要观念通释》，《余英时文集》第四卷《中国知识人之史的考察》，第 447—448 页。

“具体形上学”

——江南儒家形上学的新形态

陈赟（华东师范大学哲学系暨中国现代思想文化研究所）

“具体形上学”是杨国荣先生的代表作，包括《道论》《伦理与存在——道德哲学研究》《成己与成物——意义世界的生成》三书，这是杨国荣先生贯通古今中西，在世界哲学视域对儒家形上学的重要推进。就当代中国思想的进程而言，“三书”是继冯契先生的“智慧说”、牟宗三先生的“两层存有论”、李泽厚的历史本体论之后，形而上学领域最具有创造性与理论意识的哲学作品，它将广义的儒家形上学推进到一个新阶段。一般而言，儒学经历了三个阶段：第一阶段的先秦儒学，是中国儒学的原发形态，它是在轴心时代思想突破的背景下所生成的思想形态，它以独特的方式实现超验世界与经验世界的分离，并保守二者的张力；第二阶段的宋明理学，则是在吸收消化印度佛学以后而产生的哲学形态，宋明儒学构成了东亚近世社会进程的动力与背景，可以说理学已经不再限于中国，而是宋元明清尤其是明清时期东亚世界的共同思想形态；第三期儒学发生的背景是中西文明的相遇，而以对西学的消化为基础，将儒学建构为世界性的儒学则是儒学的第三期的使命，这一使命与中国融入现代世界体系并积极承担其世界历史抱负共生。杨国荣先生对儒学形上学的重构便是儒学第三期发展的重要成果，与牟宗三、李泽厚等强调儒学的中国特色取向不同，杨先生更强调在世界哲学视野中运思，由此，传统的儒学或儒学的已有历史形态，并不能构成儒学的本质主义定义，而是被视为生成中的儒学展开自身所运用的资源，对于杨国荣先生而言，儒学在其历史发展中与时俱进，自我更新的活动从未停止，因此，与其描述一种现成化的儒学，毋宁去主动构成我们时代及其未来的儒学，这一构成中的儒学其根基并不在某种学说，哪怕是传统形态的儒学，而在我们生活于其间的世界以及这个世界中作为个体的人对其生存意义的探寻。而从古今中西的视域，聚焦于形上学，刻画杨国荣先生对传统儒学的推进，乃是一个恰当切入口。

一、从传统儒学的“形而上学”到“具体形上学”

先秦儒学无疑是中国哲学在其发生原创时代最有影响的一支学脉，它立足于三代政制中的宇宙论秩序与人间秩序的深度渗透甚至浑沦不分，而建立了明晰性与天道的边界并在此基础上重新连接二者为核心的形而上学。这一形而上学与古希腊那种以逻各斯（logos）为明线、以密索思（mythos）为暗线的形而上学具有不同的类型特点，后者将语言视为存在之家，以为在词语破碎处则无物存在，正是这一点使其得以与犹太—基督一脉“道成肉身”的语言创世的本体论传统结合而构成西方的形而上学传统，这一形而上学传统被海德格尔精辟地定位为“存在—神—逻各斯”。而古典儒家的形上学则从一开始就强调语言对于存在显现之限制，“天何言哉”“天地有大美而不言”成为形而上者特有的超越语言的存在方式，显现形而上之道的言说或者被界定为“言无言”“不言之言”，或者被界定为以“象”所指示的隐喻系统或象征性符号系统。天道连通人性之德，因而可以体之于身，而不是通过身体的出离而在灵魂出窍的 ecstasy 体验中才能通达，这就有了在人之天的概念，人之所以敬天，乃与人之敬己，一体关联：既不是通过自我的否定与牺牲方式而将人视为天道的祭品，也不是通过消解、拒绝天道的方式而过分突出主体主义哲学视域中的主体性。因而先秦儒学在性与天道之间保持了高度的平衡，但与之相联系的“家天下”政制传统却支持并要求对天道的超验性的征用。宋明儒学在回应佛教的挑战中，以性即理的宣言在一定程度上消解了经验与超验之间的张力，并将具体经验世界神圣化为天理秩序的直接显现，从而使得其性理之学仍然以回归高悬着的天理为其依归。这就造成了杨国荣先生所说的形而上学的抽象特征。对杨国荣先生而言，抽象形而上学的典型特征是思辨构造抽象的本体概念，它或者注重对存在始基的还原，或者以观念为存在之本原，或者预设终极实在或大全，或者致力于在语言层面建构世界图景，其核心是导致对世界的抽象理解，以及对现实存在的疏离：[1]“当形而上学以某种或某类存在形态为本原，以终极的存在为统一的大全时，它也蕴含着对世界的静态、片面等看法：向某种质料或观念形态的还原，意味着对世界的片面规定；对终极存在的追寻，则导向静态的、封闭的观念，这种抽象的

1 杨国荣：《道论》，北京大学出版社，2011 年，第 19、44 页。

存在理论运用于研究世界或存在本身，便常常转换为对世界片面地、静态地、孤立地考察，后者也就是与辩证法相对的形而上学思维方式。”[2] 抽象本体的思辨构造，与对世界的抽象观看方式相联系，这种观看方式造成了本来是开放的世界的封闭性以及借助整体名义对具体个体存在的消解，不仅如此，它还将本来是变易着、运动着的世界予以现成化，本来相互渗透、相互涵摄的世界不可避免地被片面化与支离化，本来差异化、多样化的世界不能不被普遍同质化。抽象形而上学不能揭示世界的本真存在样式，不能如其所是地展示存在的当下状态，而是形而上学思维方式对真实流动着的世界的凝固化。

因而，正如杨国荣先生所揭示的那样，对抽象形而上学的上述病理学症候——即思辨构造抽象的本体，必须予以进一步的病理学分析：各种思辨构造抽象本体的理论实践之所以可能发生，就在于哲学家往往缺乏批判哲学的视野，以至于在人的知行过程之外构造某种宇宙模式或世界图景，譬如传统儒学在很大程度上难以避免抽象形上学，程朱从宇宙论、理气论角度对存在的思辨构造，就在一定程度上脱离人的知行过程。

相对于传统儒学，具体形上学的一个核心特征便是将哲学的批判原则作为自己哲学思考的出发点，这就导致了“具体形上学”的一个根本原则：从认识过程出发考察存在，从人的知行活动出发考察世界。这里的背景是冯契先生所说的广义认识，后者突出了知行的统一，本体论、认识论与逻辑学结合的视域。这个哲学视域构成

2　杨国荣：《道论》，第19页。

杨国荣先生哲学思考的重要背景。但更重要的是，杨国荣先生的这一哲学原则有着更为悠久的儒学甚至道家哲学传统的支持。我们知道，道家如《庄子》很少直接谈论道，孔子更是罕言性与天道，对原始儒学与道家而言，更为恰当的方式乃是通过不同层次与境界的人格来显现形上之道，这就是杨国荣先生发现的，何以中国古典的存在言说，总是指向人的精神境界，即所谓“化存在为境界”。[3]古典儒家哲人的化存在为境界的取向，体现了一种自发的批判哲学识度，杨国荣先生对之进行了提炼总结，使之明确成为具体形上学的根本原则。

传统儒家形而上学特别突出天道的超越性，这一超越性有其社会政治历史背景，即在君主王权体制下，对于高出基于人的评价与使用而生成的“人的机制”的存在尺度的坚守。但这种超越性一旦在实体化层面加以理解，便难以避免抽象本体的构造。杨国荣先生的做法，是对其进行创造性转化，天道并非超越实体，也并不能理解为脱离人的生存的存在本身，而必须理解为以道观之的一种视域，即人的一种观看方式。杨先生的独到见地在于，以道观之无法离开人之观看，它只是人之观看样式的一种。以道观之与以人观之本身并非彼此分离，达到真实的存在固然离不开以道观之，但从根本上这种观乃是人的选择，并具体表现为人把握世界的过程，即是人以道观之。[4]传统儒学所讲的“道”在实质上被理解为“以道观

3　杨国荣先生指出：“本体论、伦理学与价值论的结合，亦即在人自身存在意义的追求与实现中不断敞开存在，而它所指向的，则是存在与境界的统一。这一理路较为典型地体现于中国哲学。”《哲学的视域》，生活·读书·新知三联书店，2014年，第426页。

4　杨国荣：《哲学的视域》，第413页。

之”，即一种“本体论的视域”或“形而上学的视域”。[5]正是以这种方式，杨国荣先生拒绝了任何一种类型的实体主义的现成化的抽象本体。正是在这里，可以看到杨国荣先生对哲学的批判原则的彻底贯彻。不是直接或无中介地考察存在，而是考察存在对人的显现，而存在对人的显现本质上又是人显现存在的方式，因而人的知行活动，人自身之在，都是开显存在的方式；离开这种方式，存在的讨论便下降到抽象的形而上学。

由此而导出杨国荣先生对形而上学的一个极具特色的创见：“形而上学本质上是人的视域。”对此，杨国荣先生论证道：“从逻辑的层面看，自身无限的‘存在’不会发生形而上学的问题：对无限的‘存在’而言，世界总是以整全的、非分离的形式呈现出来。人则是有限的存在，这种有限性使其不可避免地受到特定存在境遇的限制。然而，人同时又并不像其他的动物那样，为某种特定的物种界域所限定；无论在认识的层面，抑或实践的层面，人都具有克服有限的要求和能力。如果说，人的有限性往往使人难以摆脱对存在的分离，那么，对无限性的追求则总是趋向于超越特定的存在视域而把握存在的统一形态。有限与无限的统一，决定了人无法摆脱形而上学问题。”[6]由此，对于存在进行形而上与形而下的划分，其实是存在显现的两种方式，也就是人敞开存在的两种不同方式。这样界定的形而上者，它包括天道、本体、本原、大全等等一系列种种不同的名谓，就是人观看世界的一种方式。不仅如此，这同时也

5　在《道论》一书的《导论》中，可以看到“本体论的视域”这一表达。《道论》，第7页。
6　杨国荣：《道论》，第48页。

意味着形而上者无法脱离人的知行活动及其过程，形而上学的存在（being）无以脱离人自身的生存（existence）。“存在图景的形成往往受到人自身的存在过程的制约，这种制约既在于人不能超越自身的存在境域去理解这个世界，也在于存在的现实形态本身即以对象世界与人自身的统一为题中之义，而从总体上把握这个世界，也相应地要求达到广义的存在与人自身存在的统一；离开了人自身的存在，则世界的图景便难以摆脱片面性、分离性。抽象形态的形而上学撇开了人自身的知行过程，将存在的把握理解为对终极存在的追求，这种进路在忽略存在境域对形上之思制约的同时，也掩蔽了这个世界与人的存在之间的统一性，从而未能真正克服存在的分离。”[7]因此，对杨国荣先生而言，追寻具体的形而上学就是探寻真实而具体的存在，后者展开为对世界与人的理解。

从儒家传统出发的人们往往以天道的没落或超越性的自我瓦解来面对杨国荣先生的具体形上学，然而这恰恰是杨国荣先生立足于世界祛魅的世俗化时代而对传统儒学的创造性转化。杨国荣先生并非对世俗化的无批判的机械适应或被动接受，譬如他反对在世俗化时代很容易出现的对儒学的解释取向，即是完全抛弃儒学的天道、形而上者等概念，而在后形而上学维度上对儒学进行解释。对于杨国荣先生来说，这仍然是抽象形而上学的表现形式：传统形而上学的抽象形态是离器言道，后形而上学则是离道言器，相比较而言，他的具体形上学的根本主张是道器合一。[8]

7 杨国荣：《道论》，第 53 页。

8 杨国荣：《具体的形上学 · 引言》，《道论》，第 4 页。

二、“具体形上学”的“原则的原则”：“只有这一个世界”

道器合一的取向体现在“具体形上学”的如下原则：“只有这一个世界。”[9] 这是具体形而上学的“原则的原则”。“具体形而上学以‘有这个世界’为出发点，它既不追问何以有这个世界，也不关切这个世界之前或这个世界之后的存在。所谓‘这个世界’，就是人生活于其间并为人自身之‘在’（广义的知、行过程）所确证的存在。”[10] 在本然意义上，“这个世界”与“那个世界”相对，“那个世界”有着种种表达，当奥古斯丁将这个世界表述为“人之城”时，那个世界便是“上帝之城”；当朱熹将这个世界表述为气化流行有通有塞的世界时，那个世界则是洁净空阔的纯理世界；当那个世界被表述为“彼岸世界”时，这个世界便被理解为同一条界河的“此岸世界”，等等。古典哲人希望在“这个世界”与“那个世界”之间保持一种张力，一方面生活在这个世界中的人们要对那个世界保持敬意甚至敬畏，另一方面又要在这个世界里勤勉、安分。然而，随着世界的祛魅，随着世俗化时代的到来与科技的发展，“那个世界”作为存在来理解不再可能，它与其说是存在，毋宁说是价值；与其说是客观的，毋宁说是主观的。当费尔巴哈说不是上帝创造了人，而是人创造了上帝时，那个世界便不能独立持存了，它只是这个世界在主体经验结构中的意义投射。由此作为人类真正居所的便只有“这个世界”，并且这个世界具有唯一性，用杨国荣先生的话来说，“只有这一个世界”。

9　杨国荣：《道论》，第 45 页。

10　杨国荣：《哲学的视域》，第 435 页。

“所谓‘只有这一个世界’，既意味着不存在超然于或并列于这一个世界的另一种存在，也意味着这一个世界本身并不以二重化或分离形式存在。”[11] 这一个世界就是我们生活在其中的世界，是让我们为之操心、为之牵挂、为之感动的世界，也是喜怒哀乐、爱恨情仇充盈其间的世界。这个世界之外的任何存在，即便是有，也不是我们的牵挂与关切的对象。这一个世界并没有传统形而上学所区分的本质与现象的两层存在，并没有超绝现象的本质或本体，也没有远离本质的现象，而是即现象即本质的，本质与现象相即相入、相涵相涉。[12] 由此，古典儒学的形而上与形而下就不能在本体与现象两层存有的意义上加以理解，那种理解毫无疑问已经导致了重本体轻现象的病理学症候：不爱具体的山河大地，而爱山河大地的本体；不亲近具体的存在，而亲近抽象的本体。既然只有这一个世界，那么，形上与形下就只能是这一个世界的不同显现方式：“形上之道与形下之器（特定事物或现象）并不是两种不同的存在，而是这一个世界的不同呈现方式。”[13] 形而上者即是这一个世界的当下不能显现的纵深或远景，而形而下者则是可见的显现者的层次，它是存在之在近处。于是，形而上与形而下作为这一个世界的两个不同维度，它们整合在一起，构成了一个并非透明，而是具有远近深度的世界。由此，杨国荣先生突破了宋明儒学的天理本体论，无论是程朱理学，抑或是阳明心学，都是这种天理本体论的不同形态。

11　杨国荣：《道论》，第 45—46 页；杨国荣：《哲学的视域》，第 435 页。

12　杨国荣先生强调：“‘只有这个世界’主要是针对世界的二重化，反对在此岸世界之外虚构一个彼岸世界。就这个世界而言，它本身又处于生成的过程之中。”《哲学的视域》，第 437 页。

13　杨国荣：《道论》，第 45—46 页；杨国荣：《哲学的视域》，第 435 页。

只不过二者的区分在于，前者强调充满整个世界的天理要素，而后者则将天理从属于道德化的人格。对杨国荣而言，这一个世界就是我们置身其间的现实世界，它是经验性的、可以触摸的，但又并非触摸可以完全抵达的世界，是万物在其中共在的活泼泼的世界。

理性主义哲学相信这个活泼泼的世界可以被语言所穿透，然而，把握“这一个世界”，并不等同于把握去把握这个世界的工具或方式，譬如，在分析哲学中，对世界的把握让位于对语言及其结构的把握。“在分析哲学中，语言取代传统形而上学的质料或观念的形态，成为研究的基本单位，而在语言分析的层面上建构统一的世界图景，则构成了分析的形而上学的特点，这里似乎同样可以看出某种还原：存在的结构通过逻辑的分析被还原为语言的结构。”[14]的确，分析哲学的“语言学转向”意味着，从对世界的讨论转向对讨论、思考世界和人自身时所运用的原因的分析。当然，分析哲学是希望通过语言分析来把握存在，尤其是语言中的存在，这即是所谓“语义上行”(semantic ascent)：“所谓‘语义上行’，也就是由考察对象转向考察关于对象的语言表述，亦即将哲学的对象主要集中于语言层面。”[15]语义上行被视为克服超验和思辨的进路、避免将哲学经验科学化、避免心理主义进路的方式，以为哲学思考的普遍性与确定性提供可能。但其问题却是同时规避了存在。由此，杨国荣先生强调：“在中国哲学的当代建构中，我们既要走出语言的界限，回到存在本身，又要引入分析的方式，避免陷入单纯的体悟、

14 杨国荣：《道论》，第44页。

15 杨国荣：《哲学的视域》，第360页。

体验或独断的思辨之中。这一过程不仅涉及蒯因所说的‘语义上行’，而且也关乎反向的‘语义下行’。‘语义上行’是从对象到语言，从对存在本身的把握转向关于存在的语言，其特点在于以语言分析作为把握存在的途径；‘语义下行’是从语言到对象，回归存在本身。”[16]

在消解了超验性之后，我们是否还可以表达对于这一个世界的敬意或敬畏呢？敬畏作为一种基本情调，它的根源并不在于对象的超验性，而在于主体的有限性。而对象的超验性本身只要从主体视角来理解，就会发现它其实是主体有限性的虚化表达，或隐喻化表达——如果我们接受莱考夫的建议，隐喻构成人类思想的本质，而不只是修辞或表达的艺术。[17]“所谓敬畏的问题，往往指向实体性层面的超验存在，这种超验存在有时候用形而上的语言表达为物自体，有时候用宗教的语言表达为主宰者。对超验存在的讨论，很难摆脱思辨。如果敬畏意味着对超验存在的崇尚，它的意义至少是有待讨论的。我们应当承认人的有限性，这是人始终保持理性的清醒的必要前提。但是，承认人的有限性，不能等同于预设有一个超验

16 杨国荣：《哲学的视域》，第 374 页。

17 乔治·莱考夫（George Lakoff）和马克·约翰逊（Mark Johnson）质疑了那种将隐喻仅仅归结为语言的特色、归结为言词方面而非思想与行为方面的传统认识，指出，隐喻在日常生活中普遍存在，遍布在语言、思维与行为中，不仅如此，人类的思考与行动天然地是隐喻性的：“不论是在语言上还是在思想和行动中，日常生活中隐喻无所不在，我们思想和行为所依据的概念系统本身是以隐喻为基础。”“隐喻不仅仅是语言的事情，也就是说，不单是词语的事。相反，我们认为人类的思维过程在很大程度上是隐喻性的。我们所说的人类的概念系统是通过隐喻来构成和界定的，就是这个意思。隐喻能以语言形式表达出来，正是由于人的概念系统中存在隐喻。”乔治·莱考夫、马克·约翰逊著，何文忠译：《我们赖以生存的隐喻》，浙江大学出版社，2015 年，第 1、3 页。

的主宰。在非超验的意义上，对世界的敬畏意味着尊重存在法则，承认人的有限性，认真慎重地展开人与世界、人与人之间的互动（中国哲学中的“敬”本身就有认真慎重、不苟且随意的涵义）。”[18] 由此，杨国荣先生将敬畏的根源从超验实体转向主体的有限性，这与宋明儒学有所不同。在宋明儒学那里，天理流行的世界并不只有一种世俗的意义，而是具有即凡即圣的意义。没有哪位宋明理学家反对天子对天的祭祀，这种祭祀连同宋明儒者反复讨论的诸多仪式化行为本身显示着这一个世界的神圣意味。

尽管我们可以谈论作为复数的世界，然而“具体形上学”中的“这一个世界”必定是唯一的，因为我们讨论的作为复数的世界，其实只是这一个世界对着不同显现方式的不同显现。毕竟对于这个世界有着不同的切入方式。真、善、美等等，与通过认识论、伦理学、价值论等方式而显现世界的方式不可分割。对于杨国荣而言，具体形上学中的具体性必然展现为辩证法所呈现的世界的统一性。“与认识、审美、道德的本体论之维的敞开相应，真、善、美的统一获得了形而上的根据，而存在本身的具体性、真实性则不断得到确证。另一方面，以真实的存在为指向，哲学的各个领域之间，也不再横亘壁垒与界限：作为把握世界的相关进路与视域，本体论、价值论、认识论、伦理学、方法论等等更多地呈现互融、互渗的一面。这里既可以看到存在本身的统一性，也不难注意到把握存在的方式及形态之间的统一性。”[19] 如果仅仅从认识论或仅仅从伦

18 杨国荣：《哲学的视域》，第 437—438 页。

19 杨国荣：《道论》，第 30 页。

理学的进路把握存在，那么所能把握的只是这一个世界的某一个侧面，这一个侧面也只是这一个世界对着把握它的方式——认识论或伦理学——而显现的一隅。因而，对于“这一个世界”，需要全面地解蔽、辩证地理解，这就是何以杨国荣先生主张，通向具体而真实的存在之路，必然是一种不断超越既有视角或进路而展开的综合会通之路，用杨先生自己的话来说，它是两条会通的道路之会通：这两条会通之路分别是：其一，本体论、认识论与逻辑学的结合，即在广义认识论中把握存在的道路；其二，本体论、伦理学与价值论的结合，亦即在人自身存在意义的追求与实现中不断敞开存在的道路。这两条道路的结合则是一条意义与意义世界的生成之路。[20]

三、“意义世界的生成”：具体形上学与儒学的现代开展

如果形而上与形而下不再是二重世界，而是同一个世界的不同显现方式，那么，天地万物构成的存在者整体就必须理解为一个伴随着主体的知行过程而在深度上不断延展的世界，人与自己、与事、与物的关联就并没有一个外在的主宰，看不见的天意在这里失去了其生存空间。存在者之间的关联对人而言，就必须被理解为一种意义关联，世界整体就是一个意义结构或意义网络，简言之，就是意义世界。在这里我们看到的是生成中的儒学的新貌。

20 杨国荣指出：“一方面，与认识、审美、道德的本体论之维的敞开相应，真、善、美的统一获得了形而上的根据，而存在本身的具体性、真实性则不断由此得到确证；另一方面，以真实的存在为指向，哲学的各个领域之间，也不再截然相分：作为把握世界的相关进路和视域，本体论、价值论、认识论、伦理学、方法论等更多地呈现互融、互渗的一面。”杨国荣：《哲学的视域》，第 440 页。

1958年唐君毅、牟宗三、张君劢、徐复观等撰写的《为中国文化敬告世界人士宣言》仍将心性之学（精神哲学）视为中国学术思想之核心，牟宗三一系的“圆教论”也以阳明的心性哲学为原型。然而杨国荣先生在对明清之际儒学的研究中业已注意到当时儒学对内圣之境的逸出，王夫之所谓的化“天之天”为“人之天”已经将广义的人文化成的事业引入儒学中，从而与浸沉于内在精神世界的心性之学有了分别。[21] 这并不是说，心性之学没有意义，而是说当面对天崩地裂的变化，或面对不断被强化的体制化实存时，心性之学总是不可避免地遭遇其限度。步入近代以来，中国的现代化历程，涉及内外表里的方方面面，不仅仅是心性世界的变革，同时也是政治社会、历史文化的结构性变革，所有这些都为儒学发展的新的可能性提供了土壤。杨国荣先生敏锐地察觉到了时代性的状况，他的哲学也直面这种变化，他以意义世界的生成，来拓展儒学的新视野，而这正与其“具体形上学”的精神相一致。

意义世界区别于本然世界，本然世界无所谓意义问题：“作为还未与人照面的对象，这一类的存在还处于意义领域之外，关于它们，既不发生意义的问题，也不发生无意义的问题。”[22] 人作为生物性存在，也是本然存在的一员，人的自我完成，在于扬弃这种本然性，成为自由主体。人成为自由主体的过程，也就是传统儒学所谓的“成己”的过程，这一过程正是人获取并建立自身存在意义的过程。然而这一成己的过程与化自在之物为为我之物，也就是将本然

21 杨国荣:《善的历程：儒家价值体系的历史衍化及其现代转换》，上海人民出版社，1994年，第305—331页。

22 杨国荣:《成己与成物——意义世界的生成》，北京大学出版社，2011年，第33页。

世界转变为意义世界的过程——古典儒学所谓的“成物”的过程，相互交织，彼此共构。“惟有在成己与成物的历史展开中，本然之物才逐渐进入人的知、行之域，成为人认识与变革的对象，并由此呈现事实、价值等不同方面的意义。通过广义的知与行，人不断化本然之物为人化实在，后者在改变对象世界的同时，又推动着世界走向意义之域。与之相联系的是成就自我：以自身潜能的发展和自我实现为形式，人既追问和领悟存在的意义，也赋予自身之‘在’以内在的意义。如果说，成物的过程侧重于将世界引入意义之域，那么，成己的过程则首先使人自身成为有意义的存在。概而言之，成己与成物既敞开了世界，又在世界之上打上了人的各种印记；意义的生成以成己与成物为现实之源，成己与成物的历史过程则指向不同形式的意义之域或意义世界。”[23] 显然，杨国荣先生以认识世界与认识自己、变革世界与变革自己这样一种面向社会历史实践与广义文化创造的宽广主题赋予古典儒学成己与成物概念以富有时代气息的内涵，在这里因为其对感性实践的强调而突破了心性哲学的藩篱，意义问题，作为“一切问题的问题”（海德格尔语），又使得古典儒学成己与成物的主题被立足于现代性的地平线之上。

人在成己与成物的实践中所抵达的意义之域不仅有真、善、美的理想所关涉的科学、伦理、艺术的意义世界，同样也包含规范性的原则及其建制的世界，如果说《道论》业已分别对这三个领域进行了阐释，那么《伦理与存在》则侧重揭示了道德与伦理世界的意义，而《成己与成物》则面向广义的精神世界、社会实在及其规范

23　杨国荣：《成己与成物——意义世界的生成》，第 11 页。

系统，等等。所有这些，都显示了意义世界的多维向度。然而，作者显然又立足于自由人格的理想而统摄整个意义世界。诚如杨国荣先生指出的那样，形而上学总是指向人自身之“在”，后者在个体与类的层面都以自由为理想之境：历史地看，无论在个体的层面，抑或类的视域，人的存在都展开为一个追求与走向自由的过程。[24] 以自由统摄真、善、美，也就是以自由统摄科学、道德与审美，这既是康德的思路，也是冯契先生的思路，这一思路已经不同于传统的儒学。传统儒学的核心在于仁，而不是自由。然而，诚如霍耐特所言，自由业已构成近现代以来西方思想的基石，[25] 近五百年来由西方文明最先推动的世界历史秩序无疑以自由作为其核心理念，譬如黑格尔的世界历史哲学构思就以自由作为最基本的理念性原则。中国融入现代世界体系的过程，也是自由意识生成并继而成为主导原则的过程。在这个意义上，杨国荣先生的“具体形上学”并非

---

24 杨国荣:《道论》，第 274 页。

25 霍耐特（Axel Honneth）:《自由的权利》，王旭译，社会科学文献出版社，2013 年，第 29 页。霍耐特强调，自由的思想已经成为主导现代社会的中心理念，“所有在现代社会中上升到主导地位，并且自那以后又相互争夺统治权的伦理价值中，只有唯一的一种伦理价值确实做到了对现代社会的机制性秩序发生着持久的影响，即在个人自主意义上的自由……今天，在 21 世纪的开端，要想阐明任何一种现代价值，几乎不可能不同时把这种现代价值作为个人自主基本思想的一个方面去理解”；“似乎有一种神秘的魔力，个人自主把所有现代的道德理想都吸引到它的那种自由思想的魔力圈中，挖掘它们的深度，赋予它们新的重点，但又从不给予它们一种独立的选择”。即便是对正义社会秩序的建构，也无法再脱离自由而加以思考，“不管附加在道德层面上关于公正的话语有多么重要的地位，但总是被在现代社会秩序中个人自由所享有的价值意义所超越。正义构思和自由思想的融合，已在时代的进程中走得如此之远……没有一种社会伦理，没有一种社会批判，能够超越自两百多年来在现代社会中将正义思想与自主思想连接在一起所开拓的思想地平线”，“不是团体的意志，不是自然的秩序，而是个人的自由，建立了所有正义思想的规范性基石”。前引书，第 27—29 页。

“仁学本体论”，而是“自由本体论”，就不难理解了。“具体形上学”以自由丰富仁的思想，为仁的思想发现新的时代性地基。“人的自由……所指向的，则是人的整体性或作为整体的人：精神世界的统一性，本质上是人的整体性的表征。”[26] 以整体性的人来揭示儒学仁道的内涵，又以自由思想统摄真善美，从而使得分离的或多重的意义世界可在新的维度上获得统一，这就是自由的魅力。“自由的领域也就是一个真善美的世界，自由的内在意义，在于达到真善美的统一。”[27] 这并不是说，具体形上学中没有仁道的位置，相反，它所强调的各种人性能力与人性境界正是对仁（人之所以为人者）的新解。

以仁展开儒学的诠释，往往使知行活动被限于道德、伦理与政治的世界，但自由的概念，则将科学探索、艺术创作、政法建制等一切人类变革自我与世界的实践都纳入视野。“作为一个历史过程，每个人的自由发展与一切人自由发展之间的互融、互动，内在地关联着成己与成物的过程……在这一过程中，一方面，人的存在与世界之‘在’通过人的创造活动不断被赋予更深沉的价值意义，另一方面，广义的意义世界也由此在真正合乎人性的层面进一步生成和提升。以每个人的自由发展与一切人自由发展的互动为背景，自我与他人（社会）、个体之域与公共之域、观念层面的意义世界与现实之维的意义世界逐渐走向内在的统一，成己（认识自己与成就自己）与成物（认识世界与变革世界）作为意义世界的生成过程开始

26　杨国荣：《道论》，第 286 页。

27　杨国荣：《道论》，第 285 页。

真正展开于自由之境。”[28] 自由作为具体形上学的归宿，它意味着一种通达各种意义世界的能力，也就是融通人之各种能力与境界的可能性。“就本原的层面而言，形而上学以意义的追寻为指向，从意义之维看，求其通可以说是具体形上学的本质要求。”[29] 具体形上学所追求的形上与形下的贯通、思与史的互动、世界之在与人之在的统一、存在与生成的统一，等等，皆指向以自由的生成为核心的意义世界的建构，而这一点无疑是具体形上学的具体性的关键。

总体言之，杨国荣先生的具体形上学，立足于现代社会历史状况，对传统儒家形上学做了重要推进。这一推进可以视为在古今中西之争背景下，立足于世界哲学视域，对传统儒学的创造性转化。杨国荣先生曾强调，他在研究古典哲学时关注的是其中原创性思想，而在阐发近现代哲学时，则更为着重于分析和阐释中西融会这一独特的哲学史现象，他试图指出的是，近代哲学的建树始终以中西哲学的互动激荡为其背景，离开这一背景就无法理解中国近现代哲学。[30] 这一概括同样也适用于对杨国荣先生具体形上学的理解。中西哲学各以其自身各具特色的发展，最终彼此交遇，这被杨国荣先生视为“本体论的事实”，因而，生成中的儒学必须融入世界哲学的生成中，直面人类的处境以及全球性的共同问题，这才是儒学的真正居所，唯有在对人类处境及其共同问题的关切中，儒学才

28　杨国荣：《成己与成物——意义世界的生成》，第 314 页。

29　杨国荣：《哲学的视域》，第 438 页。

30　杨国荣：《哲学之路》，参见杨国荣《思与所思——哲学的历史与历史中的哲学》，北京师范大学出版社，2006 年，“代序”，第 5—6 页。

能作为同时代的意识、作为活的思想。而杨国荣先生的“具体形上学”建构，毫无疑问，可以视为这样一种从儒学出发而走向世界哲学的思想努力。这一努力也正与儒学从第二期东亚思想到第三期世界性思想的时代性脉动相为表里。

下篇：散焦的江南儒学

论“南方之强”的精神镜像

胡发贵（江苏省社会科学院哲学与文化研究所）

中国哲学在强调“人能弘道，非道弘人”的内因同时，也十分重视条件之外因的作用，孟子所谓“恒心生于恒产”“居移气，养移体”等正明此；由此人对环境依赖的认知，必然导向对风俗多样性的重视，对文化差异性的敏感，“百里不同风，千里不同俗”就是印证。本文拟谈论的所谓“南方之强”，只是这种文化差异论的折射与回响，但在思想史上却有着探触到我们文化某种幽深特性的意义。

一、何谓“南方之强”

“南方之强”典出《中庸》，源自孔子与弟子的对话：

> 子路问强。子曰：“南方之强与？北方之强与？抑而强与？宽柔以教，不报无道，南方之强也，君子居之。衽金革，死而不厌，北方之强也，而强者居之。故君子和而不流，强哉矫；中立而不倚，强哉矫；国有道，不变塞焉，强哉矫；国无道，至死不变，强哉矫。

这段话文意较浅明。历史上解经家，对之也多有解释。如郑玄注解为："南方以舒缓为强。不报无道，谓犯而不校也。"又说："衽，犹席也。北方以刚猛为强。"孔颖达的疏则多有发挥："南方，谓荆阳之南，其地多阳。阳气舒散，人情宽缓和柔，假令人有无道加己，己亦不报，和柔为君子之道，故云君子居之。……衽，卧席也。金革，谓军戎器械也。北方沙漠之地，其地多阴。阴气坚急，故人生刚猛，恒好斗争，故以甲铠为席，寝宿于中，至死不厌，非君子所处，而强梁者居之。"[1]

朱熹对"南方之强"是这样注解的："宽柔以教，谓含容巽顺以诲人之不及也。不报无道，谓横逆之来，直受之而不报也。南方风气柔弱，故以含忍之力胜人为强，君子之道也。"而对"北方之强"的体认是："衽，席也。金，戈兵之属。革，甲胄之属。北方风气刚劲，故以果敢之力胜人为强，强者之事也。……夫子以是告子路者，所以抑其血气之刚，而进之以德义之勇也。"[2]

就地域意义，孔颖达给南方和北方划出了个大致的范围，即荆阳以南和"北方沙漠之地"。南、北之分界，古今可能会有不同的认知，这个问题因论者没有研究，暂且不表。对"强"的最优选择上，由上引文可见，在孔子的论述中南方和北方之强，似乎都未达到"中庸"之境，似均失之一偏。但在南、北对比中，孔子显然偏爱南方之强。从用语就可见，孔子以"君子居之"论"南方之强"，而以"强者居之"评"北方之强"。众所周知，孔子是很欣赏

1 郑玄注，孔颖达疏：《礼记正义》卷五十二。

2 朱熹：《四书章句集注》，中华书局，1983 年，第 21 页。

君子之品的，“君子德风，小人德草”一语，就是生动折射；而对“勇”，孔子则持一种警惕的审慎态度，如对“子路好勇”，多有警醒甚至批评。比如有一次：“子路问：君子尚勇乎？孔子曰：义之为上。君子好勇而无义则乱，小人好勇而无义则盗。”孔子曾不满地说道：“由也好勇过我，无所取材。”甚至还痛惜地感叹过：“若由也，不得其死然。”[3]

还值得注意的是，《中庸》的这段话是孔子与子路的对语，孔子对“强”的解释，实是当面提点、开悟子路。子路小孔子九岁，是孔门中堪称勇猛的人。《史记·仲尼弟子列传》称：“子路性鄙，好勇力，志伉直，冠雄鸡，佩豭豚，陵暴孔子，孔子设礼稍诱子路。”孔子总是因材施教，正是因为子路“好勇”，故孔子偏向约束与提醒他，“好勇之强”并非血气刚猛，更非“衽金革，死而不厌”，而应追求“德义之勇”，这固然难以轻易做到，但南方的“宽柔以教，不报无道”，也是君子之道，是应当仿效的。

孔子倡“南方之强”，固有因类施教的便宜处置考量，但也应注意到其间的前置性的价值预判，即“南方之强”虽然不及“中立而不倚”的“德义之勇”，但仍然是值得称道的君子之行，可谓是次优的价值选择。事实上从孔子的论述来看，“南方之强”也是孔子所心仪的。如从个人德性意义上，孔子赞赏孟之反的“不伐善”，欣赏颜子的“有当无，为而不有”，称颂“太伯三让”；如从社会治理上，孔子推崇“克己复礼为仁”，赞许“礼让为国”；如从人的完善即“成人”层次境界上，孔子揭示“血气方刚，戒之在

3　以上见《论语》及《史记·仲尼弟子列传》。

斗”，而六十耳顺、七十从心所欲不逾矩的圆融，实即实现了彻底的“求达不求闻”，它指向的显然是追求内在超越的“内圣”，这也是人之为人的至境。由此简述也可见，孔子是摈斥好勇斗狠的，是偏好谦忍低调的。对“南方之强”的褒奖，实展现了夫子这一价值取向。

二、“上善若水”与“南方之强”

如果继续追问，南方何以有如此之“强”呢？

人是环境的产物，一方水土养一方人，不同的地理环境会产生不同的风俗习惯和生活方式，亦即本文开头所言的注重外因的风俗论：“风者，天气有寒暖，地形有险易，水泉有美恶，草木有刚柔也。俗者，含血之类，像之而生，故言语歌讴异声，鼓舞动作殊形，或直或邪，或善或淫也。”（应劭《风俗通义·序》）

中国古代先哲于此地异人异的环境论，早有深刻的体认。如《礼记·王制》所揭：“凡居民材，必因天地寒暖燥湿，广谷大川异制，民生其间者异俗。刚柔轻重，迟速异齐，五味异和，器械异制，衣服异宜。修其教不易其俗，齐其政不易其宜。中国戎夷，五方之民，皆有其性也，不可推移。东方曰夷，被发文身，有不火食者矣。南方曰蛮，雕题交趾，有不火食者矣。西方曰戎，被发衣皮，有不粒食者矣。北方曰狄，衣羽毛穴居，有不粒食者矣。中国夷蛮戎狄，皆有安居，和味，宜服，利用，备器。五方之民，言语不通，嗜欲不同，达其志，通其欲，东方曰寄，南方曰象，西方曰狄鞮，北方曰译。”

这段长引文很生动地揭示了，文化因地理环境的差异所形成的多样性，也因此，南北有地异，风俗人情与观念思想也必然有不同。孔子“仁者乐山，智者乐水”，实已潜蕴此意。后世学者如清代刘师培则有更多的讨论。他认为中国古代学术盛于春秋战国，但诸子间因其所处地域的不同而凸显出殊异的学术风格、思想旨趣，像秦、赵之地的荀卿、吕不韦，其学术“平实刚志”，而且也少纵横之士；地处南北之间的韩、魏、陈、宋，则有“苏、张之横放，韩非之跌宕”；而南方的文化，更是异彩纷呈，特色鲜明，刘氏概称之为“南方之文”：“老子之书，其说杳冥而深远，及庄、列之徒承之，其旨远，其义隐，其为文也纵而后反，寓实于虚，肆以荒唐谲怪之词，渊乎其有思，落乎其不可测矣。屈平之文，音涉哀思，负耿介，慕灵修，芳草美人，托词喻物，志洁行芳，符于二南之比兴，而叙事纪游，遗尘超物，荒唐谲怪，复与庄、列相同。”[4]

“南方之文”其态缥缈，其旨幽远，而其精神或是“上善若水”的柔韧厚德。江南水乡泽国，南蛮“饭稻鱼羹，断发文身”，正是赖水而生的表现。由于生命与生活对水的不可或缺的依赖性，先人对水早有深切的体认。如《尚书·洪范》所提出的构成世界的五大基本元素即“五行”中，第一就是水：“一曰水，二曰火，三曰木，四曰金，五曰土。”《管子·水地篇》更主张水为万物之源：“水者，何也？万物之本原也，诸生之宗室也。”意即万物依水而生，还应特别指出的是，《管子》还尤其强调水之精华凝为人。

水不仅是世界的基本构成元素，是世界的本原，先哲还赋予了水深刻的人文体认。如孔子说“仁者乐山，智者乐水”，并从河

4　刘师培：《刘申叔遗书》，江苏古籍出版社，1997年影印本，第560页。

水的奔流不息，深自感叹“逝者如斯夫！”对孔子何以如此以水取喻，孟子曾有这样的解释：“徐子曰：仲尼亟称于水，曰：‘水哉，水哉！’何取于水也？孟子曰：原泉混混，不舍昼夜。盈科而后进，放乎四海，有本者如是。”[5]显然，这里是以水的涌流不已来拟喻君子的自强不息，奋进不止。在先秦诸子中，老子对水的体认最为特别，对水的称颂也最为突出，如“上善若水，上德若谷”。[6]

那么，老子何以大赞水德为“上善”呢？

其一，水的包容“含垢”性。水性至洁，但水又常常含垢纳污，即所谓“川泽纳污”：“谚曰：高下在心，川泽纳污，山薮藏疾，瑾瑜匿瑕，国君含垢，天之道也。”(《左传》宣公十五年）水的纳污，既显示其包容，又显示其牺牲性，即成他物之洁，又自甘含垢；文中所谓“国君含垢”，即意指国君应向水学习，有巨大的包容性，又能甘于牺牲、担起为民父母的责任。所以老子说：“是以圣人云：受国之垢，是谓社稷主；受国不祥，是为天下王。”(《老子》第78章）

其二，柔弱胜刚强。从《老子》一书可知，他从水的汪洋濡弱中，发现了其内在的坚韧性：“天下莫柔弱于水，而攻坚强者莫之能胜。”(《老子》第8章）这类论述自然令人想起滴水穿石的自然现象，以及在此背后所蕴含的水的锲而不舍的精神。此又诚如《水经注》所感慨：“古之人有言，水非石凿，而能入石，信哉！”故老子叹水“柔弱胜刚强”(《老子》第78章)，柔性若水，却至坚无比。

其三，“水善利万物而不争”。这一点可能是《老子》尤为推崇

5　朱熹：《四书章句集注》，中华书局，1983年，第293页。

6　朱谦之：《老子校释》，中华书局，1984年，第41章。

水的德性的原因。正如前述，先人早已见出，水孕育万物，滋养万物，万物赖水而存在、而有生命与活力，但是水似乎永远在奉献，永不表功，永不争利。所以《老子》由物性而反思人性，感叹人间至善应像水一样，利乐众生，却绝不自伐："上善若水，水善利万物而不争。"（《老子》第8章）因此"上善若水"，老子仿此"水德"构建了人间诸德性。如谦退，"圣人之道，为而不争"（《老子》第81章）；如"美谦屈"，"知其雄，守其雌""知其荣，守其辱""知其白，守其黑"（《老子》第28章）；如敦厚，"大丈夫处其厚，不居其薄，处其实，不居其华"（《老子》第38章），"善者吾善之，不善者吾亦善之"（《老子》第49章），"报怨以德"（《老子》第63章）。

史称老子"以濡弱谦下为表"（《庄子·天下》），且"清虚以自守，卑弱以自持"（《汉书·艺文志》），这种自持而克己、宽厚而坚韧的思想倾向和价值偏好，显然源自老子对水的观察和体认。老子所揭橥的"若水"的上德概念和所期许的圣人人格，本质上即是在宣扬一种弃争的人生哲学，一种谦让的忍德，一种坚韧的美德。老子的哲思可谓恰切映现了"南方之强"的"宽柔以教，不报无道"的人生信念，换句话说，"南方之强"源于南方水德的滋润。

三、"鼻吸五斗醋"与"强哉矫"

前引孔子与子路的对话中，"强哉矫"屡屡出现，近乎"真是强啊"的叹词。孔子所寄意"强哉矫"，故达乎"中庸"，但颇抽象，而历史上也确实颇有特别意味的"强哉矫"，且甚能表现"南方之强"。如明代著名思想家王阳明《三酸图》所描写："人言鼻吸五斗醋，方可作宰相。东坡平生自谓放达，然一滴入口，便尔闭目攒眉，宜其不见容于时也。偶披此图，书此发一笑。”[7]

五斗醋不论口吃还是鼻吸，几乎都是不可承受的。明代 10 升为一斗，10 斗为一石；一石米为 120 斤，故一斗为 12 斤，五斗为 60 斤。又有学者认为明代一斗合 10223 毫升，五斗约 100 斤。不论是 60 抑或 100 斤，五斗醋都是夸张和渲染的量，因为现代科学研究，一般成人每天可摄取 20 至 40 毫升醋，最多不能超过 100 毫升。古代社会，宰相权高位重，一人之下，万人之上，而“鼻吸五斗醋”的前置条件，正暗示超常的德性，方可领受特殊的责任；这一超常的德性，实即如孟子所喻说的“动心忍性”的伟大品格：“天将降大任于斯人也，必先苦其心志，劳其筋骨，饿其体肤，空乏其身，行拂乱其所为，所以动心忍性，增益其所不能。”[8] 达此境界，亦可谓“强哉矫！”

换个角度来看，王阳明之所以欣赏“鼻吸五斗醋”，内蕴的也正是这样一种“南方之强”精神，即低调谦逊，坚韧顽强，厚德载物，以及能处人所不能处、忍人所不能忍。“先生曰：人生大病，只是一傲字。为子而傲必不孝，为臣而傲必不忠，为父而傲必不慈，为友而傲必不信。故象与丹朱俱不肖，亦只一傲字，便结果了此生。诸君常要体此。人心本是天然之理，精精明明，无纤介染着，只是一无我而已；胸中切不可有，有即傲也。古先圣人许多好处，也只是无我而已，无我自能谦。谦者众善之基，傲者众恶之

7　王守仁：《王阳明全集》，上海古籍出版社，2015 年，第 846 页。
8　朱熹：《四书章句集注》，中华书局，1983 年，第 348 页。

魁。”[9] 阳明这段话，既传承了孔子“君子不伐善”的儒家低调传统，又体现了“躬自厚，薄责于人”的“南方之强”的典范品格；而文中的“无我”之喻，更表达了传统儒家“求达”“内圣”的绝对追求，这应该是真正的“强哉矫”，而“南方之强”，只是这一追求的履声步响。

9 王守仁：《王阳明全集》，上海古籍出版社，1992 年，第 109—110 页。

儒家心性之学的转出

——论子游的思想创造及其道统地位

何益鑫（复旦大学哲学学院）

孔子以其典范性的生存，成为七十子后学乃至整个儒学的最高理想。他的思想和言说与其生命实践融为一体，处于一种尚未剥离的完满状态之中。但这种状态不是人人皆可契会的。于是，如何从孔子的学思典范中，引出一条可理解的思想进路，以便更好地理解孔子、阐明孔子，也为了更好地指导实践，这是七十子后学的思想使命。此间，子游可以说是关键性的人物。他的伟大之处，正在于其思想的创造。他擅长文学，尤得力于乐教，故其学重本。他反身向内，关切人内心的生存活动与情感状态，由此沉潜，转出了一条"性情—心术论"的思想道路，成为了思孟心性之学的先导。

子游，姓言，名偃，少孔子四十五岁，[1] 与有子、曾子、子夏、子张相仿。《论语》列"德行""言语""政事""文学"四科，共十位代表（《先进》）。前三科的代表，都是前期弟子；唯"文学"（礼乐文章之学）列子游、子夏，是后期弟子的代表。前期弟子重实

1　此据《史记·仲尼弟子列传》，一说"少孔子三十五岁"（《孔子家语·七十二弟子解》）。

践，后期弟子重文学。[2] 但同是以文学著称，游、夏之间仍有重要的差别。要之，子夏注重传经，《六经》的传承，子夏居功至伟；子游擅长思想，由礼乐文章的沉潜而开显出思想的道路。

关于子游的传世文献，散见于《论语》《礼记》《孔子家语》等，不是很多。以往有的学者指出，《礼记·礼运》为子游所作。[3] 但思想史的研究表明，《礼运》是战国中期盛行的禅让思潮的“一曲挽歌”，应出于子游学派后期学者之手，而不会是子游的作品。[4] 不过，郭店竹简有一篇《性自命出》，各种证据表明，很可能是子游的作品。因此，我们对子游思想的考察，主要依据两种文献：一是传世的先秦文献，尤其是《论语》；一是郭店竹简《性自命出》。

一、《论语》等所见子游的重本之学

子游、子夏皆擅长于礼乐文章。不同的是，子游有自身得力之处，故不满足于此，而有进一步探寻文章之本的要求。于是，有了子游、子夏的本末之辨。

---

2 钱穆说：“子游、子夏于此（文学）最所擅长，不惟子贡、宰我、冉有、季路非其伦，即颜、闵、冉伯牛、仲弓视之，殆亦有逊色，故游、夏得于三科之外特标文学一目。”钱穆：《论语新解》，生活·读书·新知三联书店，2005 年，第 277 页。

3 康有为：《万木草堂口说·礼运》，《康有为全集》第 2 册，上海古籍出版社，1990 年，第 316 页。另，任铭善认为，《礼运》是子游自记，间有后人窜入者。参见任铭善：《礼记目录后案》，齐鲁书社，1982 年，第 23 页。王锷认为，《礼运》的主体部分是子游记录，大约战国晚期掺入了阴阳五行家之言。王锷：《礼记成书考》，中华书局，2007 年，第 241 页。

4 梁涛：《郭店竹简与思孟学派》，中国人民大学出版社，2008 年，第 183、180 页。

> 子游曰："子夏之门人小子，当洒扫、应对、进退，则可矣。抑末也，本之则无。如之何？"子夏闻之曰："噫！言游过矣！君子之道，孰先传焉？孰后倦焉？譬诸草木，区以别矣。君子之道，焉可诬也？有始有卒者，其惟圣人乎！"(《论语·子张》)

朱子于此章颇为用力。[5]在《集注》中，他自己先解释了一遍，然后不惮其烦地四引程子之言。反复强调的是，洒扫、应对、进退的下学与高且远者的上达，具有内在的一致性；近者、小者与高者、远者，本末一贯，不可分为两节。如程子说，"洒扫应对，便是形而上者"，"自洒扫应对上，便可到圣人事"。朱子按云："但学其末而本便在此也。"[6]显然，程朱是站在了子夏的一边，批评子游对子夏的批评。

程朱的说法，在理学系统中不难理解。但这一立论与批评，能否切中此间的核心关切，则未必。这里牵涉到为学宗旨与根据等问题。

其一，宗旨问题。同是做一件事，存心与立意直接决定了它对人而言的可能的生存论效果。子游的本意，未必是说门人不要洒扫、应对、进退，而是批评子夏教门人，根本不立、宗旨不明。故其门人小子之洒扫、应对、进退，也只是洒扫、应对、进退，而难以化为成己成人、自得受用的工夫阶梯。[7]从这个意义上说，子游

---

5 朱子自谓："某旧年思量义理未透，直是不能睡。初看子夏'先传后倦'一章，凡三四夜穷究到明，彻夜闻杜鹃声。"朱熹：《朱子语类》,《朱子全书》第17册，上海古籍出版社、安徽教育出版社，2002年，第3432页。

6 朱熹：《四书章句集注》，中华书局，1983年，第190页。

7 梁涛认为："他所理解的'本'应该就是指礼化民易俗、平治天下的功能和作用。"梁涛：《郭店竹简与思孟学派》，第181页。按：既是功能和作用，则不为"本"。若说为政之本，当指德教。但这一思路，与此章语脉不同。

的批评是对的。子夏为人细谨，从他的角度说，以洒扫、应对、进退为门人小子进学之始，也未可厚非；但问题是，在此之前，门人是否已有一个确切宗旨在？先有宗旨，则一切细谨的活动，皆可在此宗旨之下得以安顿，成为成德之学的内部环节。否则，纵使做的再好，不免深陷细末，于根本无益。

其二，与宗旨相关，还有工夫的落处。为学工夫要有明确的落处。每做一事，都想着把它做好，这也是一个落处，但此落处是离散的、无尽的、逐物于外的，与人的总体生存是不贴的。为学的真正落处，应当在具有总体意义的人的德行。《中庸》云："苟不至德，至道不凝焉。"人的至德，乃是道的凝聚之处，亦即工夫的落脚处。此落处，孔子则谓之"己"。身在孔门，无人不知孔子之学是"为己之学"，只是对"己"的体认与理解不同。为己，不仅是一种发心（为了真己），更是为学的方向和方法：时时从切己处出来，又时时回到自家身上。如此用功，则一切具体的为学活动，皆可汇入这个"己"，凝结为人的德行。否则，即便不断为学，也没有一个真实的"己"来承纳这一切，活动的意义无处附着。唯有在德的统摄之下，为学的活动才能转化为成德的资粮。这个方面，子夏是有所欠缺的。子夏曰："日知其所亡，月无忘其所能，可谓好学也已矣。"（《论语·子张》）子夏眼中的"好学"，是每天学一点新的东西，同时不忘记已经学会的东西。其着眼点是量上的积累，面向的是一个知识的"己"，而不是德行的"己"。

其三，对"己"、对"德"的理解，又决定了工夫进路的选择。子夏致力于知识和能力的积累，对"己"、对"德"，以及它们所依托的人的内心活动，是缺乏深刻的理解的。但子游不同。从《性自命出》看，子游对于人的德行与内心活动的关系，有一种清醒的认识；对于各种要素（包括教化活动）之于人的德行的长成的意义，也有一种清晰的理解。这些认识与理解，是子游思想成熟时期的表达，但这方面的关切，应该是一以贯之的。这就决定了他对为学工夫的进路选择。我们可以推测，子游教门人，也会包含洒扫、应对、进退等内容。只是与之相比，他更加注重人的内在性情的宣发、塑造和陶冶，换言之，他可能更加重视乐教。

子游与子夏的这种差异，从孔子对二人问孝的不同回答中，也可以看出端倪。

> 子夏问孝。子曰："色难。有事弟子服其劳，有酒食先生馔，曾是以为孝乎？"(《论语·为政》)
>
> 子游问孝。子曰："今之孝者，是谓能养。至于犬马，皆能有养；不敬，何以别乎？"(《为政》)

但凡学者问孝，孔子都是应机指点，而不是给出通行的解释。其原因可能有二：一，与孔子对德行的理解有关。他对德目的把握不是诉诸于确定的定义，而是在具体的活动中看出、指示出它。二，诸弟子之所以问孝，不是孔子在课堂上不曾讲到孝，而是出于个人特殊的实践要求，孔子是顺此情境给予了具体的指点。子夏问孝，孔子说仅仅服劳奉养是不够的，还得注意由内而外的颜色表现。所谓"色难"，即事亲时的愉色和婉容，这是出于内在的爱意的。[8]子夏

---

8 《礼记·祭义》云："孝子之有深爱者，必有和气；有和气者，必有愉色；有愉色者，必有婉容。"

细行严谨，奉养有方，但内在的深爱并不充沛，故孔子告诫以此。[9] 子游问孝，孔子告诉他不能只是奉养，还要满怀敬意。看上去，这与对子夏的回答相似，都是要回归内心。但仔细看是不同的。子夏的不足，是缺乏内在的深爱。但子游的不足，不是缺乏深爱，而是深爱无节，以至于缺了敬意。一出于深爱，可以发自内心地有好的照料、好的颜色，但未必能够让父母感到自身受尊敬。而事亲之事，须得爱敬兼尽。故孔子告诫他，除了好好奉养之外，还要敬重他们。子夏流于表面的奉养，子游任其内心深爱的表达，这与他们的思想品格是一致的。

子游重“本”，但他没有说“本”具体指什么；或许，它就是一个指向，指示一种与“末节”相反的方向。在“本末之辩”中，它指向为学的宗旨、工夫的落处，以及真正源发性的内心的生存活动。而在问孝的例子中，它指向了内心的深爱之情。这个意义上的“本”，与孔子对“礼之本”的理解是相近的。“林放问礼之本。子曰：‘大哉问！礼，与其奢也，宁俭；丧，与其易也，宁戚。’”(《论语·八佾》) 孔子对林放的问很是欣赏，感叹说“大哉问！”孔子的回答也表明，所谓“礼之本”指礼背后所表达的情意或情感。与之相似，子游曰：“丧致乎哀而止。”(《论语·子张》) 丧礼只要致极居丧者的哀情即可。这是针对过于注重外在文饰，舍本逐末而言的，与孔子之意相承。丧礼，无论具体的仪程如何，最终是为了表达和抒发丧者的哀情。子游的话，是为了回归到这个宗旨

9 据《礼记·檀弓上》，子夏丧其子而丧其明。曾子历数他的三条罪状，后两条是：“丧尔亲，使民未有闻焉，尔罪二也；丧尔子，丧尔明，尔罪三也。”

上，这就是“本”。[10]

子游对本的理解，也牵涉了对子张的评价。

> 子游曰：“吾友张也，为难能也。然而未仁。”（《论语·子张》）

曾子也有类似的评价。曾子曰：“堂堂乎张也，难与并为仁矣。”（《子张》）朱子《集注》引范氏云：“子张外有余而内不足，故门人皆不与其为仁。”的确，子张的为人，志意高广，很有威仪。据《论语》，他学干禄、问十世、问令尹子文、问陈文子、问善人之道、问明、问崇德辨惑、问政、问达、问高宗谅阴、问行、问仁、问从政，皆可谓着眼不凡，但多直接用力于为政。孔子对此了然于心，故其答子张问仁，云“恭、宽、信、敏、惠”（《论语·阳货》），乃是就从政而为言，不是心底的工夫。[11] 子张的格局虽大，但问题是较少用力于为己、为仁。然而，仁是个人的修为，是内心的至德，真正的仁道必由此而出。子张于此不足，故子游、曾子乃有如是的评论。值得注意的是，作此评论的不是别人，正是特别注重内在德行修养的子游和曾子。[12] 其所得如此，故所见如此。

子游对本、对内心的意识活动与情感状态的洞察和关切，使他

---

10 朱子曰：“‘而止’二字，亦微有过于高远而简略细微之弊。”朱熹：《四书章句集注》，中华书局，1983 年，第 191 页。按，从下文可知，子游并没有抛弃丧礼仪程、任意表达哀情的意思。

11 若与孔子对颜渊问仁的回答作一对比，就可以看得更加明白。颜渊问仁，孔子告诉他“克己复礼为仁”，并以“非礼勿视，非礼勿听，非礼勿言，非礼勿动”解释其纲目（《论语·颜渊》）。朱子认为，这是孔子“传授心法切要之言”（朱熹：《四书章句集注》，第 132 页）。

12 范氏说“门人皆不与其为仁”，是不察乎此。

对于人的观察具有一种通透的眼光和敏锐的觉知。

子游为武城宰。子曰："女得人焉尔乎？"曰："有澹台灭明者，行不由径。非公事，未尝至于偃之室也。"(《论语·雍也》)

澹台灭明为人低调。何以知之？据《史记·仲尼弟子列传》，孔子曾说："以貌取人，失之子羽。"这不仅仅是说澹台灭明相貌不好，必也是因为他平日为人低调，故以孔子之智一时也瞧他不出。但子游却识别出他，依据了两点：路不走小径，没事不到邑宰之室。若就事论事，这两点本身也没有什么。关键是子游从中看出了澹台灭明的为人和用心，而表之以这两个细节。[13] 这样一种由外而内的考察方式，与孔子所说是一致的。子曰："视其所以，观其所由，察其所安。人焉廋哉？人焉廋哉？"(《论语·为政》)看一个人做事的方式，观察他的动机，识别他的内心状态，便能深入了解一个人。但如此的洞见，源于一颗敏锐的内心，不可着相。

子游的重本，应与乐教有关。子游擅长礼乐，尤得力于乐教。他的好乐倾向，在早年便已显露。

子之武城，闻弦歌之声。夫子莞尔而笑，曰："割鸡焉用牛刀？"子游对曰："昔者偃也闻诸夫子曰：'君子学道则爱人，小人学道则易使也。'"子曰："二三子！偃之言是也。前言戏之耳。"(《论语·阳货》)

---

13 不是孤立地看这些行为的表相，直接得出判断。而是从对此人的整体把握中，去理解和体贴这些具体行为的意义。

子游为武城宰，孔子带弟子前去考察。一进城，便听到了弦歌之声。孔子微微一笑，跟弟子开了个玩笑，“割鸡焉用牛刀?”意思是说，治理这么个小地方，也用得着乐教?子游便以夫子素日所言答之。在此，有两点值得注意：其一，何以孔子会说“割鸡焉用牛刀”?试想，若子游只是在武城推行礼教，孔子恐怕不会如此打趣。因为礼在当时是任何为政活动必由的途径，其时效性也强。但乐不同，时间长、收效慢，对于一般的小地方的治理，似乎是非必要的选项。其二，在这种情况下，子游还格外重视乐教，说明他对乐教本身的特别重视。这种重视，必出于自身的体认。乐教关乎人的内心活动，关乎性情的陶冶，“其入人也深”(《礼记·乐记》)。推行乐教，可以由内而外达到民德的风化。它虽不是立竿见影的措施，却是培本固原的方法。

子游关切人的内心情感状态，但并不因此忽视其外在的实现方式。实际上，他试图从人的内心情感之系列变化及外化的过程，来为礼乐之必要提供一种重构式的论证。

> 有子与子游立，见孺子慕者，有子谓子游曰：“予壹不知夫丧之踊也，予欲去之久矣。情在于斯，其是也夫?”子游曰：“礼，有微情者，有以故兴物者。有直情而径行者，戎狄之道也。礼道则不然，人喜则斯陶，陶斯咏，咏斯犹，犹斯舞，舞斯愠，愠斯戚，戚斯叹，叹斯辟，辟斯踊矣。品节斯，斯之谓礼。”(《礼记·檀弓下》)

有子与子游看到一个小孩因为找不到父母而大声号哭。有子见此有感，说他独独不能理解丧礼中对于“三踊”(一踊三次跺脚，三踊九次）的规定，像小孩子那样纵情表达就可以了，何必要有具体的限制？有子之说，着眼于内在情感的抒发，是对“本”的回归，也颇符合子游“丧致乎哀”的主张。对此，子游却说，“丧之踊”的规定是必要的。他指出：有的礼可以节制人情，有的礼可以激发人情，最终是为了使人情得到中道的表达。人情的发生与表现，有一个自然的酝酿和变化的过程。顺着这个自然的过程加以品节，才谓之礼。恣意表现、纵情宣发，那是野蛮人的方式。

可见，子游没有因为对礼之本、对内在情感的强调，忽视外在礼制规定的意义。事实上，子游已经深入了人情的内在运作方式，来为礼制规定的必要性作出了一个新的论证。这一点是孔子所不曾做过的，开启了一个新的思考方向。如果说，孔子的“礼之本”，是从个人实践的角度，调动人的情感的参与，以追求礼的最好实现；那么，子游则已经以人情为基础，以其内在的发生及表达为前提，转而从制礼作乐的角度论证礼的产生和存在的必要性。其后，子游学派《礼运》说：“礼义也者……所以达天道顺人情之大窦也。”“圣王修义之柄、礼之序，以治人情。”公孙尼子《乐记》说：“乐统同，礼辨异，礼乐之说，管乎人情矣。”自此以后，人情明确成为了礼的制作的内在根据，也成为了礼教的落实之处；圣人缘人情以制礼，成了儒家关于礼的起源和本质的标准学说。这一思想，与子游（或许还有其他同门）从人情角度论证礼乐的思路转变有莫大的关联。

子游在礼乐之教中对“本”的追求和体贴，使他特为关注人的内心活动与情感变化。顺此以往，他逐步发展出了一套系统的“性情—心术论”思想。此思想，又反过来为其礼乐思想建立了更为稳靠的基础。从习于孔子的礼乐之教，到以“性情—心术论”的展开，融摄孔子的礼乐之教与成德之学，可以说是子游之学的必然结果。

二、《性自命出》与子游的“性情—心术论”

郭店竹简《性自命出》(上博竹简《性情论》大同小异)，讨论了天、命、性、情、道、心等心性之学的核心概念。其所出的墓葬年代，下限是公元前三百年，则其著作年代还要更早。[14] 从现有的资料看，它很可能是儒家对这些问题的最早的主题化探讨。故被视为孔子之后、孟子之前，儒家心性之学的早期形态的代表。

《性自命出》的作者，有人认为是子思，有人认为是公孙尼子，有人认为是子游。主张子思的学者，看到了《性自命出》与《中庸》前三句的“隐括”关系。如姜广辉先生认为，“《中庸》一书反映了子思的成熟的思想，其起首言‘天命之谓性，率性之谓道，修道之谓教’，此三语隐括了《郭店楚墓竹简》中《性自命出》的内容。”[15] 从思想史的角度说，两个文本具有隐括的关系，并不能推出它们是同一作者的作品。更有可能，是时代之演进和思想之提纯的

14 参见李学勤：《郭店竹简与儒家经籍》，姜广辉主编：《中国哲学》第二十辑（郭店楚简研究），辽宁教育出版社，1999 年，第 18 页。

15 姜广辉说：“《性自命出》说：‘性自命出，命自天降。’《中庸》‘天命之谓性’一句隐括之。《性自命出》说：‘四海之内，其性一也。其用心各异，教使然也。……道者，群物之道。凡道，心术为主。……教，所以生德于中者也。’《中庸》‘率性之谓道，修道之谓教’二语隐括之。”姜广辉：《郭店楚简与〈子思子〉——兼谈郭店楚简的思想史意义》，姜广辉主编：《中国哲学》第二十辑（郭店楚简研究），第 84 页。

结果，具有思想史上的前后承继关系。古人著述不易，如果学者的思想有所演进，或对同一命题找到了更为简约或合适的表达，应该会直接体现在最后定本之中。更为重要的是，《性自命出》“道始于情，情生于性”，“情”是连接“性”“道”的核心概念，具有独立的意义，在后续的修学过程中也是关键；但在《中庸》“天命之谓性，率性之谓道”的论述中，“情”字隐入了“性”字之中，未获独立的意义，在后续的论述中也未出现。[16]之所以如此，我认为，《性自命出》的作者，深得于礼乐之教尤其是乐教，由乐教对“情”的体认和陶冶，深入人性与人心的作用原理，从而转出“性—情—道”的主张和基于“情”的教化之道。但据现存的子思文献来看，乐教并非子思的得力之处，或者说子思的思想并非源于乐教对情的蕴藉，故其思想越过了“情”这个环节，而强调道德意识之“诚”，这是子思思想的基本特征。所以说，《性自命出》与《中庸》虽然在大思路上相似，但关键处的把握却有重要的不同，不会是同一个人的作品。

主张公孙尼子的学者，看到了《性自命出》与《乐记》的乐论思想，讨论的议题、使用的概念上的相通之处。[17]但细致的考察

---

16 蒙培元已有此洞见，他说：“其中最重要的区别是，《性自命出》明确提出‘情’这一范畴，而在《中庸》中这一范畴被隐去了。”蒙培元：《〈性自命出〉的思想特征及其与思孟学派的关系》，山东师范大学齐鲁文化研究中心、美国哈佛大学燕京学社编：《儒家思孟学派论集》，齐鲁书社，2008年，第17页。

17 如陈来说：“《性自命出》中有一大段论‘乐’‘声’，还谈到赉、武、韶、夏及郑卫之乐。这与《礼记》中的《乐记》(各篇）最为接近，《乐记》之四中论及韶、夏，之九论武。甚至在用语上也接近。……《乐记》以喜怒哀乐论情性，论心，也与《性自命出》相通。”“我更多地倾向于认为《性自命出》这一篇是属于《公孙尼子》。”陈来：《郭店竹简〈性自命出〉篇初探》，《竹帛〈五行〉与简帛研究》，生活·读书·新知三联书店，2009年，第33、35页。

会发现，两者无论是思想展开的程度，还是篇章主旨的核心关切，都是不同的。李天虹曾指出三点，其一，《乐记》的乐论，较《性自命出》更为丰富、深刻、明确；其二，《乐记》“知乐，则几于礼矣”，礼的地位高于乐，而《性自命出》“乐，礼之深择也”，颇有重乐的意味；其三，《乐记》的政教色彩比较重，而《性自命出》则更注重个人的修养。[18]所以，从思想主旨或核心关切的差异看，我们更愿意将《性自命出》与《乐记》视为不同作者的作品。不过，从概念、议题的相关性看，两者确有一定的继承关系。考虑到讨论的深度、表述的成熟度，以及对礼乐关系的把握方式等等，《乐记》应是在《性自命出》基础之上的进一步的发挥。《汉书·艺文志》注明公孙尼子为“七十子之弟子”，即孔子的再传弟子。[19]从思想的演进历程看，若《乐记》果为公孙尼子的作品，则它之前，或有另一个文献是其思想的来源。这一作品，可能就是《性自命出》。其作者，则是孔子的直传弟子。

我们认为，《性自命出》的作者更有可能是子游。[20]从思想上看，《性自命出》最得力的地方就在乐教，而孔门七十子尤其后进弟子之中，子游在乐教方面最为突出。从年代看，子游是孔子弟子，子思、公孙尼子是再传弟子。若《性自命出》出自子游，便可以理解，它一方面影响了子思《中庸》“性—道—教”的思想格局，一方面也影响了公孙尼子《乐记》的思想。故陈来先生的推测：“或许公孙尼子就是子游的弟子……很可能，子游、公孙尼子、子

---

18 参见李天虹：《郭店竹简〈性自命出〉研究》，湖北教育出版社，2003年，第119—122页。
19 《隋书·经籍志》说公孙尼子“似孔子弟子”。我们倾向于《汉志》的说法。
20 梁涛也认为《性自命出》作者为子游。参见梁涛：《郭店竹简与思孟学派》，第28—31页。

思就是一系。”[21] 我们认为是比较中肯的。大体而言，子思与公孙尼子同得于子游之学，而取舍不同。子游之下，公孙尼子或是子游的直传，由乐教方面的得力，撑开性情论的探讨和礼乐教化的主张。至于子思，在受子游思想的启发之余，也受其他弟子尤其是曾子的影响。他虽接受了子游性情论的进路，但其得力之处终究与子游不同，故修养的核心与思想的形态亦与之相别。

正是由于子思与子游的这一段思想渊源，荀子在批评思孟“五行说”的时候说：

> 案往旧造说，谓之《五行》……子思唱之，孟轲和之。世俗之沟犹瞀儒嚾嚾然不知其所非也，遂受而传之，以为仲尼、子游为兹厚于后世：是则子思、孟轲之罪也。(《荀子·非十二子》)[22]

荀子说，子思（和孟子）的“五行说”，乃是根据往旧见闻而自造新说的结果，却自称是孔子之言，后人也以为是传自于孔子和子游。可见，在后世子思之儒、孟氏之儒的自我认知中，“五行说”与子游有一定的渊源。这个渊源，很可能就在子游的性情论，即此篇《性自命出》。

21　陈来：《郭店竹简〈性自命出〉篇初探》，《竹帛〈五行〉与简帛研究》，第 35 页。

22　句中的“子游”，或认为当作“子弓”。这是考虑到《荀子》此处的语脉，似乎是否定子思的《五行》得了孔子和“某某”的正传。荀子向来推举“子弓”，在他处有三次“仲尼、子弓”并言，又说“子游氏之贱儒”，故此处应是“仲尼、子弓”并称，以表明子思、孟子不得“仲尼、子弓”之真之意。参见王天海：《荀子校释》，上海古籍出版社，2005 年，第 211—212 页。但这一假设不能成立。从语脉上讲，“以为仲尼、子游为兹厚于后世”一句，乃是子思、孟氏之儒的自我认知，与荀子对正统的认定不同。

更直接的证据是，郭店本《性自命出》的一段话（上博本缺），与前引《礼记·檀弓下》子游的话基本相同。

> 喜斯陶，陶斯奋，奋斯咏，咏斯犹，犹斯舞。舞，喜之终也。愠斯忧，忧斯戚，戚斯叹，叹斯辟，辟斯踊。踊，愠之终也。(《性自命出》)

两者的差别在于，《性自命出》分别论述“喜”“愠”两种情感的发展变化，以“舞”为前者之终，以“踊”为后者之终。而《檀弓下》没有了“舞，喜之终也”和“踊，愠之终也”两句，中间多了一句“舞斯愠”，由“舞”直接过渡到“愠”。这显然不合逻辑。前人对此已有察觉，以为衍文。[23] 但这一疏误，当不是《檀弓》原本的问题，可能是后世的流传或汉人的整理导致的。我们认为，两处应该是同一段论述。至于它们的关系，或许并不是谁引用谁的问题，[24] 更可能是一个思想的原始表达与成熟表达的关系。可以推测，子游先是在与有子的讨论中阐明了此意。而后在著入《性自命出》的时候，在“陶”“咏”之间加入“奋”、“愠”“戚”之间加入“忧”，以足其意；又加两个“终”字以示区隔，形成了《性自命出》的最终表述。[25] 后来，《性自命出》失传，《檀弓下》在流传、

23 参见孙希旦:《礼记集解》，中华书局，1989 年，第 271—272 页。

24 李天虹推测，“子游之言”引用了简文。参见李天虹:《郭店竹简〈性自命出〉研究》，第 111—112 页。陈来指出，若说子游引用了他人之言，则“子游所可能引述的，就只能是孔子”，而《性自命出》不可能出于孔子。参见陈来:《郭店竹简〈性自命出〉篇初探》,《竹帛〈五行〉与简帛研究》，第 32 页。

25 考虑到上博本没有此段，所以还有一种可能是:《性自命出》最初成文的时候并无此段，在子游后学的传习过程中，有人补入了师说。

整理的过程中，或人误在两层隔断之处增入“舞斯愠”，造成了文义的纠葛。

此外还有一个证据，即“有为”的观念。在《礼记·檀弓上》中，曾子告诉有子，孔子曾说“丧欲速贫，死欲速朽”。有子认定，这不是孔子的话；如果是，那也是“夫子有为言之”。子游确证了有子的判断，并大为感叹：“甚哉，有子之言似夫子也！”与此同时，在《性自命出》中，我们看到了四个“有为”：“有为也者之谓故。”“《诗》，有为为之也；《书》，有为言之也；礼乐，有为举之也。”作者以“有为”来解释“故”，来定位《诗》《书》礼乐。但“有为”的这种用法，在那个时代并不多见。[26]《性自命出》不但接受了这个观念，还大加运用和发挥。可以推测，作者是对话在场者的可能性很大；子游又深为赞叹，其可能性最大。

所以，无论是从思想史脉络看，还是从文本的直接证据看，我们都倾向于认为，《性自命出》的作者是子游。子游以情为本的乐教思想，通过公孙尼子的继承和阐扬，在《乐记》中达到了完美的形式，成为先秦乐论的高峰；其“性—情—道—教”的思想格局，被子思吸收、整合进了以“德—行”为核心的思想系统，导出了先秦儒家道德心性论的大传统。故子游的《性自命出》，在儒学发展史上实具有举足轻重的地位。

竹简《性自命出》的思想形态，不同于思孟的“心性论”，但

---

26 此外，在先秦儒家文献中，此种用法还见于《礼记·曾子问》：“孔子曰：‘吾闻诸老聃曰：昔者鲁公伯禽有为为之也。今以三年之丧，从其利者，吾弗知也！”《孔子家语·子贡问》记载相似。至于《孟子》等的“有为”，多是“有所作为”之意。

也不宜限定为“性情论”或“心术论”。[27]实际上，它是以性情发生学为基础、以“心术”为教化途径、以“生德于中”为宗旨的成德之学。故严格来说，《性自命出》是“性情—心术论”，它是广义“心性论”的一种具体形态。[28]关于它的内容和意义，我们可以从三个方面来了解。

其一，指明了一条思想的道路。此即从天命谈人性，由人的性情活动谈教化活动的思想道路。这条道路，以往我们是在《中庸》中最先明确看到的。

> 天命之谓性，率性之为道，修道之谓教。(《中庸》)

由天命而有人性，顺人性而有人道，修人道而有教化。它一方面具有纵贯天人的格局，一方面具有由内而外的层次。以此方式，儒家的教化得以安顿，得以理解。此一结构，到了宋明时代更是成为理学性善论的经典证明。现在我们知道，《中庸》不是这条道路的最初表达。比它更早的《性自命出》就已经建构了这一格局。

> 性自命出，命自天降。道始于情，情生于性。始者近情，终者近义。知情者能出之，知义者能入之。(《性自命出》)

27 “性情论”是最常见的提法，因为“性”“情”是全篇最突出的两个概念。“心术论”的提法，见赵法生:《心术还是心性？——〈性自命出〉心术观辩证》,《哲学研究》,2017年第11期。

28 在儒学语境中，“心性论”从属于成德之学，故在命名上无需强调。

在此，天—命—性—情—道—义，构成了基本的逻辑环节。这样一个结构，相比于《中庸》更为细密。一来，天与命有所区分；二来，性与情有所区分。但大体而言，还是可以隐括为三层：天、命；性、情；道、义。最后一句“知情者能出之，知义者能入之”，从由内而外、由外而内两个方面，给出了教化得以施用的可能。

对于《性自命出》而言，这样一个思想结构，不仅仅体现在局部的表述上，更体现在其文章层次的总体安排上。关于文本的结构，学者还有一些争议，主要是无法理解其行文思路所致。根据我们的理解，《性自命出》的义理结构可以分为三个部分：第一部分（1—7章）[29]以“性”为核心，阐述人性的作用原理，以“长性者，道也”为归趣；第二部分（8—12章）以“道”为核心，论述孔门《诗》《书》礼乐之道，以“情”为中心重建了礼乐之道，尤其是其中的乐教；第三部分（13—20章）以“学”为主题，以“心术”为关键，以“主心”或“生德于中”也就是内心的成德为宗旨。[30]这三个部分，可谓前后相因、层层推进，构成一个不可分割的整体。大体言之，第一部分言“性”，第二部分言“道”，第三部分言“学”。从这里，我们更可以了解《中庸》对《性自命出》的内在继

29 分章以李零本为依据。参见李零：《郭店楚简校读记（增订本）》，中国人民大学出版社，2007年，第136—139页。

30 陈群认为：“其（指《性自命出》）主旨应当是‘教’或‘教化’，其讨论的核心是如何通过教来使心产生定志，从而生德于心。教以产生‘定志’的方式，以礼乐为内容，以道、义为准则。以‘教’为简文的主旨，则简1至简14前半部分主要是讨论教化的心性论基础；简14后半部分至简35主要是讨论教化如何以礼乐的方式落实人道；简36至简67主要是对教化的具体展开及其规范作出说明。”陈群：《教而生德于心——以“教”为中心的〈性自命出〉研究》，载《人文杂志》，2015年第6期，第65页。此说与笔者有相似之处，可以参考。

承关系。

其二，对人性的存在、活动与作用方式有一系统的了解，并以此定位儒家礼乐教化的意义。

> 凡人虽有性，心无定志，待物而后作，待悦而后行，待习而后定。(《性自命出》)

作者概述了人性从发动到运作，到最后稳定成形的过程（定性）。简文认为，人性的活动，源于外物的感应，取决于内心的好恶，通过操习而稳定下来。人的活动包括教化活动，则在人性发生的过程中，参与了人性的表达和塑造。

> 凡性，或动之，或逆之，或交之，或厉之，或绌之，或养之，或长之。
>
> 凡动性者，物也。逆性者，悦也。交性者，故也。厉性者，义也。绌性者，势也。养性者，习也。长性者，道也。(《性自命出》)

人性不但可以因物而感动，动了之后，还可以迎合它，交互它，磨砺它，引出它（绌当作出），养护它，增长它。这些影响人性的活动的东西，物、悦、故（即《诗》《书》礼乐）、义、势、习、道，包含了人在后天活动中可能遇到的各种因素。尤其是“故、义、道”，直接指向了后天的教化活动。正是在这里，诗、书、礼乐的后天教化之道，获得了它得以施展的空间。

顺此，简文提出了“道四术”的说法。所谓“道四术”，其三术是诗、书、礼乐，另一术是心术。[31] 由于人性的活动，要在人心中表现；且人心相对于人性而言，又有一种相对独立的意义。故说到底，心术是根本，《诗》《书》礼乐之道，最终要归于心术方有着落。由此，简文从心术特别是情的角度，对礼乐之道尤其是乐教作了细密的重构，提出：“教，所以生德于中者也。”意即，孔门《诗》《书》礼乐之教，其宗旨和目的乃是为了内心的成德。德是生于中的，亦即，是成于心的。无论是人性的最初的发端，还是后天的教化活动，最终都凝结于此。由此，孔门的《诗》《书》礼乐之道，在“性情—心术论”的视域下，重新获得了它的表达和实现方式。

其三，继承了孔子的人性论，使之在新的思想视域中得到了表达，所揭示的面向，开启了其后人性之争的可能性。人性论以及人性善恶问题，是孟荀时代的核心问题之一。在此问题上，孔子的主张是很经验的。子曰：“性相近也，习相远也。”（《论语·阳货》）人性是相近的，随后天习俗与教化的不同而拉开了差距。孔子这样说，目的是为了凸显后天为学的重要性。当然，孔子承认人性固有差别。比如，他区分了“生而知之”“学而知之”“困而学之”“困而不学”四等（《论语·季氏》），认为“唯上知与下愚不移”（《阳

31 关于“道四术”的理解，分歧很大。李零认为，第一术是心术，其三术是“诗”“书”“礼乐”，后者从心术派生，并受心术指导。参见李零：《郭店竹简校读记（增订本）》，第153—154页。丁四新也认为，“四术”是指“心术、诗术、书术、礼乐术”。参见丁四新：《论郭店楚简“情”的内涵》，丁四新主编：《楚地简帛思想研究》（二），湖北教育出版社，2005年，第155页。关于“道四术”的义理阐发，参见匡钊：《简书〈性自命出〉中“道四术”探析》，《江汉论坛》，2012年第7期。

货》)；又说，存在一种天生质美的“善人”，[32]他“不践迹，亦不入于室”(《先进》)，[33]而在化民方面则有一定的功效。[34]

《性自命出》出土之后，学者纷纷探讨它的人性论。有人认为，它是自然人性论；有人认为，它已经具有了性善论的萌芽；有人认为，简文前后的人性论观念不一致。其实，在人性问题上，《性自命出》大体继承了孔子的观点，具有经验的品格；只是它将人性的观察经验，在人性的活动方式和作用机制的思路中，作了新的呈现。

> 性自命出，命自天降。(《性自命出》)

这是追溯人性的来源。性是出于命的，命是源于天的。这句话与《中庸》“天命之谓性”相近，但区别也很明显。《中庸》“天命”连用，天所命与的就是性；《性自命出》则说，天降而有命，命中蕴含了性。简文的“命”，指作为人的存在全体的“生命”，[35]“性”则是其中的一个部分。但《中庸》直接把“天命”限定在了人性的范围。后世学者尤其是理学家，又根据孟子的性善论，认为“天命之

---

32 朱子曰：“善人，质美而未学者也。”朱熹：《四书章句集注》，第127页。

33 钱穆说：“善人质美，行事一本天性，故能不践迹，犹谓不照前人脚印走路，即不依成法。此言其未经学问，虽亦能善，而不到深奥处。”钱穆：《论语新解》，第293页。

34 子曰：“善人为邦百年，亦可以胜残去杀矣。诚哉是言也！”(《子路》) 子曰：“善人教民七年，亦可以即戎矣。”(《子路》)

35 陈伟、李天虹等都主张，这里的“命”指生命。参见武汉大学简帛研究中心、荆门市博物馆编著：《楚地出土战国简册合集（一）：郭店楚墓竹书》，文物出版社，2011年，第102页。陈来认为，简文的命即“生命”，是一个“独立的存在论环节”，从而与《中庸》“天命之谓性”的“命”(作为活动）相区分。参见陈来：《郭店楚简〈性自命出〉与儒学人性论》，《竹帛〈五行〉与简帛研究》，第87页。

谓性”指天所命与人的善性，则进一步对“天命”的外延作出了限定，不一定是《中庸》的本义。

喜怒哀悲之气，性也；及其见于外，则物取之也。(《性自命出》)

气是古人追究事物的原初状态或根据时，经常会借助的物象。竹简说，喜怒哀悲之气是人性的潜伏状态；它表现于外，则是外物前来感应、发动的结果。表现于外的，自然是喜怒哀悲之情。但此情感的表现，说到底还是人性固有的内容的一种真实显现。人性感物而动的一个本源的、直接的表现，就是好恶。

好恶，性也；所好所恶，物也。(《性自命出》)

“好恶，性也。”通常的解释是，好恶是源于人性的。因为好恶是情，此处相当于“情出于性”。[36]但竹简的意思，更准确说，好恶就是人性。在此，需要区分好恶的内在倾向与好恶的具体活动。如果说喜怒哀悲之气以及好恶的内在倾向，是人性的潜伏状态；那么，好恶的具体活动作为人性的原初发见，是人性内容的活生生的呈露。同样，《乐记》云：“人生而静，天之性也；感于物而动，性之欲也；物至知知，然后好恶形焉。”感物而动，是人性的动，其实质的内容，就是好恶的发生。所以说，好恶作为人性面对周遭事物的当下反应，乃是人性之实质内容的最初显示。

36 参见陈来：《郭店楚简〈性自命出〉与儒学人性论》，《竹帛〈五行〉与简帛研究》，第78页。

此外，还涉及人性的异同，以及善恶问题。

四海之内，其性一也；其用心各异，教使然也。(《性自命出》)

简文说，四海之内的人性是一样的；用心的差别，是后天的教化使然。学者往往将之与孔子“性相近也，习相远也”相比。实际上，两者有一个明显的区别。孔子说“性相近”，简文说“其性一也”。后者比前者具有更强的主张。故许多学者认为，简文作者在此提出了一种普遍的人性论。若再结合下文“性善者”的提法，则竹简的人性论，就成了普遍的性善论了。但这显然是不合适的。事实上，简文的“其性一也”，是顺着之前对人性的一般的存在与活动方式的阐明而言的（第1、2章），也是对比于万物各有固定的性（其可能性与现实性是一致的）而人性具有种种可能性而言的（第3、4章），并不是主张人性是普遍的、完全的相同。至于人性善恶的问题，简文说：

未教而民恒，性善者也。(《性自命出》)

看上去，简文提出了“性善”的主张。但根据上下文，这句话的意思是，若是百姓未受教化而已经有了恒心，这是因为统治者是“性善者”之故。[37]一来，它不是关于人性的普遍的断语，而是对一个特殊的人的评价；二来，所谓“性善者”，不是后来人性善恶的性

37　简文此句上下文都是类似的意义结构。

善，而是指人的资质的美恶。此“性善者”，即相当于孔子所说的“善人”，指那种天生品性纯良之人。与之类似，简文首章云：

> 善不善，性也；所善所不善，势也。(《性自命出》)

这句话与“好恶，性也；所好所恶，物也”对举而说。故“善不善”应作动词解。其含义相当于“有善、有不善”，即有善的部分、有不善的部分，都是人性之所固有。[38]而“善不善”的差别，可能发生在人际之间，也可能是指个人内部。在人际之间，如上面提到的“性善者”便是“善”，若再有“性恶者”便是“不善”；在个人内部，则是说人性的组成是复杂的，有善的成分、不善的成分。简文没有指明是哪种含义，从后半句“所善所不善，势也”看，后者更为可取（前者可以视为后者的一种特殊情况）。具体的人性都是复杂的，有善的成分，有不善的成分；究竟哪一部分得以实现出来，成为主导人生的方面，取决于后天的势的作用。故简文云“出性者，势也”。

可以看到，在人性问题上，《性自命出》大体沿袭了孔子的主张，而在“性情—心术论”的视域中、在人性发生学的道路上，作了一种建构式的阐明。它肯定人性资质固有的差别，但更强调人性相同的一面，包括：人性的存在、活动、作用方式，以及生存的可

---

38 关于“善不善”，学界大体有两种理解：一是“有善、有不善”；二是将“善、不善”理解为判断、肯定 / 否定。参见武汉大学简帛研究中心、荆门市博物馆编著：《楚地出土战国简册合集（一）：郭店楚墓竹书》，第 103 页。若是第二种，下半句的“势”，成为了判定的对象，其意义是不明确的。根据下文“出性者，势也”，势是使人性得以表现的外在情势。

能性；且人性“有善、有不善”的初始条件，皆有待于后天的习养而得以实现。如果说，前者是对孔子“性相近”之义的展开论述；那么，后者实际上是对孔子“习相远”的进一步阐明，代表了孔门七十子的共同见解。[39]《性自命出》的人性论架构，为儒家人性论主张的后续演进和分化奠定了基础。

三、子游的道统地位

在孔门七十子中，子游是非常突出的一位。这不仅是由于他代表后期弟子、位列文学科第一名，更重要的是他在思想上的创发。从《论语》《礼记》等记载看，子游得力于礼乐之教，尤其对乐教有深入的领会，故其学重本。他关切人的内心的生存活动与情感状态，将之视作为学工夫的出发点和落脚处，并从人情表达之需要的角度重新理解礼乐制作的意义。由于对内心的意识现象和情感活动的长期关切和反思，在《性自命出》中，子游展示出了一条以人性发生学为根底的，以天、命、性、情、道、义等为逻辑环节的新的思想道路。这条道路，贯通天人、内外，融摄了《诗》《书》礼乐，经由“心术”的工夫，归于“生德于中”的宗旨。它在继承孔子之学的德教本质的同时，为礼乐教化的必要性和作用方式作出了新的论证，也为后人讨论人性、性情、心性等问题提供了思想框架。如

---

39 王充《论衡·本性》云：“周人世硕以为人性有善有恶，举人之善性，养而致之则善长；性恶，养而致之则恶长。如此，则性各有阴阳，善恶在所养焉。故世子作《养（性）书》一篇。密子贱、漆雕开、公孙尼子之徒，亦论情性，与世子相出入，皆言性有善有恶。”

果说《论语》所见的子游重本的为学倾向，是子游之学的早期发端；那么,《性自命出》所见的“性情—心术论”的思想道路，则是其长期沉潜之后的展开形态。

《性自命出》所展示出的人性发生学、“性情—心术论”的思考道路，对先秦儒学的后续发展有决定性的影响。一个重要的方式，是通过子思的继承。历史上，由于《礼记·檀弓上》《孔丛子·居卫》等记载了曾子与子思的问答，且孟子又说：“曾子、子思同道。”(《孟子·离娄下》) 后人遂多认定曾子、子思的师生关系。宋明之后，更以二人为道统相传的两环。但是，荀子在批评“思孟五行说”的时候，却提到：“世俗之沟犹瞀儒嚾嚾然不知其所非也，遂受而传之，以为仲尼、子游为兹厚于后世。”(《荀子·非十二子》) 根据这一说法，我们可以推断，至少在思孟后学的自我认知中，“五行说”虽是子思所创，却是继承孔子和子游而来的。而从郭店竹简《五行》看，其对人的内心现象及其变化过程的理解，确实比《性自命出》更为细腻。但不可否认的是，两者无论其道路还是宗旨，都有内在的继承关系。故我们可以说，子思虽或与曾子有过师生之谊，但其代表性的思想则是继承和推进了由子游所开创的思想道路。换言之，子游所开创的思想道路，对于先秦儒家思孟学派的发生，对于心性之学的发展，有着至关重要的意义。在此意义上，我们可以将子游视为孔子、子思之间儒学思想发展的中间环节。[40]

---

40 此前，学者已经主张，思孟之学出于子游。如郭沫若说：“‘子思之儒’和‘孟氏之儒’、‘乐正氏之儒’，应该只是一系。……但这一系，事实上也就是子游氏之儒。”郭沫若：《十批判书》，东方出版社，1996 年，第 131 页。廖名春说：“上承孔子，下启思、孟的不是颜、曾，而是子游。”廖名春：《上博楚竹书〈鲁司寇寄言游于逡楚〉篇考辨》,《中华文史论丛》，2011 年第 4 期，第 10 页。

但我们不是说，子思传子游，不传曾子。其实，在孔子与子思之间，究竟是曾子还是子游，要从不同方面说。孔子去世之后，曾子长期处于孔门的核心位置，其观念与为人皆有前辈德行科弟子的风范（犹以颜子为榜样），其对孔子原教的坚守和一定程度的理解性的重述，皆堪称孔门的正宗典范。子思彼时应与曾子有过长期的共处乃至师生的经历，并深受其为学与为人的影响。若从思想的方面看，曾子以守成为主，而子游以开新为主。子游所开创和提倡的新的思想道路，在当时孔门之内必然引起极大的震撼。子思受其影响，并顺此道路而作了进一步的探索，也是可以想象的。孔门七十子之中，论德行的修为，颜子自然第一，曾子在后期弟子中可步其后；若论思想的创造，恐无出子游之右者。康有为说："颜子之外，子游第一。"[41] 其依据恐有不妥，[42] 但结论未必不是实情。今日若重论道统，在孔子与子思之间，除了曾子之外，也应该有子游的位置。

---

41 康有为：《万木草堂口说·礼运》，《康有为全集》第 2 册，第 316 页。

42 康有为说："子游受孔子大同之道，传之子思，而孟子受业于子思之门。"康有为：《孟子微·自序一》，《孟子微·礼运注·中庸注》，中华书局，1987 年，第 1 页。但如梁涛说，《礼运》及其"大同说"不代表子游本人的思想。

从宋明理学视域看“浙学”的多元普遍性

吴震（复旦大学哲学学院）

在世界各大“文明”系统中，有种种本土“文化”绵延不息，而“文化”的存在往往带有地域性、特殊性乃至民族性特征，这是当今全球化理论亦不得不直面的现象，因为全球化的发展并不意味着各种本土文化趋向同一化或同质化，相反，在互为“他者”、彼此尊重的前提下，全球化可以带来文化多元化的发展。

从中国思想史的角度看，儒家思想原本作为先秦鲁国的一种地方性文化现象，自孔孟开创以来，经两汉之后的发展演变，特别是随着帝国“大一统”政治体制以及隋唐科举制度的确立，从而使得儒学被纳入国家政教制度当中，获得了跨地域的全国性发展，突破了辽东半岛的地方性知识的局限，具有了遍布各地的全国性特征；另一方面，随着儒家思想义理的不断深入发展，也使得儒学知识带有了普遍性特征，特别是宋代儒学的复兴而发展出“道学”一脉，这种追寻天道性命之理的义理化儒学形态不仅有濂洛关闽等地方性特色，更主要地表现为全域性普遍知识的特征，构建了中国传统社会的知识、价值及信仰体系，因而又有普遍意义。

在中国学术史上，“浙学”是在两宋道学的发展过程中逐渐形成的一个学术流派，而浙学作为学术用语，其内涵究为何指，值得探讨。显然，浙学首先是指一种地方性知识传统，然而从今天的眼光看，作为学术史之现象的浙学的地方性是否不具有任何普遍性而与全域性普遍知识——如宋代以降主流文化之一的“理学”互不相容呢？答案应当是否定的。

一、“浙学”一名的出现及其丰富内涵

从中国传统学术的角度看，传统学术在历史上不仅只有儒学一家，更有史学及文学的深厚传统，由于文史之学多属一家之言或出自个人之独创，因而带有较强的个人色彩，与国家政教体系存在一定的距离，于是就有较为显著的地方性特色。然而，随着唐宋政治经济全国一体化进程的加速发展，例如印刷技术、科举制度、书院教育的成熟推广，即便个人色彩较浓的文史之学也能在全国范围内得以迅速传播，影响所及就不局限于一时一地而带有了跨地域的特色。另一方面，在传统中国特别是近世以来，从事文史之学的主体往往就是儒家士大夫，因而在文史传统中不可避免地带有儒家思想的因素，这一点也是不容忽视的。历史上的“浙学”便具有偏重于文史之学的主要特征。

本来，“浙学”属于地域性知识的学术用语，盖指浙江地区的学术文化。“浙江”一名原是钱塘江旧称，以钱塘江为界，又分“上八府”（宁、绍、台等）的浙东地区和“下三府”（杭、嘉、湖）的浙西地区，这类划分大致始于唐宋。然而“浙学”术语的出现却是在传统学术知识日趋全国性发展的历史时期，具体而言，始自南

宋，尤为朱子（1130—1200）所喜用，他有一个非常著名的说法，为“浙学”的思想性质定调：

江西之学只是禅，浙学却专是功利。禅学后来学者摸索一上，无可摸索，自会转去。若功利，则学者习之便可见效，此意甚可忧。[1]

这是说，浙学的危害性远甚于江西之学的心学。所谓“江西之学”，是指陆九渊（1139—1193）的心学，而其所谓“浙学”则主要是陈亮（1143—1194）为代表的永康之学，又称事功之学，显然这是一种狭义上的专指。清人全祖望的说法则完全不同，他指出：“浙学于南宋为极盛，然自东莱（吕祖谦）卒后……皆左袒非朱，右袒非陆，而自为门庭者。”[2] 其中的“浙学”一词显然在内涵上已发生多重转变，而非专指陈亮事功之学，反映了浙学的源流支脉已呈多元的样态。

不过，在朱子看来，除了永康陈亮以外，金华吕祖谦（1137—1181）开创的“婺学”传统亦属“浙学”一脉，而且对于传承婺学的吕氏后学，朱子的批评竟然未见丝毫的手软，他说：

浙学尤更丑陋，如潘叔昌、吕子约之徒，皆已深陷其中，不知当时传授师说何故乖讹便至于此？深可痛恨！[3]

1 黎靖德编：《朱子语类》卷一二三，中华书局，1986 年，第 2967 页。

2 黄宗羲：《宋元学案》卷五十三《止斋学案》，中华书局，1986 年，第 1724 页。

3 《晦庵先生朱文公文集》（以下简称《朱子文集》）卷五十《答程正思》第 16 书，朱杰人、严佐之、刘永翔主编：《朱子全书》第 22 册，上海古籍出版社、安徽教育出版社，2002 年，第 2327—2328 页。

其强烈的批评语气，令人侧目。按其上下语脉来看，“其中”代指禅学；里面提到的潘叔昌即潘景愈，字叔昌，为祖谦门人，吕子约则是祖谦弟，即吕祖俭，与朱子亦素有交往。尽管祖谦也算是“浙学”金华系的领军人物，其生前与朱子乃是挚友，两人曾共同编撰《近思录》，然而依朱子的判断，祖谦一脉流衍至潘、吕之徒却已深陷禅学之泥潭，令人扼腕痛惜。

值得注目的是，在朱子的审视之下，婺学所推崇的司马迁之史学虽然“也说仁义，也说诈力，也用权谋，也用功利”，但归根结底，“其本意却只在于权谋功利”，[4] 于是，“宗太史公之学”的婺学之本质也就可想而知了。换言之，依朱子的判断，不仅是谈王说霸的永康事功之学沦入功利主义，而且偏重于史学的金华婺学在本质上亦同样掉入功利主义的窠臼而不能自拔。

朱子甚至通过对地方性知识的比较，例如将浙学与江西之学置于比较的视野下，表露出对浙学之注重文史学的倾向有很大不满，以为吕氏婺学之气象狭小而其学术流衍也出现了“四分五裂”的迹象，远不如江西象山心学在“精神”上“能变化人”，朱子指出：

> 伯恭门徒气宇厌厌，四分五裂，各自为说，久之必至销歇。子静则不然，精神紧峭，其说分明，能变化人，使人旦异而晡不同，其流害未艾也。[5]

这充分表明，朱子晚年对于浙学的思想流变不仅非常关注，而且有

---

4 《朱子语类》卷一二二，第 2952 页。

5 《朱子语类》卷一二二，第 2956 页。

深入考察，尤其是对其好友祖谦一脉的学术演变，朱子更是忧心忡忡。

此外，朱子还多次使用“浙中”一词，用以泛指浙江。这里仅举一例：

> 今浙中人只学一般回互底心意，不是浑厚。浑厚是可做便做，不计利害之谓。今浙中人却是计利害太甚，做成回互耳，其弊至于可以得利者无不为。……因说东汉事势，士君子欲全身远害，则有不仕而已。若出仕遇宦官纵横，如何畏祸不与他理会得！若未免仕，只得辞尊居卑，辞富居贫。若既要为大官，又要避祸，无此理。[6]

这里的“浙中”，并非特指浙江的某个地区而是概指浙江地域。根据朱子的上述说法，大多数“浙中人”都是些计较利害得失之辈，从而导致这样的严重后果：即一旦在政治上遇到大是大非问题就不敢据理力争而采取“全身远害”的态度。在朱子看来，这就违背了儒家“义利之辨”中对于“义”的坚守立场，从政治上看，士大夫理应以“义”字当头而绝不允许“得利者无不为”的现象出现，可见，朱子从理学立场出发，对于任何讲求“功利”的思想主张都无法容忍。

其实，在朱子的观念中，所谓“计利害太甚”的说法可能并不是专指“浙学”中事功之学而言，而是泛指“浙学”的一般思想倾

6 《朱子语类》卷一二二，第2958页。

向。例如朱子又有一段话可以作证：

> 近日浙中一项议论，尽是自空撰出，觉全捉摸不着。恰如自家不曾有基地，却要起甚楼台，就上面添一层，又添一层，只是道新奇好看，其实全不济事。

根据前后语脉来看，这段话原是批评金华吕氏浙东之学注重文史而导致“只守文义”之偏向，但朱子在这里使用的却是“浙中”这个说法，可见在晚年朱子的印象中，浙中之学几乎就等同于整个地方性知识的“浙学”。

与朱子同时及稍后，开始不断出现“浙中之学”或“浙东之学”等称呼，这是对“浙学”更加细化的说法。如朱子弟子陈淳（1159—1223）便有“浙中之学，有陈、吕之别”[7]的说法，这是分指陈亮和吕祖谦。然而，若以今天的学术史标准来看，应该称作“浙东之学”为宜，可见在陈淳的地域概念当中，“浙中”与“浙东”变得模糊不清。

及至元代，朱子后学吴澄（1249—1333）之弟子苏天爵（1294—1352）则点出了浙东之学具有并重经史的思想特色，他说：

> 昔宋南迁，浙东之学以多识为主，贯穿经史。[8]

此所谓“浙东之学”，其实是泛指浙学，不仅是指金华吕氏的文史

---

7 陈淳：《北溪大全集》卷三十三《答西蜀史杜诸友序文》，文渊阁《四库全书》，第4页。
8 苏天爵：《滋溪文稿》卷九《袁文清公墓志铭》，中华书局，1997年，第137页。

之学，也包含永康陈亮和永嘉叶适（1150—1223）的事功之学。

那么，在“浙学”这一概念当中，除了金华、永康、永嘉等文史之学及事功之学以外，难道两宋以来的道学传统就不见任何踪迹吗？事实显然不是如此。例如明末儒者茅元仪（1594—1640）在介绍元儒东阳人陈樵（1278—1365）之际，就特别注意到浙学思想渊源可以追溯至南宋淳熙的道学传统，他指出：

> 是时（元末）浙东之学，多祖淳熙诸先生。[9]

这个说法虽然简短，但其信息非常明确，值得注意。所谓“淳熙诸先生”，盖指南宋淳熙（1174—1189）年间以朱子、张栻（1133—1180）、吕祖谦“东南三贤”为代表的道学人物。

很显然，这个说法已经有了学术思想史的意味，换言之，若从学术史或思想史的角度看，浙学概念不只是专指文史之学或事功之学的狭隘含义，更是指宋代道学整体发展中的一个学术流派。由此可见，朱子用“功利之学”来概称“浙学”不仅属于贬义词，其中内含道学立场的价值判断，而且这一概念所指也有相当的局限性，并不足以反映整个浙学思想的丰富性。事实上，浙学在宋明转型（含元朝）之际的儒者认识中，已经是一个内涵丰富、所指多样的地域性知识形态。

若从一个长时段的学术思想史角度看，“浙学”兴起之第一波，即自两宋始而及于元代明初，尤与南宋淳熙道学思潮的兴起不无关

---

9 茅元仪：《暇老斋杂记》卷十四，《四库禁毁书丛刊·子部》第29册，北京出版社，1997年，第548页。

联；中晚明时期，阳明心学肇兴于浙江绍兴，然其影响所及则几乎遍及天下，是为“浙学”中兴之第二波；晚明清初至清中叶乾嘉期的黄宗羲、全祖望、万斯同至章学诚，则为浙学发展之第三波。

关于宋明两期的浙学发展，明代中叶归有光（1507—1571）有一个概括，他在承认“浙东学者近岁浸被阳明之教，为致良知之学”的同时，从学术思想史的角度肯定了浙学渊源的正统性，他说：

> 浙东道学之盛，盖自宋之季世。何文定公（何基）得黄勉斋（黄榦）之传，其后有王会之（王柏）、金吉父（金履祥）、许益之（许谦），世称为婺之四先生。益之弟子为黄晋卿（黄溍），而宋景濂（宋濂）、王子充（王祎）皆出晋卿之门。高皇帝初定建康……当是时，居礼贤馆，日与密议，浙东儒者皆在。盖国家兴礼乐、定制度，建学养士科举之法，一出于宋儒，其渊源之所自如此。[10]

这段描述与史实是否完全吻合，当然自可另议，不过就总体看，浙学之渊源与道学密切相关，而且其为学之倾向在于注重经史制度的说法，则基本可信。

总之，由上述三期之发展略可窥见，“浙学”概念所指十分宽泛，以学派言，含道学、心学以及事功之学等，以学术言，有义理之学、经史之学乃至文史之学等，故“浙学”的思想内涵难以获得一个确切的定义，任何企图以某家某派的学术主张来涵盖整个浙学文化的总体特征都有顾此失彼之虞，其因在于以地域之名而统称某

10　归有光:《震川先生集》卷九《送狄承式青田教谕序》，上海古籍出版社，1981年，第209—210页。

段历史时期的学术思想往往失之笼统故也。因此，有必要将浙学置于宋明时期儒家思想文化的视域作全盘的审视和了解。

二、从类型学的角度看浙学的多元形态

概而言之，宋明时期浙学思想文化的兴起与流衍，主要有以下几个方面的特征，彼此既有区别又有交集，呈现出多元的形态：

其一，两宋文化的主流非道学莫属，而道学思潮的兴起又与儒家经学的重建有重要关联，由经学开出程朱义理之学，足以代表两宋儒学的最高理论成就，助推儒学复兴亦最为有力，然而宋代儒学却非唯经学一枝独秀，因经学并不足以覆盖两宋文化之全貌。其实，在两宋思想的发展过程中，道学与经史之学已难分轩轾，北宋元丰间有“永嘉九学士”，如刘安节、许景衡、周行己（1067—1124）等便大多治经史之学，其中不少士人多与程颐（1033—1107）的伊川洛学有所交结，或直接拜入伊川门下（共有6人），随着宋室南迁而洛学南传，这批传人推动了浙江洛学一脉的发展，而且大多传承有自、脉络可寻，例如两宋之际曾游伊川之门的永嘉周行己及其弟子郑伯熊（1124—1181）便是其中的领军人物，成为浙学中道学一脉的重要传人。

其二，与注重经典诠释、义理阐发的洛学传统有所不同，由经入史、以史通经的经史交汇之学术趣向在两宋浙学的历史上亦由来有自而绵延不绝，例如以力挽中原文献失传之颓势，重建中原以来的文史传统，构成浙学中注重文史之学以及现实关怀的精神传统，使浙学中以文献传承、史学建构为特长的婺学一脉便构成了南宋文

化的一个重要面相，此为金华吕氏为代表之浙学的最大特色。然而在朱子，由于其对史学向有一种偏见，以为非义理之学，故有“伯恭于史分外子细，于经却不甚理会”的批评，甚至有“史甚么学？只是见得浅”[11]的极端说法。

其三，宋室南迁，至乾淳年间，道学渐为思想大潮之际，浙学中却有所谓永嘉、永康的“事功之学”异军突起，此两系之浙学代表为陈亮和叶适，他们在思想上的旨趣非常接近，注重实事实学，喜谈王霸、力主事功，浙学中事功学与南传洛学之朱学、江西陆学之心学便在12世纪末的儒学思潮中恰成鼎足之势。然而，由于事功学被道学家贬为“功利之学”，故在宋明时代的思想史上始终处在边缘的境地。当然，为学旨趣虽然有异，然从政治文化的角度看，不仅永嘉叶适，而且立场与事功学相近的温州陈傅良（1137—1203）在政治上与朱子同气相求，竟同被列为“庆元党人”而遭封杀，此亦不可视而不见。

其四，自宋末至明初，浙学中特别是“北山四先生”何基、王柏、金履祥、许谦为朱学传人，构成浙学“金华”一系的朱子后学，盖其四人于推动朱子学贡献尤大，然此四人均非墨守朱学者，既与吕氏婺学时有交结，又在思想上关注道德性命之理论追寻的同时，推重经史制度、着力于文史之学，及至明初则有金华宋濂（1310—1381）、义乌王祎（1322—1373）等相继而起，复传朱子义理学之同时，并对吕氏文史学以及浙东事功学的学术亦有汲取，其为学主张经史并重而并未偏于性命义理之说。这从一个侧面表明朱

11 《朱子语类》卷一二二，第2950页。

子一脉的性命义理之学在元明以降已渐呈后劲乏力之现象。

其五，当淳熙年间道学复振之际，除东南三贤（朱子、张栻、吕祖谦）外，江西陆九渊独创心学，此即被朱子贬为其思想已滑入禅学的“江西之学”，而陆氏门下有四明杨简、舒璘、沈焕、袁燮等四人，史称“甬上四先生”，于南宋末年将心学传至浙江，在四明一带构成了心学发展的重要一支，尤其是得心学真传的杨简（1141—1226）的著述在明中叶经心学家的整理而得以出版，使其思想在学界重新出场而掀起了一场小小的思想波澜，拥护者与批判者的声音交织在一起。此可见江西象山学和四明系心学余波与明代中晚期心学思潮也有间接或直接的关联，而浙学传统中心学一系对于儒家心性学之发展确有重要贡献，诚为不可忽略之现象。

以上五种形态只是一种大致的概括和划分，并不能穷尽浙学思想的全貌，倘若将视野再往前延伸，那么，11 世纪的“浙西”（以嘉湖杭地域为主）地区的学术领袖人物胡瑗（993—1059）虽非“浙中人”出身，然其在浙西湖州的思想活动对于道学思潮有重要的助推作用，恐怕也可纳入非“浙中人”而在浙江产出的重要思想成果而纳入“浙学”的范畴内来加以审视，若往后延伸至明清时代乃至近代的话，那么浙学在思想、学术、文化、教育等各领域所涌现的重要人物及其成就更显得丰富多彩、落叶缤纷。

三、对浙东学派研究的一个反省

由上可见，自朱子开始频繁使用“浙学”概念以来，一个地域性知识传统似乎被重构了出来，然而仔细回顾和考察 12 至 16 世纪这段近四百年的浙江地域学术史（17世纪以降的明清时代暂且不论），我们便会发现所谓“浙学”似乎并没有一以贯之的一个固有传统，我们多看到的几乎是盘根错节的各种观点主张及学术现象，例如上面没有提到的金华唐仲友（1136—1188），尽管由于受到朱子的严厉弹劾而导致他在此后的学术史上几乎被抹杀，然而其思想趋向亦与浙学相近，著有《帝王经世图谱》（今存）等重要著作，倡导经制之学，在学术上自成一家，自应引起重视。要之，南宋以来的浙学既有历史文脉的传衍乃至转化等迹象，又有各派的观点分歧或思想异趣，若要从中获取浙学传统的整体认知乃至提炼出浙学的内在规定性几乎是不切实际亦无必要的奢望。所以陈来有一个说法：“对‘浙学’的肯定不必追求一个始终不变的特定学术规定性。”[12] 这应当是不刊之论。

在中国历史上，表彰乡贤的传统由来甚久。早在上世纪初，曾经留学美国的何炳松（1890—1946）着手开辟浙东学派研究之领域，他接受过近代西方史学的严格训练，1917年回国后便被聘为北京大学教授，而其出身其实就是金华人。他对自身的乡贤传统浙学开始发愿进行史学整理则在上世纪20年代，他致力于浙学思想源流的爬梳，并从诸多蛛丝马迹的学术史材料中发掘出一个大秘密：发现宋代程颐的伊川之学不仅构成南宋儒学的正宗，而且其流衍所至转化出经史之学，俨然是“浙东学派的宗主”，而南宋朱子由于不契浙学经史并重之趣向，故朱子思想反而沦为南宋儒学的旁

12 陈来：《事与心——浙学的精神维度·序》，载何俊著：《事与心——浙学的精神维度》，北京大学出版社，2013年，第3页。

支末流，此说可谓发前人之所未发。然而平心而论，这种历史的重构过于冒险，沦为一种史学的假设，其因在于对两宋以降的思想文化缺乏内在的义理判断所致。[13]不仅如此，他还为道学家“至诟浙学为知有史迁而不知有孔子”的批评愤愤不平，竭力从浙学的历史轨迹中寻找某种固有的思想特质，以为宋代“哲学”（引者按，实指道学）之兴，盖由程颐所创“由经入史”之新途所致，浙学则因经史并重而对伊川洛学之“哲学”有发扬光大之功，只是明初浙学由于出现了“由史入文”的转向，从而导致浙东之学的衰落。[14]在近代史学上，何氏所论“浙学”自有开创之功，然其言唯见浙学门派之流变而未见浙学思想之实际，或对浙学中义理之学的判断不免失之偏颇，值得今人从事浙学研究者的反省。为什么需要反省呢？因为事实上，“浙学”一词可有广狭两义的理解，从狭义上看，专指南宋乾淳之际的浙学三支：吕祖谦的性命之学、陈亮的事功之学以及唐仲友的经制之学。此为清代全祖望（1705—1755）之说，[15]而其说盖源自明初杨维桢（1296—1370）为宋濂文集《翰苑集》所作的一篇序文，只是杨在文中特意强调上述三氏之学“各自造一家，皆出于实践而取信于后之人，而无疑者也”。[16]这里用“实践”一词来概括“自造一家”的各支浙学流脉之共同特征，值得注意，

13　这大概是指朱子对婺学的一句批评：“婺州士友只流从祖宗故事与史传一边去。其驰外之失，不知病在不曾于《论语》上加工。”《朱子语类》卷一二二，第2956页。

14　以上参见何炳松：《浙东学派溯源·自序》，广西师范大学出版社，2004年，第3—7页。据其“自序”，他的上述见解最早创发于1928年在上海中国公学史学会上发表的一篇演讲。《浙东学派溯源》则出版于1932年。

15　《宋元学案》卷六十《说斋学案序》，中华书局，1986年，第1954页。

16　杨维桢：《翰苑集序》，载宋濂：《宋学士文集》卷首，《四部丛刊》本，第2—3页。

但是这个说法不免笼统，如同后世学者往往采用“经世”一词来涵盖浙学之总体特征一般，似乎程朱理学或陆王心学就缺乏“实践”之精神或“经世”之理想，显然，这并不符合事实。另一方面，若从广义上看，浙学更应包含道学一脉的洛学传统以及心学传统。故浙学不仅内含史学、经学与制度之学，更有“性学”(杨维桢语)与心学的思想传统，既有朱子后学又有象山后学的传承流变，各种浙学流派之间既有彼此交错又有互相批评、各成一家以致学术思想南辕北辙等现象，呈现出浙学思想趣向的复杂性、多元化特征。

也正由此，若以功利之学概括浙学的思想趋向（如朱子）或以史学涵盖浙学的学术特征（如章学诚）或以洛学定位浙学的思想性格（如何炳松），都不免有一叶障目不见泰山之遗患，不足为取。以上我们以何炳松的研究为例，意在说明一个观点：任何试图为浙学思想建立一套井然有序的“谱系”观念或系统都必须慎之又慎；与其如此，我们不如采取文化多元的立场，从整体上肯定浙学思想的多样性以避免掉入“取学派为说以捐偏党之见”[17]的窠臼。

结语：在具体的差异中寻求共同的肯定

总之，从一个纵览全局的观点来看，一方面，两宋以来经济文化中心的迅速南移推动了浙学的文化发展，另一方面，随着儒家文

---

17 金毓黻：《中国史学史》，上海书店，1989年（原刊于1938年），第252页。顺便一提，余英时《论戴震与章学诚》引金氏此说，进而否定章学诚《浙东学术》一文所谓的“浙东学派”之概念，认为章对浙东之学的判断大多“缺乏历史根据”而另有复杂的“心理背景”(台北东大图书公司，1976年，第59—72页)。这是值得重视的论断。

化的全国性推广也促进了浙学的多元化拓展。因此，浙学既是一种严格意义的地方性知识，同时也随着非浙江出身的士人阶层的广泛流动而导致他们在浙江产出的思想带有了其他地域的知识特征。例如就宋明思想的全局看，程朱理学与陆王心学很难以地域知识来局限，因为洛、闽之程朱与赣、浙之陆王的思想展开在宋明时代已呈跨地域的态势。

同样的道理，浙学虽发源于两浙地域，然其学术思想的多元性格表明浙学也必有跨地域的普遍性意义，犹如儒家语言所构成的知识是特殊的，然儒学思想所表现的理趣却有普遍性那样，浙学既是地方性知识，因而具有多元性样态，同时在多元性的思想发展过程中，呈现出某种跨地域的普遍性特征，构成了地域文化的多元普遍性；反过来说，儒学普遍性需要地域性、多元性等文化资源才能呈现。从这个角度看，承认浙学是一种地方知识并不是矮化自己，也绝不是主张浙学具有排他主义的特殊性，而是在承认地方文化差异性、多元性的同时，能够更好地促进不同地域文化间的互相学习，因为正是在具体的差异中才能达到某种共同的肯定和普遍的承诺，才能共同传承和弘扬中国传统文化。

浙学与徽学

——江南文化的两种地域学术形态

张宏敏（浙江省社会科学院浙学研究中心）

浙江与安徽，山相依、水相连，长兴和广德毗邻、临安与绩溪为伴，发源于休宁的新安江经淳安至建德与兰江汇合后成为钱塘江干流，这是说两省为地理意义上的“好邻居”。两省历史悠久，文化灿烂，在不同的历史时期，因为文化的融合、学术的交锋、人才的流动以及商人的互动而在思想学术领域有着千丝万缕的联系，由此形成了江南文化中两种相互联结的地域文化形态——“浙学”与“徽学”，共同影响了中华文明进程和学术思想的发展，是为文化意义上的“好伙伴”。

一、东汉时期的学术、政治互动

“浙学”与“徽学”互动最早可溯至东汉。桓谭（前40—32），沛国相（今安徽淮北市相山区）人，王充（27—97？），会稽上虞（今浙江绍兴市上虞区）人，同为东汉时期的唯物主义哲学家、古文经学家和无神论者，分别著有不朽的哲学名著《新论》《论衡》。

两人学术性格相仿，遍习五经，博学多通，“实事疾妄”，喜“非毁俗儒”。桓谭因反对谶纬神学，奏《抑谶重赏疏》“极言谶之非经”，被光武帝目为“非圣无法”，尽管免遭处斩，还是客死贬谪途中；[1] 王充批判天人感应学说，提出了由元气、精气、和气等自然气化论所构成的宇宙生成模式。二人都是主张生死自然的无神论者，[2] 桓谭“以烛火喻形神”，把烛干比作人的形体，把烛火比作人的精神，认为精神不能离开人体而存在，正如烛光不能脱离烛体而独存；王充认为有生即有死，人所以能生是由于精气血脉在，“人死血脉竭，竭而精气灭，灭而形体朽，朽而成灰土，何用为鬼?”(《论衡·论死篇》)[3] 这就否定了鬼神存在的迷信学说。王充受桓谭影响颇深，《论衡》书中屡屡称道桓谭，比如《超奇篇》说：“(桓谭）作《新论》，论世间事，辩照然否，虚妄之言，伪饰之辞，莫不证定。”[4]《定贤》篇云：“世间为文者众矣，是非不分、然否不定，桓君山（桓谭，字君山）论之，可谓得实矣。论文以察实，则君山，汉之贤人也。”[5] 受桓谭影响，王充痛恨虚妄俗说，以“实事疾妄”为创作主旨的《论衡》，“解释世俗之疑，辩照是非之理”(《对作篇》)，[6] 与桓谭《新论》的主旨如出一辙。

---

1 范晔:《后汉书》(简体字本），中华书局，2002 年，第 639—643 页。

2 本书编写组编:《中国古代唯物论无神论名篇解读》，上海古籍出版社，1999 年，第 63—82 页。

3 王充撰，陈蒲清点校:《论衡》，岳麓书社，2015 年，第 254 页。

4 《论衡》，第 171—172 页。

5 《论衡》，第 338 页。

6 《论衡》，第 354—355 页。

东汉末年，天下大乱，魏蜀吴三国争霸。[7]三国中，曹魏政权的奠基人曹操（155—220），沛国谯县（今安徽亳州）人；东吴政权的建立者孙权（182—252），吴郡富春（今浙江富阳）人。建安十三年（208）的赤壁之战，孙权与蜀王刘备（161—223）联手大败曹军，建立“孙刘联盟”。[8]建安十七至二十一年（212—216），孙权两次发动进攻曹魏的合肥之战，曹操又数次率军征讨孙权。[9]建安二十四年（219）的襄樊之战，孙权与曹操联手抗蜀，关羽从荆州发兵攻打曹操控制的樊城；孙权则趁机袭取荆州，同时还擒杀了关羽。孙权将关羽的首级献给曹操，曹操以诸侯之礼葬之。尔后，曹操表孙权为骠骑将军、荆州牧。[10]孙权遣使入贡，向曹操称臣，并劝曹操代汉自立；曹操将孙权来书遍示群臣，曰：“是儿欲踞吾著炉火上邪！”[11]翌年（220）正月，曹操病逝，其子曹丕袭位；十月，曹丕废汉，自立为帝，魏国建立。黄武元年（222），曹丕封孙权为吴王。黄龙元年（229），孙权称帝，吴国建立，设置郡县，实行屯田，兴修水利，促进了江南地区的经济发展。曹操、孙权二人既是政治家、军事家，还是书法家。曹操工章草，晋代陆云写信给陆机说“曹公藏石墨数十万斤”，唐朝张怀瓘《书断》称曹书多为“妙品”。孙权擅长行书、草书、隶书，张怀瓘《书估》列其书

---

7 笔者按：严格意义上，曹魏与东吴的政治关系不属于“徽学”与“浙学”交涉互动的范畴，但考虑到曹操、孙权的籍贯，拙文在此姑且把二人之间的政治军事交涉作为“徽学”与“浙学”交涉之案例。

8 陈寿撰，裴松之注：《三国志》（简体字本），中华书局，2000年，第827页。

9 《三国志》，第26—35页。

10 《三国志》，第829页。

11 《三国志》，第37—38页。

法为“第三等”。[12]

魏晋学术的主流是玄学，“竹林七贤”之一的嵇康（223—262），与阮籍等竹林名士共倡玄学新风，主张“越名教而任自然”“审贵贱而通物情”。嵇康也是“浙学”与“徽学”交涉人物，嵇康先祖原本姓“奚”，世居会稽上虞（今绍兴市上虞区长塘镇广陵村），为躲避仇家才迁徙到谯国的铚县（今安徽濉溪县），并改“奚”姓为“嵇”；一说铚县有嵇山，奚氏安家于其侧，便以“嵇山”之“嵇”为姓。[13]今天的上虞人为了纪念先贤，在城区龙山公园中立有嵇康雕像。鲁迅很喜欢魏晋文章，尤其推崇嵇康，1913至1935年先后十多次校勘《嵇康集》，“锐意搜求”“或买或借”“废寝忘食”“埋头苦干”，为此付出了巨大的心力。论者有云：“鲁迅集校《嵇康集》有乡谊之情，更有精神贯通之理。嵇康对鲁迅的影响更多地体现在人格、思想和为文风格方面。鲁迅的为人和为文上分明有嵇康的影子。”[14]

二、宋明时期的理学、心学交涉

宋明学术的主流是理学与心学。南宋理学大家朱熹（1130—1200）虽生在福建尤溪，但他时刻不忘祖籍是江南东路徽州府歙县（今属江西婺源），认同徽州为故乡，有“吾家先世居歙邑之篁

---

12 梁燕：《论〈书估〉与书法价格体系的理想模式》，《中国书画》，2011年第5期。

13 嵇康撰，戴明扬校注：《嵇康集》，中华书局，2015年，第545页。

14 郭德茂：《鲁迅与嵇康：文人精神气质的相续流转》，《中国社会科学报》，2014年8月25日。

墩”云云，序跋文落款亦多署“新安朱熹”“紫阳朱熹”。[15]朱熹曾两次还乡歙县，一次是宋高宗绍兴二十年（1150）到紫阳山拜见外祖父祝确，第二次是淳熙三年（1176）春再到紫阳山拜谒祝确故庐，讲学于老子祠并题书“旧时山月”。宋理宗淳祐六年（1246），歙县建紫阳书院以传“朱子之学”。[16]朱熹培养了程洵、程先、程永奇、汪莘等一批徽州籍的弟子，学界以“新安理学”称之。[17]南宋定都临安（杭州），朱熹与浙江存有诸多学缘，提举两浙东路常平茶盐公事，与时任台州知府唐仲友交恶，与金华吕祖谦友善并合编有《近思录》，在与陈亮、叶适等永康、永嘉学者论战过程中提出了具有批评意义的“浙学”概念，所谓“近世言浙学者多尚事功”，[18]“浙学却专是功利”。[19]尽管如此，浙东各地尚有众多的朱子学者，有以陈埴、叶味道为代表的永嘉木钟学派（温州朱子学），以杜煜、杜知仁、杜范等为代表的台州南湖学派（台州朱子学），[20]还有以何基、王柏、金履祥、许谦“北山四先生”为代表的“北山学派”（金华朱子学）。[21]

朱元璋建立明王朝，“马上打天下”依仗以武人为骨干的淮西集团，而“马下治天下”则要依靠以刘基、宋濂、王祎为代表的浙东文人，进而促成了洪武儒学的发展。[22]明代学术的主流是浙江余

15 高令印、高秀华：《朱子事迹考》，商务印书馆，2016年，第1、12—14页。

16 《朱子事迹考》，第271—280页。

17 解光宇：《新安理学论纲》，安徽大学出版社，2014年。

18 朱熹：《香溪范子小传》，转引自《范浚集》，浙江古籍出版社，2014年，第278页。

19 黎靖德编：《朱子语类》，中华书局，1986年，第2967页。

20 黄宗羲：《黄宗羲全集》第5册，浙江古籍出版社，2005年，第504—560页。

21 《黄宗羲全集》第6册，第203—307页。

22 黄宣民、陈寒鸣编：《中国儒学发展史》，中国文史出版社，2009年，第1267—1333页。

姚人王阳明（1472—1529）开创的阳明学派。王阳明与大多儒者一样，通过科举考试跻身士林，弘治十二年（1499）中进士，其座师则有来自徽州府休宁县、时任礼部右侍郎的程敏政（1446—1499）。再有，朱熹《四书章句集注》系明代科举教科书，王阳明对朱子学也用功颇深，先有“格竹”悟“理”失败的教训，方才有“圣人之道，吾性自足”的“龙场悟道”；[23]借《古本大学》脱离朱子“即物穷理”说，提出“明德亲民”“知行合一”“良知即天理”“致良知”“天地万物一体之仁”等一系列心学命题。[24]在此，我们要说的是，朱子并不是阳明的“论敌”，而是学术诤友，王阳明南京讲学期间编《朱子晚年定论》，即为调和陆学与朱学的矛盾，以证明心学与理学同为“圣人之学”。[25]明代中期提揭朱陆二家“始异终同”说的先驱，是阳明的座师程敏政，其编《道一编》实则已发《朱子晚年定论》之先声。

我们知道，徽州（新安）系传承朱子学的重镇，与阳明同时代的新安学者汪循，为捍卫朱子学道统与阳明“数相论辩”，使得阳明学在新安的传播一再受阻。[26]明代的滁州、池州、徽州（新安）属南直隶，王阳明在滁州、南都、池州等地的讲学培养了一批弟子，黄宗羲《明儒学案》名之曰“南中王学”。正德八年（1513）

---

23 王守仁著，吴光等编校：《王阳明全集》（简体字本），上海古籍出版社，2012年，第1006—1007页。

24 在阳明门人中，黄绾首次对王阳明“良知”“亲民”“知行合一”学术命题予以揭橥。详见黄绾所撰《祭阳明先生文》《祭阳明先生墓文》，载《黄绾集》，上海古籍出版社，2014年，第563—564页。

25 《王阳明全集》，第112—113页。

26 钱明：《王阳明及其学派考论》，人民出版社，2009年，第421—434页。

十月至翌年（1514）四月，王阳明在滁州，《年谱》载："滁山水佳胜，（阳明）先生督马政，地僻官闲，日与门人遨游琅琊、瀼泉间。日夕则环龙潭而坐者数百人，歌声振山谷。诸生随地请正，踊跃歌舞。"[27] 其时，滁州籍阳明门人有孟源、孟津、姚瑛等。先是弘治十四、十五年间（1501—1502），王阳明奉命至南直隶（淮安、凤阳、庐州、池州）会同巡按御史审决积案重囚，事竣则游九华山、齐山，出入佛寺道观，宿无相、化城寺，赋诗《化城寺》《李白祠》《双峰》《莲花峰》《列仙峰》《云门峰》，[28] 并作《游齐山赋》《九华山赋》。[29] 游九华山时，结识秀才柯乔，还投宿其家，并赋诗《九华山下柯秀才家》《书梅竹小画》[30] 等。正德十五年（1520），平定宁藩叛乱却遭"忠泰之变"的王阳明，沿长江水道往返于南昌、南都（行在）之时，又数番驻足九华山、齐山，赋诗《游九华道中》《重游无相寺次韵》《登云峰望始尽九华之胜因复作歌》《春日游齐山寺用杜牧之韵》等。[31] 据记载，池州籍阳明弟子除上文提到的柯乔，还有李呈祥、江学曾、施宗道等。阳明之后，其不少门人于广德、六安等地仕宦，推动了良知心学在此地的传播。嘉靖三年（1524）邹守益任广德州判，建复古书院举办讲会，还邀请同门王艮、钱德洪等前来宣教，王阳明也有书函鼓励邹守益的书院讲学。[32] 欧阳德中进士后出守六安州，建龙津书院，聚集生徒讲学，也得到业

27 《王阳明全集》，第 1013 页。
28 《王阳明全集》，第 561—563 页。
29 《王阳明全集》，第 554—555 页。
30 《王阳明全集》，第 561、563 页。
31 《王阳明全集》，第 637—638 页。
32 《王阳明全集》，第 1067 页。

师王阳明的认可。[33]嘉靖三十三、三十六年（1554、1557），钱德洪、王畿数次参加“宁国府六邑大会”，主水西精舍讲席，还促成了《传习续录》刊刻。[34]

安徽绩溪人胡宗宪（1512—1565），师从阳明门人欧阳德，任余姚知县时从阳明后裔处获得阳明的《武经七书评》手稿，[35]如获至宝，以“私淑阳明先生”自居；东南倭乱，出任浙江巡按御史、直浙总督时，支持杭州天真书院刊刻《传习录》《阳明先生文录》《阳明先生年谱》，[36]主持抗倭期间对阳明的军事思想也做到了学以致用。此外，胡宗宪的抗倭幕僚多阳明学者，绍兴的徐文长是阳明门人季本的学生，武进的唐顺之为王畿的私淑弟子。

三、清代中前期实学、考据学的融通

明清之际，实学思潮伴随着心学的消退而兴起，浙江余姚的黄宗羲（1610—1695）、安徽桐城的方以智（1611—1671）则是实学家中的杰出代表。方以智的曾祖父方学渐受学于泰州学派的耿定理，黄宗羲《明儒学案·泰州学案》为其立传。因为父辈与东林党渊源颇深，方以智、黄宗羲得以结识，一同加入“复社”同阉党余孽阮大铖做斗争；明朝灭亡，二人支持南明王朝，抗击南下清兵；反清复明无望后，二人作为遗民，主要通过著书立说的方式反思明

33 《王阳明全集》，第 1069 页。

34 吴震：《明代知识界讲学活动系年（1522—1602）》，学林出版社，2003 年，第 197、216 页。

35 《王阳明全集》，第 1331 页。

36 《王阳明全集》，第 1321 页。

朝覆亡的教训，同时主动接受西方先进的自然科学知识，同倡“西学中源”说，还结交德国传教士汤若望以学习西方的天文历法。黄宗羲撰《思旧录·方以智》，追述自己与方以智的交往经历。[37] 此外，黄宗羲在晚年还应新安县令靳治荆之邀游览黄山，并为汪栗亭《黄山续志》作序。[38]

清代学术主流是盛行于乾嘉时期的考据学，除吴派、皖派、扬州学派外，实则还有浙东经史派。清史研究权威戴逸先生撰文《吴、皖、扬、浙：清代考据学的四大学派》，认可清代考据学“浙派”命题的成立。[39] 皖派的戴震（1724—1777）与浙派的章学诚（1738—1801）有着极为特殊的学缘，安徽潜山人余英时撰《论戴震与章学诚》一书，运用“内在理路”研究法解释宋明理学一变而为清代经典考据学，但又基于潜在的道统观得出这样的结论：章学诚“六经皆史”说系针对戴氏的“道在六经”而有，戴震由训诂而通经以明道，章氏则代之以由校雠而通文史以明道。[40] 安徽绩溪人胡适为澄清戴震与章学诚之间的关联也倾注心力，著《章实斋先生年谱》《戴东原的哲学》，[41] 表彰此二人为“清代中叶学术思想史上的两个高峰”。此外，戴震的理欲观与明清之际浙江海宁学者陈确（1604—1677）的理欲观一脉相承，二者皆是对程朱理学“存天理，灭人欲”二元论的反动：陈确肯定人欲的同时，主张以理制欲，有

37 《黄宗羲全集》第1册，第366—367页。

38 吴光：《天下为主：黄宗羲传》，浙江人民出版社，2008年，第293页。

39 戴逸：《吴、皖、扬、浙：清代考据学的四大学派》，《人民政协报》，1999年9月29日。

40 余英时：《论戴震与章学诚：清代中期学术思想史研究》，生活·读书·新知三联书店，2012年，第164页。

41 胡适：《戴东原的哲学》《章实斋先生年谱》，北京师范大学出版社，2014年。

“人欲恰好处即天理”“理寓于欲”“以理驭欲”的提法，[42]戴震也有“理在欲中”“以理节欲”的类似主张。[43]

四、近现代商人群体、知识分子的互学互鉴

徽学与浙学在近现代的互学互鉴，我们可以从徽商与浙商、陶行知与阳明学、黄宾虹与马一浮、胡适与鲁迅、陈独秀与陈望道等诸多关联来考察。先看徽商在浙江的发展。浙江人对徽商有一种天生的亲近感，这不仅是因为新安江—钱塘江、徽杭古道拉近了浙商与徽商的距离，更有来自安徽绩溪的“红顶商人”胡雪岩（1823—1885）在13岁时移居杭州的缘故，使得徽商、浙商结下了不解之缘。胡雪岩在杭州创办胡庆余堂，“是乃仁术”“真不二价”“戒欺”的经商哲学既是传统中国商业文化之精华，也是胡庆余堂百年老店经久不衰的法宝。今天，杭州有胡雪岩故居，绩溪县城则有胡雪岩纪念馆。而称雄明清商界三百年的徽商在清代后期没落后，以宁波商帮、龙游商帮、南浔丝商为代表的浙江商帮，则以新兴的近代商人群体跻身于全国著名商帮之列，时至今日，依旧活跃在祖国的大江南北乃至世界各地。

徽学与浙学在近现代的互动，可以从出生于安徽歙县的“人民的教育家”陶行知（1891—1946）的名字中来探寻。歙县陶氏的原籍是浙江绍兴府会稽县陶家堰，在明正德五年（1510）迁居徽州歙县。陶行知原名陶文濬，先改名“知行”，又易名“行知”，还曾用

42　陈确：《陈确集》，中华书局，1979年，第461页。

43　戴震：《孟子字义疏证》，中华书局，1961年，第1—20页。

"行知行"作为笔名，这一切源于浙江绍兴府余姚县的王阳明。据《陶行知年谱长编》考证：清宣统三年（1911），21岁的陶文濬开始研究阳明学，接受其"知是行之始，行是知之成"的论断，信仰知行合一的道理，故取名"知行"；[44]留学美国期间受杜威实用主义哲学的影响，发现阳明学有脱离社会实际的弊端，便在1927年6月提出"行是知之始，知是行之成"的观点，以突出"行""亲知"的地位。[45]1934年7月在《生活教育》半月刊上发表题为《行知行》的文章后，正式更名为"陶行知"。1927年3月，陶行知创办晓庄试验乡村师范并任校长；同年10月，绍兴人蔡元培任学校董事长，并在校执教，且亲书"教学做合一"为校训。

近代国学大师章太炎（1869—1936，浙江余杭人）持古文经学的立场，对皖派考据学大师戴震颇为推崇。其光绪三十四年（1908）完成的《新方言》一书的"序言"中详细阐发戴震《转语》中的意见："戴君作《转语》二十章，其自述曰：人之语言万变，而声气之微，有自然之节限。是故六书依声托事，假借相禅，其用至博，操之至约。"[46]此外，章太炎还表彰戴震对"以理杀人"的驳斥，在清宣统二年（1910）所成《释戴（震）》一文中肯定戴震对宋儒的驳斥，但又指出戴震因为不了解佛学与道家思想而对"自然之理"的解释"不得要领"。[47]

著名画家黄宾虹（1865—1955），原籍安徽歙县，生于浙江金

---

44 王文岭：《陶行知年谱长编》，四川教育出版社，2012年，第5页。

45 《陶行知年谱长编》，第205—206页。

46 转引自姚奠中、董国炎：《章太炎学术年谱》，三晋出版社，2014年，第120页。

47 《章太炎学术年谱》，第156—157页。

华，少年求学期间，为参加院试时常往返于歙县、金华；晚年任教于中央美术学院华东分院（中国美术学院），寓居杭州西湖栖霞岭32号，病逝后葬于杭州南山公墓。晚年的黄宾虹与寓居西湖蒋庄的“一代大儒”马一浮（1882—1967，浙江绍兴人）常有诗画相赠，比如，1953年黄宾虹九十寿辰时，绘《黄山西海门图》并题诗《狮子峰观云》赠予马一浮，马氏乃作七言长诗《赠黄宾虹》答谢以祝寿，称赞黄宾虹“画绝伦”“养生有道艺有神”；黄宾虹去世，马氏系其治丧委员会成员，撰《挽词》曰：“大耋归真日，人间失画师。才名同辈少，墨妙异邦知。”[48]

五四新文化运动的发动、马克思主义在中国的传播与中国共产党的创建也有安徽、浙江籍先进知识分子的参与，其中以陈独秀、胡适、蔡元培、鲁迅、陈望道为代表。陈独秀1915年创办《新青年》杂志率先举起民主与科学的旗帜，鲁迅、蔡元培、胡适皆是《新青年》的主笔。胡适是“文学革命”的急先锋，鲁迅则是“文学革命”的主将，[49]他们互相支援，共同战斗，将五四新文化运动开展得如火如荼。此时执教于浙江第一师范学校的陈望道也投身于五四新文化运动，受陈独秀等人的嘱托，回到故乡义乌翻译《共产党宣言》。1920年，陈望道、陈独秀聚首于上海，陈独秀校阅《共产党宣言》中译本，陈望道则具体负责《新青年》的编辑。[50]同年8月，中国共产党的发起组——上海共产主义小组诞生，陈独秀、

48　丁敬涵编著：《马一浮交往录》，浙江大学出版社，2013年，第204页。关于黄宾虹、马一浮这两位“西湖老人”的书法作品以及晚年交往，读者还可参阅徐小飞主编：《黄宾虹马一浮信札诗稿选注》，浙江古籍出版社，2015年。

49　项义华：《人之子：鲁迅传》，浙江人民出版社，2003年，第253—254页。

50　周维强：《太白之风：陈望道传》，浙江人民出版社，2006年，第264—266页。

陈望道名列其中，这也间接促成了 1921 年 8 月中国共产党在嘉兴南湖的正式成立。

此外，1909 年中国最早的两条铁路建成，一条是徽州婺源人詹天佑建造的京张铁路，另一条是绍兴萧山人汤寿潜筹资建造的沪杭铁路。在现代佛教界，浙江崇德的太虚大师是“人间佛教”理念的倡导者，而安徽安庆人赵朴初则将“人间佛教”的思想进一步充实与发扬，使之成为当代中国佛教的指导思想。[51] 这些案例也可看作“浙学”与“徽学”在现当代的互学互鉴。

五、地域文化的共同特征

自东汉以来，由于地缘、学缘、政缘、商缘、佛缘等多种因素的综合作用，使得“浙学”“徽学”两种地域文化形态互学互鉴，共同促成了中华地域文化共同体的形成，也影响了中华文明的发展历程。同时，也具有了以批判、包容、创新、实践为基本特征的共同的文化品格。

（1）批判精神：东汉的桓谭、王充以“实事疾妄”为治学宗旨，以大无畏的理论勇气批判天人感应学说和荒诞不经的谶纬迷信，宣传了科学与无神论学说。明代的程敏政、王阳明，敢于挑战当时的主流意识形态程朱理学，促成了心学思潮的形成与发展。同理，戴震、章学诚的学术思想也正是具有批判的品格，才会闪耀着理性启蒙主义的光辉，从而为清代考据运动作出了卓越的贡献。

51　圣凯：《赵朴初“人间佛教”思想的内涵与意义》，“凤凰佛教综合”，2017 年 6 月 7 日。

（2）包容精神：不同的地域文化因包容才有交流互鉴的动力。历史上浙、徽两地的思想家顺应传统学术的发展趋势，互学互鉴，兼容博采，才促成了中华文明大家庭的繁荣兴盛。王充向桓谭学习，王阳明传承程敏政“和会朱陆”的学风，方以智、黄宗羲同为“冷风热血，洗涤乾坤”的“一堂师友”，[52]不忘学习西方先进的自然科学，胡适、蔡元培等近代知识分子主张中西文明的调和与互补。如此等等，足以证明“浙学”与“徽学”的开放与兼容。

（3）创新精神：任何一种新思想、新学说的提出均是源于传承中的批判与创新。王阳明传承、批判程朱理学而有“知行合一”“明德亲民”“致良知”等哲学新命题的提出，也促成了宋明理学的革新运动。陶行知秉持“处处是创造之地，天天是创造之时，人人是创造之人”的理念，以独创的“生活教育”理论为指导去创办晓庄试验乡村师范学校，是为中国近代乡村教育运动最早的发源地和试验场。胡适用西方分析法撰写《中国古代哲学史大纲》，蔡元培赞其写作长处是用“证明的方法、扼要的手段、平等的眼光、系统的研究”，方为中国哲学史学科的开山作，对此，胡适说：“我自信，治中国哲学史，我是开山的人，这一件事要算是中国一件大幸事。这一部书的功用能使中国哲学史变色。以后无论国内国外研究这一门学科的人都躲不了这一部书的影响。凡不能用这种方法和态度的，我可以断言，休想站得住。”[53]

（4）实践精神：求真务实、学以致用，是历史上浙江、安徽籍

---

52 黄宗羲著，沈芝盈点校：《明儒学案》（修订版），中华书局，2008 年，第 1375 页。

53 胡适：《中国哲学史大纲》，中华书局，2008 年，“封面说明文字”。

思想家的治学理念。王充《论衡》细说微论，解释世俗之疑，辩照是非之理，即以“实”为根据，疾虚妄之言。从戴震的考据学到胡适的“有几分证据说几分话，有七分证据不说八分话”，从王阳明的“知行合一”到陶行知的“行是知之始，知是行之成”以及生活教育理论中的“教学做合一”，都足以说明徽学、浙学是讲求经世致用的地域学术。

总之，在源远流长的历史文化长河中，作为地域文化形态并富有地方特色的浙学、徽学，互学互鉴、相得益彰，形成了“你中有我、我中有你”的学术格局。[54] 20 世纪以来尤其是改革开放 40 年来，浙学、徽学相继为当代学林所重视与发掘，使之成为“新兴的学科或专门研究领域”。[55]“文明因交流而多彩，文明因互鉴而丰富”，我们期待也希望，像“杭黄高铁”穿越浙江、安徽两省把名城（杭州）、名江（富春江、新安江）、名湖（西湖、千岛湖）、名山（黄山）串连起来一样，浙江、安徽两省从事浙学、徽学研究的学者联起手来，[56] 与海内外的浙学、徽学研究同行保持学术互动，精诚合作、携手共进，为浙学、徽学乃至中华优秀传统文化的创造性转化与创新性发展作出有益的学术探索与积极的贡献。

---

54 南京大学匡亚明先生主编《中国思想家评传丛书》，把桓谭、王充合并立传成书《桓谭王充评传》，由钟肇鹏、周桂钿先生合作撰写。

55 吴光、滕复主编:《浙学研究集萃》，上海古籍出版社，2004 年，第 8 页。卞利:《二十世纪徽学发展简史》，安徽大学出版社，2017 年，第 13 页。

56 浙江省社会科学院历史所陈学文先生已经为我们作出了学术榜样，作为浙江的社科理论工作者，撰著了《徽商与徽学》（方志出版社，2003 年）一书，对徽商、徽学与明清时期浙江的经济发展有详细论述。

以“恶之来源”看湖湘五峰学与浙东蕺山学之联系

徐波（复旦大学哲学学院）

江南儒学，就其历史维度而言，可以追溯到两个各具特色而又密切关联的思想源头，一个是来自长江中游的古朴原始的周召遗风，一个则是直承孔子在长江下游传播的仁学。[1] 南宋作为历史上江南儒学奠基的关键时期则见证了长江中游湖湘学派与长江下游浙学之间的直接继承与创新发展。以胡安国、胡宏、张栻为代表的湖湘学派一度为士林重镇，但在张栻去世之后，作为浙学代表人物之一的陈傅良尽收其弟子。而就思想义理上言之，牟宗三先生在《心体与性体》《从陆象山到刘蕺山》等书中，独辟蹊径，提出宋明理学的“三系说”，将浙东蕺山学与湖湘学派的胡五峰之学视为同一义理架构，引起众多讨论。刘蕺山在中国思想史上有着承前启后的重要意义，他承续宋明理学数百年之流传与积累，被称为理学之殿军。他直接影响了诸如黄梨洲、陈乾初等弟子乃至整个浙东学派，有着重要的哲学和思想史价值。因此，探求湖湘五峰学与浙东蕺山学之间的传承、联系与创新，以及他们在思想史与哲学史上的共通，或可为江南儒学由江汉以南的广袤地带，逐渐凝聚收摄到长三

1 参见何俊：《江南儒学的提出、指义与分段》，见本书。

角并同时向其他地区辐射的过程及其意义提供一些新的思考方向。

一、“三系论”及其引发的讨论

概括而言，牟宗三认为蕺山之学与朱子学和阳明学都有着显著的不同，而可为一独立之架构以区别于传统理学与心学之分野，宋明理学因此可划分为伊川朱子系，象山阳明系以及五峰蕺山系。其中伊川朱子系以《大学》为中心，将道体性体收摄提炼而为一本体论意义上的存有，而其格物致知的工夫亦以一种“顺取之路”改变了先秦儒家以来对道德本体生生不息之理进行体证之纵贯系统，遂成“别子为宗”。而五峰蕺山系乃是“承北宋初三家之由《中庸》《易传》回归于《论》《孟》而来者”，这一系的特点在于客观地讲性体，提出“以心著性”义来说明“心性所以为一之实以及一本圆教所以为圆之实”，而在工夫论的方面则以“逆觉体证”为其特点。[2] 与此相对应的，象山阳明系虽亦以“逆觉体证”为其学说之主要工夫，但在牟宗三看来，此系强调一心之朗现，若无真实工夫之贞定，则稍有偏差，便会陷入诸如王学末流之流弊。虽然此一流弊在于人自身“混情识为良知而不自觉”，其根本在于人在实践的过程中出现各种各样的问题而非教法本身的流弊，“是人病而非法病”，而蕺山之学正是在此基础之上“归显于密”，将心学之一心朗现收摄于慎独之密教，从而与陆王一系殊途同归，合为宋明新儒学之大宗。[3]

2　牟宗三：《心体与性体》，上海古籍出版社，1999 年，第 42 页。

3　牟宗三：《从陆象山到刘蕺山》，上海古籍出版社，2001 年，第 319 页。

“三系说”的提出固有牟宗三之洞见所在，然亦引起了不小的争论。尤其是判朱熹“别子为宗”，即便是在当代新儒学内部亦有不同声音。数十年来，“三系说”是学界在讨论宋明理学时争议不断却又无法回避的话题。其中虽以朱熹“别子为宗”为问题的焦点所在，但亦有学者从另一个角度，对五峰蕺山同属一个义理架构是否能够成立提出了自己的看法。因为从文献上来看，一个相当不利于牟宗三的证据即是刘蕺山在著作之中完全没有提到胡五峰。而刘述先、林宏星（东方朔）都从思想史的角度指出二人在宋明理学的传承谱系之下并无交集：胡五峰下启之湖湘学派到南宋末年走向衰微，而从刘蕺山的师承来看，在有明一代从许敬庵经湛甘泉而可上溯至陈白沙、吴康斋之学，这条脉络固然有其内在张力，但“很明显与湖湘一系各自有所归”，五峰与蕺山之间“没有起承转合的任何关系”。[4]

而就哲学义理而言，亦有不少学者指出五峰与蕺山之间有着众多的不同之处。如黄敏浩在其《刘宗周及其慎独哲学》中就提到一个关键的差别：胡五峰将性分为已发、未发两种状态分言，虽然最终归于一，但性之客观性却依然很强；而刘蕺山“虽分言心性，却没有把性体确立为相对于心体之主观一面而为客观的、形式的、超绝的一面”。[5]因此，五峰之学固然完全可以用“以心著性”来总结，

---

4 东方朔：《刘蕺山哲学研究》，上海人民出版社，1997 年，第 357 页。持这一观点的学者不在少数，包括刘述先先生也有此意。但这一思想史的论据笔者认为说服力有所不足，这不仅是因为历史上有许多思想家没有任何接触而能对人类的共同问题产生相似的结论或共鸣，而且如果这一系从明道来看，不仅五峰与明道有着直接的关系，而且蕺山对明道之书非常熟悉，比如对《识仁篇》就很重视，有很多赞叹之辞，详见后文梳理。

5 黄敏浩：《刘宗周及其慎独哲学》，台北学生书局，2001 年，第 247 页。

但蕺山学在心性问题上实际上乃是持一“尽心即性”的立场，两者有毫厘千里之别。[6] 林宏星亦指出，五峰所主张的“未发只可言性，已发乃可言心”与蕺山有着明显的差异。而即使我们承认五峰、蕺山为同一义理架构，但从同是强调性天之客观面这个角度上来讲，宋明理学六百年学问，实不止五峰、蕺山为此一义理架构。[7]

总之，虽然论者大都肯定牟宗三划分五峰蕺山一系为有价值的“一家之言”，但对其核心观点却认同不多，对五峰蕺山一系是否能够成立所产生的怀疑甚至丝毫不亚于“别子为宗”的判定。然而在笔者看来，五峰蕺山一系是否能够成立之核心，并不在于五峰与蕺山之间的差别，而在于共通。上文提及的两者之差别，具体内容笔者亦基本同意，但在“以心著性”等特色之外，五峰蕺山之学是否在其他的面向上有着跨越历史的遥相呼应？笔者在此文中所试图呈现的，并以此就教于方家的，乃是五峰与蕺山之学在对“恶之来源”的问题上有着相当一致的意见，他们虽然在心性关系的个别问题上有所差别，但就其宗旨而言却是志同道合。且相较于其他宋明理学家而言，确有相对独立之特色。

二、刘蕺山对“恶之来源”问题的探讨及其意义

刘蕺山晚年完成的《人谱》是一部相当具有特色的著作，集中了他在心性本体论和工夫论方面的代表性观点。蕺山去世前一月尚在改订此书，临终前曾叮嘱其子说“做人之方尽于《人谱》，可作

6 黄敏浩：《刘宗周及其慎独哲学》，台北学生书局，2001 年，第 246—248 页。

7 东方朔：《刘蕺山哲学研究》，上海人民出版社，1997 年，第 357 页。

家法守之”。从刘蕺山对此书的重视程度来看，此书不仅可以代表其晚年定论，更是我们探究蕺山学核心观点的津梁。这部著作之特色，除了其仿照《太极图说》的体例之外，更在于这是儒家思想史上极为罕见的花费大量笔墨讨论人之过、恶以及更为根本的恶之来源问题的著作。张灏对此书评价极高，认为：“《人谱》里面所表现的罪恶感，简直可以和其同时代西方清教徒的罪恶意识相提并论。”宋明儒学发展到这一步，对幽暗意识“已变成正面的彰显和直接的透视了”。[8] 而牟宗三更指出，以往儒者讨论过、恶等问题时，往往流于现实生活之表面现象而说，而至《人谱》“始能够完整并透体地说之”。[9]

刘蕺山在《人谱》中对过、恶有着非常详尽的叙述，但其在最一开始以“无善而至善，心之体也”一语开宗明义，强调了其坚持儒家性善论之基本立场。分析而言，“无善而至善，心之体也”之“无善”之“善”乃是与“恶”相对的一般意义下之善，而“至善”之“善”则是超越善恶对立，在更高的超越层面上言说。[10] 这一论说的思想内涵显然是受到了阳明及其后学关于“四有句”及“四无句”之影响，但亦有别。相对于阳明之“无善无恶心之体”以及龙溪“心是无善无恶之心”，蕺山在此一大创见即是通过至善贞定住无善，不但强调了儒家性善之基本立场，更使得争论的焦点从有、无的纠结转向善、恶问题本身，这对于我们把握蕺山思想的特色是

8　张灏：《幽暗意识与民主传统》，台北联经出版社，1989 年，第 72—73 页。

9　牟宗三：《从陆象山到刘蕺山》，上海古籍出版社，2001 年，第 374 页。

10　蕺山对“恶”的重视并不妨碍、而是进一步完善了儒家自孟子以来的性善论传统，进一步的具体论证可参考拙文《刘蕺山〈人谱〉中的“幽暗意识”探原》，《哲学与文化》（台湾），2018 年第 4 期，第 71—86 页。

极为重要的一个线索。而蕺山对于阳明四句教的批评事实上也由此展开，在蕺山看来，

若心体果是无善无恶，则有善有恶之义，又从何处来？知善知恶之知，又从何处来？为善去恶之功，又从何处来？无乃语语绝流断港？

阳明多次在他处谈及此一“无善无恶”实际上乃是至善的意思，蕺山对此也十分清楚，并在自己的著作中引用。在此处点明“至善”，很大程度上是因为“四有句”经历了“四有四无”之辨，阳明后学存在着诸多流弊，故蕺山对此进行的反思亦必须追溯到“四有句”，由王阳明、王龙溪那里的良知显教，“归显于密”为“意蕴于心，非心之所发也”的密教。[11]

而从思想史的角度而言，《人谱》首句从形式上可以溯源至周濂溪之“无极而太极”，唐君毅先生对此一源流有过一个总结：

在蕺山之教中，此心性之於穆不已者即天，而天之太极，不外于此心之性。故人成圣而能立人极，则天人之道备。故归于著人极图，以“无善而至善，心之体也”为首句，以言立人极之中。蕺山为宋明儒学之最后大师，而濂溪为宋明理学之开山祖。故吾尝谓宋明理学以濂溪之为太极图说，以人之主静立人极以合

11　蕺山“归显于密”中对“诚意”的重视及其善恶观，可参考张学智：《刘蕺山前近代意识中的善恶说》，《儒家文化研究》第 11 辑，2020 年，第 234 页。

太极始，而以蕺山之人极图说之摄太极之义于人极之义终也。[12]

由濂溪之《太极图说》到蕺山之《人极图说》，从形式上有着极大的类似，而从其思想内容上讲，蕺山通过将善恶的观念引入对心体的界定，将本来并无价值判断属性的无极、太极的概念收摄到心之体上来讲。这一步事实上是将宇宙本体论意义上的生生不息之义赋予给了心之体。心之于性，正如天之于太极，周濂溪所谓之“立人极”也就自然而然地“与天地合其德”。然蕺山之“合”又与濂溪之“合”有着细微的分别：在濂溪那里，立人极固然能与太极相合，但从本体论的意义而言，太极有着相对独立的客观属性。也就是说，人虽然能够体证太极，但人极与太极从根本上讲毕竟并不属于同一个层次。而蕺山通过将价值判断的善恶引入到对心体的界定之中，这事实上是将人极与太极彻底贯通。我们知道，蕺山之学将心与性视为一而二、二而一之关系，人心即道心，在这样的学理思路下，人极即太极，“无善而至善”的心之体，同时亦是宇宙论层面上的本体，善恶之道德秩序与宇宙生生不息之秩序是相即不二的。这一理论架构标志着宋明理学发展到蕺山之学，其内部理论已经臻于成熟。黄敏浩就指出，透过《人谱》，刘宗周把“人极”的意义表露无遗：“虽然此义本为宋明儒共识，但一直要到宗周才得到严肃的正视，也才得以彻底地彰显出来。”[13]

这样的理论架构在宋明理学的框架内看似顺理成章，水到渠成，然而这对于解答“恶之来源”的问题来讲，却有着更为深远的

12 唐君毅：《中国哲学原论：原教篇·下》，台北学生书局，1984 年，第 492 页。
13 黄敏浩：《刘宗周及其慎独哲学》，台北学生书局，2001 年，第 246—248 页。

意义。传统宋明理学在回答这一具有普遍性的哲学问题时，采取的方法大致可归为两类。一是区分天地之性与气质之性，道心与人心，进而将恶之来源归咎于个人所禀气质的污浊，此类以程朱理学最为典型。而另一类则是将人的起心动念与良知的发用做比较，有善有恶的根源在于意之动。良知是至善的，但由于私欲的遮蔽，良知不能够充分发用于道德实践之中，陆王心学大致采取的是这个路向。以上两类的回答虽然各有不同，落实在工夫论上更是有着极大的差别，但他们有一个重要的共通之处是都依据孟子以来的性善论传统，认为恶之来源并没有本体论上的依据。其中常用的一个比喻即是将人性与水进行类比，水的本质是清澈透亮的，其混浊的原因是因为受到了污染，但污浊之水并不能改变水之清澈的本质。浊水中的泥沙等污染物并不是水本来的组成部分，只是随着水流经过不同的地区而被夹杂在水之中，气质的染污亦是同理，其清浊程度很大意义上决定了圣人与凡俗之间的差距：

> 有生下来善底，有生下来便恶底……人生而禀此气，则为清明浑厚之气，须做个好人……天地之戾气，人若禀此气，则为不好底人。(《朱子语类》卷四)
>
> 生而知者，气极清而理无蔽。学知以下，则气之清浊有多寡，而理之全缺系焉耳。(《朱子文集》卷五六)

这样的回答虽然能够对恶之来源进行解答，但若是落实到具体的实践修行工夫上，却会遇到一个不小的理论挑战。因为人之气禀是相对先在的，从呱呱落地就已经决定，而并不能根据人之后天的修行实践反过去决定它。所以人的道德修养境界在这种回答的思路之下，就由先天和后天两方面的因素所共同决定。先天的因素是不可控制和不可逆的，而后天的因素则是可以把握的，也是我们修德进学的着力点。无论是格物穷理还是致良知，最终要达到的目的都是一种“吾心之全体大用无不明矣”，以及良知的全幅体现、毫无遮蔽。这样的思路在理想状态下固然圆满，但是就现实的道德实践而言，却并不是毫无瑕疵。对于气质相对较浊的人来说，他为何需要不断去除自己气质中浊的成分，而尽力凸显出其本性之清？如果用更为现代的话语来讲，这个道德实践的动力来源问题是需要追问的。宋明儒对此的一个常见回答是诉诸自孟子以来的人禽之辨，以“几希”之义来提点，但这样的回答对于像宰我这样不服三年之丧依然有其理据“心安之”的人来讲，似乎并无太大的作用。而宰我在儒门之中虽然不能和颜子等人相提并论，但也绝对谈不上是不移之“下愚”。

而更重要的问题还在于：首先，就为善去恶而言，由于先天和后天两方面因素共同决定了人性在某个当下的境界，传统宋明理学的理论框架之中并不能避免以下情况的出现：一个先天气禀较浊的人，通过严格和努力的道德实践，但其最终所证得的道德境界极有可能不如一个先天气禀较清，但修行实践松弛之人。更何况在儒家传统中并不存在一种类似于佛教因果之说以及基督宗教原罪的概念来将现世所禀之气质有一个道德价值判断上的交代，也没有一个西方极乐净土世界或是末日审判之后的天堂可以对现世的修行有一个可诉诸另一世界的“德福一致”。这样的理论框架虽然没有明显的漏洞，也大致符合现实生活中的实情，但从实践的动力而言，则显得缺乏吸引力。包括朱熹在内的不少宋明儒者在回答人之先天气质的差别之时，大多以人之得金木水火土之五性偏重不同来解释个人气禀的偏重。这样的回答基本上是延续了范缜批评佛教因果论时“坠茵落溷”的思路，但这对于“恶之来源”的问题而言，是一种以事实性描述代替理论式回答的方法，甚至多少回避了问题的实质所在（beg the question）。

其次，就具体的恶行而言，因为人会受到先天气禀的影响，从理论上讲就有根据将具体作恶的原因至少部分地归咎于气质之性本来的污浊。这就会导致许多相当危险的推论，例如不法之徒会以自己气质之性非常污浊来为自己的恶行找借口来开脱其罪行。对此种推论的危险，以宋明儒之慧解应该不难看到，但他们之所以使用气质之性的思路来对恶之来源进行解答，主要是因为他们需要首先面对佛教的理论挑战，佛教因果轮回说就其内部而言对恶之来源、个人气质不同等问题有着一套相对完整且可自圆其说的理论架构，而佛教的净土思想又为修行者提供了一定程度上的精神归宿，这对于其信奉者来说是极具吸引力的，而宋代初期儒门淡薄的原因也多少与此有关。在这样的大背景下，天地之性与气质之性的划分能够有力地反击佛教因果轮回说诉诸前世与来世的神秘色彩，又能够兼顾到人与人之间在先天条件上贤与不肖的差别，虽然不是一个特别完美的解答，但亦至少是一个和佛教的解答可以匹敌的解说。

蕺山之前的多数宋明理学家们大多同意这一“天地之性”与“气质之性”的划分，然而蕺山他却明确反对这一架构：

> 须知性只是气质之性，而义理者气质之本然，乃所以为性

也。性只是人心，而道者人之所当然，乃所以为心也。人心、道心，只是一心，气质、义理，只是一性。识得心一、性一，则工夫亦可一。静存之外，更无动察；主敬之外，更无穷理。其究也，工夫与本体亦一。[14]

在蕺山看来，理、气、心、性、本体、工夫等概念都可以在合一的视角下进行审视，这样一种消除分际的一元论思想和“立人极”是一以贯之的。在此思路之下，恶之来源的问题在蕺山那里亦有了与其他宋明儒较为不同的回答，他认为人心即是道心，而此心是“无善而至善”的，是“无善可著，更何不善可为”“虽一善不立之中，而已具有浑然至善之际”(《人谱·证人要旨》)。也就是说，就其本然的状态而言，虽然没有表现出来善的任何迹象，但实际上在此无善之中所蕴含的乃是一种浑然无碍的至善，而此一至善超越于普通意义上之“善”义。恶在这样一种无善而至善中如何有其来源呢？蕺山在极具特色的《人谱·纪过格》中开篇就提到了微过（妄）蕴含了种种其他的过、恶，可谓恶之最早之表现。[15] 在蕺山那里，恶之根源来源自“妄”，但这样一种“妄”就其来源而言，是一种在本体上的过恶，“原从无过中看出过来”，而且这种妄因其在本体上之故，是无法去除的，“故学在去蔽，不必除妄”(《人谱·改过说·二》)。所以蕺山此处与传统宋明儒最为显著的不同就在于他将“妄”这样一种恶之来源收摄到本体的层面，“妄”与“独体”之诚乃是“一面明，一面暗”的关系。蕺山曾在其他地方指出：“论本

14 黄宗羲：《蕺山学案·天命章说》，《黄宗羲全集》，浙江古籍出版社，2005 年，第 1581 页。
15 蕺山对于过、恶往往混用，其中虽有细微差别，但大体可以视为一体。

体，决其有善而无恶；论工夫，则先事后得，无善有恶也。”(《与履思九》) 这似乎与之前所引内容有不合之处。不过如果将这句话放回到蕺山学融通合一、泯除分际的大背景下，本体与工夫是浑然而一，就其本体而言固然是有善无恶，这是无善而至善之义；而就工夫而言，蕺山力主去恶，故《人谱》中不记功，只记过恶，落实到实践上的工夫之所以必要，正是因为恶有着超越意义的依据。以本体与工夫一元的蕺山学观点视之，此处本体与工夫都是在一般理解之本体的层面上讲，前者是本体之本体，而后者是工夫之本体。这实际上再一次说明了在蕺山那里，恶与善同样有着本体意义上的存有依据。牟宗三对蕺山此解评价甚高，他指出：

> 此中言微过之妄最为深透，盖与独体并行……盖即“同体无明”也。诚与妄对，一真便是诚体，一虚欠便是妄根浮气。其旨深矣。诚体深至何处，妄浮随之；诚体达至极限，妄浮随之；诚体本是终极的，妄浮随之为终极。[16]

“妄”与“独体”是一体的，而不可分离。牟宗三此处所引“同体无明”是佛教用语，此义由中国佛教之天台宗最为彰显。佛教以无明为其十二因缘之起首，是烦恼、痴的别称。按照佛教一般的理解，尤其是南传佛教的思路，无明是一切烦恼障碍以及恶的起源，断除无明是成佛的必由之路。然而，天台宗创始人智者大师却以一种特殊的“即无明而法性”“即烦恼而菩提”这样一种“不

16　牟宗三:《从陆象山到刘蕺山》，上海古籍出版社，2001 年，第 371 页。

断断”的方式开决出“同体无明”之义，佛性本身不仅具备清净无染之性质，同时亦是无明之根源。而由这一层意思直接推出的心性论结论，即是天台宗最为独特的“性具善恶”说。因此，牟宗三在《从陆象山到刘蕺山》谈到此处时虽未明言，但他事实上是将蕺山之学的“妄”与“独体”之“一面明，一面暗”的关系类比于天台学之“性具善恶”。事实上，牟氏在《佛性与般若》中即以蕺山之《人谱·证人要旨》与天台智者大师在《摩诃止观》中之“损己利人”之位居五品做过对比，认为蕺山之证人与智者大师所证得之佛教果位都是对“无明”这一概念有着极为深刻的认识而得。需要指出的是，牟宗三此处的类比是从“恶之来源”以及如何克制无明等问题切入并找到其相通点，而与此同时对于儒学与佛学之间在根本立足点上的分野，即儒佛之别依然有着清晰的认识。他认为天台智者针对“同体无明”的理论建构是在三界之内对无明的问题进行解决，而未能动摇三界之外“同体无明之潜隐深根”，而只有儒家的致良知教才能把这个“同体无明”做一个彻底的解决。[17] 不过，虽然蕺山与智者大师有着不同的终极指向，但牟宗三敏锐地看到，在无明、恶之来源的问题上他们有着可以共通的地方，是在中国哲学中分别从儒家和佛教本身的思想资源中充分凸显了恶之来源的问题，而这也正是天台家在清净心为主流的中国佛教中主张性具善恶，蕺山在性善论传统下重视过、恶问题的异曲同工之妙所在。

17　参见牟宗三:《佛性与般若》，台北联经出版社，2001 年，第 1031—1033 页。

三、明道与五峰对“恶之来源”的讨论

在宋明儒学的大框架内，蕺山之学虽然有着其十分独特之处，但其实际上依旧大致延续了宋明儒学本身的理论架构和问题意识。一些看似新鲜乃至有些颠覆性的问题，其实许多都是从一个全新的角度提出自己的创见，而实际可以追本溯源至理学已有的渊源脉络当中。以本文所讨论的“恶之来源”问题而言，事实上在程明道那里就已经点明：

> 善固性也，然恶亦不可不谓之性也。
>
> 善恶皆天理。[18]

虽然在明道那里已经清楚地指出了恶在性中实际上有其依据之义，但他自己本人并未对此有过多的阐释，而朱熹之后又根据自己的理论体系对此句进行了疏解。在他看来，性中并没有善恶两样东西，而唯有善本身。只有在落实到气（朱熹概念下）的层面时，方有善恶之分别。而气之恶也是在相对形下的层面上的恶，若从形上之层面讲，气之恶的本性依然是纯然善的。这事实上是以朱熹自己气质之性与天地之性的划分来解释明道之语，将恶之来源归于气质之性，而将天地之性视为善的圆满境地。天地之性与气质之性的关系则是体与用、本与流的关系，气质之性的恶并不具备在本体上的依据。

18 《明道论性书说》,《遗书》卷一章五十六。

朱熹的解释影响极大，进而影响到整个宋明儒学对明道此语的理解。从义理上讲，朱熹对明道的解释是有其依据的，气质之性与天地之性的区分本身有其合理之处，此上文已经详述。而且明道亦说“不是性中元有此两物（善恶）相对而生也”，这似乎与性是善亦可是恶有所矛盾。朱熹的解释就可以很好地解决这一问题：性中并无“善恶之相对而生”，将恶归之于形下之气质之性，而将形上之天地之性视为纯善。换言之，朱熹这里实际上是将明道所说之性进行了具体的分开定义，将“恶亦不可不谓之性也”的性解为“气质之性”，而将“不是性中元有此两物相对而生也”之性解为“天地之性”。通过这样一种解释，在朱熹那里，“恶之来源”因为人生而有的气禀所以在“气质之性”中有其先天的根据，但这一先天的根据只是在形下层面而言，就形上本体层面而言，天地之性当中只是纯善，而并没有恶。

朱熹的解释固然有其理据所在，但他将明道所讲同一段话中的性做二解，在笔者看来是可以继续讨论的。明道本身并无此二性之区分，这种解法多少有概念滑转之嫌疑。而朱熹所谓“人虽为气所昏，流于不善，而性未尝不在其中”与明道所说“善固性也，然恶亦不可不谓之性也”实际上已有相当显著之不同。在朱熹那里，气是恶之根源，性虽然在气之中，但是就其本身而言依然是纯善的，“未尝不在其中”的性更多的是天地之性的意思。而明道那里善和恶都应当称之为性。与之相应的，就性之善恶而言，我们亦可有以下不同于朱熹的理解：性虽然有善有恶，但都是性之本来所具有之特性。从根本上讲性为善，但性之善恶乃是一体之两面，而并无形上形下、天地气质之分。

因此，朱熹的解释可能只是明道论性的一个面向，而若就“恶之来源”的问题意识入手，则明道所谓“恶亦不可不谓之性”完全可以有另一个面向的解释。明道论学素来点到即止，不做过多的阐释，其门人对此亦无太多着墨。之后的宋明儒由于朱熹的巨大影响，对明道论性也大都沿着朱熹的路数进行梳理。在蕺山之前，在这一问题上直接继承明道之学而与朱熹意见不同的，以胡五峰最为典型。

牟宗三对五峰之学特别注重“天理人欲同体而异用，同行而异情”一句，而我们也不难发现此句与明道之“善恶皆天理”有着相通甚至是继承之处。而从思想史而言，从明道到五峰，亦有着清晰的师承关系。朱熹在《知言疑义》中认为五峰实际上是一种“性无善恶”说，是将天理和人欲进行了混淆。本体上讲，应只有一个天理，而无人欲。对此，牟宗三特别指出，五峰此处同体而异用之“体”，并非本体之义，而是事体，如同之后半句所讲的“同行而异情”一样，是针对同一件事情，可以有着相异的表现而言。如果我们借用现代伦理学的分类，五峰原文所说，是一种拒斥功利主义看重后果计算的思想，而希冀君子在修德之时要在源头上把握好儒家传统“义利之辨”的义务论伦理学立场，因此才有紧接着“天理人欲同体而异用，同行而异情”的那句“进修君子，宜深别焉”。而五峰在此所论的天理人欲之善恶，都是在《明道论性书》中所谓“才说性时，便已不是性。凡人说性，只是说继之者善也”的背景下来讲善恶。儒家心性论中以性善论为主，但此一性善之“善”并非通常理解之与“恶”相对之“善”，而是在一定程度上超脱于世间善恶标准的“至善”。故五峰有言：“孟子之道性善云者，叹美之辞，不与恶对也。”而就“恶之来源”的问题上，五峰虽然未有像蕺山一样对过、恶有着极为详尽的分析，但在保留至今的材料里，可以看出他对于“恶“的问题是由“天理人欲同体而异用”而发扬开来的。在五峰看来，凡事一旦“溺于流”即是人欲，而“不溺于流”即是天理。夫妇之道，圣人行之有道而安是天理，庸人溺之而无节制则是人欲。同样一件事情，我们评价它是善还是恶，并不是根据其本身的属性，而是要看其具体的时机、尺度。因而在五峰那里，善恶实际上同系于一事体之中，为同一事体之两面。此一事体并非朱熹所理解的本体之义，曾亦与郭晓东认为，在对胡宏的疏解上，牟宗三较之朱熹更符合胡宏的原意。朱熹在此对本然之善有重大误解，“将五峰之所非尽归之五峰”，他们还进一步指出，胡宏的“同体”其实也未必如牟宗三所讲，完全不可以作本体讲，所谓“天理人欲同体而异用”也可以从伦理意义的价值都是由那无善无恶之性派生出来的角度来理解，只是同一个本体的不同发用而已。明道“恶亦不可不谓之性”之说，正是说明这个道理。[19]

在“天理人欲同体异用”之外，五峰又以“好恶性也”来说其认为至善之性体。牟宗三认为，五峰此处由好恶说性，即是由好善恶恶说性体之超越的绝对性。至善之性体在明道处已有端倪，而至五峰处得以彰显，之后无论是阳明之“无善无恶”抑或是蕺山之“无善而至善”都可以从中找到若干线索。而五峰“天理人欲同体异用”之同一事体可有不同的善恶分别实际上亦是一种在存有意义论上“圆具”的可能性，更多地是一种在逻辑关系上的具备，而非

19　曾亦、郭晓东：《宋明理学》，南京大学出版社，2009 年，第 146—147 页。

就本体意义而言的善恶。这与蕺山之学“妄”与“独体”之“一面明，一面暗”的关系又有着极大的相通。五峰以好善恶恶来讲性，将善恶系之于人心本身是否能够就其性体而发、不夹杂任何私欲，小人以一己私利而好善恶恶则其性自然为恶。而蕺山之“好善恶恶意之静”正是认为意是好善恶恶的心体，在蕺山那里，意是心之所存，非心之所发，它是以一种超越的方式蕴含于心的，此与五峰由好恶说性体之超越虽然用词迥异，但思路是一以贯之的。

四、“具善恶而至善”与“恶是善之缺乏”的结构性差别

以“恶之来源”的问题意识切入蕺山与五峰之学，进而上溯至明道，我们不难发现他们对此一问题的解答有着极为类似的理论架构。

首先，他们不同于其他传统儒家将孟子以来传统下的性善之善视为与恶相对之概念，而都将此一性善视为一种在更高的层次上之“至善”，传统意义上之善并不足以名之。这一超越善恶之“至善”之义，在明道处是由“凡人说性，只是说继之者善”的意义上展开，在五峰是由“不与恶相对”的意义上发明此意，而蕺山更是经历了对阳明后学“四有句”与“四无句”的深刻反思而得“有善有恶”的“心之动”是在后天的工夫用处，而不是没有“至善”贞定住的无善无恶心之体。虽然他们各自的路径有所不同，但却殊途同归。

其次，就善恶之关系以及恶之具体来源而言，他们都认为恶与善一样有着存有意义上的原因，但必须强调的是，这丝毫并不意味

着恶在超越意义上可以有独立的来源，可以在超越面独立存在。恶在超越层面的唯一原因只是因为善的“过或不及”，追根溯源却还是在超越层面。明道点明“善恶皆天理”，肯定性中“过或不及”即是恶，但此义一直未能得到充分发扬。五峰以“天理人欲同体异用”明确了天理人欲在同一事体的基础上既可以为善，亦可以为恶，在超越的性体意义上而言并无差别。而在蕺山那里，作为恶之来源的“妄”与“独体”之诚是一体而不可分离的，恶与善具有同样的深层依据。牟宗三以天台宗之“同体无明”归纳蕺山学之这一特色。而实际上，此一“同体无明”乃是其“三系论”中的五峰—蕺山系除“以心著性”之外的另一重要特色。

最后，这种特殊的“具善恶而至善”又区别于柏拉图—基督教神学以及近现代西方伦理学所常用的所谓“恶是善之缺乏”的讲法，[20] 这一讲法有着很深的神学背景，其背后实际上以一个全知全能的上帝为模型，最为圆满的是上帝这样的纯善之全体朗现。这一思想在哲学层面的表现就是以柏拉图理念论为模型，严格区分理念世界和现象世界。如果承认“恶是善之缺乏”，实际上就是对二元论哲学的接纳，从这个意义上讲，牟宗三判朱熹“别子为宗”或许也有其洞见所在。而明道所代表的传统则在强调性善的同时也重视“中”，这一“中”的要求又由本体直接贯通于生活世界，强调在具体生活实践应事接物中的恰到好处，不能“过或不及”，既不能缺乏，同时也不能过头。而且这一生活世界是与本体世界直接相关

---

20 这一讲法近些年来为不少研究中国哲学的学者所接受，李明辉先生 2014 年底在复旦大学所做有关刘蕺山与性恶说的讲座中就提到“恶是善之缺乏”是一个具有普遍意义的模型，可以用在中国哲学上。在笔者看来，此毫厘千里之别，须慎之再慎。

联，不能割裂开来，因此在做工夫上也必须是即体即用，这一切都迥异于“恶是善之缺乏”下的二元论结构。

总结而言，明道—五峰—蕺山系的理论特色重要性在于，它为儒家传统性善论与工夫论之间理论张力的解决提供了新的道路。宋明儒学关于天地之性与气质之性的划分，其理论本身的未尽之处前文已述。而若以“同体无明”的理论架构来看，人和人之间的气禀固然有所差别，但这种差别并不具备超越的依据。就其本体而言，性固然是至善的，但一旦落实到个人的气质上，恶虽然在超越意义上没有根基，但其来源的依据却还是在超越层面。因此无论个人天生的气禀是如何清明，他依然不能摆脱那种存有意义上的恶之存在，因此就需要不断地进行道德实践，战战兢兢如履薄冰。而一旦做出恶行，人们亦不能以自己的气质之性作为辩解来开脱自己的罪行，因为恶之存有只是在超越意义上一种逻辑的具备，并不是有一个具体的恶性在我们的本性之中。我们的本性可以因为我们的意念或是好恶而具体表现为恶行，其与善行的分野完全在于人本身的行为是否夹杂了私心杂欲。正如天台宗“性具善恶”实际上是强化了止观修持的必要性，自明道以来经五峰至蕺山在“恶之来源”上的回答也强化了儒家内部道德修行的需要。蕺山学对过、恶的细致考察，能纠王学末流之弊，其“归显于密”的学说特色亦是这一系统下的题中应有之义。

在人类思想的发展历史上，在完全独立的环境之下做出类似成果的案例不胜枚举。而宋明理学从宽泛意义上言，乃是就同一方向不断推进共同努力，他们研习的经典相同，问题意识类似，因此虽然蕺山与五峰之间完全没有师承的谱系，但他们在某些环节有极大的相通之处，也是不足为奇的。恶之来源的问题是具普遍性之哲学共同问题，不仅宋明理学，儒家、佛教、道教以及西方哲学内部都对此一问题有着极为详尽的描述和分析。虽然古今中西哲学家对这一问题的语词使用或有所不同，但他们的问题意识却因为这一人类之普遍问题而有相通之处，可以供我们集思广益。而本文对这一问题也只是提供自己的一家之言，希望或可稍补于前贤往圣。

南宋铅山教育的发展

徐公喜（上饶师范学院）

中国古代教育主要分官学与私学。历代朝廷、地方官府创办和管辖着诸多旨在培养各种统治人才的学校。官学时兴时废，自西汉景帝时开始在蜀郡设学宫，汉武帝诏令天下郡国皆设学宫。地方官学从此普及，制度规定，郡曰学，县道邑侯国曰校，乡曰庠，聚曰序。“学校”之名就由此而来。东汉出现了“学校如林，庠序盈门”的局面。及至唐宋达到高峰，普遍设立各种层次的学校，官学发展到顶峰。南宋以后官学主要为儒学教育，与官学并立，大量以书院为代表的私学兴起。

一、南宋铅山官学教育的发展

宋代地方官学设有提举学事司，专门主管路州县学政；官府还为学校划拨学田，以保障其经费开支。从目前文献看，宋代开始，在学校、书院修建完善后聘请各级行政官员、名家大儒撰写“学记”已经成为一种风尚。宋代五大文豪欧阳修、王安石、苏轼、陆游、辛弃疾文集中都留有不少“学记”，从“学记”中可基本探知学校教育概况。地方官学是最为主要的人才培养机构。朱熹著有《静江府学记》《衢州江山县学记》《琼州学记》《福州州学经史阁记》《漳州龙岩县学记》等大量学记，总数达二十余篇，现存于《朱文公文集》卷七十七至卷八十中，阐述其教育理念。在《朱文公文集》留存关于上饶区域的学记就有《徽州婺源县学藏书阁记》《玉山刘氏义学记》，其中淳熙六年作《信州铅山县学记》最为闻名。王槐龄纂修《道光补辑石柱厅新志》收录王萦绪《增修文庙戟门泮池记》："宋时记郡县之学者，前则欧阳子《吉州学记》，后则朱子《铅山县学记》为最。虽各言其言，要皆程子好学论之旨，即夫子言学之旨也。厥后学制仍旧，而人每不知其旨，故名存实亡。入学者借为弋取科名之阶尔。石砫原土司地，土司并无学，无论名实也。"[1]《信州铅山县学记》描绘了南宋铅山县学的状况，也表达了朱子对官学的不同看法。首先记述了淳熙己亥（1179）之春义兴蒋亿迁建铅山县学事宜：

> 铅山学故在县东南百许步，因地形为屋，东乡。既诸生以夫子不南面，于礼为不称，乃徙置县东山下。然其费皆出民间，有司者无所与，以故度地褊狭，不能具庙学制度。至若师生具员，而弦诵辍响，则亦既二十有余年矣。
>
> 淳熙己亥之春，义兴蒋侯来领县事，始至，进谒堂下，俯仰太息而有志焉。后数月，政成事简，民裕而财足，乃买地凿山，度材致用，而属役于其属雷君霆，以岁十有二月丙申始事，越明

1　王槐龄纂修：《道光补辑石柱厅新志》，清道光二十三年刻本，第107页。

> 年四月戊申而舍菜焉。门观显严，官庐宏敞，神位清密，祭用毕修。图史之藏，几席之设，与凡所以栖宿、炊爨、拚除之须，无一不备。既又为之名垦田、立僦舍，日给弟子员二十余人，而官无乏用，民不病役。邑之父兄相与聚观，顾叹言曰：令之所以幸教吾子弟者，其厚如此，是岂可使后之人无传焉。[2]

又真德秀的《西山文集》卷二十五《铅山县修学记》，可知铅山县学故址在县东南百许步，后诸生以夫子不南面，于礼为不称为由，迁建到县东山下，由于其建设与日常费用均出民间，官府并没有予以资助，加之度地褊狭，未能够完全按照庙学制度实行，以至于二十有余年不时中断教学。直至淳熙己亥之春，宜兴人蒋亿字仲永任铅山县令，同年十二月派其属雷霆开始重修县学，次年四月完工。由雷霆邀请朱熹撰写县学记。记中可以看出，当时县学规模并不大，弟子生员二十余人。但是从此县学教育得到了很好的保障。朱熹还高度赞誉蒋亿“材高志远”“其不以一切治理为功而汲汲乎化民成俗之先务”。[3]

朱熹《信州铅山县学记》对于学业宗旨提出了“开发其聪明，成就其德业”的明确目标，指出：

> 道无古今之殊而学有今古之异。盖周人以乡三物教万民，而

2 《晦庵先生朱文公文集》卷七十八《信州铅山县学记》，《朱子全书》第 24 册，上海古籍出版社、安徽教育出版社，2002 年，第 3751 页。

3 《晦庵先生朱文公文集》卷七十八《信州铅山县学记》，《朱子全书》第 24 册，上海古籍出版社、安徽教育出版社，2002 年，第 3752 页。

宾兴之，其德六，曰知、仁、圣、义、忠、和；其行六，曰孝、友、睦、姻、任、恤；其艺六，曰礼、乐、射、御、书、数。是于学者日用起居饮食之间，既无事而非学；于其群居藏修游息之地，亦无学而非事。至于所以开发其聪明、成就其德业者，又皆交相为用而无所偏废。此先王之世所以人材众多，风俗美盛而非后世之所能及也。[4]

朱熹将学业内容归结到“六德”“六行”“六艺”，以实现人材众多风俗美盛的社会良好风尚。朱熹在其他学记也有类似的提法。如《南剑州尤溪县学记》明确提出先王之道：“而其为教，必始于洒扫、应对、进退之间，礼、乐、射、御、书、数之际，使之敬恭朝夕，修其孝悌忠信而无违也，然后从而教之格物致知以尽其道，使知所以自身及家，自家及国而达之天下者，盖无二理。”[5]

同时，朱熹以“先王之道”为标准来衡鉴当时学校，对科举利禄之学提出批评。《朱文公文集》卷七十九《衡州石鼓书院记》认为兴复书院的目的就是“将以俟四方之士有志于学而不屑于课试之业者居之”：

予惟前代庠序之教不修，士病无所于学，往往相与择胜地，立精舍，以为群居讲习之所，而为政者乃或就而褒表之，若此山，若岳麓，若白鹿洞之类是也。逮至本朝庆历、熙宁之盛，学

4 《晦庵先生朱文公文集》卷七十八《信州铅山县学记》，《朱子全书》第24册，上海古籍出版社、安徽教育出版社，2002年，第3752页。

5 《晦庵先生朱文公文集》卷七十七《南剑州尤溪县学记》，《朱子全书》第24册，上海古籍出版社、安徽教育出版社，2002年，第3719页。

> 校之官遂遍天下，而前日处士之庐无所用，则其旧迹之芜废，亦其势然也。不有好古图旧之贤，孰能谨而存之哉？抑今郡县之学官……其所受授，又皆世俗之书、进取之业，使人见利而不见义。士之有志于为己者，盖羞言之。是以常欲别求燕闲清旷之地，以共讲其所闻而不可得，此二公所以慨然发愤于斯役而不敢惮其烦，盖非独不忍其旧迹之芜废而已也。故特为之记其本末以告来者，使知二公之志所以然者，而毋以今日学校科举之意乱焉，又以风晓在位，使知今日学校科举之教，其害将有不可胜言者。

这一批评与反思，对朱熹来说是一贯的。朱熹在《信州铅山县学记》《玉山讲义》以及给各地的州学、府学所写的祠记中，都一再反复倡导“为己之学”。绍熙五年（1194）朱熹知潭州，修复岳麓书院，另作有《信州州学大成殿记》。同年至玉山讲学于县庠，作《玉山讲义》，表达的思想即是“明体达用之学”，教人“德行道艺之实”。继淳熙己亥（1179）底蒋亿迁建修复铅山县学后，吴兴章谦亨对铅山县学再次进行了修缮。真德秀《西山先生真文忠公文集》卷二五《铅山县修学记》对此有详细记述道：

> 铅山学，自淳熙中蒋侯亿修之，距今绍定初元，适五十祀矣。向之修者益坏，士无所于业。县方疲于供亿，何暇议学校事？诵弦之音至或旷岁弗闻。吴兴章侯来，环视太息，亟思所以复其旧者。居未几，政修财羡，乃度功而赋役焉。首辟肄业诸斋，更棂星门，缮藏书楼，升从祀于东西厢，祠先贤于某所，由内达外，莫不奂然矣。又惟廪士之储未裕，则括废寺若绝家田合

> 若干亩，充榷入之取，征榷钱三万，佐其废（按：当作“费”）。士之业于斯者，得以优游礲厉，益富厥艺。是岁秋赋，登名倍他日。明年，对大庭者凡六人。士欢然曰‘我侯教育之效也’，则以书来属识厥事。……侯名谦亨，字某，尝令扬之泰兴，又宰斯邑。[6]

据《吴兴备志》卷一二《人物征》五记载：章谦亨字牧叔，吴兴人。绍定间，知铅山。为政宽平，人号为“佛”，家置像而祀。其兴养学士，御盗安民，礼贤表俗，蠲赋救荒之绩，邑人勒之章岩，识不忘云。[7]清代陶成等《江西通志》卷六三《名宦》七《广信府·宋》略同。陈文蔚《克斋集》卷一《铅山西湖群贤堂记》有非常详细的记载：

> 苕溪章侯来宰铅山，慈祥恻怛，宽大乐易。民之归之，如婴儿之慕慈母，至家具其衔，焚香以祝之。然则侯之为政可知矣。未几，一新县庠，植僵起仆，缩地费以养生员，春秋二补及每月课试，躬率僚佐，精加考核，升黜必当。由是弦诵之声不绝，寂寥湮废之余，而剑佩锵锵矣。然侯之心犹以为是特故事之常，未足以偿吾素，乃于西湖之旁买屋一区，取是邑前后名贤之所经历，邦人之有行义，寓客之为时望者，不以爵秩崇卑，姓名显晦，凡有善可书，莫不传之以著其始末，赞之以扬其德美，祠之以表其敬。其大者则取其讲学之功，道统之继，辨异端似是之非，发前圣未明之

6 真德秀：《西山先生真文忠公文集》卷二五《铅山县修学记》，四部丛刊本，第765—766页。

7 董斯张：《吴兴备志》，影印文渊阁《四库全书》本。

> 蕴，扶人极，立世教，有功于万世者。其次则志气之激昂，风烈之峻拔，忠君孝父，舍生取义，有如秋霜烈日，足以激贪而起懦。其下则居官可纪，处乡以义，厉金石不移之操，剖藩篱尔汝之私，以至履行之修饰，文章之典雅，足以传世而行远者，莫不取之。凡一十有六人。堂以“群贤”扁之，仿钱塘湖上之意。……规画既定，走书上饶，诿文蔚志其颠末。文蔚不敢以不文辞，遂为之书。侯名谦亨，字牧叔。其先政贰卿尝历言路，议论风采有足尚者，宜侯克世其家云。绍定庚寅二月既望，颍川陈文蔚记。[8]

“绍定庚寅”，即理宗绍定三年（1230）。对于章谦亨修复铅山县学时间，江向东《“藏书楼”术语宋代文献记载考》曾提出：“章谦亨字牧叔，湖州人，为南宋词人。”因《宋史》无传，生卒不可考，但他于绍定年间（1228—1233）担任江西铅山县令一职则见于多种文献记载，据其好友陈文蔚所撰《克斋集》卷九《送章牧叔归霅川序》一文可知，章谦亨调离铅山县的时间是绍定四年（1231）正月。因此可以断定，章谦亨修缮铅山县学藏书楼的时间应在绍定元年至绍定四年间，即 1228 年至 1231 年间；又因真德秀卒于 1235 年，故《铅山县修学记》一文应写于 1228 年至 1235 年间。[9]真德秀的《修学记》实际上有两个信息相当重要。一是“淳熙中蒋侯亿修之，距今绍定初元，适五十祀矣”。二是“吴兴章侯来”。在《修学记》中，已经直言绍定初元（1128），距离淳熙己亥（1179）正

8 陈文蔚：《克斋集》卷一《铅山西湖群贤堂记》，影印文渊阁《四库全书》本，第 150—152 页。

9 江向东：《“藏书楼”术语宋代文献记载考》，《大学图书馆学报》，2011 年第 6 期。

50年，说明章谦亨修复铅山县学时间就是绍定初元（1128）。

真德秀《铅山县修学记》阐述他的理学教育思想，以为洒扫应对即性命道德之微，致知格物即治国平天下之本，体与用未尝相离也。“工于本心之理，不暇求当世之务，不暇究穷居，无以独善得志，不能泽民。”[10]因此肯定了知行合一的意义。在其《学记》中特别强调“学与事”相互关系：

> 古者学与事一，故精义所以致用，而利用所以崇德后世；学与事二，故求道者以形器为粗迹，而图事者以理义为空言，此今古之学所以不同也。今之学者诚知学不外乎事，事必原于学，讲论省察于二者，交致其力，则其业为有用之业；及其至也，其材皆有用之材。其仁足以成己，其智足以成物，然后为无负于巨人硕师之教。[11]

二、南宋铅山民间私学

宋时私学包括私塾、义学、学塾、村塾、书院等各种学校，其范围遍及全国。

1. 铅山私塾

从文献记载看，宋时铅山私学亦很发达，以铅山祝氏、傅氏及周氏私学教育最为闻名。

铅山《石塘祝氏宗谱》载：

10　真德秀：《西山先生真文忠公文集》卷二五《铅山县修学记》，四部丛刊本，第766页。

11　真德秀：《西山先生真文忠公文集》卷二五《铅山县修学记》，四部丛刊本，第766页。

文重公迁居江山，至十七世孙讳汉，与族弟台星复徙信州铅山石塘，遂世居之。文观公今葛阳等之派诸宗也。文津公出守建安郡，挟其四子遂家于此，今福建考亭等族是也。汉祖七世孙讳佑，延崇邑刘民宝开文学，训诸子弟。宝子韐亦随之。是时，韐与佑情意相孚，因而指腹为婚，生女配佑长子可久。韐三子曰子羽、子翚、子翼，同朱松随馆学，业俱登仕，同擢于宋。至绍兴丙寅岁，朱松疾笃，子熹年幼，母祝氏寄托于子羽家，同居夫子里五福墟，后熹从刘屏山（刘子翚）习学于石塘后山隆教书院。子羽兄弟痛父死难，挂冠归省，徙居考亭。同陆吕讲学，道于鹅湖书院，今立四贤祠祀之……可久公字德甫，居旌孝乡之石塘。从宝学，从刘公子羽立功西陲，官至贵州刺史……与弟可大作乡校斋，召明师以训学者……又为义庄，族之贫者计口授粟，衣其寒，药其病，殓其死者，皆亲视之。[12]

据以上宗谱所提供的信息，我们可以知道，石塘祝氏始祖祝汉在建阳做官，就与福建建阳五夫刘氏祖刘翔交好。宋时，祝氏经营武夷山中纸茶药材等，成为石塘大户。宋代到了祝佑、刘韐父辈继续交往，刘韐的父亲刘民宝、叔叔刘民先、刘民觉号为“东南儒宗”，在五夫开馆训学，为教导祝氏子女文化，祝佑亦请刘民宝来石塘设立私塾，是时，刘民宝将儿子刘韐也一起带到石塘。后来，刘韐将女儿许配给了祝佑长子可久为妻。南宋绍兴三年（1133），刘子翚作《祝奉议（祝佑）墓志》也讲述了祝刘两家世交姻旧关系：

12 转引自《铅山祝氏宗谱载：朱熹少年在石塘读书》附录，搜狐网。

奉议郎致仕祝君卒，其孤可久来请铭。祝君余父至友也，其孤又余姊婿也，来请铭以姻旧之故也。铭而不辞，所以终我祖我父之惠好也。正议公（刘宝民，刘子翚之祖）曰：曩游学时，忠显公（刘韐，刘子翚之父）从祝君诸父兄相交结，倾盖遗缟不足喻焉……子孙既达，亦示不忘也……今祝君之逝，余文铭之，以申前志，以崇外姻，以昭前德，以慰考思也。[13]

祝佑辞世，官至贵州刺史的祝可久与弟祝可大回乡守制、归隐山林，以“尚礼守义，忠君厚民”为教育宗旨，在石塘扩家塾为乡学，在石塘后山建隆教书院，延请妹夫刘子翚来石塘执掌训学。刘子翚便把朱熹和与朱熹年龄相当的刘珙、刘玶、刘玶等刘家诸生一并带到石塘来读书。故，《石塘祝氏宗谱》载：“熹从刘屏山习学于石塘后山隆教书院。”

南宋淳熙十六年（1189），石塘祝氏修宗谱，因五夫刘家和石塘祝家的世交姻旧关系，祝可久是刘韐的女婿、刘子羽的妹夫、刘子翚的姐夫。刘子羽是义父，刘子翚是恩师，祝可久自然也就是朱熹的姑父了，且朱熹的母亲也姓祝。因此，朱熹为祝氏宗谱作序言。序言署名：“宋淳熙己酉十六年主管太乙宫崇政殿说书学士朱熹谨撰。”淳熙十五年（1188），朱熹任“主管西太乙宫，兼崇政殿说书”，因此序言以“主管太乙宫崇政殿说书学士”的官署名。

宋代铅山傅氏的来历，文献记载有所不同。陈文蔚《傅县丞（瑾）墓志铭》：“其先金陵人，五季徙家信之铅山。”[14]其所作《监

13　笪继良：《铅书》卷八《墓志第十》，万历四十六年（1618）版。又见刘子翚：《屏山集》卷九《致仕祝君墓志铭》，上海古籍出版社，1994年。

14　陈文蔚：《克斋集》卷一二《傅县丞墓志铭》，影印文渊阁《四库全书》本，第186页。

江陵府粮料院傅君（杰）墓志铭》言“铅山傅氏派自金陵，辟五季乱来信州，族寖大，二百年间，联仕版者相望为邑甲姓”[15]，可知县丞傅瑾与监江陵府粮料院傅杰同出一支。而永丰县《派溪八修族谱》则记载傅氏84世平叔，北宋御史大夫尧俞子傅概迁居铅山：“平叔，钦之子，讳概，行一，宋嘉祐进士，任江西广信府铅山知县，因父忤王介甫新法见黜，亦不萎靡以奉权贵，随弃官留寓铅山学背而家焉。”谱中有刘辉序，亦言：“傅令公，公名概，字平叔，尝为县令。当新法方行，概独守旧，教斠若画一，镇定不移，不为委靡，以奉大吏，为人廉白，一介不妄取，所守有如此者。”铅山傅氏尤仁义，好施恩，“里有困病而贫者，捐金医疗，务在存活。不幸而死，则给周身之具。隆寒无履，施以楮衾”，乐于义学。陈文蔚在《墓志铭》说到傅瑾设立筑隐书院：“初锐意科第，所居之旁书院，扁曰‘筑隐’，集士友会文其中，将为进取计，且以厉其后进，惜不遂厥志。”[16] 显然这是民间私塾性质教育场所。

同样，铅山周氏一族来源亦不一。石塘周氏始祖为北宋从弋阳迁居而来的周永吉。据武夷山镇岑源村《周氏族谱》记载：始祖烈公系出姬姓，周文王第九子，武王五十三年封为周国公，其子孙以国为氏。后生子廸公，为威武将军；龙公，光禄大夫。周氏系出汝南。北宋时，器公调饶州判解，遂居弋阳……永吉迁居铅山石塘。第九世惟安公由宋绍定六年（1234）复卜居于岑源。从该村周

15 陈文蔚：《克斋集》卷一二《监江陵府粮料院傅君（杰）墓志铭》，影印文渊阁《四库全书》本，第178页。

16 陈文蔚：《克斋集》卷一二《监江陵府粮料院傅君（杰）墓志铭》，影印文渊阁《四库全书》本，第178页。

氏祠院供奉祖先灵位，堂名《爱莲堂》，以为周敦颐之后。而鹅湖周氏则是五代之际由金陵迁居。淳熙十三年韩元吉撰《铅山周氏义居记》有言："周氏世为舒城人，继迁金陵，避五季之乱，来家鹅峰之下，盖三百年矣，有祠号将军者最其始祖也。"至南宋处士周钦若字彦恭一辈，"买田聚书，教养其族之贫者，邑令名其社曰义荣"。[17] 绍兴二十二年六月临终之际，亲笔写下戒四子文："有曰：吾平生教汝读书，固不专于利禄，欲汝等知义以兴孅薄俗尔。我病必不瘳，汝等尽孝以事母，当以义协居，勿有异志，居舍虽小不足耻，田园虽寡不足虑也，不能遵吾训是谓不孝，他日或仕不以廉自守是谓不忠，不孝不忠，非吾子孙也。"其后四子均遵父训，而依"国家之制，愿以财产不许子孙分割典卖者，官为给据，子孙不得追改也。而虞又自请异时子孙或违父母命各居异业，许外人告而闻于朝省，坐以不孝之罪，于是乡人莫不钦叹"，[18] 无愧于"义居"人家。尤为可贵的是："周氏岁入不能二千斛，内外几六百指，养其偏亲，时其祭祀，给其嫁婚，皆有定式，岁又以十万钱招延儒士，俾其幼稚学礼，无缺者，俭以足用。"[19] 十万钱即 100 贯，年薪 100 贯，折算成日薪，约 270 文，这在当时教师的束脩待遇是相当高的。

铅山周氏好于善举，续闻载德乡里，周钦若四子藻、芸、苾、芾又辟室之巽隅作堂以为教化之所，故而《铅书》卷之七《敬荣堂记》载：

---

17 韩元吉：《南涧甲乙稿》卷十六《铅山周氏义居记》，影印文渊阁《四库全书》本，第 477 页。

18 韩元吉：《南涧甲乙稿》卷十六《铅山周氏义居记》，影印文渊阁《四库全书》本，第 477—478 页。

19 韩元吉：《南涧甲乙稿》卷十六《铅山周氏义居记》，影印文渊阁《四库全书》本，第 479—480 页。

> 信之枝邑为铅山，铅山之义门周氏，周氏之令兄弟为藻、为芸、为苾、为芾。四人相与谋曰："自吾家将军之去瀔而来徙也，到今且十世，续闻载德一乡，称善人。至吾先君子益沛，厥承里中，尸而祝之于义荣之社。临绝之书，敕训吾等，使协居母虞夫人，受而行之。唯既章章甚明，吾四人者守而弗坠，固也，知子孙何如？盍有以表之，使目之所睹，足之所履，油然侃然，无非出于友爱，以严父诏而慰母心。在我后之人，永永忽怠，若何？"皆曰：然。于是辟室之巽隅作堂，山西李宏父命之曰："敬荣。"[20]

同一时期，信州其他地方已大量存有"义学"民间教育活动。例如，据淳熙十五年朱熹所作《玉山刘氏义学记》，玉山县顺城乡（今横街镇）有刘允迪（1117—1192），字德华，号桂亭，时署守南康军（今星子县），朱熹前往考察，与刘允迪来往频繁。后刘允迪官至四川路沿海制置司军参议、朝散大夫，退居故里。刘允迪鉴于"吾家本单贫，而入仕又甚晚，顾无以仁其三族者"。[21]报恩乐教，"捐养廉银以建义学，聘知名之士以教宗族子弟及乡人之愿学者，割田八百亩以供义学师生食宿开支"。[22]刘允迪以自己俸钱"发举居积"，获取利息，"以佐其费"，同时亦"周恤族姻"。此举获得官民广泛支持。刘允迪禀报州衙，吴知州"出教刻符，以诏吾之子孙，使毋违吾志"，其他同族亦有"乐以其赀来助者"。朱熹受邀曾讲学于此，并作《玉山刘氏义学记》，感慨议论，以为："今士大夫

20　笪继良：《铅书》卷七《敬荣堂记》，万历四十六年（1618）版。

21　清同治《玉山县志》卷四下《刘氏义学》，第 329 页。

22　乾隆年间修玉山城西《刘氏宗谱》。

或徒步至三公，然一日得志，则高台深池，撞钟舞女，所以自乐其身者，唯恐日之不足。虽廪有余粟，府有余钱，能毋为州里灾害，则足矣，固未暇以及人也。”[23] 而刘允迪“身虽宠而官未登于五品，家虽温而户未至于千金，乃如此，是则可谓贤远于人，亦可见其前日德安之政，不为无本矣！”赞誉刘允迪“可谓贤远于人”，告诫世人当以刘允迪为楷模，“明理以修身，使其推之，可以及夫天下国家”。[24] 县志描绘当时，投师从学者“群相负笈，不远千里而来，学业日进”“凡学于斯而入官者，皆回义学拜祭”。

2. 铅山书院

（1）文宗书院

由于鹅湖之会的重大影响，及其深刻的社会历史根源，促成了鹅湖之地书院的建立和发展。南宋嘉定元年（1208），为纪念“鹅湖之会”，传播和发扬“朱吕陆”的儒家思想，嘉定元年（1208），徐子融于鹅湖寺西侧“轩艾蓬蒿茸茅屋”聚徒讲学，为鹅湖书院讲学最早雏形。徐子融与陈文蔚、余方叔、吴介甫等多交往。绍定三年（1230），铅山知县章谦亨立群贤堂与鹅湖四贤祠，并请朱子门人上饶陈文蔚作《记》，徐元杰撰《赞》。南宋绍定四年（1231），袁甫为江东提举兼提刑，视察铅山，为“鹅湖四贤祠”题“四贤赞”诗四首。南宋绍定六年（1233），上饶陈文蔚于“鹅湖四贤祠”聚徒讲学，其门人徐元杰追随在鹅湖讲学数年。南宋淳祐十年（1250），江西提刑蔡杭视察信州，访“鹅湖之会”旧址，并上奏朝

23 《晦庵先生朱文公文集》卷八十《玉山刘氏义学记》，《朱子全书》第 24 册，第 3791 页。

24 《晦庵先生朱文公文集》卷八十《玉山刘氏义学记》，《朱子全书》第 24 册，第 3791—3792 页。

廷，请为“四贤祠”赐名，理宗皇帝将“四贤祠”赐名为“文宗书院”。至此鹅湖正式建院，而今770余年。南宋咸淳七年（1271）秋，谢枋得与同志会于铅山鹅湖寺及鹅湖书院拜祭“四贤祠”，祭扫辛稼轩（辛弃疾）墓，作《辛稼轩祠堂记》和《辛稼轩先生墓记》。元初，文宗书院自鹅湖山麓迁至铅山县城永平镇西北隅。

（2）稼轩书院

《大明一统志》记载“稼轩书院”：“稼轩书院在铅山县南二里，宋辛弃疾读书处。初名瓢泉书院，后以其号名。”瓢泉原名周氏泉，在铅山旧县治永平镇东二十五里的期思村，即今铅山县稼轩乡横坂村西瓜山脚下。据《铅山县志》载：“瓢泉在县东二十五里，辛弃疾得而名之，其一规圆如臼，其一直规如瓢。周围皆石径，广四尺许，水从半山喷下，流入臼中，而后入瓢。其水澄清可鉴。”[25]庆元二年（1196）春，辛弃疾在带湖的居所发生火灾被毁，迁往铅山八都期思渡瓜山下。于庆元三年（1197）春，重新设立书院，取名“瓢泉书院”，著有《瓢泉秋月课稿》等课文。然而所言“后以其号名”的稼轩书院时间不明。而且元大德三年（1299）刻印的南宋词人辛弃疾词集，共十二卷。卷十二后，有“大德己亥中吕月刊毕于广信书院后学孙粹然同职张公俊”两行字。另商务印书馆1935年影印的百衲本《北史》卷六十八至七十二为稼轩书院刊，版心上方阳叶记刊书地名，有“信州路稼轩书院刊”“稼轩书院刊”字样，容易引起世人的误解。

元时戴表元《稼轩书院兴造记》曾载：“广信为江闽二浙往来

25　费寀纂修：《铅山县志》卷五《地理志·古迹》，明嘉靖四年刻本，第172页。

之交，异时中原贤士大夫南徙，多侨居焉。济南辛侯幼安居北关，地最胜，洪内翰所为记‘稼轩’者也。当其时，广信衣冠文献之聚，既名闻四方，而徽国朱文公诸贤实来，稼轩相从游甚厚。于是鹅湖东兴，象麓西起，学者隐然视是邦为洙泗阙里矣。然稼轩之居，未久芜废，辛氏亦不能有之。辛未岁，太守会稽唐侯震，因豪民之讼阅籍，则其址为官地。明年乃议创筑精舍，以居生徒。才成夫子燕居及道学儒先祠，而唐侯去。其冬，番阳李侯雷初至，遂始竟堂寝斋庑门台，诸役成而扁其额曰‘广信书院’，甲戌岁春也。书院成之二十五年，是为大德二年戊戌，官改‘广信书院’额，还曰‘稼轩’，而栋宇颓敝已甚。又五年，北谯朱侯霁至，展谒见之，作而曰：‘兹复谁诿乎？’即属山长新安赵君然明，极力经理。”[26]由此可知，宋淳熙九年（1182）辛弃疾居信州上饶带湖后，建有稼轩书院。后带湖居所被毁，嘉定十五年（1222）信州太守唐震重新修复书院，匾额“广信书院”邀鄱阳人李侯雷主持书院。大德二年（1298）春，元政府再次修整书院，并将“广信书院”门额改回“稼轩书院”，大德年间，稼轩书院的山长是新安赵然明，他经营打理书院井然有序。又山长赵然明记录：“吾所欲就何有极，使不以满去，将专祠辛侯，别置小学，作一亭名倚晴，以眺灵山诸峰；一亭名鱼乐，以俯西池；一亭名盟鸥，以复湖心之旧也。”[27]说明书院所在可以眺灵山诸峰。再有苏天爵《元故通议大夫徽州路总管兼管内劝农事朱公神道碑》：“公讳霁，字景周，泰安新泰人也。……

26　李修生主编：《全元文》第 12 册，江苏古籍出版社，1999 年，第 287 页。

27　李修生主编：《全元文》第 12 册，江苏古籍出版社，1999 年。

大德四年，转信州路。……先时，郡即宋某官辛幼安第，为稼轩书院，国初戍兵夺而居之，公归其侵地，新其栋宇，俨然列为学宫矣。”[28]诸文献说明刊刻《北史》、辛弃疾词集的“广信书院”“稼轩书院”均是在信州带湖的同一书院，前后名称不同而已，并不是在铅山瓢泉的书院。故而元大德三年（1299）刻印的南宋词人辛弃疾词集，共十二卷。卷十二后，有“大德己亥中吕月刊毕于广信书院后学孙粹然同职张公俊”两行字。而广信书院书中卷一第一叶版心下镌“信铅畅叔仁刊”六字，信铅为信州铅山，系指铅山人畅叔仁刊刻，非指铅山书院。

此外，辛弃疾在带湖至瓢泉的临时寓所上饶黄沙岭建有“黄沙书院”。黄沙古道，在江西上饶县西上泸，是古时从上饶到铅山八都、石塘一带的必经之路。黄沙岭风景优美，辛弃疾《鹧鸪天黄沙道中即事》就描绘了“溪山一片画图开”，辛弃疾常行走于此。《西江月·夜行黄沙道中》：“明月别枝惊鹊，清风半夜鸣蝉。稻花香里说丰年，听取蛙声一片。七八个星天外，两三点雨山前。旧时茅店社林边，路转溪桥忽见。”黄沙岭村边有“骑龙寺”，辛弃疾居上饶瓢泉时，常常到此庙修心养性，然此地并不是辛弃疾当时开办的“黄沙书院”，他自己作《黄沙书院》一诗，小序云：“黄沙书院面势甚佳，欲以‘维摩庵’名之，特未定也，预以一绝句纪之：隐几南窗万念灰，只疑土木是形骸。柴门不用常关着，怕有文殊问疾来。”辛弃疾欲以“维摩庵”名之，怕有文殊问疾来，知非已有名

28　苏天爵：《滋溪文稿》卷十七，影印文渊阁《四库全书》本。

称“骑龙寺”，并不是作为供奉文殊的庙宇。嘉定己巳秋九月，陈文蔚曾作《克斋集·游山记》：“予遂趋而从之，度北岸桥，过黄沙辛稼轩之书堂，感物怀人，凝然以悲。”[29]亦可以说明。

（3）宣梵院

宣梵院在章岩，位于铅山县新滩乡境内，今铅山至横峰公路东侧一岩洞。章岩内外都是赤色红石，洞内顶中心处有一圆形洁白晶体，犹如朗中之月高挂，四周又有无数晶体小白点，恰是群星拱月。北宋宣和年间（1119—1125），在此建有章岩寺，又名宣梵院。理学大师朱熹曾在此讲学，手书“宣梵院”三字，后被镌刻在岩洞正顶岩壁上，具有书院的性质。此后，邑人在此聚集讲学，清嘉庆十九年（1814），县人刘式典、陈世业曾捐款修复，在章岩寺洞中建“文公讲所”，又称“文公书院”。清康熙五十六年（1717）仲秋七月，康熙帝玄烨亲书匾联赠鹅湖书院。匾曰“穷理居敬”，联文曰“章岩月朗中天境，石井波分太极泉”。铅山知县施德涵续辟鹅湖书院旧址而恢扩之。

29　陈文蔚：《克斋集·游山记》，影印文渊阁《四库全书》本。

元代江南的《春秋》学

张立恩（西北师范大学哲学学院）

众所周知，元朝混一南北之后，随着政治中心北移，引起北方学术的繁荣和发展，但即便如此，江南地区仍然是元朝学术研究的重心所在。在《春秋》学上，元代江南地区不仅有大量论著产生，并产生了对后世影响深远的《春秋》学思想，值得深入探讨。[1] 基于这一认识，本文尝试对元代江南的《春秋》学做一考述，以期对有关元代江南儒学的研究有所助益。

一、元代江南《春秋》学区域分布特点

在《春秋》学上，有元一代，共产生《春秋》学著作 207 种，

1　学界有关元代江南《春秋》学的讨论，以个案研究居多，如张高评《黄泽论〈春秋〉书法——〈春秋师说〉初探》（杨晋龙主编：《元代经学国际研讨会论文集》，台北“中央”研究院中国文哲研究所筹备处，2000 年，第 579—623 页）、黄开国《赵汸的〈春秋〉学》（《中国哲学史》2004 年第 2 期）、曾亦《史法与书法——论黄泽、赵汸的〈春秋〉学》（《国学学刊》2011 年第 4 期）等，部分论著在论述元代《春秋》学时亦涉及对元代江南《春秋》学的讨论，如简福兴《元代春秋学研究》（高雄师范大学 1996 年博士学位论文）、陈曦《元代的〈春秋〉学》（北京大学 2005 年硕士学位论文）、刘俊《元代〈春秋〉学研究》（中国人民大学 2016 年博士学位论文）、方翠《元代〈春秋〉学著述考论》（安徽师范大学 2017 年硕士学位论文），但将之视为一个整体，并从“江南儒学”角度进行论述者，则尚未出现。

《春秋》学家132人，这些学者和著作大多分布于江南地区。为了清晰展现元代江南《春秋》学的区域分布特点，将元代江南《春秋》学家及著作数量列表如下：

里贯		《春秋》学家	《春秋》学著作
浙江	龙泉	季立道（字成甫）	《春秋贯串》
	宁海	叶正道	《左氏窥斑》
		刘庄孙（字正仲）	《春秋本义》二十卷
	榆林	吴化龙（字伯秀，又字汉翔）	《左氏蒙求》一卷
	诸暨	俞汉（字仲云）	《春秋传》三十卷
		陈大伦（1298—1367，字彦理）	《春秋手镜》
		杨维桢（1296—1370，字廉夫，号铁崖、铁笛道人）	《春秋定是录》十二卷、《左氏君子议》、《春秋胡传补正》、《春秋合题著说》三卷
		申屠性	《春秋大义》
	剡源	单庚金（1239—1305，字君范）	《春秋三传集说分纪》五十卷、《春秋传说集略》十二卷
	庆元	臧梦解	《春秋发微》一卷
		袁桷（1266—1327，字伯长）	《春秋说》
	乐清	李孝光（1297—1350）	《春秋述始》
	鄞县	蒋宗简（1311—1341，字敬之）	《春秋三传要义》
		程端学（1278—1334，字时叔，号积斋）	《春秋纪》、《春秋本义》三十卷、《春秋三传辨疑》二十卷、《春秋或问》十卷、《春秋纲领》一卷
		王惟贤（字思齐）	《春秋旨要》十二卷
		赵孟何（1244—?，字汉弼，《经义考》注引程端学曰“字浚南”）	《春秋法度编》

续表

里贯		《春秋》学家	《春秋》学著作
浙江	金华	许谦（1270—1337，字益之，学者称“白云先生”）	《春秋温故管窥》《春秋三传义疏》
		张枢（1292—1348，字子长）	《春秋三传归一义》三十卷、《春秋三传朱墨本》
		戚崇僧（？—1353，字仲咸）	《春秋纂例原旨》三卷、《春秋学讲》一卷、《春秋纂例》
		胡翰（1307—1381，字仲申）	《春秋集义》
	兰溪	吴师道（1283—1344，字正传）	《春秋胡氏传附辨杂说》十二卷
	浦江	黄景昌（1261—1336，字清远，一字明远）	《春秋公穀举传论》、《周正如传考》二卷
		吴莱（1297—1340，字立夫）	《春秋传授谱》一卷、《春秋世变图》二卷、《春秋经说》(未成编)、《胡氏传考误》(未成编)
		戴良（1317—1383，字叔能）	《春秋三传纂玄》三十二卷
		陈文焕	《春秋质疑》
	钱唐	应本（1272—1349，字中甫）	《注春秋世纪》一卷
		吾邱衍	《春秋说》
		瞿佑（1347—1433，字宗吉）	《春秋贯珠》
	淳安	吴暾（字朝阳）	《麟经赋》一卷
		方道睿（字以愚）	《春秋集释》十卷
		鲁渊（1319—1377，字道源）	《春秋节传》
		汪汝懋（字子敬，一作“以敬”）	《春秋大义》一百卷
		徐尊生（字大年）	《春秋论》一卷
	嘉兴	潘著（1308—1358，字泽民）	《圣笔全经》
	开化	鲁真（一作“鲁贞”）	《春秋案断》(一作《春秋按断》)
	临海	朱右（1314—1376）	《春秋传类编》

续表

里贯		《春秋》学家	《春秋》学著作
浙江	绍兴山阴	王受益	《春秋集说》
	青田	刘基（1311—1375，字伯温）	《春秋明经》四卷
	松阳	包文举（字仕登）一作：包仕登，字文举	《春秋微意发端》
	黄岩	牟楷（字仲裴）	《春秋建正辨》
	寿昌	徐文凤（字伯恭）	《春秋捷径》十卷
江西	安福	彭丝（字曾叔）	《春秋辨疑》
		彭长庚（齐叔）	《春秋辨疑》《春秋集传》
		尹用和	《春秋通旨》
		刘闻（字闻庭）	《春秋通旨》
		刘霖（字云章）	《新刊类编历举三场文选春秋义》八卷
	婺源	胡炳文（1250—1333，字仲虎）	《春秋集解》《指掌图》
		程直方（1251—1325，字道大，一作“道夫”，号前村）	《春秋诸传考正》《春秋会通》《前村吟卷》
		俞皋（字心远）	《春秋集传释义大成》十二卷、《春秋集传释义大成原序》一卷、《程子、朱子说春秋纲领》一卷、《春秋世次图说》一卷
		程龙（字舜俞，号苟轩）	《春秋辨疑》
		俞师鲁（1269—1333，字唯道）	《春秋说》
	新建	熊复（字庶可）	《春秋会传》
	豫章	熊朋来（1246—1323，字与可）	《春秋说》一卷
		张君立	《春秋集议》

续表

里贯		《春秋》学家	《春秋》学著作
江西	崇仁	吴澄（1249—1333，字幼清，晚称伯清，号草庐）	《春秋纂言》十二卷、《总例》七卷、《校定春秋》
		李衡（字元成）	《春秋集说》、《释例集说》六卷
		虞槃（1274—1327，字仲常）	《非非国语》
	浮梁	吴迁（字仲迁）	《左传义例》《左传分纪》《春秋纪闻》
	吉水	黄琢（字玉润）	《春秋举要》
		王相（字吾素，号玉宇）	《春秋主意》十卷
	永新	冯翼翁（1282—1349，字子羽）	《春秋集解》《春秋大义》
	鄱阳	万孝恭	《春秋百问》六卷
	庐陵	曾震（字樵南，一作"樵萌"）	《春秋五传》
		黄复祖（字仲篪）	《春秋经疑问对》二卷
		郭适（字图南）	《春秋五传》
	金溪	吴仪（1307—1371，字明善，学者称"东吴先生"）	《春秋禆传》《春秋类编》《春秋五论辨》
	九江	黄泽（1260—1346，字楚望）	《春秋师说》三卷（门人赵汸编次）、《春秋指要》、《元年春王正月辩》、《春秋笔削本旨》、《诸侯取女立子通考》、《鲁隐公不书即位义》、《殷周诸侯禘祫考》、《周庙太庙单祭合食说》、《丘作甲辩》、《经旨举略》、《三传义例考》、《春秋全解》、《论春秋述作本旨》、《六经辨释补注》
	吉安	李廉（字行简）	《春秋诸传会通》二十四卷
	永丰	陈植（1294—1344）	《春秋玉钥匙》一卷
	乐平	蔡深（字渊仲）	《春秋纂》十卷
	进贤	陈氏（失名）	《春秋类编传集》
		熊钊（1321—1403，字伯几）	《春秋启钥》

续表

里贯		《春秋》学家	《春秋》学著作
江西	新喻	梁寅（字孟敬）	《春秋考义》十卷
	清江	刘永之（字仲修）	《春秋本旨》
	德兴	王应奎	《春秋管见》
		王嘉	《春秋类义》
		徐嘉善	《春秋原旨》《三传辨疑》
		王庄	《春秋释疑》
安徽	休宁	陈栎（1252—1334）	《春秋三传节注》
		赵汸（1319—1369）	《春秋集传》十五卷、《春秋属辞》十五卷、《春秋左氏传补注》十卷、《春秋金锁匙》一卷
		金居敬（1321—1369）	《春秋五论》
	宣城	梅致和（1300—1356）	《春秋类编》十二卷
	歙县	郑玉（1298—1358）	《春秋阙疑》四十五卷
	祁门	汪克宽（1304—1372）	《春秋胡传附录纂疏》三十卷、《春秋诸传提要》、《左传分纪》、《春秋作义要诀》一卷、《春秋尊王发微》八卷
福建	晋江	吕椿（字之寿）	《春秋精义》
	光泽	李应龙（1294—1355，字玉林）	《春秋纂例》
	邵武	黄清老（1290—1348，字子肃）	《春秋经旨》
		邓淳翁	《春秋集传》
	莆田	郑杓（字子经）	《春秋解义》《春秋表义》
	永福	林泉生（1299—1361）	《春秋论断》

续表

里贯		《春秋》学家	《春秋》学著作
福建	福安	苏寿元（字伯鸾，又字仁仲）	《春秋经世》《春秋大旨》
	同安	丘葵（1244—1333，字吉甫）	《春秋通义》
	建阳	熊禾（1253—1312，字去非，一字退斋）	《春秋通解》《春秋论考》
	古田	张以宁（1301—1370，字志道）	《春秋胡传辨疑》三卷、《春王正月考》一卷
江苏	吴江	王元杰（字子英）	《春秋谳义》十二卷
	杭城	魏德刚	《春秋左氏传类编》
	江阴	张宣（约1340—1373，字藻仲）	《春秋胡氏传标注》
	常熟	张洪	《春秋说约》十二卷
	江都	马骈（字共甫）	《春秋探微》十四卷
上海	松江	曹元博（以字行）	《左氏本末》
湖南	平江	陈深（1260—1344，字了微）	《清全斋读春秋编》十二卷

由上表可进而作元代江南《春秋》学家及著作数量占比表：

里贯	《春秋》学家数	占总人数比	《春秋》学著作数	占总著作数比	人均著作数
浙江	43	32.57%	61	29.46%	1.41
江西	37	28.03%	64	30.91%	1.72
安徽	6	4.54%	13	6.28%	2.16
福建	10	7.57%	15	7.24%	1.50
江苏	5	3.78%	5	2.41%	1.00
上海	1	0.75%	1	0.48%	1.00
湖南	1	0.75%	1	0.48%	1.00
总计	103		160		

由上表可知，元代江南《春秋》学家在各地分布情况，浙江、江西人数最多，其次为福建、安徽、江苏以及上海和湖南等地，著作数量以江西最高，次为浙江、福建、安徽、江苏、上海、湖南。总体而言，元代江南《春秋》学呈现出多中心性的特点，形成了赣、浙、皖、闽等研究中心，其中以浙、赣地区的《春秋》学研究最为繁荣和活跃。从学者及著作占比数据来分析，浙江《春秋》学家人数占比最高，次为江西、福建、安徽、江苏等省，而《春秋》学著作数占比最高为江西，次为浙江、福建、安徽、江苏等省。这两组数据所形成的各地位次差异反映出其《春秋》学创作力及活跃程度不同，如江西和浙江，浙江《春秋》学家占总人数比高于江西，而著作占比低于江西，说明后者《春秋》学之创作力和活跃度要高于前者。就福建与安徽而言，前者《春秋》学家人数及著作数占比皆高于后者，可见在整体上其繁荣程度高于后者。但实际上安徽的人均创作力远高于福建，且安徽人均著作数量远高于其他各地，可见其创作力之盛。从宋元以来各地区学术发展的态势来分析，上述江南《春秋》学区域分布之表现亦有其合理性。

由可考的师承关系来看，江西《春秋》学多属于朱子学一脉，而又呈现出师承多元的特点，如有私淑朱子之学者如刘永之，[2] 陈氏（失名）、程龙，亦有承其家学而属朱子一脉之学者如胡炳文，又有私淑陆九渊者如吴仪，又有私淑胡安国者如曾震，又有承其家学而互为师友者如彭丝、彭长庚。就其朱子学一脉之《春秋》学而言，既呈现出辐辏于朱学四传吴澄的特点，如九江黄泽，《元史》

2　由于本文涉及人物众多，为免繁冗，凡学者师承，径自标明，不再一一加注释说明。

本传谓其经学“于名物度数，考核精审，而义理一宗程、朱”，[3]然则其为朱学之学者明矣。《宋元学案·草庐学案》列黄氏为“草庐同调”。又如虞槃师事吴澄。又如刘霖、熊钊皆师事吴澄高弟虞集，为吴氏再传。同时，其朱子学一脉之《春秋》学亦含有某些陆学之思想元素，如吴澄云：“朱子道问学工夫多，陆子静却以尊德性为主，问学不本于德性，则其弊偏于言语训释之末，果如陆子静所言矣。今学者当以尊德性为本，庶几得之。”[4]但就其思想实质而言，吴澄实为朱子一脉之学者。[5]上述师承多元而又以朱学为主的《春秋》学特点，与宋元以来江西学术的特点亦颇契合。事实上，不惟其师承关系如此，其《春秋》学之发达与宋元以来江西学术之鼎盛亦息息相关。相比于福建、湖南等省，“在南方各地之间，江西的地位格外突出。如福建，北宋时儒学发展较少，南渡以后，杨时传伊洛之学，三传而有朱子，福建的理学发展达到了高峰；但元代和明代的福建，理学发展皆不突出。再如湖南，南宋时理学相当发达，但元明两代，其理学发展亦不甚突出”，而“江西理学不仅宋代突出，元代、明代也都很发达；而又与浙江不同，元明以来江西理学、心学皆并行发展”。[6]从代表人物来说，与朱子齐名的南宋大儒陆九渊即为江西理学的代表人物。入元之后，又有被后人誉为元

3　宋濂：《元史》卷一百八十九，中华书局，1976 年，第 4323 页。

4　虞集：《故翰林学士资善大夫知制诰同修国史临川先生吴公行状》，《道园学古录》卷四十四，第 12—13 页，影印文渊阁《四库全书》第 1207 册，第 627 页。

5　全祖望曰：“草庐出于双峰，固朱学也，其后亦兼主陆学。盖草庐又师程氏绍开，程氏尝筑道一书院，思和会两家。然草庐之著书，则终近乎朱。”《宋元学案·草庐学案序录》，中华书局，1986 年，第 3036 页。

6　陈来：《朱熹与江西理学》序言，载吴长庚主编《朱熹与江西理学》，江西高校出版社，2007 年，第 2—3 页。

代儒学宗师之吴澄。可以说江西乃是宋、元时代理学发展最为重要之地区。[7] 在这样鼎盛的学术风气之下，元代江西之《春秋》学冠居各地区《春秋》学之首实乃情理中事。

浙东之学素有“浙学”之称，最初主要表现为陈亮、叶适之事功之学，[8] 在宋元以来的发展过程中则逐渐形成了既有事功学派，又有陆学派，亦有尊奉程朱之理学派的学术思想特色。[9] 浙学的这种多元性思想内涵在元代《春秋》学中亦有体现。换言之，元代浙江《春秋》学之发展和分布状况亦与浙学发展之历史脉络和思想特点颇为相应。从可考之师承关系来看，浙江《春秋》学之师承关系较江西更为多元和复杂，如既有属陆学一脉之张复、鲁渊、汪汝懋、吴暾、潘著、方道睿，又有属朱学一脉之申屠性、许谦、吴师道、张枢、戚崇僧、胡翰、戴良、朱右、牟楷、蒋宗简、程端学、袁桷、王惟贤、鲁真，亦有承续二程一脉之杨维桢，还有属陈亮、叶适事功之学之一脉的黄景昌、吴莱、陈大伦、刘庄孙，同时还有承继家学之吾邱衍、赵孟何等人。从地域分布来看，陆学一脉之《春秋》学主要分布在淳安地区，以鲁渊、吴暾、张复为代表人物。朱学一脉之《春秋》学主要表现为四明和金华两个中心，前者以程端学、蒋宗简、王惟贤为代表，后者则以元代“北山学派”一

7　陈来：《朱熹与江西理学》序言，载吴长庚主编《朱熹与江西理学》，第 3 页。

8　“浙学”一词为朱子首揭，用以批评陈亮、叶适为代表之事功之学，其云：“江西之学只是禅，浙学却是专是功利。禅学后来学者摸索一上，无可摸索，自会转去。若功利，则学者习之，便可见效，此意甚可忧。”《朱子语类》卷一二三，《朱子全书》第 18 册，上海古籍出版社、安徽教育出版社，2002 年，第 3873 页。

9　参吴光：《试论“浙学”的基本精神——兼谈“浙学”与“浙东学派”的研究现状》，《浙江学刊》，1994 年第 1 期。

系学者为代表，尤以被称为“北山四先生”之一的许谦及其门人为著。陈亮、叶适一脉之《春秋》学则主要分布在浦江、宁海一带，代表人物为黄景昌、吴莱、刘庄孙。由上述师承关系之初步考察亦可看出，与江西主要凸显朱学一脉之《春秋》学不同，浙江之《春秋》学表现出陆学、朱学及陈亮、叶适事功之学三股学脉鼎足而立的思想特点。同时，各个学脉之间亦非决然分立，而是有所互通和吸收，如属朱学一脉之申屠性，其从黄溍学《春秋》，黄氏之学源出于徐侨（1160—1237），徐氏既为朱子门人，而又曾从学于吕祖谦门人叶邽。可见，仅就学术传承关系之角度而言，很难说申氏之学没有吕祖谦一脉之思想元素。总体而言，浙江《春秋》学家人数众多，师承多元，但由于缺乏一流的《春秋》学大家，故而其《春秋》学之表现难免略逊江西一筹。

从学术史上看，主要分布在今安徽的新安理学[10]乃朱子学之重要一脉，赵汸《汪古逸行状》云：“新安自朱子后，儒学之盛称天下，号‘东南邹鲁’。宋亡，老儒犹数十人，其学一以朱子为宗。其议论风旨，皆足以师表后来；其文采词华，皆足以焜煌一世。”[11]由上表可知，今所录安徽省之《春秋》学家亦多属元世之徽州路，如休宁《春秋》学家陈栎，其所师者为同为休宁人之黄智孙，亦朱子一脉之学者，《宋元学案・沧洲诸儒学案》“万菊门人”下王梓材案曰：“汪氏炎昶状陈定宇行略云：‘后从乡先生黄公常甫

10　新安理学又称徽州学派，元至元十四年（1277），置徽州路总管府，下辖歙县、休宁、祁门、黟县、绩溪、婺源等地。参李治安、薛磊：《中国行政区划通史・元代卷》，复旦大学出版社，2009年，第231页。其中前五县今属安徽，婺源今属江西。

11　程曈：《新安学系录》卷十三，王国良、张健点校本，黄山书社，2006年，第248—249页。

游，黄公之学，出于星溪万菊滕先生。滕之先璘、珙二伯仲，皆为朱子高弟。'"[12] 又如休宁赵汸，师九江黄泽，而黄氏既为"草庐同调"，又问学虞集，学宗程、朱，则汸亦朱子一脉之学者。又，休宁《春秋》学家金居敬乃赵汸门人，亦属朱学一脉。依此可见，安徽《春秋》学亦有鲜明之朱学特色。然安徽之《春秋》学于朱学特色之外亦有陆学之思想元素，如清李绂《陆子学谱》就将赵汸列为陆子私淑，曰："先生之学，以精思为入门，以自悟为归宿。盖新安自朱子后，儒学称极盛，然其末流，或以辩析文义、纂辑群言即为朱子之学，先生独超然有见于圣贤之授受，不徒在推究文义间，而当时乡先达从事著述，所以羽翼程、朱教者，具有成书，先生概谓于学者之要未有当也。"[13] 李氏将赵汸列为陆学者，未免推之太过，[14] 就赵汸为学宗旨及思想特点而言，当属朱学，所谓乡先达"于学者之要未有当也"者，盖其以朱学之立场而纠其末流之弊也，然赵氏思想中确有陆学之思想元素则为无可疑者。[15] 又如祁

12 《宋元学案·沧洲诸儒学案下》，第 2350 页。

13 《陆子学谱》卷十八，第 49 页左—50 页右，《续修四库全书》第 950 册，第 627 页下—628 页上。

14 《四库总目》对《陆子学谱》的这一思想倾向亦有所批评："是编发明陆九渊之学。首列八目：曰辨志、曰求放心、曰讲明、曰践履、曰定宗仰、曰辟异学、曰读书、曰为政，次为友教，次为家学，次为弟子，次为门人，次为私淑，而终之以附录。考陆氏学派之端委，盖莫备于是书。惟必欲牵朱入陆，则可以不必耳。"《四库总目》卷九十八，中华书局，1997 年，第 1287 页。

15 赵汸不仅师事黄泽，亦曾问学虞集之门，称其钦慕吴澄为学之意，曰："汸之幼也，闻江西有吴先生焉，行修道立，为世表仪，而成己诲人，深悲空言之无益，及观阁下所为《行状》，而知先生为学之方矣。伏惟阁下察其有志，以其所得于先生者而赐教焉，俾于入德之门不致迷其所趋，而天之所以与我至尊至贵可以反身而有得，则阁下之赐大矣。"依此论之，汸之为朱学者必矣。但不可否认，赵汸确实发表过一些和会朱、陆之言论，如詹烜所撰赵汸《行状》载："时江西宪试请题，虞公拟策问：（转下页）

门《春秋》学家汪克宽，其学源流有三：一为其祖父汪华（号东山），汪华为饶鲁门人，程敏政《环谷先生汪公像赞》曰："先生讳克宽，字德辅，一字仲裕，姓汪氏，世居祁门桃墅。自我文公朱子一传为勉斋黄氏，再传为双峰饶氏，三传为东山汪氏，即先生祖父，而先生实嗣其传。"[16] 二为吴迂，《宋元学案·双峰学案》称其"从双峰学"，则吴氏亦饶鲁门人。三为吴暾，《宋元学案·慈湖学案》列吴氏为"大之同调"，曰："严陵自融堂讲学后，弟子极盛。入元，则夏自然为大师，而先生接之而出，以《春秋》教授，成泰定进士。"盖朝阳乃钱融堂私淑，而融堂为陆九渊一脉之学者。再如歙县之郑玉，其所师者吴暾、夏大之，或为钱时门人，或为其再传，又据元人汪克宽《师山先生郑公行状》[17] 及郑玉《余力

（接上页）江右先贤及朱、陆二氏立教所以异同。（赵先生）具对，卒言刘侍读有功圣经。至论朱、陆二子入德之门，尤为精切详备。末乃举朱子曰：'子静所说专是尊德性，而熹平日所论却是道问学上多了。今当反身用力，去短集长，庶不堕于一偏也。'又举陆子曰：'追惟曩昔，粗心浮气，徒致参辰，岂足酬议。'以二说为证，使其合并于暮岁，微言精义，必有契焉，子静则已往矣。"然而即便如此，亦不可谓其为陆学者。事实上，赵汸上述说法就受到虞集好评，虞氏曰："子常生朱子之乡而得陆氏之说，于二家之所以成己教人，反复究竟明白，盖素用力斯事者，非缀缉傅会之比也。"且不惟赵汸，即其所钦慕之吴澄亦有和会朱、陆之言论，然不可云虞氏、吴氏为陆学者矣。（引文见詹烜：《东山赵先生汸行状》，《东山存稿》附录，第3页，影印文渊阁《四库全书》第1221册，第366页）事实上，有学者就指出，吴澄因与陆九渊为同乡而不得不有时替陆氏分解，因而被误认为倾向于陆学。其实，从整个学术、思想体系来看，吴澄毋宁说是朱子学术及道学传统的真正承继者。在此意义上可以说，"象山之后，还是阳明；晦翁之后，终始草庐"。（陈来：《诠释与重建：王船山的哲学精神》，生活·读书·新知三联书店，2010年，第481页）而吴澄有关朱陆之学的评论，主要是针对南宋末年以来朱门后学日益堕入训诂之途的流弊而发，与其说是主陆，不如说是朱学内部自我纠偏的一种努力。（方旭东：《吴澄评传》，南京大学出版社，2011年，第7页）

16 程敏政：《篁墩文集》卷五十六，第29—30页，影印文渊阁《四库全书》第1253册，第315页下—316页上。

17 汪克宽：《环谷集》卷八，影印文渊阁《四库全书》1220册。

稿序》[18]之自述，知郑氏学宗朱子。[19]由上述考察亦可见出，安徽《春秋》学亦具备师承多元之特点，且就其或朱或陆之某一学脉内部而言，又表现出学出多门之特点。

就思想活动而言，安徽《春秋》学家亦非互相排斥、泾渭分明，而是表现为互融互通，如郑玉、赵汸、汪克宽虽皆师承有自，然并无碍于其思想之互通，赵汸《贺郑师山先生受诏命书》曰："汸自闻先生被诏命，即欲一见，左右称贺，病甚不能去。此月八日，舆曳至中途，见东行者皆却走，言苗军且至，仓卒莫知其实，辄亦引归。一二日来，讹言甫定，而疾复作，恐旬月间不能亟见，故敢道其所欲言者，先生幸加察焉。……盖欲探先生之志，以解众人之惑尔。若夫可行而行，可止而止，先生固素定于胸中矣，愚胡敢赞一词。"[20]汪克宽《师山先生郑公行状》亦记其与郑玉之交谊曰："克宽早岁与先生相知惟深，比年往来师山，剧谈要道，不翅异姓兄弟。"[21]其交谊之笃，于斯可见。在此士风学风之下，加之良

18 郑玉：《师山文集》卷首，影印文渊阁《四库全书》1217册。

19 有论者以为郑玉学思经历了由陆入朱之转变，韩志远先生则认为郑玉一生的学术宗旨经历了一个由朱—陆—朱陆—朱的演进历程，就其晚年成熟时期的思想而言则一以朱学卫道者之身份出现。其言郑玉早年思想由陆到朱的转变，根据是郑玉早年的师友为陆学学者（韩志远：《元代著名学者郑玉考》，《文史》第45辑）但方旭东先生认为郑玉公开承认陆学学者是他的师友，主要是出于念旧，并不代表在学术观点上认同他们。他认为郑玉思想兼顾陆学主要是因为郑玉与陆学学者的交谊使得他能够对陆学较为同情，从而在朱陆异同问题上不像朱学学者那么偏激，从而主张和会朱陆，但总体而言郑玉思想是终始于朱学的。（详方旭东：《郑玉》，载《中国儒学史（宋元卷）》，北京大学出版社，2011年，第642—647页）其说有理，从之。

20 赵汸：《东山存稿》卷三，第46—49页，影印文渊阁《四库全书》第1221册，第239—240页。

21 汪克宽：《环谷集》卷八，第20页右，影印文渊阁《四库全书》第1220册，第728页上。

好的学术基础，安徽之《春秋》学表现出较强的活跃度与鼎盛的创作力亦情之所至、势之所趋。

福建在南宋时期因朱子之讲学论道而其理学之发展达到高峰。至元世，在儒士的努力下，朱子思想广为流布，最终成为官方学术之代表，然比之南宋时期，福建理学之发展却有所衰落。这一趋势在元代福建《春秋》学之发展上亦有所表现，从上述元代《春秋》学区域分布及占比图来看，较之江西、浙江等省，元代福建地区之《春秋》学确实不甚突出。笔者据前贤所撰艺文类书目稽考所得元世福建籍《春秋》学家仅上表所列十人：苏寿元、熊禾、张以宁、丘葵、吕椿、李应龙、黄清老、郑杓、邓淳翁、林泉生。且其中多有隐逸不仕者，如熊禾、丘葵、黄清老、李应龙等。这种不与政府合作的做法导致官方对福建朱子学者进行排斥和打击，“许多朱子学者隐姓埋名，深居山林从事教育和学术活动，因而罕为世人所知”。[22] 就上述十人之师承关系来看，熊禾、张以宁、丘葵、吕椿、李应龙、黄清老皆系朱子一脉之学者。据元人蒋易《福安苏寿元仁仲》：“先生（苏寿元）九岁能属文，十三通《春秋》大义。……丙子后，隐于建阳之唐石……以《春秋》《四书》讲授学者。”[23] 知苏寿元当为私淑朱子之学者。虽然郑杓、邓淳翁、林泉生师承无考，但考虑到朱子思想在福建的广泛深入的影响，将三人归入朱学之属亦当不为过。由上考察可见，元代福建《春秋》学之最鲜明的特点在于保持其本有的朱学特色，并不像江西、浙江等省表现为师承

22　刘树勋主编：《闽学源流》，福建教育出版社，1993 年，第 464 页。

23　蒋易：《皇元风雅》卷二十七，第 12 页左—13 页右，《续修四库全书》，第 190 页。

多元。

以上是就分布区域较为集中且师承可考者而论，此外，江南各地还有大量师承无考之《春秋》学者，如江西师承无考者 16 人，几乎占到其可考总人数之一半，又如江苏 5 人中就有 4 人师承无考。总体而言，元代江南《春秋》学人物众多，著作繁盛。

二、元代江南《春秋》学之思想特点
——以金华《春秋》学为例

元代江南《春秋》学大致以地域为界，形成了多个研究中心，如浙江金华研究中心、四明研究中心，由郑玉、赵汸、汪克宽等形成的徽州研究中心等。就元代《春秋》学之师承谱系来看，元世《春秋》学家多属朱子一系。因而，其对《春秋》的诠释亦主要是从延续和发展朱子学的意义上展开的。即便是那些师承无考的《春秋》学家，亦多有此意，如豫章张君立，著《春秋集议》，其师承无考，元儒许有壬序其《春秋集议》曰：

> 《春秋》由三传而下，世之存者，可考也。范氏探经而为集解，啖、赵考三家短长为统例，伊川以传考经之事迹、以经别传之真伪，皆号精当，而世之读者无几。及胡氏传出，学者翕然宗之，圣朝设科，遂与三传并用，诸家之说几无闻焉。向会试以五经发策，至有不知各家名氏者，况有考其短长而折衷为书者乎？且圣人之意，当时门人有所不知，世传《左氏》时代不一，要非亲受于圣人者，宜其辞胜而失诬也。《公羊》《穀梁》传闻逾远，

诸家之说，各尊所闻，其能尽合圣人之意乎？朱子谓："《春秋》大旨诛乱臣、讨贼子、内中国、外夷狄、贵王贱霸而已。未必如先儒所言，字字有义也。"如此则传注之说可泥于一偏乎？豫章张君立择诸家之论，或全或略，疏于三传、胡氏之后，名曰"集议"，撷众长，萃于一，历历精至。观其自序，盖欲学者因是以求诸家之全，戒其厌烦务简，而取足于此，则君立所得与夫所以教人者可见矣。[24]

所谓"撷众长，萃于一"即表明，在许氏看来，张君立之《春秋》学实欲统一经义。并且，从许有壬之序来看，张君立对经义的统一应是本于朱子学的，许氏一方面批评三传、胡氏，同时又颇为推举朱子，并认为按照朱子之说，传注之说不可泥于一偏，而张君立之学"择诸家之论，或全或略，疏于三传、胡氏之后"，由此来看，在许氏看来，张君立"撷众长，萃于一"的基本立场应当是从朱子而来。

形成这一局面的原因是多方面的，但一个主要的原因应该是：作为理学集大成者的朱子，其理论的完备性显然胜于作为理学发端者的二程以及其他学者。由于朱子经注的典范性，加之朱门弟子递相授受、广泛传播所形成的深远的影响，本朱子之说以重建《春秋》诠释体系也就成为元世大多数《春秋》学家之选择。此外，作为中唐以来新《春秋》学发展的一个环节，元代《春秋》学亦呈现出延续中唐以来新《春秋》学风格的特点，同时，由于胡安国《春

24　转引自《经义考》卷一百九十四"张氏君立《春秋集议》"条，载林庆彰主编：《经义考新校》，上海古籍出版社，2010 年，第 3561—3562 页。标点有改动。

秋传》在元代被确立为科考程式，因此，元代《春秋》学亦有推尊并发明胡《传》者，而这两方面皆于元代江南《春秋》学有所表现，以下以元代金华《春秋》学为例，[25] 具体地展现元代江南《春秋》学的上述特点。

自南宋以来，金华地区理学兴盛，吕祖谦于此开创“婺学”，而朱子亦曾于金华著名学府丽泽书院讲授理学。由于朱子门人——尤其是黄榦一系学者——的大力传播，朱子理学成为这一地区影响最著之学派。被称为北山四先生的何基、王柏、金履祥、许谦递相

---

25 关于四明《春秋》学代表人物程端学《春秋》学的研究可参阅：吴志坚：《程端学及其〈春秋本义〉》，《文献季刊》，2011 年第 1 期；周国琴：《论程端学驳前儒以“日月时例”解经》，《内蒙古大学学报（人文社会科学版）》，2006 年第 5 期；周国琴：《元儒程端学对〈春秋〉三传的辩驳》，《内蒙古民族大学学报（社会科学版）》，2007 年第 5 期；周国琴：《从〈春秋〉三书看元儒程端学的义利观》，《内蒙古师范大学学报（哲学社会科学版）》，2013 年第 1 期；周国琴：《元儒程端学对经文的尊信》，《内蒙古社会科学（汉文版）》，2013 年第 2 期；周国琴：《元儒程端学论〈春秋〉“小义”与“余义”》，《内蒙古民族大学学报》，2013 年第 5 期。关于徽州《春秋》学代表人物赵汸、郑玉《春秋》学的研究可参阅：滨久雄：《赵汸の春秋学》，《都立五日市高校研究纪要》，1981 年第 13 号；中村俊也：《赵汸の春秋金锁匙について》，《言语文化论集》，1982 年第 13 号；冯晓庭：《赵汸〈春秋金锁匙〉初探》，《元代经学国际研讨会论文集》，台北“中央”研究院中国文哲研究所筹备处，2000 年，第 625—658 页；吴晓萍、周晓光：《论新安理学家赵汸的〈春秋〉学说》，《安徽师大学报（哲学社会科学版）》，1998 年第 4 期；黄开国：《赵汸的〈春秋〉学》，《中国哲学史》，2004 年第 2 期；曾亦：《史法与书法——论黄泽、赵汸的〈春秋〉学》，《国学学刊》，2011 年第 4 期；申屠炉明：《论赵汸及其〈春秋〉学》，《安徽大学学报（哲学社会科学版）》，2015 年第 1 期；刘成群、韩梦飞：《元儒郑玉〈春秋〉学考述》，《宜宾学院学报》，2009 年第 7 期；张立恩：《元儒郑玉〈春秋〉诠释三题——以〈春秋阙疑〉为中心》，《哲学分析》，2017 年第 5 期；刘俊：《得圣人之意者为多——元儒郑玉对〈春秋〉的诠释及其意义》，《东岳论丛》，2018 年第 12 期。关于草庐学派《春秋》学的研究可参阅：张欣：《论元儒吴澄的五经之学——以〈四书〉独尊和南北抵触为背景》，《孔子研究》，2015 年第 6 期；张立恩：《圣人无容心　直书非常事——吴澄对〈春秋〉诠释体系的重建》，《哲学评论》第 24 辑，岳麓书社，2019 年，第 15—28 页。

授受于金华地区，共同开创“北山学派”，这一派在《春秋》学上亦有卓越之表现。其师承谱系如下：

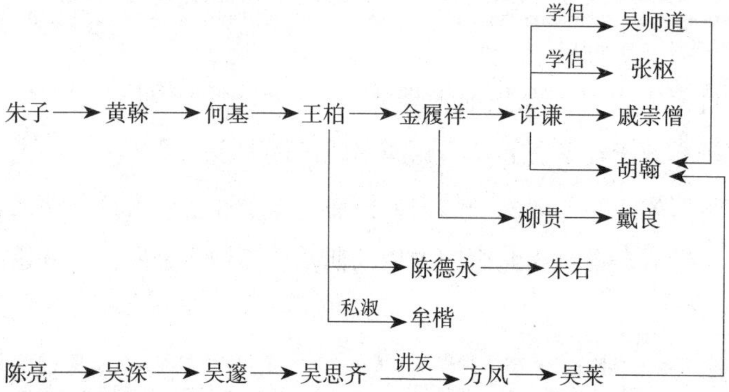

北山四先生处宋元鼎革之际，其中何基（1188—1268）、王柏（1197—1274）活动于南宋时期，金履祥（1232—1303）活动于宋末元初，许谦（1270—1337）主要活动于元初至元朝中期。何基无《春秋》著述。王柏著有《左氏正传》十卷、《读春秋纪》八卷，皆佚。又朱睦㮮《授经图》、卢文弨《经籍考》皆著录王柏《春秋左传注》二十卷，未知所据。王柏之《春秋》学亦承续朱子之说，清王崇炳《金华征献略》卷五称其“于《春秋》，则谓吾夫子以大公至正之心，立百王之大法，千五百年，为诸儒刻镂几碎。朱子于诸经缕析毫分，独于《春秋》以浑然得夫子之心”。[26] 他认为“《春秋》之书，吾夫子之亲笔也。其人可信也，其时可近也。传之者失夫子之意多矣，曾不是之求，乃舍近而求之远，弃实而求之虚，何

26 王崇炳：《金华征献略》卷五，第 8 页右，《续修四库全书》第 547 册，第 82 页下。

耶?”[27] 又以《春秋》之旨“大者无出于三纲五常，而至微者亦皆有理”。可见其《春秋》经解属朱子据史实解经以见理者也。

王柏之私淑牟楷撰有《春秋建正辨》，已佚。柏再传朱右，其《春秋传类编序》中肯定三传对解经的重要性，以其能“辅翼圣经，垂型世范”：

> 夫自周辙既东，圣贤道否，孔孟之教不行于天下。春秋战国之际，功利日兴，权谋是尚，固不足以上窥天人之奥，而布其致君泽民之心矣。幸而天理不泯，斯文未坠，经生学士，器识卓绝，不无人焉，求其能辅翼圣经，垂型世范者，愚于《左氏》《公羊》《穀梁》而深有望也。……《左氏》则无间然矣……《公羊》《穀梁》为经而作，典礼详实，词旨简严，有非他能言之士可及也。愚试评之：譬之良工之绘水与木也，艺有专精，则所就有深浅，然自心巧发之，则各得其一端之妙。《左氏》之文焕然有章，小大成纹，犹水之波澜也；蘖花敷腴，英华畅发，犹木之滋荣也。《公》《穀》之文，源委有自，脉脉分明，犹水之渊泉也；根据得实，柯条森挺，犹木之枝干也。要之，绘者虽意匠所得不同，然其心术之微，神巧之妙，变化无穷，皆工之良而无迹之可指也。[28]

北山学派至金履祥、许谦而鼎盛，金履祥虽无《春秋》著述，但亦发表过关于《春秋》之言论，如其《通鉴前编后序》云：“《春秋》一书，固圣人晚年哀痛之意，然孔子周游无位，典册不备，未必尽

27 王柏:《鲁斋集》卷四，第 9 页，影印文渊阁《四库全书》第 1186 册，第 54 页上。

28 朱右:《白云稿》卷四，第 24 页左—26 页右，影印文渊阁《四库全书》第 1228 册，第 57 页下—58 页下。

得周史，因见宗鲁一国之策多违旧章，就加笔削以示大法，其余多因旧史，不尽改也。”[29] 这一说法显然承自《春秋左传正义》，[30] 又，明人丘濬《大学衍义补》录金氏说《春秋》之言：

> 鲁旧自有《春秋》，东迁之后，书法失周公制作典礼之意，善恶是非不明。虽弒逆之变，亦多不书其实，使为臣者不知此义，陷于弒逆之罪而不觉，为人君者不知此义，前后有谗贼而不见。故孔子因鲁史之旧而修之，使是非褒贬，昭然可见，因此而鉴戒明，乱臣贼子惧，致治之法可垂万世，故谓之作。[31]

金氏所谓孔子作《春秋》实际上是指孔子修订鲁史以恢复“周公制作典礼之意”。可见，朱子以史视《春秋》之说到金氏这里已经表现出某种汉晋左氏家之意味了。

金履祥再传戴良著有《春秋三传纂玄》，已佚，其自序曰：

> 错薪刈楚，披沙拣金，微事尚然，而况于学乎？况于圣人之经有所芜没于传注者乎？然则《春秋》之文，昭揭千古，学士

29 金履祥：《仁山文集》卷三，第25页左，影印文渊阁《四库全书》第1189册，第816页下。

30 杜预《春秋左氏传序》云：“周德既衰，官失其守。上之人不能使《春秋》昭明，赴告策书，诸所记注，多违旧章。仲尼因鲁史策书成文，考其真伪，而志其典礼，上以遵周公之遗制，下以明将来之法。”孔颖达曰：“此明仲尼修《春秋》之由，先论史策失宜之意。计周公之垂法典策具存，岂假仲尼更加笔削？但为官失其守，褒贬失中，赴告策书，多违旧典，是故仲尼修成此法，垂示后昆。”《春秋左传正义》，北京大学出版社，2000年，第12页。

31 丘濬：《大学衍义补》卷七十五，第2页右，影印文渊阁《四库全书》第712册，第849页上。

大夫往往童而习之，白首不知其统绪之会归者，无他，亦惟传家之言有以混淆其间故耳。呜呼！《春秋》辞尚简严，游、夏之徒已不能赞以一辞，而吾圣人之微言奥指，果有待于支离繁碎而后见耶？传《春秋》者有三：曰左氏、公羊氏、穀梁氏。然《公》《穀》主释经，《左氏》主载事。能令百代之下，颇见本末，而因以求意者，《左氏》之功为多，然而义例宗指交出乎巫祝卜梦之间，谠言善训不多于委巷浮戏之语，鳞杂米聚，混然难证。而《公》《穀》之说又复互相弹射，不可强通。遂令经意分裂，而学者迷宗也。良自蚤岁受读，即尝有病于斯，寻绎之次，因取三家之言，稍加裁剪，以掇其玄要，疏之经文之下。其于一事之传，首尾异处者，既得以类而从，而文意俱异，各有可存者，亦皆并立其语，然后随文睹义，若网在纲。虽行有刊句，句有刊字，非复本文之旧，而锄荒屏翳，使之日星垂而江河流者，不既有助乎？32

戴氏对前儒经说颇为不满，所谓“白首不知其统绪之会归者，无他，亦惟传家之言有以混淆其间故耳”，而其《春秋》学则试图重新统一经义，其具体的做法就是寻绎三传之说，“稍加裁剪，以掇其玄要，疏之经文之下”。其对三传的看法，乃袭啖助、赵匡及朱子之说，所谓“《公》《穀》主释经，《左氏》主载事，能令百代之下，颇见本末，而因以求意者，《左氏》之功为多”。

许谦为金履祥门人，其弟子、学侣的《春秋》学研究皆非常

---

32 戴良：《春秋三传纂玄序》（“玄”，四库本原文作“元”，《四部丛刊》本《九灵山房集》作“元”，该本以明正统十年戴统刻本为底本，据改），《九灵山房集》卷六，第21页左—22页左，影印文渊阁《四库全书》第1219册，第322页。

卓著。许谦在经学上的基本观点是："道固无所不在，圣人修之以为教，故后欲闻道者必求诸经。然经非道也，而道以经存；传注非经也，而经以传显。由传注以求经，由经以知道。"[33]这一经学观落实到解经方法上就是对汉唐训诂方法的重视，他反对"目训诂传注为腐谈"[34]之说，表现于《春秋》学上则是对三传之重视，此由其《春秋》二书之名亦可略见之。[35]其经学倾向在其弟子、友朋中亦有师承和表现，如戴殿江《金华理学粹编》述戚崇僧之学曰："所著有《春秋学讲》一卷，盖其少作。晚岁有《春秋纂例原指》三卷……以经籍之文多讹舛，乃考许氏《说文》，参以近代名公所订定。"[36]可见戚氏亦有以训诂通经之意。又黄溍《张子长墓表》称张枢"谓学《春秋》者必始于三传"。[37]需要说明的是，许谦及其弟子、友朋虽推崇三传，但与汉唐传注之学有别，许谦云："传注固不能尽圣经之意，而自得者亦在熟读精思之后尔。"[38]张枢亦称："其（三传）义例互有不同，乃辨析其是非，会通其归趣，参以儒先之说，

33　许谦：《与赵伯器书》(延祐乙卯)，《白云集》卷三，第31页左—32页右，影印文渊阁《四库全书》第1199册，第588页下—589页上。

34　许谦：《与赵伯器书》(延祐乙卯)，《白云集》卷三，第32页右，影印文渊阁《四库全书》第1199册，第589页上。

35　清人全祖望对许氏这一经解偏向有所措意，其云："婺中之学，至白云而所求于道者，疑若稍浅。观其所著，渐流于章句训诂，未有深造自得之语，视仁山远逊之，婺中学统之一变也。"全祖望：《鲒埼亭集外编》卷十九《宋文宪公画像记》，载朱铸禹《全祖望集汇校集注》，上海古籍出版社，2000年，第1098页。

36　戴殿江：《金华理学粹编》卷七，第21页左，《四库未收书辑刊》第6辑第12册，北京出版社，1997年，第178页上。

37　黄溍：《金华黄先生文集》卷三十，第21页右，《续修四库全书》第1323册，第396页下。

38　许谦：《与赵伯器书》(延祐乙卯)，《白云集》卷三，第32页右，影印文渊阁《四库全书》第1199册，第589页上。

裁以至当之论。”[39] 这显然是中唐以来新《春秋》学之风格。

在金华《春秋》学研究中，吴师道的《春秋》学较为独特，与上述学者不同，其独推崇胡《传》，称：“谈《春秋》而舍胡氏，未有不失焉者也。[40]……间尝反复诵咏，辄以所未安者疏而辨之，其或事义足相发明者，附以见焉。……愿为是书忠臣而异于谗贼者，是则区区之志也。”[41]

结语

综上所述，元代江南的《春秋》学，人物众多，著作繁盛，而尤以江西、浙江、安徽等地为著。由于宋元以来江西理学的鼎盛发展，因而在《春秋》学上亦冠居各地之首，浙江《春秋》学则呈现出事功学派、陆学派、程朱理学派《春秋》学鼎足而立的思想格局，安徽《春秋》学在朱学特色之外亦有陆学思想元素，并因其良好的学术基础和风气而表现出强劲的创作力。就《春秋》学学术特点而言，元代江南《春秋》学的特点是延续了中唐以来新《春秋》学及朱子据实以解经的思想传统，此由金华北山学派的《春秋》学可窥其一斑。

---

39 黄溍:《金华黄先生文集》卷三十，第21页右，《续修四库全书》第1323册，第396页下。

40 “谈《春秋》而舍胡氏，未有不失焉者也”，《四库全书》本《春秋胡传附辨杂说序》作：“谈《春秋》而宗胡氏，未有不先焉者也。”吴师道:《礼部集》卷十四，第34页右，影印文渊阁《四库全书》第1212册，第190页上。

41 吴师道:《春秋胡氏传附辨杂说序》，《吴礼部文集》卷十四，《续金华丛书》本。

明清苏州地区儒学发展史纲

侯德仁（苏州大学）

明清时期的苏州，经济进步，物质繁盛，清初时人沈寓称："东南财赋，姑苏最重；东南水利，姑苏最要；东南人士，姑苏最盛。"[1] 其中，市肆繁华以苏州为最。康熙末年的孙嘉淦则说："姑苏控三江、跨五湖而通海，阊门内外，居货山积，行人水流，列肆招牌，灿若云锦，语其繁华，都门不逮。"[2] 明清苏州经济的发达，推动了学术文化的进步和社会风气的变迁。明代的苏州文学艺术繁荣，涌现出一大批文学家、艺术家及其流派，文学家有高启、徐祯卿、归有光、王世贞、冯梦龙等，书法有祝允明、文徵明、王宠等为代表的"吴门书派"，绘画有"吴门四家"（沈周、文徵明、唐寅、仇英）为代表的"吴门画派"，戏曲家有梁辰鱼、魏良辅等，他们名重一时，影响后世。明清苏州的文化艺术成就，用群星璀璨来形容毫不为过。相对而言，明代苏州的经学和思想方面的成就却不大，史学成就方面则以太仓王世贞为代表。清朝前期，由于清政

1 沈寓：《治苏》，载贺长龄、盛康编：《清朝经世文正续编》第1册，广陵书社，2011年，第249页。

2 孙嘉淦：《南游记》卷一，载《故宫珍本丛刊》第272册，海南出版社，2001年，第7页。

府实行文化高压政策，因而大部分知识分子都埋首于古籍训诂考据之一途，乾嘉历史考据遂盛行一时。当时以东吴三惠（惠周惕、惠栋、惠士奇）为代表的“吴派”经学是乾嘉学派中最为重要的考据学流派之一。晚清时期，古老的中国被西方列强坚船利炮打开了国门，被迫开始了近代化历程。当时，有识的知识分子对衰颓孱弱的国势忧心忡忡，提出了一系列改革主张，以挽救民族危亡，其中就有吴地知识分子王韬、冯桂芬等。他们的思想主张，在客观上推动了晚清中国的近代化。与此同时，俞樾、章太炎师徒在苏州却以传承古典文化为己任，成为晚清苏州经学研究的代表性人物。

一、明代苏州的经学

明代苏州的经学成就不彰，没有产生出特别重要的经学家。但是，在明代苏州科举起家的一些高官中，还有不少人在儒学上具有较高的造诣。如明中期的王鏊，官至文渊阁大学士，曾著《性善论》，被王阳明誉为“王公所深造，世或未之能尽也”，[3] 对阳明心学的形成有着一定的影响。弘治年间的进士、太常寺卿魏校，通晓诸儒之说，著有《大学指规》《六书精蕴》等。魏校的弟子昆山人归有光，人称“震川先生”。他对宋学有所不满，曾说：“汉儒谓之讲经，而今谓之讲道，夫能明于圣人之经，斯道明矣，道亦何容讲哉？”[4] 这一观点，已和顾炎武、黄宗羲的观点比较接近了。

---

3 王守仁：《王阳明全集》卷二十五《太傅王文恪公传》，上海古籍出版社，2006 年，第 947 页。

4 归有光：《归有光集》卷九《送何氏二子序》，上海古籍出版社，2007 年，第 194 页。

明末苏州的儒学，最有影响的就是复社。复社成立于明崇祯二年（1629），是一个全国性的文人社团组织，也是一个具有政党性质的社会组织，介于社党之间。复社同人继承了东林党人的刚正之气，主动关心时事政治，揭露阉党的罪恶，影响广泛而深刻。复社曾举行三次大型集会，一次在尹山，一次在南京，一次在虎丘，特别是第三次，各地到会者有数千人，据记载，当时虎丘"大雄宝殿不能容，生公台、千人石，鳞次布席皆满……游人聚观，无不诧叹，以为三百年来未尝有也"。[5]复社的领袖张溥、张采、杨廷枢等人规定了结社的目的，定有盟词，还建立了组织结构，从而成为当时一个有纲领有组织的学术兼政治的文人团体，声名盛极一时。他们当时以"复兴古学"为名，偏重于政治的研讨，但对儒学的传承有一定的作用。

二、清初陆世仪与顾炎武的经学成就

明清之际是一个重大的历史转折期。明朝末年，以王阳明为代表的理学流派，因其游谈无根、浮夸无物，已然走上绝路。太仓陆世仪与昆山顾炎武深感前代理学家虚浮亡国的腐败学风，开启了解放思想、踏实治学的朴实学风，产生了重大的影响。

陆世仪（1611—1672），字道威，苏州太仓人，号刚斋、桴亭，别署眉史氏。门人私谥尊道先生，亦曰文潜先生。明亡后，他隐居桴亭书院，与同里经学家陈瑚等以道义相砥砺，后在无锡东林书院

---

5 陆世仪：《复社纪略》卷一，载《续修四库全书》史部第438册，上海古籍出版社，2002年，第496页。

和常州大儒寺等地讲学，时人尊为“江南大儒”。他曾从经学大家刘宗周问学，通晓诸子百家学说，尤精程朱理学，在当时与陆陇其并称“二陆”，从祀孔庙。清初，受督学之聘，编辑了《性理精要》一书，著有《桴亭集》《思辨录》《复社纪略》《春秋考》等著作。其《思辨录》分为大学、小学、立志、居敬、格致、诚正、修齐、天道、人道、诸儒异学、经、史、子等十四门类，数百万字。陆世仪学问广博，天文地理、礼乐农桑、河渠贡赋、战阵刑法等无所不通，又精技击，早年曾拜被誉为“江南第一”的名师石敬岩学习梨花枪法，研习兵法，作《八阵发明图说》，深得顾炎武赞许。他目睹娄江水患，又钻研水利，撰写《淘河议》《决排脱》《建闸议》，用于治水。陆世仪在理学上宗程朱，反对王阳明“致良知”说，认为“致良知虽是直截，终不赅括，不如穷理稳当”。[6]因而，陆世仪的学说以“居敬穷理”[7]为本，注重内心修养，主张读书要讲求实用，他认为除“六艺”外，天文、地理、河渠、兵法之类，都是安国兴邦不可缺少的有用知识。他的实学思想，在明清之际影响了一代学人。另外，陆世仪对西方科技持一定的开放态度，这具有近代启蒙的意义。

昆山顾炎武是明末清初著名思想家，一代大儒。顾炎武学识宏富，在经学、史学、小学、诸子、典制、金石考古、方志舆地、天文仪象、河漕兵农等方面都有精深造诣。他的著作极为丰富，除

---

6 陆世仪:《思辨录辑要》，载徐世昌《清儒学案》卷三《桴亭学案上》，中华书局，2008年，第149页。

7 陆世仪:《思辨录辑要》，载徐世昌《清儒学案》卷三《桴亭学案上》，中华书局，2008年，第149页。

《亭林诗文集》外，主要有《天下郡国利病书》一百二十卷、《肇域志》一百卷、《音学五书》三十九卷、《金石文字论》六卷、《左传杜解补正》三卷等。平生代表作为《日知录》三十二卷，是书以“明道”“救世”为宗旨，包括了他的全部政治和学术思想，自称“平生之志与业皆在其中”，是他一生的研究心得所在。顾炎武的学术影响，与王夫之、黄宗羲相埒，后世称为清初三先生，是清代学术的开山祖。

顾炎武治学中有两句话最为引人注目：一是认为圣人之道为“博学于文，行己有耻”；[8]二是“古今安得有所谓理学者，经学即理学也”。[9]他对于当时学术界分门立户、党同伐异的习气深恶痛绝。对于理学不取诸五经、《论语》而资之《语录》，王学末流空谈心性等种种明末清初的学术积弊，给予了猛烈的抨击，认为这些喜言心学者是“陷于禅学而不自知”。[10]他还激烈地批判明儒空谈心性，误人误国，抨击他们“未得其精而遗其粗，未究其本而先辞其末，不习六艺之文，不考百王之典，不综当代之务”“以明心见性之空言，代修己治人之实学”，结果导致“神州荡覆，宗社丘墟”的局面。[11]面对眼前的社会现实，顾炎武极其重视儒学讲究齐家治国平天下的一面，注重治道，改变风俗。因而“明体达用，经世济人”成为他一生治学最为突出的特点。顾炎武提倡“博学于文，行己有耻”，大力践行崇实致用学风，不懈地为扭转晚明以来空疏的

8　顾炎武:《顾亭林诗文集·亭林文集》卷三《与友人论学书》，中华书局，1959年，第41页。
9　全祖望:《鲒埼亭集》卷十二《亭林先生神道表》，清初姚江借树山房藏板。
10　顾炎武:《日知录》卷十八《心学》，上海古籍出版社，2006年，第1048页。
11　顾炎武:《日知录》卷七《夫子言性与天道》，上海古籍出版社，2006年，第402页。

学风而努力，为清初实学之风开启先路，被誉为“清学开山”。《清史稿》总结顾炎武的治学领域和学风说：“炎武之学大抵主于敛华就实，凡国家典制、郡邑掌故、天文仪象、河漕兵农之属，莫不穷原究委，考正得失。”[12] 他的门人潘耒也称：“事关民生国命者，必穷源溯本，讨论其所以然。”[13] 顾炎武考据求实的治学风格开启了乾嘉“汉学”考据之先河，奠定了清代朴实学风的总基调，而顾炎武“明道救世”的治学宗旨则开启了实学研究思潮与经世致用学风，流风所及，影响了有清一代。

三、乾嘉吴派的经学成就

在顾炎武的影响下，在清朝文网严织的现实背景下，乾隆嘉庆年间形成以考据为中心的乾嘉学派，吴派经学是其重要分支。吴派导源于惠栋的祖父惠周惕而成于惠栋。惠氏三代传经，功力皆极深厚。实际上，虽然顾炎武在清初就已为清代汉学开辟先路，但直到惠氏才公开打出汉学的旗帜，与宋学分庭抗礼，奠定汉学的基础。江藩《国朝汉学师承记》即说：“本朝为汉学者，始于元和惠氏。”梁启超也认为，“汉学”一词，最早就出于惠栋的《易汉学》。惠氏经学第一代是惠周惕，苏州吴县人，康熙进士，曾任密云知县，卒于官。惠周惕长于经学，精于考证，尤以研究《易经》见长。撰《易传》二卷，摒弃宋儒《易》学而专宗汉儒《易》说。其子惠士

12 赵尔巽：《清史稿》卷四百八十一《列传二百六十八·儒林二·顾炎武传》，中华书局，1976 年，第 13167 页。

13 潘耒：《日知录序》，载顾炎武《日知录》卷首，上海古籍出版社，2006 年，第 1 页。

奇继承父业，使吴派经学传统得到发扬。惠士奇，人称“红豆先生”。康熙进士，官至侍读学士。在广东学政任上，提倡经学，使广东学风大变。他治经力主由训诂以明经义，于古音古字，一一疏通，并援引经史百家之文作为佐证，使艰涩古文无不贯通。撰有《易说》六卷、《礼说》十四卷、《春秋说》十五卷。但总的说来，他们都尚未专宗汉学，到了惠栋才高举汉学的旗帜，信古尊汉，说经一依汉儒而旁求于周秦诸子。惠栋（1697—1758），字定宇，号松崖，人称“小红豆”。虽仅是生员，但学术成就很高，与戴震齐名。他自幼笃志向学，于经史诸子、稗官野乘及佛藏、道藏，无不泛览。惠栋对于诸经皆有研究，尤邃于《周易》，撰有《周易述》《易汉学》《易例》《明堂大通录》《禅说》《周易本义辨证》《九经古义》《古文尚书考》《左传补注》等。关于惠栋的治学，梁启超曾用八个字概括，即“凡古必真，凡汉皆好”。[14] 惠栋在清代开了推崇汉儒、恢复汉学的源头。他认为汉朝学者对于经书的解释接近原意，因而对汉代的经义注疏，花大力气进行整理发掘和研求。他的基本做法是：“以经为纲领，以传为条目，以周秦诸子为佐证，以两汉诸儒为羽翼，信而好之，择其善者而从之，疑则阙之。”[15] 他对《易》学最为专注，以善治《易》学著称，但其治《易》学方法与其父有异。惠士奇尚能发表自己的见解，而惠栋的《易》学主旨在于勾稽考证汉儒各家《易》说，对郑玄、虞翻、荀爽、京房等治《易》诸说，一一采集，为之疏通证明。总体说来，惠栋的经学具

14　梁启超：《清代学术概论》，上海古籍出版社，1998 年，第 31 页。

15　杨超曾：《翰林院侍读学士惠公墓志铭》，载钱仪吉《碑传集》卷四十六，台湾明文出版社，1993 年，第 627 页。

有尊古崇汉，固守旧说、述而不作，从文字音韵入手以探求经义等三方面主要特点。惠栋治经，对恢复和保存古籍做出了重要贡献，且重视经籍文字考证，为后世考据学做出了示范。惠栋终身不仕，课徒著书，名满天下，培养了一批著名的学者，形成了以惠栋为中心的吴派。吴派学者，以尊汉为旗帜，壁垒森固，旗帜鲜明，与宋学分庭抗礼，标志着清代汉学的形成。

四、清代苏州宋学研究成就

清代盛行汉学，宋学在学术上已不占优势，但由于朝廷一直把宋学作为科举考试的依据，一些士人把程朱理学作为入仕的敲门砖，因而清代的宋学研究一直不绝如缕地存在。在清代苏州，宋学研究也尚有可观者，朱伯庐、彭定求即为其中的代表。朱伯庐（1617—1688）名用存，字致一，号伯庐，苏州昆山人。朱伯庐一生不仕，以治学课徒为业。朱伯庐著有《大学中庸讲义》《愧讷集》等，治学宗奉程朱，主张知行并进，凡事必须严肃认真，认为“圣贤之学，无过一敬，敬犹长堤巨防，滴水不漏。敬之至也，一敬而天下之理得，天下之能事毕，变通鼓舞，尽利尽神，希圣希天之学俱在于是”。[16]朱伯庐的家训《朱子治家格言》，流传全国，被奉为圭臬。彭定求（1645—1719），字南畇，苏州人，康熙十五年状元，授编修，后升任侍讲，著有《阴阳释录》《儒门法语》《南畇文集》等。彭定求自幼学习东林党人高攀龙的学说，又师从江宁巡抚

16　江藩：《国学宋学渊源记 · 朱用纯》，中华书局，1983 年，第 168 页。

汤斌，学兼朱陆，认为学习儒家思想要从日用伦常、事亲事兄的小事做起，不要追求高远而略“庸近”；不要生门户之见，不要“哓哓不绝于紫阳（朱熹）姚江（王守仁）之辨”；不要“腾口说而遗践履”，强调实践的重要。彭氏一门，世代儒学，名闻遐迩。

五、俞樾、章太炎与清代朴学的近代传承

晚清以降，经世致用的学风重新崛起，成为学界的主流。然而，在清末的苏州却有两位朴学大师，坚持传承朴学薪火，精研经史百家之学。他们就是俞樾和章太炎。

俞樾（1821—1906），字荫甫，号曲园，浙江德清人，中年后移居苏州，建宅园居住，人称曲园先生。道光三十年（1850）进士，咸丰五年（1855）任河南学政，因事罢归，遂潜心学术。历讲苏州紫阳、上海求志、德清清溪、归安龙湖等书院，晚年主讲杭州诂经精舍。他自称“余以山林之人，当桑榆之景，苟窃宋元之绪论，虚谈心性，是欺世也，余弗为也。苟袭战国策士之余习，高语富强，是干世也，余又弗为也。故尝与门下诸子约，惟经史疑义相与商榷”。[17] 可见他继承了清代汉学专重考据的学风。他治学宗高邮王念孙父子，认为治经之道在于正句读、审字义、通假借，因而在其著作中校正古书误文、辨明古义者甚多。所著《群经平议》，校正诸经句读、审定字义，颇为精当；《诸子平议》仿王念孙《读书杂志》，校正古文，阐明古义，甚有见地。又作《古书疑义举

17　俞樾：《春在堂杂文 · 井上陈子德〈西行日记〉序》，载沈云龙辑《近代中国史料丛刊》第一辑第 412 册，台湾文海出版社，1966 年。

例》，对古文的一些特殊用法做了系统的总结，至今仍是训诂学上的重要著作。此外，他在诗文、书法、小说、笔记诸多方面都有非同一般的成就，确实是清末时期名副其实的学术大师。

章太炎（1869—1936），名炳麟，初名学乘，字枚叔，后因仰慕顾炎武（名绛），改名绛，号太炎。浙江余杭人，早年师从经学大师俞樾，是俞樾最著名的学生。章太炎出身于书香门第，自幼刻苦读书，喜欢《史记》《汉书》《老子》《庄子》及文字之学。甲午战败，他开始参加政治活动，加入强学会，担任《时务报》撰述，协办《正学报》《昌言报》，宣传维新变法。光绪二十六年作《〈客帝〉匡谬》，并毅然割辫，立志反清革命。光绪二十九年，撰《驳康有为论革命书》，又为邹容《革命军》作序，被捕入狱。次年与蔡元培发起光复会。光绪三十二年出狱后赴日本，参加同盟会，主编《民报》，与改良派论战。辛亥革命爆发后回国，任南京临时政府枢密顾问。1913 年被袁世凯软禁，袁世凯死后获释。晚年在苏州设立章氏国学讲习会，主编《制言》，以讲学终老。章太炎主张夷夏之辨，反对满洲贵族的专政，鼓吹用革命暴力推翻清朝腐朽统治，但辛亥革命后，章太炎接受了“五族共和”思想，不再排满。政治上，章太炎主张建立民主共和制度，反对改良维新；在经济方面，主张实行“耕者有其田”的土地政策，减轻赋税，发展生产，着力解决民生问题；章太炎早期哲学具有唯物主义倾向，认为“精气为物”“虑智非气”，又认为人的祸福与天无关，否定了“宿命论”的说教。他继承清代汉学传统，推崇黄宗羲、顾炎武、惠栋、戴震之学，但学养却不仅仅限于小学和经学，而是“驰骋百家，掎摭子史，旁及西史，近在百年，引古鉴今，推见至隐”。[18] 并致力于研究当世之务，寻求济时之计。章太炎的著作极为丰富，领域广泛，著有《春秋左传读叙录》《刘子政左氏说》《小学答问》《说文部首均语》《国故论衡》《庄子解故》等，在历史学、语言文字学、古典文学领域，上探源头，下明流变，多所发明；精通佛学，坚持无神论的佛学观。他在文化史上是自成宗派的文化巨人。他矢志弘扬国粹，门人众多，如周树人、钱玄同、黄侃、柳亚子等都是他的学生，也都成为了国学大家。

综上所述，明清时期苏州地区人才辈出，在儒学方面，陆世仪、顾炎武、惠栋、俞樾、章太炎等人学术研究成果精湛，贡献卓著，甚至引领着全国的学术风尚。所以，苏州地区不仅人杰地灵、人文荟萃，而且在学术史上也书写了中国学术文化的华彩篇章。

---

18 章太炎:《致汪康年书》光绪二十二年十一月二十五日，载《汪康年师友书札》第二册，上海古籍出版社 1986 年，第 1946 页。

空想自由主义

——对李贽思想的一种新定位

谢晓东（厦门大学）

李贽（1527—1602）在其生前就已经获得了“异端”的名声。据其夫子自道，“弟异端者流也，本无足道者也”。[1]可见，李贽似乎甘居于异端地位。不可否认，此种自我认同也是他对于外部世界的一种情绪化反应。“又今世俗子与一切假道学，共以异端目我，我谓不如遂为异端，免彼等以虚名加我，何如？”[2]异端可以区分为思想与行为两个层面，而本文要探讨的则是李贽的思想层面。明末清初的顾、黄、王等人认为李贽之所以是异端在于其“狂禅”倾向。而现代的研究者比如容肇祖、嵇文甫和狄百瑞等人，则多从近代西方思想角度来考察李贽。容肇祖认为李贽的思想是“很自由的，解放的，是个性很强的，并且是适性主义的”。[3]在容氏那里，所谓自由主要是从解放思想的视角去立论的，他尚未着手分析李贽的自由思想的具体内涵。嵇文甫把泰州学派视为左派王门，而李贽

1 李贽：《复邓石阳》，《焚书》卷一，《李贽文集》第一册，社会科学文献出版社，2000年，第10页。

2 李贽：《答焦漪园》，《焚书》卷一，《李贽文集》第一册，第7页。

3 容肇祖：《明代思想史》，河南人民出版社，2016年，第234页。

则是泰州学派的典型代表。他认为李贽是“极端自由主义，极端发展个性主义”的。[4]遗憾的是，嵇氏的上述陈述还仅仅停留在论断层面，而未进一步解释是怎样的“极端自由主义”。后来，狄百瑞则认为李贽是王门中“最反传统、最个人主义”的，而且是“极端个人主义”。[5]与嵇氏相似，狄百瑞也没有进一步论证他的看法。在前人的研究基础之上，本文拟对李贽的所谓异端思想在全球视野下予以新的定位与证明。本文的观点是，李贽之思想的实质是空想（Utopian）自由主义。所谓空想自由主义，是相对于现实（real）自由主义而言的。从形式上看，其虽然具备了自由主义的一些理论要素，但是缺乏自由主义的制度要素，故而无法构成自由主义的充要条件。具体来说就是，空想自由主义是一种重视人的感性欲望，鼓吹多元、平等和宽容，追求个体的自由、解放和人格独立的学说。与此同时，因为忽略了制度尤其是法律对自由的保护，没有注意到法治、宪政与市场经济的根本作用，所以找不到实现自由的有效手段。于是，其对个体自由的追求就还停留在空想状态。笔者以为，洛克的思想意味着自由主义克服了之前的空想状态，而演化为一种现实形态。就此而言，可以说自由主义有一个从空想到现实的演化过程。从全球视野而言，明代后期李贽的思想，其实是空想自由主义的一种表现形式。本文分成四个部分：首先分析李贽对自由的看法，其次考察欲望在他自由观中的基础性地位，从五个方面探讨李贽自由观的哲学基础构成了第三部分，而最后则指出制度是其自由

4 嵇文甫：《晚明思想史论》，东方出版社，1996 年，第 70 页。

5 狄百瑞：《中国的自由传统》，李弘祺译，贵州人民出版社，2009 年，第 110、111 页。

观的盲点，从而点破了空想自由主义和现实自由主义的基本差异。

一、自适、自治、自主、自立

自由主义是以自由为中心的学说，而自由的含义多样。根据伯林的经典论述，存在两种自由观念，一是消极自由，一是积极自由。[6]对于李贽来说，他的自由观是以积极自由为中心的。在笔者看来，积极自由具有多个向度，其中就包括自适、自治、自立与自主等。就此而言，李贽都有着丰富的论述。

1. 自由意味着为己（自适）

为己与为人是早期儒学就有的一对概念，指的是学问的目的是为了自己的人格成长还是为了获取外在的利益。[7]而对于李贽来说，他赋予了这两个概念以新的含义。“士贵为己，务自适。如不自适而适人之适，虽伯夷、叔齐同为淫僻；不知为己，惟务为人，虽尧舜同为尘垢秕糠。”[8]此处，为己与为人是对立的，在这种情况下，李贽强调的是为己。可以说，李贽在此处的理解和儒学传统既有相同的一面，也有差异的一面。相同点是李贽与早期儒家都强调为己，而不同点在于李贽对为己的规定性是不一样的。他用“自适”来界定“为己”，所谓的“自适”是指出自自己，其重点在“自”上而不在“适”上。而在另一处，李贽则把“为己”与“为

6 伯林：《两种自由概念》，载《自由四论》，胡传胜译，译林出版社，2003年，第186—246页。

7 “古之学者为己，今之学者为人。”（《论语·宪问》）

8 李贽：《答周二鲁》，《焚书》增补一，《李贽文集》第一册，第251页。

人”二者统一起来。“为己便是为人，自得便能得人，非为己之外别有为人之学也。”[9]需要指出的是，李贽是把“为人”统一到“为己”里而不是相反，这就清晰地表达了李贽对“己”的极端重视。而“己”，用现代汉语来表达就是“我”。当然，这里的我仅仅指的是小我，而不是什么所谓的大我比如宗族、民族、国家与阶级之类的宏大叙事。在李贽那里，如果不自适，那么伯夷叔齐那样的君子都是荒谬的；如果不为己，那么尧、舜那样的圣王就像尘土一样渺小和无用。这种观点似乎有伦理利己主义的倾向，这就把“为己”提高到了一种相当高的地位。于是，“己”似已获得了目的的地位。

2. 自由就是自治

在李贽那里，自由的一个基本含义就是自治，尤其是让民众得以自治。他认为人的本性就是自治的，若政府乱作为而不让老百姓自治，则是对人的本性的戕害。“君子以人治人，更不敢以己治人者。以人本自治，不待禁而止之也。若欲有以止之而不能听其自治，是伐之也。”[10]在李贽看来，自治意味着多样性而不是整齐划一。整齐划一是专制的产物而不是自由的产物。“至人则不然：因其政不易其俗，顺其性而不拂其能。君子之治，本诸身者也；至人之治，因乎人者也。本诸身者，取必于己；因乎人者，恒顺于民……有仕于士者，乃以身之所经历者，而欲人之同往；以己之所种艺者，而欲人之所同灌溉。是以有方之治而驭无方之民也，不亦

---

9 李贽：《答周柳唐》，《焚书》增补一，《李贽文集》第一册，第 255 页。

10 李贽：《道古录》卷下第六章，《李氏全集注》第十四册，社科文献出版社，2010 年，第 289 页。

昧于理乎?”[11] 这里，李贽区别了“君子之治”与“至人之治”，前者属于儒家的范畴，而后者则属于李贽所欣赏的类型。君子之治的典型方法就是《大学》所推崇的恕道。但是在李贽看来，恕道的哲学前提“以己度人”是错误的。李贽认为，他人与自己是两个不同的存在个体，即所谓“人之与己，不相若也”。自己的偏好与他人的偏好，很可能是不同的。故而，就不可以把自己的偏好普遍化为天下人的偏好。而“至人之治”的特征则是“因乎人者也”，从而区别于“本诸身者，取必于己”的君子之治，呈现为“因乎人者，恒顺于民”。“至人”这个概念来自《庄子》，故而就自治这一层面来看，李贽的自由思想和庄子是比较接近的。后世的严复，也曾经用老庄的思想来诠释自由。就此而言，李贽可以说是严复的先驱。不过，本文认为，李贽所推崇的“至人之治”也可以理解为自由主义的自由放任以及国家中立。[12]

3. 自由意味着不受管束

李贽对自由还有一个特殊的规定，那就是不受管束。他回顾自己的过去，说道:“唯以不受管束之故，受尽磨难，一生坎坷。”[13] 应该说，这种自由的含义，表明李贽的自由观中具有浓厚的空想成分。他没有意识到自由应该是法律之下的自由，是受制度保障的自由，而不是不受管束的自由。这种自由观，在庄子那里，在魏晋玄学家那里，都可以发现类似的表述。为了减少受人管束，李贽甚至

11 李贽:《论政篇》,《焚书》卷三,《李贽文集》第一册，第 81—82 页。

12 吴根友也指出，此处的“至人之治”含蓄地表达了具有自由主义气息的政治理想。具体参阅氏著:《中国现代价值观的初生历程——从李贽到戴震》，武汉大学出版社，2004 年，第 146 页。

13 李贽:《豫约·感慨平生》,《焚书》卷四,《李贽文集》第一册，第 174 页。

削发出家。“今我亦出家，宁有过人者？盖大有不得已焉耳。……缘我平生不爱属人管……只以不愿属人管一节，既弃官，又不肯回家，乃其本心实意。”[14] 在专制主义的秦汉之后的古代中国，出家人相对于普通人来说是要多享有一些自由。比如，沙门见到帝王就不用下跪，也不用承担当兵与纳税等的义务。但是，李贽个人固然可以出家，从而多享受一些自由。但是，其做法是不可以普遍化的。而且，即便是这样，他也遭到了朝廷的逮捕而被迫自杀。这就说明，现实的自由是社会中的自由，人必然会受到管束，所谓“人是生而自由的，却无往不在枷锁之中”[15] 是也。因而，关键不在于是否不受管束，而是管束人的是抽象的法律制度还是具体的任性的人。如果是后者，则人享有的就不是真正的自由；如果是前者，人才能享有真正的自由。其实，这就是法治与人治的根本区别所在。从自由的含义来看，不受管束其实强调的是自主的层面。

4. 自由就是自立

李贽认为，自立是自由的重要内涵。在他看来，“既无以自立，则无以自安。无以自安……吾不知何以度日，何以面于人也”。[16] 自立的基本含义就是独立，而李贽非常注重人格独立。在他看来，人格独立的人就是大人，就是能够庇护他人的人。而人格不独立的人则为小人，也就是需要别人庇护的人。“大人者，庇人者也；小人者，庇于人者也。”[17] 更为严重的是，人格不独立的人之见识与力

14　李贽：《豫约·感慨平生》，《焚书》卷四，《李贽文集》第一册，第 173 页。

15　卢梭：《社会契约论》，何兆武译，商务印书馆，1982 年，第 1 页。

16　李贽：《答周西岩》，《焚书》卷一，《李贽文集》第一册，第 1 页。

17　李贽：《别刘肖川书》，《焚书》卷二，《李贽文集》第一册，第 53—54 页。

量都会不足。在李贽所生活的时代，能够自立者寥寥。“今之人，皆受庇于人者也，初不知有庇于人事也。居家则庇荫于父母，居官则庇荫于官长，立朝则庇荫于宰臣，为边帅则求庇荫于中官。……豪杰凡民之分，只从庇人与庇于人处识取。”[18] 在这种情况下，李贽却宣称要是不能够独立而依附于他人，这比死亡还难受。“若要我求庇于人，虽死不为也。历观从古大丈夫好汉尽是如此。”[19] 此外，自立还有一层含义，就是自出。在《童心说》中，李贽就指出：“夫既以闻见道理为心矣，则所言者皆闻见道理之言，非童心自出之言也。言虽工，于我何与？”[20] 此处，李贽强调自童心或真心中所流淌出来的话语，才是和自己相干的。言语要自出，体现了一种对自由的高度要求，是自立的一种体现。

以上几个段落从自适、自治、自主与自立的四个角度分析了李贽对自由的看法。如果李贽的自由观仅限于此，那么他就没有从根本上超越中国传统的尤其是儒、道的自由观。李贽的自由观之所以有价值，很大程度上还在于他注意到了欲望在自由中所扮演的关键角色。而这，才是李贽自由观的特色。

二、欲望在李贽自由观中的基础性地位

李贽自由观的独特之处在于，他赋予了欲望以基础性的地位。而这，才是李贽的自由观与以庄子为代表的自由观之基本差异

18 李贽：《别刘肖川书》，《焚书》卷二，《李贽文集》第一册，第 53—54 页。

19 李贽：《与耿克念》，《续焚书》卷一，《李贽文集》第一册，第 18—19 页。

20 李贽：《童心说》，《焚书》卷三，《李贽文集》第一册，第 92 页。

所在。[21]

1. 自然主义的道德观

在李贽著名的童心说中，他提出了自然主义的原则。“夫童心者，真心也……夫童心者，绝假纯真，最初一念之本心也。”[22] 此处，真心是相对于假心而言的。正如有识者所云：“李卓吾所说的童心是指人的毫无矫饰的赤裸裸的心，而这里的人是有欲望的活生生的人。”[23] 问题是，人的欲望在道德中居于一种什么地位呢？在李贽看来，生存欲和私欲是根本的，从而在此基础上确定了新的道德规范。基于此，他以自然主义的方式赋予礼以新的理论基础。“自然发于情性，则自然止乎礼义，非情性之外复有礼义之可止也。”[24] 情性是礼义的基础，而情性又是人人有差异的。情性自然而产生，也会自然而合乎礼义。当然了，这个说法有些夸张，但我们也不必因辞害意。李贽上文所说的充分表明了其自然主义的态度，即自然的就是合理的。[25] 而且，个体的情、性、心不是人的道德行为所指向的改造对

21 李光福也指出李贽的自由观极富现代精神，“对自由的追求落实到感性、现实、社会的层面”。但是，李氏并没有从全球视野来看待李贽自由观的价值与意义，更没有从空想自由主义到现实自由主义的角度来对李贽的思想予以定位。而这些，正是笔者所要做的工作。关于李氏的论文可以参阅《李贽与中国的自由传统》，《南开学报》，2003 年第 2 期。

22 李贽：《童心说》，《焚书》卷三，《李贽文集》第一册，第 91—92 页。

23 沟口雄三：《李卓吾 · 两种阳明学》，孙军悦、李晓东译，生活 · 读书 · 新知三联书店，2014 年，第 42 页。

24 李贽：《读律肤说》，《焚书》卷三，《李贽文集》第一册，第 123 页。

25 从哲学的角度来看，李贽有在经济层面强调自由放任的思想倾向。李贽以为，在生存竞争中必然会产生不平等。他并不觉得不平等不好，而是认为这是自然的，因而也是正当的。也就是说，他把自由竞争所导致的弱肉强食看作是天道。这是对儒家道德主义的突破，从而具有现实主义的品格。“强弱众寡，其材定矣。强者弱归之，不归必并之；众者寡之附，不附即吞之。此天道也。虽圣人其能违天乎哉？”李贽：《道古录》卷下第七章，《李氏全集注》第十四册，第 292 页。

象，而是道德行为的出发点，此所谓“不必矫情、不必逆性、不必昧心、不必抑制”。[26] 总之，李贽的自然主义是强调尊重人的真实的情感与倾向，而不是对此予以矫正与改造。可以说，这种思想倾向和霍布斯、洛克以来的西方政治哲学的发展方向是一致的。

2. 对于私或个体利益的重视

宋明理学强调要“存天理灭人欲”，这就某种程度上把公与私对立起来了。对于李贽来说，他可谓是逆潮流而行，对于私是高度重视的。“夫私者人之心也，人必有私而后其心乃见，若无私则无心矣。”[27] 李贽还从道德心理学的角度予以进一步的分析：“趋利避害，人人同心，是谓天成。”[28] 这就意味着趋利是人的本心，具有自然的正当性。外在的财富地位这些东西，都是人的自然欲求的满足对象。“富贵利达，所以厚吾天生之五官，其势然也。”[29] 世人都追逐财富地位，但是只有一小部分人能够成功。至于到底是什么人成功，则是由天所决定的。[30] 前贤多以为，李贽的这种对于私或个体利益的高度重视，或许是对中晚明商品经济迅速发展的一种曲折的反应，也是他对耻于言利的传统的一种拨乱反正的体现。李贽的这一思想，和老庄强调清心寡欲的思想传统也是直接对立的。就此而言，李贽既超越了儒家，也超越了道家。本文从正面把李贽定位于（空想）自由主义者，其对于私或个体利益的强调就是极其重要的一环。

---

26 李贽:《失言三首》,《焚书》卷二,《李贽文集》第一册，第 76 页。

27 李贽:《德业儒臣后论》,《藏书》卷三二,《李贽文集》第二册，第 626 页。

28 李贽:《答邓明府》,《焚书》卷一,《李氏文集》第一册，第 38 页。

29 李贽:《答耿中丞》,《焚书》卷一,《李贽文集》第一册，第 15—16 页。

30 李贽:《道古录》卷上第九章,《李氏全集注》第十四册，社科文献出版社，2010 年，第 252 页。

3. 欲望是礼的基础

李贽非常重视欲望。一般认为，财富、地位与名誉是欲望的基本组成部分。李贽对明显是以追逐金钱为目的的商人，颇为理解。[31]商人阶层在中古社会是受到歧视的，但是李贽则为商人的牟利行为正名。这种思想，具有很强的现代性要素。不仅如此，李贽还赋予了欲望尤其是自然欲望以正当地位。相对于宋明理学的主流在礼与理之间的直接同一，李贽则把欲望看作是礼的基础。这就意味着，是欲望（情感）而不是理（理性）是礼的基础，这就很大程度上重构了礼的基础。“好恶从民之欲，而不以己之欲，是之谓礼。”[32]具体而言，礼的本质是人的欲望而不是治理者的狭隘的欲望。不过，人与人及其欲望又是有巨大差异的，故而礼必须要能够容纳这些差异。“使天下之民，各遂其生，各获其所愿有，不格心归化者，未之有也。世儒既不知礼为人心之所同然，本是一个千变万化活泼泼之理，而执之以为一定不可易之物，故又不知齐为何物，而故欲强而齐之，是以虽有德之主，亦不勉于政刑之用也。吁！礼之不讲久矣。”[33]我们知道，礼在传统中国是居于支配性地位的一种规范体系。而这套体系，在李贽那里其基础竟然是欲望而不是理性，可以说这是对宋明理学的一种颠覆。顺着这个方向走下去，就是哈耶克所说的是本能而不是理性在主导演化秩序。[34]

---

31 李贽：《又与焦弱侯》，《焚书》卷二，《李贽文集》第一册，第 45 页。

32 李贽：《道古录》卷上第十五章，《李氏全集注》第十四册，社科文献出版社，2010 年，第 271 页。

33 李贽：《道古录》卷上第十五章，《李氏全集注》第十四册，第 271 页。

34 哈耶克：《致命的自负》，冯克利、胡晋华译，中国社会科学出版社，2000 年，第 1—27 页。

4. 情欲与自由

李贽认识到，自由不是对情欲的抑制，而是对情欲的张扬，所谓“不必矫情、不必逆性、不必昧心、不必抑制”是也。自霍布斯（1588—1679）以来的西方政治哲学，走出了视自然人性为恶从而去克制之的路子，而是走向了承认人的欲望的合理性，并把基本的欲望即“保存自己”视为自由以及政府存在的目的。其实，在霍布斯之前，李贽已经有了类似的思路。承认欲望在自由中的基础性地位，这是李贽自由观的特色所在。在李贽之前，庄子认识到了自由的可贵。但是，庄子的所谓的自由仅仅是精神上的逍遥，是一种摆脱人类文明的精神状态。其实，这种精神状态下的所谓的自由就是无政府主义之下的自由。[35] 从现实的自由主义之角度来看，庄子的自由观是任意的，是脱离了文明的一种幻想，完全没有实现的可能性。从现实的自由主义的角度来看，李贽的自由观由于赋予了欲望以基础性地位，故而还有实现的可能性。只不过其自由观的短板是忽略了制度对自由之实现的作用，故而不是现实的而是空想的。

三、李贽自由观的哲学基础

李贽的自由观一方面集古代自由观之大成，这是其继往的向度。另一方面他又赋予了欲望在自由中以基础性地位，这是其开来的一面。那么，李贽的自由观为何会呈现上述面貌？这就涉及其自由观的哲学基础问题。

35　陈鼓应：《老庄新论》，商务印书馆，2008 年，第 259—265 页。

1. 多元主义

不像程朱理学那样往往视道为一，从而秉承真理的一元论，李贽则不一样，他是支持多元主义的。基本原因在于，在他的思想核心“童心说”中，剔除了客观意义上的理。[36]因而李贽指出：“夫道者，路也，不止一途；性者，心所生也，亦非止一种已也。”[37]在他看来，道路有多种，而人的心性也是不一致的。在这种情况下，多元本身就具有正当性。人与政府的行为，应该尊重这一理性的多元论事实，即“莫不有情，莫不有性，而可以一律求之哉！”[38]不可以“一律求之”就意味着听民自治，而其哲学基础就是多样性原则本身。“夫天下至大也，万民至众也，物之不齐，又物之情也……只就其力之所能为，与心之所欲为，势之所必为者以听之。则千万其人者，各得其千万人之心，千万其心者，各遂其千万人之欲，是谓物各付物。”[39]情性展开为欲望，而欲望可以凝聚为偏好。而人的偏好具有多样性甚至是彼此冲突的，因此不可强求一致。这从逻辑上必然导致走向宽容。李贽也从知识论的角度强化了宽容的必要性。他在对《大学》中的“明明德”与“止于至善”予以解释时，就指出“德未易明，止未易知”。[40]而学界普遍认为，多元主义与宽容都是自由主义的基本原则。

---

36 杨国荣：《李贽——王学向异端的演变》，《江淮论坛》，1988年第2期。

37 李贽：《论政篇》，《焚书》卷三，《李贽文集》第一册，第81页。

38 李贽：《读律肤说》，《焚书》卷三，《李贽文集》第一册，第124页。

39 李贽：《道古录》卷上第十五章，《李氏全集注》第十四册，社科文献出版社，2010年，第271页。

40 李贽：《答周若庄》，《焚书》卷一，《李贽文集》第一册，第2页。

2. 价值的主观主义

在多元主义的基础之上，李贽进一步走向了价值的主观主义。在李贽那里，价值的主观主义与反形而上学是紧密联系的。他指出："穿衣吃饭，即是人伦物理。除却穿衣吃饭，无伦物矣。世间种种皆衣与饭类耳，故举衣与饭而世间种种自然在其中，非衣饭之外更有所谓种种绝与百姓不相同者也。"[41] 在他看来，形而下的衣食之外不存在什么形而上的根源。李贽还说道："夫妇，人之始也。有夫妇然后有父子，有父子然后有兄弟，有兄弟然后有上下。夫妇正，然后万事万物无不出于正矣。夫妇之为物始也如此。极而言之，天地，一夫妇也，是故有天地然后有万物。然则天下万物皆生于两，不生于一明矣。而又谓'一能生二，理能生气，太极能生两仪'，不亦惑与！夫厥初生人，惟是阴阳二气，男女二命耳。初无所谓一与理也，而何太极之有？以今观之，所谓一者果何物？所谓理者果何在？所谓太极者果何所指也？"[42] 这里，李贽明确反对程朱的理本论的形上学，不承认什么最后的绝对的存在如"一""理"和"太极"之类的概念。这就消除了客观真理与价值的形上根源。基于此，在李贽看来："人之是非，初无定质。人之是非人也，亦无定论。无定质，则此是彼非并育而不相害；无定论，则是此非彼亦并行而不相悖矣。"[43] 应该说，李贽的上述思想具有相对主义的性质。而相对主义，则否定了真理与价值的绝对性，或者说客观性，从而具有打碎一切僵化存在的解放思想的作用。价值的形成，很

41 李贽：《答邓石阳》，《焚书》卷一，《李贽文集》第一册，第 4 页。
42 李贽：《夫妇篇总论》，《初潭集》，《李贽文集》第五卷，第 1 页。
43 李贽：《世纪列传总目前论》，《藏书》卷一，《李贽文集》第二册，第 7 页。

大程度上就是一个选择过程。“咸以孔子之是非为是非，故未尝有是非耳。然则予之是非人也，又安能已？夫是非之争也，如岁时然，昼夜更迭，不相一也。昨日是而今日非矣，今日非而昨日又是矣。”[44] 在秦汉之后的中国，孔子思想具有最大的权威。但是，李贽却反对以“孔子之是非为是非”。他甚至认为，“虽使孔夫子复生于今，又不知作如何非是也，而可遽以定本行赏罚哉？”在这种情况下，李贽指出，“但无以孔子之定本行赏罚也，则善矣”。应该说，在儒教中国，李贽的言论是非常大胆和出格的。这就是典型的价值主观主义，即否认客观的真理与价值。对于一个人来说是神的，对于另一个人来说可能是魔鬼。从哲学上来看，价值主观主义是自由主义的一项要素。[45]

3. 反权威主义

这是前两点的逻辑结论。既然没有客观的价值，也没有单一的真理，这就意味谁也无法垄断真理与价值，这就客观地导向了反权威主义。据此，李贽就勇敢地对经典的权威予以了解构，他说道：“夫六经、《语》、《孟》，非其史官过为褒崇之词，则其臣子极为赞美之语，又不然，则其迂阔门徒、懵懂弟子，记忆师说，有头无尾，得后遗前，随其所见，笔之于书。后学不察，便谓出自圣人之口也，决定目之为经矣，孰知其大半非圣人之言乎？”[46] 李贽还进一步对圣人的权威予以直接挑战：“纵出自圣人，要亦有为而发，不过因病发药，随时处方，以救此一等懵懂弟子，迂阔门徒云耳。医

44 李贽：《世纪列传总目前论》，《藏书》卷一，《李贽文集》第二册，第7页。
45 谢晓东：《现代新儒学与自由主义》，东方出版社，2008年，第94—96页。
46 李贽：《童心说》，《焚书》卷三，《李贽文集》第一册，第93页。

药假病，方难定执，是岂可遽以为万世之至论乎？”[47] 李贽还以自己的童心说反驳了上述经典之权威：“然则六经、《语》、《孟》，乃道学之口实，假人之渊薮也，断断乎其不可以语于童心之言明矣。呜呼！吾又安得真正大圣人童心未曾失者而与之一言文哉！”[48] 可见，李贽机智地一点点地解构了六经、《论语》以及《孟子》的权威，从而把个体作为认定权威的主体。或许，我们还会记得康德的著名论文《回答这个问题：什么是启蒙》当中所提出的观点，启蒙就是意味着人们可以公开地自由地运用自己的理性。[49] 其实，李贽非常强调要运用自己的理性。就此而言，李贽的思想在晚明确实具有明显的启蒙含义。

4. 个体主义（individualism）

一般认为，个体主义是自由主义的核心原则。[50] 总的来说，李贽的思想有较多的个体主义倾向。从本体论的角度来看个体之间具有很大的差异：“夫天下至大也，万民至众也，物之不齐，又物之情也。”[51] 这种个体之间的差异性，不是不好的，而是应当予以尊重的。“或欲经世，或欲出世；或欲隐，或欲现；或刚或柔，或可或不可，固皆吾人不齐之物情，圣人且任之矣。”那么，为何要尊重这些差异性呢？或许，李贽有类似于康德所说的“人是目的”的思想。比如，他指出：“夫天生一人，自有一人之用，不待取给于孔

47 李贽：《童心说》，《焚书》卷三，《李贽文集》第一册，第 93 页。

48 李贽：《童心说》，《焚书》卷三，《李贽文集》第一册，第 93 页。

49 康德：《历史理性批判文集》，何兆武译，商务印书馆，1990 年，第 24 页。

50 李强：《自由主义》，东方出版社，2015 年，第 146—169 页。

51 李贽：《道古录》卷上第十五章，《李氏全集注》第十四册，社科文献出版社，2010 年，第 271 页。

子而后足也。若必待取足于孔子，则千古以前无孔子，终不得为人乎？”[52] 这句话说明了每一个人都是目的自身，不依赖于任何外在事物而自身就具有自足的价值。而且，个体所遵循的法则是“趋利避害，人人同心，是谓天成”。这就破除了儒家道德主义的思维倾向，而把人看作是一种自然存在物。人不是利他的，很大程度上是利己的。“夫私者人之心也，人必有私而后其心乃见，若无私则无心矣。”在李贽所谓的童心中，私心或私人利益又是其基本内容。而这，相对于王阳明强调的“无我”，[53] 是多么明显的不同。其实，这种精神就是个体主义的精神。[54]

5. 平等主义

个体主义必然展开为平等主义。故而，李贽的思想具有强烈的平等主义倾向。首先，每个个体都是目的自身。他说道：“夫天生一人，自有一人之用，不待取给于孔子而后足也。”也就说，个体具有内在的价值，不需要外在的权威赋予其价值。诚如日本学者所言，李贽不把圣人看成是人的终极价值，即“不把人的本质限定在道德本性上”。[55] 其次，人皆有功利之心。“故虽圣人，不能无势利之心……吾固曰：‘虽大圣人不能无势利之心。’则知势利之心，亦吾人禀赋之自然矣。”[56] 这就把圣人与普通人置于同等的道德地位。

52 李贽：《答耿中丞》，《焚书》卷一，《李贽文集》第一册，第 15 页。

53 王阳明说道：“人心本是天然之理，精精明明，无纤介染着，只是一无我而已。”（《传习录下》）

54 杨国荣也指出，李贽“空前地突出了个体性原则”。在我看来，个体性原则正是个体主义的一种表现。杨的观点参阅其著作《王学通论——从王阳明到熊十力》，华东师范大学出版社，2003 年，第 215 页。

55 沟口雄三：《李卓吾 · 两种阳明学》，第 136 页。

56 李贽：《道古录》卷上第十章，《李氏全集注》第十四册，第 255 页。

而且，从心理的角度而言人行动的法则是一样的，即趋利避害。此外，李贽还提出道德原则应当低调，即不能对人提出过高的道德要求。“吾从其能行者而已，吾从众人之所能行者而已。”[57]可以说，这是对儒家主流的道德理想主义的直接批评。最后，李贽还有某种男女平等的倾向。他曾经说道：“故谓人有男女则可，谓见有男女岂可乎？谓见有长短则可，谓男子之见尽长，女子之见尽短，又岂可乎？”[58]当然了，李贽并没有西方哲学家一讲到平等问题就必然要涉及的法律面前人人平等的论述。

李贽自由观的哲学基础还可以再列举一些，但是以上五个方面应是最为基本的。仅此而言，其与自由主义的基本原则若合符节。这就构成了本文之所以把李贽思想定位为自由主义的基本理由，即便是一种空想形态的自由主义。

四、制度：李贽自由观的盲点

那么，李贽的自由观又有什么缺陷导致他停留在空想自由主义阶段呢？这是因为，李贽的自由观相当程度上忽略了制度尤其是法律的作用。

1. 李贽自由观的短板

应该说，制度是李贽自由观的盲点与短板，也是其自由观与洛克自由观之基本差异所在。李贽的自由观与庄子的自由观有相似之处，李贽强调了自由就是不受人的管束这一向度，而庄子的逍遥也

57　李贽：《寄答耿大中丞》，《焚书》卷一，《李贽文集》第一册，第 39 页。

58　李贽：《答以女人学道为见短书》，《焚书》卷二，《李贽文集》第一册，第 54—55 页。

含有这层意思。后来孙中山说因为自由太多了，所以中国人如一盘散沙。其实，他们所说的自由，都含有管束的意思。只不过李贽与庄子是反对管束的，而孙氏则认为管束太少了。李贽和庄子的自由观正是中国人自由观的一个特点，即自由是和法律以及制度的制约相互矛盾的。而自西方的法治传统演变而来的自由主义，则强调据法而自由，强调无法律即无自由。哈耶克甚至认为，法治其实是和自由主义相表里的。[59]

2. 李贽自由观的盲点形成的原因

为何庄子与李贽都走向了强调法律之外的自由而不是法律之内的自由呢？其实，这要和中国的法律传统联系起来考察。在中国，宗教从来都是政治的婢女，故而无法对政治权力构成制约。而法律没有神圣的起源与意义，这和西方的律法主义传统是大相径庭的。自古以来，中国的法律主要指的是刑法，是用来镇压民众的反抗以及控制统治阶级的内部冲突的。中国人形成了恐惧法律，远离法律的思维与倾向。从庄子与李贽的自由观中，都可以找到其影响与烙印之所在。中国人不强调对最高统治者权力的制度层面的直接制约，而是强调德治，强调正心诚意之类的软性约束。这些也某种程度上体现在李贽的自由观中，即忽略了法律与制度对个体自由的保护。

3. 洛克走向现实的自由主义的原因

那么，洛克为何能够克服空想的自由主义而走向现实的自由主义呢？这是因为：第一，一般原因是西方源远流长的律法主义传统。

---

59 具体论述请参阅哈耶克：《自由秩序原理》(上)，邓正来译，生活·读书·新知三联书店，1997年，第243页。

西方文明有三大源头，一是古希腊的理性哲学，二则是古罗马的法律，三则是古希伯来的宗教。在罗马时期，又产生了自然法的思想。罗马帝国崩溃之后，基督教逐渐统一欧洲，从而形成了王权与教权的二元分立。法律具有社会共同控制体系的作用，西方人不把法律看作是对自由的约束，而是看作对自由的保障。这是西方与中国的巨大不同。第二，特殊原因是英国的历史与传统。在英国的封建制度之下，国王的权力受到了贵族的事实上的制约，故而权力有限。再加上自1215年的大宪章以来，就从法律上确立了王权的有限性。在长期的社会演化中，个体主义的精神逐渐在英国占据了主导地位。英国的社会力量非常强大，可以有效地制约王权。尤其是国会通过战争，摧毁了斯图加特王朝，把国王送上了断头台。1689年英国爆发了光荣革命，确立了议会主权原则，宪政体制正式确立。而洛克的现实的自由主义，不过是对光荣革命成果的一种事后辩护而已。第三，直接原因是光荣革命所确立的宪政体制。此点学界的相关论述如汗牛充栋，故而就不再赘述了。基于以上几个方面的原因，洛克所阐发的自由主义明确了个体自由与权利是政府得以存在的根据。要保护个体自由，就要控制与约束国家权力。在他看来，对个体自由侵犯最大最多的，往往是国家权力，所以必须要制服权力，把权力关进笼子中，而把笼子的钥匙交给人民。洛克推荐的方法就是宪政与法治，而分权制衡就是宪政的一个重要体现。故而，洛克被称为自由主义之父，他是第一个让自由主义从空想变为现实的哲学家。

李贽生活在晚明，而洛克（1632—1704）则主要生活在17世纪的英国。从时间上来看，他们相差100年左右。从空间来看，一个位于东亚大陆，一个地处西欧岛国。因而，巨大的时空差异似乎很容易得出二者之间没有联系的结论。但是，本文经初步的研究发现，李贽的思想具有诸多自由主义的要素。而这些要素，都是自由主义的必要条件，其一转手就是洛克的现实形态的自由主义。从儒学的标准来看，李贽是异端；而从自由主义的标准来看，李贽却根本不是什么异端，而是一个空想自由主义者。当然了，由于环境与个人思考的缺陷，李贽没有注意到宪政、法治与市场经济的重要性，故而其思想就没有满足自由主义的充分条件，依然还停留在空想自由主义阶段。但是即便如此，这也丝毫不能减轻其思想之价值。今天，自由、平等、民主、法治已经成为中国的核心价值观。在这种情况下，我们一方面固然需要批判性地借鉴西方自由主义的思想资源，但是另一方面也要注意创造性地吸收本民族的一些相关思考。就此而言，李贽的这种空想形态的自由主义，就具有某种现代的相关性。

方以智“烬心”说与其生死思维

刘琳娜（苏州大学）

方以智（1611—1671），字密之，号愚者，安徽桐城人，明清之际的著名思想家、哲学家、科学家。其学问兼容并包，博采百家而扬弃之，融佛学、庄学、理学、心学同归于易，形成独树一帜的“集千古之智”的哲学体系。在他的身上，充分体现了江南学人博洽多闻、重实笃行、善于贯通的风格。作为桐城方氏学派的代表性人物，他在发扬方氏家学易学的同时，广涉文、史、哲、地、医药、物理等领域，在其时代产生了重大的影响。历经了明清易代、在亡国战乱之中颠沛流离的方以智，对人的生死问题有着切身的体会，其生死学说在融合佛、庄之智慧的基础上又对儒家学说进行新的诠释，实有独到之处。本文以方以智对孟子“尽心”说的诠释为切入点，探讨其说背后蕴含的生死思维。

一、以“烬”释“尽”

《孟子·尽心上》：“尽其心者，知其性也，知其性则知天矣。存其心，养其性，所以事天也。夭寿不二，修身以俟之，所以立命也。”

《尽心》篇是方以智提出“以明孟子之尽心九句”的诠释之说。他首先在字形学上，将“尽”视为是“烬”的通假字，认为“尽即古‘燼’(以下均简化为“烬”)字，从聿从火从皿”。[1]这种解释与传统注释家的解法有很大不同。朱子将尽心解为“极其心之全体而无不尽者”，[2]焦循引高诱注“尽，极也”，也以“极”来解释“尽”，指出“尽其心即极其心”，[3]与朱子的解释基本一致。按他们的理解，“尽心”也就是充分扩充心之全体以到达极致之意。而方以智以“烬”解“尽”的说法，则完全是他独立的创造，“烬”为灰烬之烬，取烧尽之意，如其言“烧之则能尽”，[4]这个意义上的“尽心”，意味着“烧尽此心”。方以智何以赋予孟子的尽心观以如此奇特而费解的释义？这与他自身的思想关怀有关。

“烬”字表达了方以智对“火”的推崇，实际上，“火”的意象在其哲学中占据相当重要的位置。他经常使用带有火的含义的词汇，如“烧”“炮”“炼”“煅”“灼”等等。一方面，火是他得以炮制炼化一切学问的工具，其学问方法可精炼地概括为“烹三炮五吞一味”，[5]欲将三教、五家禅法熬炼烹煮而成一家之言，如其重要著作《药地炮庄》，便是意在炮制庄子学的精义以为药。另一方面，火也暗含了他对于人之存在的感受。大化为炉，而人与万物似乎皆在其中煎煮翻腾而已。这种思想，可能与他所身处的时局有关。方以智经历了明朝灭亡的动荡时局，在亡国之难中辗转生存，力图复明却

1 方以智著，庞朴注释：《东西均》，中华书局，2001年，第85页。

2 朱熹：《四书章句集注》，中华书局，1983年，第349页。

3 焦循：《孟子正义》，中华书局，1987年，第877页。

4 《东西均·尽心》，第68页。

5 《青原志略》卷十，华夏出版社，2012年，第262页。

又有心无力，后半生过着极为坎坷的生活，在这样的经历中，他对人生的理解是带有悲剧性色彩的。《尽心》篇开篇便指出，“天何以生烧人乎”，这为方以智的整体生命观奠定了一个基调。人生而苦难煎熬相磨，无所逃于大化之火，那么谁能突破此形骸与心灵的限制呢？这样的意识，与佛教的苦谛思想相应，也让人想起“火宅”的寓言。[6]

方以智善用火的意象也有师承渊源，其师觉浪道盛禅师（1592—1659）便以“大冶红炉”之喻来描述其禅法，将世界视作洪炉，而火是运转此世界而推动其作用者，[7] 他还著有《尊火为宗论》，用火来融会《周易》《华严》《法华》之教法。而方以智承其师说，亦以天地造化为“烧人”之烘炉，他说道：

> 天何以生烧人乎？生而累，累而死，不如不生；而必生而烧之，故怜之曰可怜生。请怜而烛之。[8]

他感叹天以“生”来“烧人”，“烧”的基本含义是熬煎：因为人生之苦痛交迫，使人有“不如不生”的悲鸣。对于大多数生命而言，生活是种种负累的叠加，直至死亡。“以死烧生，生本不生，当知生所以烧，烧所以生”，天以生烧人，又以死来烧生，从生到死的角度看，可以说是“生本不生”，生的本质就是烧的过程，生死对

---

6 佛教以“火宅”比喻燃烧着烦恼火焰的轮回世界，如《妙法莲华经》云：“三界无安，犹如火宅，众苦充满，甚可怖畏，常有生老病死忧患，如是等火，炽然不息。”

7 徐圣心：《火炉土均——觉浪道盛与无可弘智的统摄之学》，收录于邢益海主编：《冬炼三时传旧火》，华夏出版社，2012 年，第 325 页。

8 《东西均·尽心》，第 67 页。

人的烧炼，有不得不如此之理。而他所欲阐发的，则是对生的洞彻，“烛之”，即用“慧炬”照亮生命之本质。

烧的更进一层含义是锻造、冶炼，在《药地炮庄》中，他有“天以生死炼人，人以生死自炼其天”[9]的说法，在《易余》中有“天以生死迷人乎？以生死养人乎？以生死炼人乎？”[10]的疑问。可见对于生死问题的探问，是其“天以生烧人”之说的最核心旨趣所在。生死问题，是人生问题的极限，在大化之火的熬煎中，如何通过“烧”或者“炼”来超脱此累，是其《尽心》篇所主要关心的问题。

二、“烬心”说与生死

方以智对孟子“尽心说”的新解，主要表达了对生死问题的思考。他指出，生死问题，是人情的极致，而其根源在于心，“生死即此心也”，生即此心生，死即死此心。故要解尽心，还需界定何为方氏所言之心？首先，心是由气所构成：“气生血肉而有清浊，气息心灵而有性情，本一气耳，缘气生生，所以为气，呼之曰心。”[11]人之生，包括身心，都是由一气所生。心是气所以为气之理，“本一气也，所以为气者心也”。[12]

方以智对心和意识之间的关系作了更细致的界定：“人有心而有知：意起也，识藏也，传送而分别也。本一而歧出，其出百变，

9 《药地炮庄·大宗师总炮》。

10 《易余·生死故》。

11 《东西均·尽心》，第67页。

12 《易余·必余》，见《东西均》第68页。

概谓之知。”[13] 他将心看作是意识产生的器官，这与孟子“心之官则思”的观点一致，[14] 他将种种意识活动统称为“知”，并指出知有真妄之别：“有真觉之知，有妄觉之知。”他尤其细腻地描摹了人之意识的起伏变化之不确定性：“人心幽而烈，谩而充，调而谲，窖而缦，骈而骛，俄顷而腾九霄极九野，上下千年，其旋无休。”[15] 这一段叙述近似于《庄子·齐物论》中“喜怒哀乐，虑叹变慹，姚佚启态”等对人之情感状态生发变化的描写，而方以智所着重突出的是情态的对立：如幽暗和明亮、有待和自足、明悟和诡诈、深沉和宽放等等。因人心有种种不同的表现形态，或纠缠于种种对立之中，歧变纷杂，自我矛盾，方以智认为这是“日日造成生死”的缘由。

既然生死之根源在心，“出生死者，不为生死所累而已”，即让心不受种种对立起伏所累，这里便必须用到“烬心”，也就是“烧心”之法：

> 生死即此心也，故烧之则能尽，尽之则能空，空之则能舍，舍之则能出；心空一切空，能出则可以入而无碍矣。[16]

“生死即此心”：生死由心而生，生即此心生，死即死此心。所谓

13 《东西均·尽心》，第 71 页。

14 蒋国保先生特别注意到方以智在《物理小识》中有以脑为意识器官的论述，但方并未将这种观点加以深入。蒋国保：《方以智哲学思想研究》，安徽人民出版社，1987 年，第 233—234 页。

15 《东西均·尽心》，第 74 页。

16 《东西均·尽心》，第 68 页。

出离生死，是指不为生死所累，唯有用大过之火，烧之以尽心（使心化为灰烬），才能达到“心空—舍身——切无碍”的境界。

心的“尽”与“空”，意味着不再起分别执着：

> “心心无心，则无分虚妄心、真实心之心，并无无心可得之心，又何处为容受生死之隙哉？”。[17]

生死是虚妄心所起的分别。心心无心，则无分别虚妄心与真实心，“心其心而达到无心”，就无处可为容受生死之隙。

更具体一点说，“烬”的过程所达到的空心之境，也就是体认心体的“无知之知”。前面说到心之知觉虽有千百种变化，禅师却好用“无知”来说心，这里的“无知”所否定的是“仗缘作意而知”的妄觉，但并不是说人心没有认知的能力。方以智用了佛教的遮表法，用双重否定的方式，既否定了将种种意识幻妄变化的“有知”作为心之本体的论述，也否定了认为人们无力认知的“无知”之说的武断。因此他说“无知之知”，统合了对立的概念而取其中道，表达了非常明确的“空”的思维。

方以智“烬心”说的独特性在于，将孟子的尽心概念与佛教“空”的思想结合起来，表达了方以智对超越生死的心的境界看法。以生死苦海之大火烧尽的“烬心”，最后将达致的就是“在世出世，忘身以适”的境界。

17 《东西均·生死格》，第 128 页。

三、代错统贯的生死思维

从“有知”“无知”到“无知之知”构成的三重结构，反映了方以智辩证思维的一个重要特征。“烁心”之空，既非偏执之有，也非绝对之无，而是无分真实虚妄之“心心无心”。放在生死的角度，超生死的境界也是不偏执于“生”，不拘泥于“死”，而是无碍于生死、在生死之上而又不离生死的“统贯”层次。

已有学者指出，方以智哲学的架构体系中有一关键性的“三一原则”，[18] 以一切存在在对立面中彰显其特质，本然的现象界的对待关系为“二”，另设定一个超然的本体界的“绝待”，即“一”，一寓于二则为三，三即一。他的“三冒”说，“费隐”说，“圆∴”说，都是此种辩证关系的体现。生与死这两个对立的概念，在方以智思想中也与其他所有相对立的概念如“有/无”“正/反”“常/变”“阴/阳”等一样，可以被统合于本体的绝待境界中，而这一绝待境界又是不离对待关系的。

生与死在现象界的对立变化，有尺度上的不同。从时间观念上看，他以“代错无穷，终始相贯”的循环论思维来理解生死的交替。日月的代错运行，造就了生死昼夜的循环轮转，“因其所行，错成生死”，[19] 他将时序变化容纳进循环运动中，统合不同尺度范围内的“生死”：

一日之生死为昼夜，一月之生死为朔晦，一岁之生死为春

18　蒋国保:《方以智哲学思想研究》，第146页。

19 《东西均开章》，第5页。

冬，天地之生死为元会。明天地之大生死，即明一呼吸之小生死，而人一生之生死明矣。[20]

也就是说，一呼吸是一生死，一日夜是一生死，一月之晦朔是一生死，一岁之春秋亦可视为是一生死。他以交替无穷的时间观念，提出“生死”的多重层次，而从本质上看，这些不同尺度上的生死都是贯通的。他主张将此大尺度的生死，逐渐向小尺度推，从有推到无，最终归结为细微的“一念”：“念也者，今心也。”[21]同样从字形学上看，“念”字由“今心”二字组成，推其意，也就是当下之心。他主张人要“察此（一呼一吸中的）前后际，然后能察无始”，在呼吸的念念相续中，把握由生至死的变化，以大推小，以小推大，由此可明人之一生的生死之理。如其言“知天地、人事之往来，而昼夜、生死、呼吸一矣”。[22]

由当下推过去未来，即方以智所言“原始要终，三世之故莫明于此”，[23]不断地轮转往复，虽然每一个具体的轮转（如呼吸，如日夜）都有其尽头，但每一个轮转相续，又是无尽的，故而他说“无首无尾，无古无今，前后不相谋，易位而适可”。[24]在充分体察生死变化的基础上，方以智认为应当“时乘其中，应节如环，是真无死生而随死生”，[25]也就是先顺应无穷的变化，进而“由泯知统，乃

20 《东西均·三徵》，第 51 页。
21 《东西均·三徵》，第 51 页。
22 《东西均·奇庸》，第 134 页。
23 《东西均·三徵》，第 53 页。
24 《东西均·三徵》，第 61 页。
25 《东西均·三徵》，第 62 页。

许大随”，[26] 格破虚实前后的微妙之“决几”，泯除生死之差别，最后达到“统生死”的境地，此境界又可称之为“大随”。“泯”和“统”，并非对额外境界的描摹，而是就存在于“随”之中。正如方以智“公因反因”说所论：“天地间相反者相因，而公因即在反因中。”[27] 同样，生死与无生死是相反相待者，而统生死，即在此相反相待之关系中完成。

所谓的统，可以用很多不同的语言表达：“统也者，贯也，谓之超可也，谓之化可也，谓之塞可也，谓之无可也。”[28]“统生死”的观点所要强调的便是超越生死对待、无对待之关系的“统待”，正如佛教所言非有非无、非非有非无的中道。这并不表示生死无差别，而是一种辩证的统一。方以智认为生与死是相反想成的，如“生死之几，能死则生，徇生则死”，[29] 敢于死，有时反而能生，而一味地偏执于生，其实反而是死了。这是对生死的一种透彻的认知。

三重思维的模式也影响了方以智对超生死的工夫论的论述。对于达到不为生死所累的途径，他分疏了不同的层次。在《尽心》中，他以“药”的意象进行了解说：引人出生死之药有三，第一种药是天酒，天酒取浑然天成之意，直超上乘，本无生死；第二种药则是黄、礜等烈性的药，意味着人从恐怖生死中求得脱离；第三种是枳、苓等温平的药，意味着从学问入手而了解生死之道。相应地，在《生死格》中，他以佛教法门的归类法将生死法门分为三个

26 《东西均·三徵》，第 62 页。
27 《东西均·所以》，第 218 页。
28 《东西均·反因》，第 94 页。
29 《东西均·反因》，第 89 页。

层次：一是从容门，也就是“不待于空生死，而动不为生死所累者也”，这与天酒是相应的；二是荼毒门，“知怖生死，而先烧灭以空之者”，与黄、礬相应；三是居易门，是以“学问游心”“知生死必然之理”，与枳、苓相应。

虽然表述方式不同，但他要传达的思想是一致的，超生死的工夫有三：上者如生知者，自然不为生死所累，中者困于生死而后超脱，后者于学问中得超脱。

在这三者中，虽然第一种层次最高，也与“统生死”之境界相应，但方以智最为重视的，应是第二种法门，也就是“困而后悟”的过程，大概唯有这个过程包含了更真实而深刻的生命体验。人生而困顿，也与他对“天以生烧人”的基本认识相呼应，如同前面所提，他非常强调的是大火的淬炼，并用了很多形象的词汇来表明这一过程，“缚之，爇之，煅之，淬之”，[30] 仿佛冶炼一般，在大火烘炉中考验此心。他认为在不得已时，“大过”之薪也是必要的。哪怕火烧得猛烈一些，也是让人彻悟之法，如禅宗的机锋棒喝就是一例。当然，毋庸置疑，最上乘的生死之道便是圣人的中道，包容各种烧心之法，但又不至于太过。

四、对传统死亡观的反思

方以智对生死问题的独到认知，不仅出于其自身深刻的生命忧患意识，也有对过去传统中的死亡观进行反思的结果。在《生死

30 《东西均·尽心》，第 69 页。

格》中，他对“生死之道”与“生死之技”进行了界定。他坦率地指出，超生死是基于心性修养而成的境界，并非匹夫之勇可以达成。并不是所有“不怕死”都可以被称为是“知生死”或者“了生死”，例如，迫于糊口养家之业而不顾生死者，或者为一时意气而冲动不畏死者，在历史和现实中都多有存在，但这些都只是生死之技而已，并非他所认可的超生死之境：

> 世有白刃可蹈，而富贵贫贱见不破者；有富贵贫贱可破，而爱憎不破者；此非真知生死之故也。[31]

单纯的不畏死并不能保证一个人的心性修养，而他所理解的“真知生死”者，必然是已经超越了世间种种负累的境界。这个论述与二程曾言的“感慨杀身，常人之所易处。死生之际，雍容就义，君子之所难”[32]之意有相通之处。这种意识对于回应他所处的时代困境也有很深刻的意义：身处国破家亡的时代，他虽极力秉持儒家的气节，但也并不赞成“临难一死报君王”的轻生态度，而是主张在不害操守的情况下，尽力保全有用之身而力图兴复明室。或许对他而言，轻蹈白刃是容易的，但这种死并不能保证生之价值的完成，故而选择一种“不害天以全仁”的方式来践行生死之道。

方以智明确地将生死之技与生死之道区分开来，表现出他对生死问题的清晰思考。具体来说，“四胜”可以作为“生死之技”的代表：

---

31 《东西均·生死格》，第 127 页。

32 程颢、程颐：《二程集》，中华书局，1981 年，第 1264 页。

> 其胜之以理者曰：存亦乐，亡亦乐，是齐生死也；聚则有，散则无，是泯生死也；名立不朽，没而愈光，是轻生死也；安时俟命，力不可为，是任生死也。齐、泯、轻、任，谓之“四胜”。[33]

在他看来，齐生死、泯生死、轻生死、任生死，这四种观点，都不是“真知生死者”。这四种态度都可以在过去的思想传统中找到痕迹，可以说是概括了四种典型的生死观：第一，“存亦乐，亡亦乐”的“齐生死”之说，近似于庄子“以死生为一条”[34]“不知悦生，不知恶死”[35]的将生死视为齐同、反对悦生恶死的观点；第二，“聚则有，散则无”的“泯生死”之说，大概指的是宋儒以气之聚散描述生命运转的气化论生死观，主张“气聚则生，气散则死，顺之而已”，[36]将生死看作自然的过程而顺应之；第三，“名立不朽，没而愈光”的“轻生死”态度，则似乎暗指追求立德、立功、立言之“三不朽”的生死观，以后世声名的显扬作为不死的精神寄托；第四，“安时俟命，力不可为”的“任生死”之说，则接近于庄子、陈白沙等大部分儒道思想家所共享的，以“死生，命也，其有夜旦之常，天也”[37]作为经典话语的自然生死观，即将生死视为无能为力的而只能顺应之的天命。当然，方以智在文中并未明言他所指的具体对象为何，但依然可以看出他对过去这些代表性的生死观点都不太认可。

---

33 《东西均·生死格》，第 122 页。

34 《庄子·德充符》。

35 《庄子·大宗师》。

36 黎靖德编：《朱子语类》第八册，卷一百二十六，中华书局，1985 年，第 3012—3013 页。

37 《庄子·大宗师》。

尤其值得注意的是方以智对庄子思想的扬弃。方以智的文集中对庄子的继承和推崇是显而易见的，其语言模式中，也常能看到受庄子影响的痕迹。但他的生死观和庄子的似乎存在较多的差异和矛盾。例如《庄子》中有“劳我以生，逸我以死”等句，可以认为是乐死厌生的态度，而对方以智来说，乐死厌生其实也与贪生怕死一样，仍然没有摆脱生死的桎梏。又如《庄子》中有许多全生避世的观点，但方以智也认为为保全生命而避世无为是荒谬的逻辑，难道短命的颜回还比不上长寿的盗跖吗？《汉书》有典故认为烛火因为光明而燃尽了自己，但是方以智也明确地批驳说，明也灭，不明也灭，明不明不是灭不灭的直接原因。

如何解决这些思想上的矛盾呢？方以智采取的办法似乎是赋予庄子以新的诠释。他为庄子辩护道，乐死厌生的说法只是为了针对世人偏见而下的一剂猛药，并不代表庄子真实的生死观。而针对庄子注重全生尽年这一点，他又解读说其要义在于“以养生诱人养其生之主”，[38] 也就是说，他认为庄子养生说其实是“养心之主”。

方以智谈庄子“养生主”，目的是为了将其与自己从“心”的角度谈生死的思路呼应起来：

> 庄子外生死，惟以善吾生乃所以善吾死。则学者于人间世，欲无忝所生，不负天地，独在从本心不愧怍而已。[39]

以这样新解的方式，方以智为自己找到了与庄子的共通之处。他认

38 《易余·生死故》。

39 《东西均·无如何》，第 277 页。

为关心“死”的重点应落在如何“生”上面，只有本心无愧于天地，方不是虚生枉死。因此所谓的养生，并不是要在肉身的尺度上延长生命，而是要把握住生命之“主”，即本心。他明确认为，真正意义上的生命长短并不取决于肉身寿命的长短，颜回虽然短命早夭，但其生命价值远超过那些长寿的庸夫恶人。这非常符合儒家士大夫的价值观。其自身生死观的关键，仍落在一“心”上：“总以征心，心即生死、不生死之原。”[40]

在心上求出离生死，便回到了前述的“烬心”之法。方以智虽然对齐生死、泯生死、轻生死、任生死等“生死之技”有所保留，不认为是终极之道，且明确说“知生死之道难，知生死之技易”，但也没有一概抹杀它们的价值。他将这些“技”视为“烧心之法”：

> 空之之法，因而成技，技熟则心一，亦一烧灭之薪也。[41]

哪怕是生死之技，能做到“技熟心一”的程度，也可以舍生，这是“烧心以尽”的途径之一。生死之法有无数种，只要能熟知，不论一端，皆足以毕其生死。这里又可看到，方以智再次运用了“三冒”的思维，如果说生死之技与生死之道是相对待的关系，那么在否定四胜的基础上再确定其价值，便是“统”，生死之道最终不同于生死之技，亦不离于生死之技。

概而言之，方以智以“烬心”作为了生死之法，最终追求的

40 《东西均 · 生死格》，第 124 页。
41 《东西均 · 生死格》，第 126 页。

是不为生死所累的心空境界。他的三重思维反映在生死观中，第一层次是随顺生死变化的自然之理，第二层次是烧心以空之的否定过程，第三层次则是不待于空、不受生死所累的最高境界。他通过自己的诠释，将佛教思想融入于孟子文本中，赋予孟子“尽心”说以空的思维，以表达对生死问题的独特理解。用他自己的话来说：“见最明者曰：尽心则见，本无生死。”[42]

42 《东西均 · 无如何》，第 281 页。

清初江南士人对于“为己”与“出处”的辨析

——以陆陇其《松阳讲义》为中心的考察

张天杰（杭州师范大学）

陆陇其（1630—1693，字稼书，平湖人）是清初的理学名臣，被称为“本朝理学儒臣第一”，[1] 还获得了从祀孔庙的殊荣。作为一个中下级官员，之所以受到清廷如此之高的礼遇，则是因为其“自幼以斯道为己任，精研程朱之学”，[2] 特别是在《四书》诠释上，有其独到之贡献。有意思的是，同样对《四书》诠释有着重要贡献，并为陆陇其所服膺的同乡、同辈学者吕留良（1629—1683，字用晦，号晚村，崇德人），身后的遭遇却是截然相反。钱穆先生曾说：

> 晚村乃遭斲棺判尸之奇祸，其家人亦遣戍关外，成为清代文字狱中最特出耸听闻者。晚村因讲《四书》而婴此冤酷，亦为自宋以下理学史中所少见。同时陆稼书服膺晚村，乃获清廷褒奖，从祠孔庙，成为清代第一醇儒。清政权之高下在手，予夺从心，

1 吴光酉、郭麟、周梁：《陆陇其年谱》，中华书局，1993 年，第 1 页。

2 《从祀大典》，载《陆陇其年谱》，第 199 页。

与清廷高压、怀柔政策之兼施，治清初学术史，此两人之事，殊值注意。[3]

在雍正朝，吕留良因为讲《四书》而惨遭奇祸，也即“清代文字狱中最特出耸听闻者”，他自己被“斫棺判尸”，家人被流放东北，其《四书讲义》被“逐条摘驳”；到了乾隆朝则著作被禁毁，其著作便转为私下传播，后来《续修四库全书》则将其编入且评价甚高。同样是在雍正朝，陆陇其则正好相反，成为清代“第一醇儒”，清朝从祀孔庙的第一人，获得了作为儒者的最高荣誉；到了乾隆朝则获得了“清献”的谥号，以及追赠内阁学士兼礼部侍郎，编《四库全书》时其《四书》学著作两种被编入、一种被存目，而且都给予了高度的评价。事实上，陆陇其的《松阳讲义》等著作，在“尊朱辟王”这一基本学术取向等问题上，都是认同吕留良的，然而在“出处”一事上却有着自己的选择。

在陆陇其的著述之中，最为人瞩目的就是关于《四书》之三书，即《增订四书大全》《四书讲义困勉录》《松阳讲义》，而《松阳讲义》与《增订四书大全》《四书讲义困勉录》二书有着两个不同：其一，此书不像另二书是在他人著作的基础上加以补正的注疏考证类著作，而是其自己所作的真正讲义类著作；其二，此书是其晚年所作，而另二书则是早年、中年的未定稿。故《松阳讲义》是陆陇其《四书》学的代表，在此书之中陆陇其对于出处相关的问题，特

3　钱穆：《中国学术思想史论丛》第八册《吕晚村学述》，九州出版社，2011 年，第 213 页。

别是“学”之为人、为己之辨，作了较多的阐述。[4]

一

明清之际的学界，逐渐兴起“由王返朱”的学风，陆陇其的《松阳讲义》的最为鲜明的特色便是“力尊朱子”，更确切地说是只遵信朱子之经注。[5]他在《松阳讲义》中也说：

> 吾辈今日学问，只是遵朱子。……未有朱子《章句》《或问》时，这章书患不明白；既有朱子《章句》《或问》，这章书不患不明白，只怕在口里说过了，不曾实在自家身心上体认，则书自书、我自我，何益之有？圣贤谆谆切切，决不是专为人作时文地步也，切宜猛省。[6]

4 目前较为全面地研究陆陇其《四书》以及《论语》学的论著仅有林雨洁的硕士论文《陆陇其〈四书〉学研究》，台湾政治大学，2009年。另有学者研究其中的《论语》部分，如朱华忠先生的《清代论语学》第五章《陆陇其的〈论语〉研究》，巴蜀书社，2008年；唐明贵先生的《从〈松阳讲义〉看陆陇其的〈论语〉学特点》，载《社会科学战线》2008年第4期，此文后收入其所著的《论语学史》第八章第三节，中国社会科学出版社，2009年。另参见拙作《陆陇其的〈四书〉学与清初的“由王返朱”思潮》，载《浙江社会科学》2016年第10期。

5 朱华忠先生曾举例说明陆陇其“笃信朱注”：“朱不离程、程不离朱，但当他们的学术见解出现差别时，陆陇其则舍程而取朱，足见其尊朱太过，舍朱子无学。程子如此，遑论他家学说。”《清代论语学》，第130页。其实，陆陇其最为笃信的只是朱子的《集注》，《四书大全》所引朱子他处与《集注》有异的注释，多半辨析后指出当以《集注》为优，如《松阳讲义》卷六《子贡问曰赐也何如章》，第249页。

6 陆陇其：《松阳讲义》卷一《大学之道章》，《陆陇其全集》第3册，张天杰主编、点校，中华书局，2020年，第2页。

在陆陇其看来，体认“圣人之意”，也就是要讲求着实“在自家身心上体认”。那么必须首先找对书与人，此书便是朱子的《四书章句集注》与《四书或问》，此人便是朱子，只有“朱子之意”方才真正是“圣人之意”，这一点“断断不可错认了”。那么有人要问，朱子诠释《四书》之前，“圣人之意”如何呢？陆陇其认为那时候则书中意思患其不明白，朱子作有《章句》与《或问》等书之后，这不患不明白了。更为重要的则是，陆陇其担心学子们落入“专为人作时文地步”，也就是说，为学而求“为人”，写作时文只是为了科考进学，以及之后的功名利禄，于是便停留“在口里说过了”，而不曾着实“在自家身心上”得以体认。最后的结果便是“书自书、我自我”，没有任何益处。类似的话还有：

> 本领工夫，一在多读书，五经、《性理》、《通鉴》，皆是要熟读精思的；一在身体力行，圣贤说话，句句要在身上体认，要在身上发挥，不可只在口里说过。[7]

作为学者，一要多读书，并且“熟读精思”，另一要“身体力行”，既要有体认又要有在实践之中的发挥，书中的“圣人之意”方才能够真正明白。

所以《松阳讲义》一书的讲学宗旨，除了“尊朱”之外，就是强调了“义利之辨”，强调了“为己之学”，这也就是读书人出处抉择的依据所在。他说：

7　陆陇其：《松阳讲义》卷五《子曰学而不思则罔章》，第 214 页。

欲其即圣贤之言引而归之身心，不徒视为干禄之具，使书自书我自我。……自明中叶以来，学术坏而风俗乖，卑者迷溺于功利，高者沉沦于虚寂。[8]

书中的“圣贤之言”，应当落实于身心，故不可将书视为“干禄之具”，不可陷于功利或虚寂之类的异端邪说。此处说的导致明中叶以来“学术坏而风俗乖”的异端邪说，其实就是阳明学。

《松阳讲义》一书对阳明学的批判，最为重要的一点就是围绕“知行”问题而展开，倡导“实学”（知）与“实行”的结合，而阳明学的“知行合一”之说，其实是将学（知）、行两项都给混了，最终导致不学、异学的人只顾去乱“行”。在《论语》“盖有不知而作者”章中陆陇其有过细致的分析：

盖学者功夫有知、行两项，未有欲行而可不求知者，欲行而不求知，便是不知而作。……不知而作的人有二种：一种是不学的人，胸中昏暗，不知当然之理是如何，所以然之理是如何，只管卤莽去行；一种是异学的人，自作聪明，谓当然之理只在我心，所以然之理亦只在吾心，反以成宪为障碍，以讲求为支离。[9]

陆陇其认为“行”必须先要有“知”，否则就是“不知而作”：或是“不学”的人，不懂得“当然之理”，最后只是“卤莽”妄行；或是“异学”的人，以为“当然之理”也即“良知”只在自己的内

8　陆陇其：《序》，《松阳讲义》，第1—2页。

9　陆陇其：《松阳讲义》卷七《子曰盖有不知而作之者章》，第297—298页。

心，反而将外在的规则，也即“闻见之知”视为障碍，加以讲求则视为支离。此处所谓“异学”当是指王学，陆陇其认为知、行应当并进，但其理论却与王阳明“知行合一”有很大的不同，他最看重的还是“知”为先、“知”为本。陆陇其还说：

> 或疑知、行不应画开，然论工夫则知行并进……论得手，则知、行有辨，有得力于知之时，有得力于行之时。[10]

此处补充具体做工夫之际，知与行也可以是“并进”的，然而也不是“合一”的一回事，如具体的“得手”之处，有时候在“知”上头比较得力，有时候则在“行”上头比较得力，故而还是不可以简单地提一个“知行合一”。所以陆陇其倡导“实学”与“实行”的结合，《论语·贤贤易色章》中陆陇其讲道：

> 须知吾人不可不敦者，实行；不可不务者，实学。若不从实行上着力，虽终日讲学，与不学者何异？与夸多斗靡之学何异？然或但知实行而不知实学，或反以实学为支离，则又不免走入荆棘中去，须是以实学去做实行，方得为宇宙间全人。[11]

如果不在“实行”上头着力，那么终日讲学，与那些不学的人有何不同？与那些“夸多斗靡”的学问有何不同？但是也不能只是知道“实行”而不知还当讲求“实学”，以至于“反以实学为支离”，则

---

10 陆陇其:《松阳讲义》卷五《子曰吾十有五章》，第 206 页。

11 陆陇其:《松阳讲义》卷四《子夏曰贤贤易色章》，第 179—180 页。

又是另一条错误道路了。所以必须倡导“以实学去做实行”，方才能够成为“宇宙间全人”。这也就是“知行并进”“知先行后”这一朱子学的理念。

其次，与“知行”密切相关的，还有“真知”与“闻见”的关系，陆陇其结合《论语·由诲女知之乎章》的“知”与“不知”而加以阐述：

> 只是去自欺之蔽，是一个要紧方法，是以急呼而告之，使其虚心体认：必真知者方才自认为知，苟不知者，即自认为不知，不要一味主张自家意见。这个清楚，就是知了。以此心去做致知格物工夫，便不难了。……自明季王阳明一派学问兴，都谓真知之外更别无知，此是夫子欲扫去闻见话头，而反以朱注为支离。此等邪说，今日学者不可染一毫在胸中。[12]

对比而言，陆陇其认为“真知”与“闻见”并不矛盾，“真知”就是“去自欺之蔽”，让学者虚心体认“知”与“不知”，“不要一味主张自家意见”；“真知”之后还要继续通过“闻见”去做致知格物工夫。所以阳明学“真知之外更别无知”，只顾向内心的求“真知”，也即“致良知”，于是“扫去闻见”，将朱子所说的致知格物等都视为支离了，这在陆陇其看来则必是邪说。《论语》“盖有不知而作之者”章，讲到多闻择善、多见而识的问题，陆陇其还说：

12 陆陇其：《松阳讲义》卷五《子曰由诲女知之乎章》，第215—216页。

> 自明季姚江之学兴，谓“良知不由闻见而有”，由闻见而有者，落在第二义中。将圣门切实工夫一笔扫去，率天下而为虚无寂灭之学，使天下聪明之士，尽变为不知妄作之士。道术灭裂，风俗颓弊，其为世祸，不可胜言。今日学者有志行道，舍“闻见择识”无下手处，须将朱子《大学格致补传》及《或问》反复玩味，依其节目讲习、讨论，造乎知之之域，然后推而行之，庶几免于妄作也夫。[13]

因为王阳明“良知不由闻见而有”一语，“致良知”才是“第一义”；而“闻见”这一工夫途径被视为不重要的“第二义”，于是切实的“闻见”致知格物的工夫就被“一笔扫去”，最终导致王门后学流入“虚无寂灭之学”，聪明的士人都变成了喜好“妄作”的士人，以至于“道术灭裂，风俗颓弊”，这确实也是阳明学所导致的流弊。陆陇其转而强调必须重视“闻见”工夫，必须按照朱子《格致补传》与《或问》所讲《大学》的具体“节目”进行讲习、讨论，才能避免“妄作”。那么陆陇其本人具体如何看待“闻见”呢？他说：

> “闻见”二字……《集注》皆不说明，《语类》曰：“闻，是闻前言往行；见，是见目今所为。”今当依之。“多闻见而择识”，即是博学于文、好古敏求工夫。《大学》所谓“致知在格物”，《中庸》所谓“博学、审问、慎思、明辨”，所谓“道问学”，皆是这工夫。这工夫到极处，便是“一以贯之”“知天命”“耳顺”

13　陆陇其：《松阳讲义》卷七《子曰盖有不知而作之者章》，第299页。

境界。[14]

陆陇其认同朱子对于“闻见”的诠释，也即通过“前言往行”与“目今所为”去加以体察、择识，就《论语》而言“博学于文”与“好古敏求”都是“闻见”的工夫；就《大学》而言就是“致知在格物”，就《中庸》而言则是“学、问、思、辨”与“道问学”，“闻见”其实就像向外的一种体察、择识，“闻见”类的工夫做到极致，也就可以实现“一以贯之”，达到“知天命”与“耳顺”的境界。

再次，陆陇其明确反对阳明学一派将“一贯”作为“初学入德事”的入门工夫，将之看作向内琢磨心体的顿悟工夫。在分析“多识”与“一贯”的关系时陆陇其说：

> “一贯”“忠恕”有生熟之分，“一贯”中又自有生熟之分。夫子“知天命”时，已是“一贯”了；到“从心所欲”，则又加熟。若颜之“卓”、曾之“唯”、子贡之“非”，只是“知天命”地位。姚江一派讲学俱云“一贯”是初学入德事，谓必先“一贯”然后可“学识”，其说似将“一贯”作朱子所谓“存养”看，然与朱子之“存养”又不同，只是要捉住这个昭昭灵灵的精魂而已，此是狐禅，切不可从。[15]

阳明学将《论语》“忠恕之道”的“一以贯之”当作“初学入德事”，当作“起手”工夫，所谓“先一贯然后可学识”，则将《论

14　陆陇其：《松阳讲义》卷七《子曰盖有不知而作之者章》，第 298—299 页。

15　陆陇其：《松阳讲义》卷九《女以予为多学章》，第 376—377 页。

语》"一贯"的丰富性给曲解了。在陆陇其看来,"一贯"分别有生、熟,对于每个学者而言则有具体的情形需要处理,比如孔夫子,"从心所欲"之时的"一贯",就比"知天命"之时的"一贯"更加精熟了;再如颜回的"如有所立卓尔",以及曾子、子贡都只是到了孔子"知天命"之时的"一贯"程度。所以阳明学者让初学即求"一贯",并只有"一贯"之后,方才可以去向外而求"闻见"之"学识",这就如同"捉住这个昭昭灵灵的精魂",阳明学的"一贯",近似于"顿悟",先要向内去琢磨良知如何如何,这在陆陇其看来自然就是禅学了。

《松阳讲义》之中,对于王阳明"四句教"利根与钝根二分之说,有着详细的辨析。结合《论语》"吾十有五"章,书中先引了吕留良对"天泉证道"的批评,"惟禅门有两种接机,姚江窃之",故决非"圣道"。陆陇其认为吕留良"此条辨得最好",然后说:

> 或疑夫子言"中人以上,可以语上;中人以下,不可以语上",非两种接机乎?不知语上、语下,只是高卑远迩、浅深生熟之分,并不是两个道理,两个工夫。[16]

也有人认为《论语·雍也》当中讲到的中人以上、中人以下之二分,也就相当于利根、钝根之二分,对此陆陇其批驳说,孔子所说的语上、语下只是"高卑远迩、浅深生熟"之类程度的差别,也即上述"一贯"工夫也有程度的差别。而不像王阳明所说的那样,区分为两

16 陆陇其:《松阳讲义》卷五《子曰吾十有五章》,第 207 页。

个道理、两种工夫。确实，陆陇其对于“学”依据朱子而强调循序渐进，不作高明之语，自然也反对渐悟与顿悟之区分了。与之类似的还有《论语·女与回也孰愈章》子贡与颜回两人的差别问题：

> 自明季以来，讲家讲此章，却似子贡平日工夫都做错了，故有谓……有谓……皆误看也。此皆因姚江之学兴，谓圣门自有一派直捷工夫，故每将颜子、子贡看作两条路上人，谓颜子在心地上用功，子贡只在知见上着力。真谬论也。[17]

“子谓子贡曰：女与回也孰愈”原本是说“闻一知二”与“闻一知十”的差别，陆陇其批判的则是，阳明学兴起之后所谓的“两种接机”，于是将颜子归入顿悟，“在心地上用功”的“直捷工夫”；将子贡归入渐修，“只在知见上着力”。这也就是误看了《论语》此章，而事实上此章只是强调了因为天资、学力而在闻见上有着快慢的差别而已。

总之，《松阳讲义》对阳明学的批判主要指向“真知”，“真知”也即“良知”，“真知之外更别无知”与“良知不由闻见而有”的提法，就会忽视了外在的“闻见”上的择识，“捉住这个昭昭灵灵的精魂”，就会陷入虚寂的状态。至于将“一贯”看作“初学入德事”，只有“一贯”之后才可“闻见”，则是“顿悟”先求心体的一种说法。陆陇其其实真正强调的就是必须重视“学”，也即重视“闻见择识”，将“实学”落实于“实行”，“不徒视为干禄之具，使

17　陆陇其：《松阳讲义》卷六《女与回也孰愈章》，第255—256页。

书自书我自我”；同时也不可忽视了“闻见”，“将圣门切实工夫一笔扫去，率天下而为虚无寂灭之学，使天下聪明之士，尽变为不知妄作之士”。简言之，学者之为学，也就是既不可将“学”“视为干禄之具”，沦为功利，沦为俗学；也不可“将圣门切实工夫一笔扫去”，沦为“虚寂”，沦为异学。

二

《松阳讲义》关于出处之道的辨析，重点围绕“学”字展开，也即“学”之“为己”与“为人”之辨，特别集中在“子张学干禄”章与“君子谋道”章这两章之中。前者陆陇其主要是讲明为什么“禄”不可求“干”；而后者则是在讲明“谋道”“忧道”的重要性，再由此而知“谋食”一事本不必讲求。合而言之，陆陇其认为学者之为学，当由树立“为己之心”始而至于“成人”终，在“为己”与“为人”这一紧要关头上把捉，如一心在“学”而求有益身心，则是“为己之学”，此二章则视“禄”与“食”为分外之事，而唯有“道”则本为分内之事。

陆陇其其实一直在关注如何看待“干禄”这一问题，也即如何认识为学与“干禄”之间的紧张关系，特别在“子张学干禄”章，他说：“这一章教学者不以干禄为念，可见圣门之真。”进一步则说：

> 盖学莫先于为己、为人之辨。苟一心以为学，又一心以干禄，是学皆为人，不是为己。千古圣贤学脉，必从“正其谊不谋其利，明其道不计其功”始，一涉于为人，便是俗学，不是正

学。纵然侥幸得禄而根本已坏，所得不足偿所失矣。[18]

为学首先还是要明晰“为己、为人之辨”，如既要一心为学，又要一心“干禄”，去求做官发财，那么其为学也就只能是“为人之学”，而不是真正的“为己之学”。所以陆陇其指出，千古圣贤的学脉，要从董仲舒所说的“正其谊不谋其利，明其道不计其功”讲起，义利之辨即“为己、为人之辨”，一旦其为学而涉于“为人之学”，那么就是“俗学”，不是圣贤相传的“正学”。如果其学是“为人之学”，即便将来侥幸得了禄，而其根本之处却已经坏了，也就得不偿失了。接下来，陆陇其还要强调“为己、为人”这个关头的重要性，他说：

圣人教人必先使打破这一关，未有这关打不破而可称学者也。然这关最是难破，圣门高弟虽莫不知为己之贵，而不能不微有夹杂，如子张才高意广，而于此却不能不差一针，其病痛伏于隐微之间，必有发露于词色者。夫子窥见其微，急欲扫去他这“干”字，故举正学告之，而禄之不当干自见。[19]

在陆陇其看来，此“子张学干禄”章，就是在讲圣人教人必先要使人打破“为己、为人”这一关，如不打破这关，不能树立“为己之心”，也就不是真正的学做圣贤的学者。当然这一关也是最为难破的，圣门高弟如子张，虽然也都是知道“为己”之可贵，然而还是

18　陆陇其:《松阳讲义》卷五《子张学干禄章》，第 217 页。
19　陆陇其:《松阳讲义》卷五《子张学干禄章》，第 217 页。

不能不稍微带有一些夹杂不清的东西。陆陇其认为子张属于“才高意广”的人物，所以也就在为学之中差那么“一针”，便有病痛“伏于隐微之间”，还会再“发露于词色”之中。于是孔子窥见子张的隐微之病痛，便急于将“干禄”之“干”字扫去，告诉子张如何才是“正学”，“正学”也即“为己之学”。讲求了“为己之学”，方才能够使得“禄”不“干”而“自见”，这也即孔子说的“禄在其中”。

那么“为己之学”，在“干禄”一事中具体如何讲求？就“子张学干禄”章而言，则包括了三件工夫：

> 多闻见、阙疑殆、慎言行，皆学之当然者也。……这三件工夫，是缺一不可的。能就这三件上着实用力，做得到时，虽为圣贤无难；即未能到，亦不失为寡过。言焉无鄙倍，而尤焉者寡矣；行焉无愧怍，而悔焉者寡矣。是其为学，只是潜修于内，并无一念及于禄。所谓为己而非为人者也……然禄者，原朝廷所以待天下之学者也，学而至于寡尤、寡悔，则在我已有得禄之理。[20]

陆陇其将《论语》原文“多闻阙疑，慎言其余，则寡尤。多见阙殆，慎行其余，则寡悔。言寡尤，行寡悔，禄在其中矣”，概括为“多闻见、阙疑殆、慎言行”三件工夫，当是“为己之学”缺一不可的，如从这三者上去着实用力做到，那么圣贤也就不难了；即使未能全都做到，也不失成为“寡过”之人。再者，讲求“为

20　陆陇其：《松阳讲义》卷五《子张学干禄章》，第 218 页。

己”，也就要在为学之时注意“潜修于内”，不能有任何一个念头涉于“禄”，也即只求为己之学，方才能够不“干”而“禄在其中”。讲求“为己”而非“为人”，也就是讲求“正谊”“明道”而非“谋利”“计功”，讲求“义”而非“利”。换而言之，认真做好“为己之学”，自然就会得到该得的“利禄”了。“禄”本是朝廷善待天下之学者，讲求为己之学而后“言寡尤、行寡悔”，就有了“得禄之理”，自然也就“禄在其中”了。

有了“得禄之理”之后，具体还有“显达”与“不幸”的遭遇之不同，陆陇其进一步说：

> 幸而遭时显达，禄固在其中也；即不幸而终身不遇，禄亦在其中也。遇、不遇听之天与人而已，何以干为哉？此不是以禄歆动颛孙，正见干之不可耳。

他认为无论遭遇如何，该得的“禄”则都“在其中”，“遇不遇”只能听命于天、人，不必去“干”，不必刻意去谋求。故“干禄”之“干”字，心中本就不可以有，有也即“为人之学”而非圣学。在此章讲义的最后，陆陇其还要再三说明“干禄”之念的不可涉，他说：

> 夫子张之干禄，特略有其心耳，非如陈代之流，思枉道以求合也；亦特因学而念及于禄耳，非如后世之士，全为干禄而学也。然夫子病之已如此，可见学不可一念涉于干禄。古之圣贤身居富贵，皆是不求而自至，其胸中未尝有一毫希觊之念也。

> 自圣学不明，士束发受书便从利禄起见，终身汲汲，都为这一个禄字差遣。一部《五经》《四书》，几同商贾之货，只要售得去便罢了；未尝思有益于身心、有用于天下，真是可叹！今日学者须先痛除此等念头，将根脚拨正了，然后去用工，才是真学。不然，即读尽天下之书，辟如患病之人，日啖饮食，皆助了这病，毫无益于我。[21]

在他看来，子张的“干禄”只是“略有其心”，因其“学”而念及“禄”，也即成了“为人”之学；并非如陈代之流“思枉道以求合”，陈代不讲圣贤之道而求利禄，后世谋求“干禄”的那些士子则也与陈代差不多。孔夫子尚且以子张为病，故而不可涉于“干禄”之念，这是明显的道理了。陆陇其认为古来圣贤而能“身居富贵”，其“禄”则是“不求而自至”的，他们的胸中未尝有任何一丝一毫的对于功名利禄的“希觊之念”。自从晚明以来，则“圣学不明”，士子从一开始为学的“束发受书”之时，就汲汲于利禄，一生都为“禄”字“差遣”，读《四书》与《五经》也只是为了售卖，不为“有益于身心”与“有用于天下”。因此，陆陇其指出必须先去“痛除”诸如“干禄”之类的念头，“将根脚拨正”，然后再去用功，才能是“真学”，也即“为己”之学；不然的话，即便是“读尽天下之书”也无益于身心、无用于天下了。

再看《论语》之中还有类似的“君子谋道”章，在其开篇处，陆陇其就说这一章与“子张学干禄”章所论大意是相同的：

21　陆陇其：《松阳讲义》卷五《子张学干禄章》，第 219 页。

> 《大全》朱子曰："君子谋道不谋食，是将一句统说，中又分两脚说：耕也馁在其中，学也禄在其中。"又恐人错认此意，似教人谋道以求食，故下面又缴一句，谓"君子所以为学者，所忧在道耳，非忧贫而学也"。
>
> 但要晓得如何叫谋道，如何叫忧道。谋以事言，忧以心言。择善固执，所以谋之也；择焉而惟恐其择之不精，执焉而惟恐其执之不固，所以忧之也。这一谋字中，有学问思辨行在，有格致诚正修在；这一忧字中，有戒慎、恐惧之意，有常目在之之意。专于谋道、忧道，自无暇及于食，为己之意重，则为人之意自轻。盖这个道是吾所固有的，有了这个道，方成得人。若道上亏欠了一分，便不成人。所以这个道是不得不谋、不得不忧的。若夫食，是个在外的物事："万钟于我何加？""箪瓢陋巷，疏食饮水"，于我何损？故君子所忧所谋，在彼不在此。[22]

此处也是在发展朱子的思想，从而强调必须讲求"为己"之学，方才能够"成人"，孔子"耕也馁在其中；学也禄在其中"一句，似乎给人"谋道"为了"求食"的印象，如此则是看错了孔子之意，所以要懂得如何叫做谋道，如何叫做忧道。"谋道"落实于具体做事，比如"择善固执"在言行上的坚守，具体而言则有"学问思辨行"与"格致诚正修"等具体的工夫条目在；"忧道"则落实于内心的辨析，比如"择焉而惟恐其择之不精，执焉而惟恐其执之不固"之类就是在心上用功辨析，也即"戒慎、恐惧"的意思。一心去谋道、忧道，自然就无暇汲汲于"求食"，其所从事之学，自然就

---

22 陆陇其：《松阳讲义》卷十《君子谋道章》，第385页。

是“为己”的意思重而“为人”的意思轻了。进一步体认得圣贤之道，是吾人所固有，是身心之所必须，有此“为己”之心则有此道，方能“成人”，在此心此道上有所亏欠，则不能“成人”。再说这个“求食”，“食”终究还是外在的物事，也即“万钟于我何加?”“箪瓢陋巷，疏食饮水”，于我何损?也即俗话说的“生不带来死不带去”，这么看来“求食”不是君子所为，君子当求谋道、忧道。

但是，据于明清之际的乱世，则情况有所不同，故陆陇其还有一事要作说明：

> 但有一说，这个谋食犹云干禄，是道外之事。若夫居家勤俭，量入为出，这便是道内之事，故许鲁斋谓学者以治生为急。……则夫今之士，上既未得有禄，下又不得为农工之事，老者欲安，少者欲怀，安得全不为一家数口计久远? [23]

“谋食”与“干禄”所讲的都是“道外之事”，也就是说受制于外在的人与事，至于“居家勤俭，量入为出”则是“道内之事”，也即分内之事。许衡（鲁斋）曾说“学者以治生为急”，也就是说为学者，还当为“一家数口”作一久远之算计，家中之数口人“老者欲安，少者欲怀”，作为士子解决此问题则也是“道内之事”，与“干禄”“谋食”则是不同的。也就是说，或者得禄，或者从事农工之事，作为士子也是要去养活一家数口的。

与“干禄”“谋食”这两章相关，还有“子曰弟子入则孝章”，

---

23 陆陇其:《松阳讲义》卷十《君子谋道章》，第385—386页。

陆陇其的看法如下：

> 后世为父兄者，有弟子而不教，固无论矣；即有能教者，又都从利禄起见，束发受书，即便以利禄诱之，不期其为大圣大贤，而但愿其享高官厚禄。这个念头横于胸中，即使工夫一如古人，亦是为人而非为己了。况念头既差，工夫必不能精实，只求掩饰于外，可以悦人而已。教学如此，人才安得而不坏哉？[24]

后世做父兄的便已经开了一个不好的头，有弟子不教的不去说他，能够教育的，却也是“从利禄起见”，刚开始读书便用功名利禄来引诱，从不鼓舞弟子成为大圣大贤。一生为学，只为了“高官厚禄”，这种念头横亘于心胸之中，那么其为学也就只能是“为人之学”而已。再说，一旦树立了“为人”之心，为什么就不能学好？陆陇其认为在为学之初念头上差了，做工夫的时候也就不能精、实，其为学只是追求外在的掩饰，只是追求取悦于外人，如此教学也就只会败坏了人才。所以，陆陇其要为人父兄者与为人子弟者，都对此有所反思。他说：

> 为人父兄者，胡不一思，而甘使子弟为俗人也；为人子弟者胡不一思，而甘以父母之身为俗人也。[25]

讲求“为人”，则只能成就一群俗人，而一旦子弟为俗人，则其父

24 陆陇其：《松阳讲义》卷四《弟子入则孝章》，第 176 页。
25 陆陇其：《松阳讲义》卷四《弟子入则孝章》，第 176 页。

母之身，也必是俗人无疑了。

事实上，陆陇其所讲求的就是要树立一个“为己之心”，也就是说学者当有一个“志于道”之心而已。比如以“主忠信”这一思想来看，“实心”于道上头，而后则有“实行”，如此方是为己之学。他说：

> 忠信，则一动一静、一言一行，皆是实心、实行，方是为己之学。若不忠信，则虽外面装饰得极好，都是虚的了，不特欺人，抑且自欺。[26]

如学者能够忠信，也即无论动静、言行都合于“道”，则其内在之心便是“实心”，外在之行便是“实行”，故而称得上“为己之学”，也即“实学”。换言之，“主忠信”，就是为己之学，不主忠信，则是“为人之学”，学以“为人”则不只是“欺人”也是“自欺”。故“以实学去做实行”方才是“为己之学”。

陆陇其《松阳讲义》根本讲学的宗旨就是“为己之学”。士人、君子之为学就是要树立“为己之心”，方才可以实现“成人”，不可将“学”视为“干禄之具”。士人、君子不可为功名利禄所左右，不可求“干禄”、不可求“谋食”，而当求“谋道”“忧道”，且从心、身上头去讲求，一念一事都“合于道”。

26　陆陇其：《松阳讲义》卷四《君子不重章》，第 183 页。

三

如何讲求“为己之学”,《松阳讲义》之中还讲到了“切己”与“克己”这两方面的学问。

先来看“视其所以”章讨论的“切己”问题，陆陇其指出“视其所以”等三者都是圣人知人之法，也就是看人的善恶，然后知晓如何取舍。更为重要的则是，此三者不只是观人、知人，更要自观、自知，也就是要学会如何去“切己”审察。他说：

> 盖看人之善恶分明，然后可定取舍，是道理合当如此，无伤于长厚。……知人原不是易事，其实非人之难知，只是不细心去看耳。既欲知人，若但求之毁誉，索之语言文字，又或为论心不论迹之说，探之于践履之外，其不为人所欺者，鲜矣。故“视其所以”，是落手第一欛柄，皋陶所谓载采采是也。然或有所以虽善，却不能无所为而为之，正谊明道之事，都从计功谋利之念发出来，我不能审，或阴受其笼络而不知，故“观其所由”是第二层细看法，乃为己、为人之辨也。然又有所由虽善，却不是其心之所乐，勉强于一时，不能不作辍于后日，吾不能辨，或因其始而信其终，终必悔之，故“察其所安”，又是第三层细看法，乃诚不诚之辨也。[27]

知人，虽说并不是容易的事，但究其根本则不是“人之难知”而是看的人不细心去看。就知人之道而言，则以《论语》此章而言也

27 陆陇其:《松阳讲义》卷五《视其所以章》, 第 211—212 页。

就是三个层面“视其所以、察其所由、观其所安”。第一“视其所以”就是看其具体的所作所为，此处陆陇其又细分为三个角度，一是“求之毁誉”，也即旁人的评判；二是“索之语言文字”，也即从相关的言论记载来分析；三是“论心不论迹”，也就是需要“探之于践履之外”，这一点其实已经过渡到了第二层面“察其所由”了。第二层的细看也就是“为己、为人之辨”或“义利之辨”，所作所为都有其目的、动机，而不能是“无所为而为之”的盲动。然而停留在考察其动机尚有不够，还要看所作所为在其内心而言，是否为其“所安”“所乐”，为其身心安乐而自发的行为，就能够坚持下去，否则难以持久，或“作辍于后日”，或“终必悔之”，也即是否出于内心之“诚”，当是一个最根本的问题，这最后一层面其实也就是一个“为己”“切己”的问题。也正因为强调为己，故而在懂得观人、知人的方法之后，还要反过来先要去自观、自知，陆陇其说：

> 今日学者读这章书，须将圣人观人之法先去自观：所为果有善无恶乎？所为善矣，意之所从来者果尽善乎？果心安意肯而非勉强乎？苟有纤毫未善，须痛自涤濯，使彻内彻外无一毫不可令圣人见，方是切己学问。[28]

圣人观人、知人的方法，先要用在自己身上。人往往都是发现他人的弊病容易，发现自己的弊病困难，故而此点对于“为己之学”来说尤其重要。注意审察自己的行为是否“有善无恶”，如是善的，

28　陆陇其:《松阳讲义》卷五《视其所以章》，第 213 页。

则还要看是否从其动机处流出来都是善的？内心深处有无勉强、苟且？如发现有一丝一毫的“未善”不能化尽，则还要从身心处细细做戒惧、慎独等工夫，最终则是“彻内彻外无一毫不可令圣人见”，如此才是真正的“切己”的学问。

再来看“颜渊问仁”章如何阐发“克己”，陆陇其认为此章谈的是“为己之学”如何来“力行”的问题，他说：

> 此对颜子说，则直从力行说起，只是约之以礼一句内工夫，仁者本心之全德，纯乎理而无私便是仁。但此处不曰私而曰己者，凡私有三：有气质之偏，有耳目口鼻之欲，有人我忌克之类，皆因己而有，故谓之己。[29]

“复礼”也即“约之以礼”，“仁”也即本心之中“纯乎天理而无私”。那么为什么要说“己”而不说“私”？在陆陇其看来则气质之偏、耳目口鼻之欲、人我忌克“三私”，都是因“己”而产生的，所以说“克私”即“克己”。如何讲求“克己”？他说：

> 克复工夫诚到，则自一心而言，念念皆仁而无一念之不仁；自一身而言，事事皆仁而无一事之不仁。岂不为仁乎？此在仁者之心，“正其谊不谋其利，明其道不计其功”，固不必问之天下也。然感应之理自不可诬，廓然而大公，物来而顺应，我之心既无间于人，则伪者献其诚，慢者致其恭，人之心自无间于我，天

29 陆陇其：《松阳讲义》卷八《颜渊问仁章》，第 327 页。

> 下归仁固自然之效也。为仁者必以此自考，须到此地位，方是真能克、真能复。
>
> 然其机亦在吾而已，我自肯放过，则放过矣，我不肯放过，则便不放过矣。内而念头上，己与礼交战，决断之惟我；外而事物上，己与礼相持，操纵之惟我。我为己则己胜，我为礼则礼胜。虽或由师友之琢磨，而受琢受磨者仍我；或由事势之引夺，而受引受夺者仍我。非但我之仁、不仁，不由于人，即人之归、不归，亦不由于人。[30]

"克己复礼"的工夫从"一心而言"，则是考察其"念"，"念念皆仁而无一念之不仁"，其实也就是树立一个"为己之心"，求其"合于道"；从"一身而言"，则是考察其"事"，"事事皆仁而无一事之不仁"，也即一言一行"合于道"。换言之，也即"正谊""明道"与"功利"之间的"义利之辨"，如人心纯纯然都是"为己"之心，而无一丝一毫"为人"之念，则自然能"克己复礼"了。"为仁由己"，则"其机亦在吾而已"，关键还是在"己"，陆陇其指出也就是我自己肯不肯放过，就内在而言则是在念头上与"礼"的交战，且"决断"也唯在我；就外在而言则在事物上，也即待人接物之"礼"，如何"操纵"也唯在我，而"礼"也即"天理之节文"，也就是看其是否"合于道"。再者，还有"师友之琢磨"与"事势之引夺"二者的影响，陆陇其又指出，受到琢磨、引夺的还是一个"我"，也就是说还是由于"己"而非"人"，也就是一个"为

30 陆陇其：《松阳讲义》卷八《颜渊问仁章》，第328页。

己”之心而已。至于“克己复礼”之细目视、听、言、动四者，陆陇其说：

> 惟其萌于念，发于事，始有目可指，大抵皆附视、听、言、动而见，惟制之于视、听、言、动，勿使有一念之杂、一事之差，则潜伏者可消而浑然者可全，无非礼即无非仁矣。[31]

为己、为人之念“发于事”则有具体的节目可指，也即“视、听、言、动”发之前则不可使其有“一念之杂”，发之后不可使其有“一事之差”，也就是做戒惧、慎独的功夫，最终潜伏的“为人”之心消退，浑然皆是“为己”之心，那么也就实现了“克己”，此后之一言一行无不合于礼，亦合于仁、合于道了。

除了“为己之心”，陆陇其认为在具体的操作上则还有“切己”审察与“克己”力行等问题，“切己”是说以观人、知人之法自观、自知，实现“彻内彻外无一毫不可令圣人见”；“克己”则“为仁由己”，克除“己私”，从一心、一身之上讲求而实现“念念皆仁”“事事皆仁”，或者说不存在“一念之杂”与“一事之差”。

结语

吕葆中在为其父吕留良所作的《行略》中，提及了吕留良与陆陇其二人的嘉兴之会，当时二人曾论及出处之道：

31　陆陇其:《松阳讲义》卷八《颜渊问仁章》，第 329 页。

于禾，遇当湖陆稼书先生，语移日，甚契。稼书商及出处，先君曰："一命之士，苟存心于爱物，于人必有所济，君得无误疑是言与？"及先君卒，稼书在灵寿，为文致吊，犹不忘斯语焉。[32]

陆陇其在祭文中说：

所不能尽合于先生者，程明道有云："一命之士，苟存心于利物，于人必有所济。"斯言耿耿，横于胸中，遂与先生出处殊途。[33]

当时二人谈论学术非常投缘，论及出处的时候，吕留良提及了程颢的这句名言，并要陆陇其对此不必有所怀疑。也就是说，只要从自己的本心出发，若是"存心于爱物"，就会"于人必有所济"，这一点陆陇其是认同吕留良的，并且终其一生不忘。然而究竟如何做，方才是"爱物"与"有所济"呢？陆陇其出于他自己的理解，则认为即便遭遇了明清易代，只要不求"干禄"，不重于功名利禄，出仕为官也未尝不可，也就是说在陆陇其看来，夷夏之辨的问题其实并不妨碍"出处"，故而他不必如同吕留良那样刻意做遗民，于是便选择出仕，做了一个难得的清官。

关于"为己"之学与举业的关系，除了《松阳讲义》，陆陇其还曾有专门的论述：

32 吕葆中：《行略》，载《吕留良全集》第二册，中华书局，2015 年，第 870 页。

33 陆陇其：《三鱼堂文集》卷十二《祭吕晚村先生文》，《陆陇其全集》第 2 册，张天杰主编、点校，中华书局，2020 年，第 369 页。

所恶乎举业者，为其以利禄之心，从事于圣贤之书，探精索微，手拮据而口呻吟者，非以求道也，将以求其所欲也。甚者则又不待其精微，苟可以悦于人而止，饰伪长诈，如市贾然，是以君子恶之。今使为举业者，无以利禄存于胸，惟知道之当求，而圣贤之不可不学。以居敬为本，以穷理为用，求之六经，以探其奥。[34]

陆陇其主要强调了两点：其一，不可以利禄之心从事举业，如果士人皆以“荣身”而从事“举业”，那么就会被利欲梏其心，伪诈之风将盛行于世，因此必须对此种用心加以纠正。其二，从事举业当以道义为心，求“道之当求”，学圣贤之学，也即“为己”之学。等到陆陇其正式踏上仕途之后，对于干渎上进一事，也曾有专门的论述：

某于仕途中，惟谨守“安命”二字，奉先人之遗训，不敢失坠。故所遇上台，无论知己与不知己，皆未尝稍有干渎。旧冬掣肘，已决计藏拙。不意新抚涖事，畿辅气象改观，故暂且盘桓。至行取一局，原非所敢望。……吾辈所共砥砺，当在学问之消长，至一官之升沉，何足以烦知己耶？[35]

即便为官，也当谨守“安命”二字，不可干进，更当“藏拙”，真正应当着力的则是学问的消长，而非官阶的升降。换言之，做不做官、做多大的官，都要依于“为己”之学而非“干渎”之功。

陆陇其《松阳讲义》就其为学之取径而言，则是“尊朱辟王”，

34 陆陇其：《三鱼堂文集》卷九《钱孝端经义序》，《陆陇其全集》第2册，第296—297页。
35 陆陇其：《答陈世兄》，《陆陇其全集》第2册，第199页。

之所以如此选择，则是因为在他看来，朱子学强调“为己”之学，既不可将“学”“视为干禄之具”，沦为功利；也不可“将圣门切实工夫一笔扫去”，沦为“虚寂”妄作。《松阳讲义》看重“为己”与“为人”之辨，主要则是因为陆陇其经历明清之变，“学术坏而风俗乖”，故而陆陇其讲学的关键在于讲明“为己之心”，有了“为己之心”无论出仕与否，都可以使其身心皆合于道。而这种顺应的心态，也正是陆陇其与吕留良最大的差别所在。

清初江南士人家训文献中的礼仪思想研究

——以陆陇其《治嘉格言》为例

张猛（嘉兴学院师范学院）

礼仪思想是礼仪文化的基础和核心，是指人们用来制定礼仪制度、从事礼仪活动的一些基本原则，包括礼仪的本质、要求、目的、功能和作用等。[1] 中国是礼仪之邦，传统礼仪思想极为丰富和深刻，主要集中在以《周礼》《仪礼》《礼记》“三礼”为代表的儒家经典中，《孔子家语》《颜氏家训》《朱子家训》等传统家训中也有着丰富的礼仪思想。清初，江南地区产生了张履祥《训子语》、吕留良《晚村先生家训》、陆陇其《治嘉格言》、朱柏庐《治家格言》、许汝霖《德星堂家订》等传世家训，其中也有着丰富而深刻的礼仪思想。以下，我们以陆陇其《治嘉格言》为例，探讨清代江南士人家训文献中的礼仪思想。

陆陇其（1630—1693），浙江平湖人，原名龙其，字稼书，谥清献，学者称其当湖先生。陆陇其于康熙九年（1670）考中进士，历任江南嘉定、直隶灵寿知县和四川道试监察御史，追赠内阁学士

1　于丽萍：《中国传统礼仪文化的当代价值及其实现机制研究》，山东大学博士论文，2016年。

兼礼部侍郎。[2]陆陇其是清代理学大师，清朝第一位入祀孔庙的儒家学者，著名的循吏、廉吏、直臣，有“本朝理学儒臣第一”“天下第一清廉”之称。[3]陆陇其主要著作有《四书讲义困勉录》《学术辨》《松阳讲义》《读朱随笔》等，后人编为《陆子全书》一百零三卷。[4]《治嘉格言》全称《陆清献公治嘉格言》，是陆陇其在担任嘉定知县时编著的一部家训作品，旨在“以德化民”，教育民众学会儒家所提倡的待人接物处世之道，其中蕴含的礼仪思想主要体现在孝悌、尊重、节制、仁爱等四个方面。

一、孝悌

孝悌是中华传统美德，陆陇其“逢人劝读书，出口言孝悌”，《治嘉格言》中的孝悌思想主要体现在孝亲敬长、亲睦三族，慈爱率先、教孝教悌，兄弟亲爱、同心土金，孝子爱日、逢忌举祀等方面。

1. 孝亲敬长，亲睦三族

《孝经》中说：“夫孝，天之经也，地之义也，民之行也。”孝是人的天性，陆陇其在《治嘉格言·孝亲敬长》篇中说：“孩提之童，无不知爱其亲也。及其长也，无不知敬其兄也。孝悌也者，其为仁之本与？尧舜之道，孝悌而已矣。彼不孝不悌者，岂天性然

2 吴光酉、郭麟、周梁等：《陆陇其年谱》，中华书局，1993 年。

3 张天杰、肖永明：《从张履祥、吕留良到陆陇其——清初“尊朱辟王”思潮中一条主线》，《中国哲学史》，2010 年第 2 期。

4 唐明贵：《从〈松阳讲义〉看陆陇其的〈论语〉学特点》，《社会科学战线》，2008 年第 4 期。

哉？皆由不觉耳。”[5]孝悌是仁之本，天性使然，不孝不悌者是天性不觉，“不知孝亲敬长，不孝不悌，非人也”。对此，他在《人所以异》篇中进一步指出：“非禽非兽，当孝当悌。不孝不悌，禽兽何异？”

如何才能心中有孝悌？陆陇其在《一孝立而万事从，只少肥爷丸也》篇中指出：“傥能以爱妻子之心爱父兄，庶几其可矣。”他认为，人若能以爱妻子之心爱父兄，就能心中有孝悌。陆陇其在《悌从孝生》篇说闵子骞、舜“实友于兄弟也，而孝归之”，“非大孝，曷克臻此？”如果心中有孝，悌从孝生，悌也就能够做到。

如何才是真孝真悌？陆陇其在《真孝真悌》篇中指出：“父慈而后子孝，兄友而后弟恭，此是常事，固不足道。傥父不慈而子自孝，默有以感动父之慈，斯为真孝。兄不友而弟自悌，默有以感动兄之友，斯为真悌。”陆陇其认为，如果父不慈而子自孝、兄不友而弟自悌，并且默有以感动父之慈、兄之友，这才是真孝真悌。为此，他还提出了真孝子方许烧香、真悌方许施布的做事原则。

如何才能做到孝悌？陆陇其在《父在须知》篇中指出：“凡人子于父在时固当专心读书，然于世务亦不可不知。”他认为，孝悌之人除了专心读书，还要知道世务，如要知道钱粮数目、接待礼节等，如此才能在自己当家作主时井井料理，不被他人欺辱。除此之外，陆陇其还要求守身孝子当多读医书、留心药性，以备不时之需。

孝亲敬长，除了要孝敬父亲、母亲和兄长，还要扩大开来，亲睦父族、母族和妻族。陆陇其在《亲睦三族》篇中指出：“父族、

---

5 陆陇其：《陆清献公治嘉格言》，上海道署刊本，1867 年。除特别说明外，本文中引文皆出自《治嘉格言》，以下直接写出篇目。

母族、妻族，义固并重，情当并隆。”在他看来，父族、母族、妻族三族并重并隆，不可偏颇。

2. 慈爱率先，教孝教悌

陆陇其认为孝悌是人的天性，慈爱也是出自人的天性。他在《勉兄爱弟》篇中指出：“天下断无不爱子之父，宜亦无不爱弟之兄。”如果慈爱父兄碰到不孝不悌子弟怎么办呢？陆陇其在《慈爱率先》篇中指出：“人皆责子之孝，责弟之悌。吾独责父之先慈，责兄之先友。故子或不孝，父不可不慈；弟或不悌，兄不可不友。盖父兄为子弟主，岂可不立子弟之榜样，徒责子弟之孝悌哉？”他认为，父、兄当先慈爱，为子、弟做好榜样，即使子不孝、弟不悌，身为父亲、兄长也绝不能不慈、不友，只有父兄慈爱才能对不孝不悌子弟起到正面的榜样示范作用，才能引导子弟孝悌。为此，他在《父子无偏爱，兄弟弗猜疑》篇中向父母提出：“子有长幼，亦有贤愚。父母爱之莫分长幼、贤愚之见。”他在《勉兄爱弟》篇中向兄嫂提出：“设弟若不悌，兄便有以责其弟，嫂又为之鼓吹。吾为为兄者计，莫若推父母爱子之心以爱弟，则庶几可矣。”

孝悌出自人的天性，本来是不教而能的。然而，凡事总有例外，大多数人“不教孝而自孝，不教悌而自悌”，有少数人“教之孝而不孝，教之悌而不悌”，为了引导不孝不悌子弟孝悌，陆陇其在《教孝教悌》篇中提出：“宁使我教之孝悌而不孝悌，毋使我不教孝悌而不孝悌。”子弟不孝不悌是父兄莫大的悲哀，我们不能因为“教之孝而不孝，教之悌而不悌”就放弃了教孝教悌，更不能不教而诛。陆陇其还专门批评了这一类人，他语词严厉地指出：“世上有一种人，平日不教之孝悌，而遽责其不孝不悌。噫，何谬谬也。”

少年子弟总有一天会成为成年父兄。那么，如何才能为人父兄呢？陆陇其从子弟孝悌出发，推及父兄慈爱，再从父兄慈爱返回到子弟孝悌，由己到人，再由人到己，就这个问题进行了正反双向的推演。陆陇其在《事父为父，事兄为兄》篇中指出："人人有为父之日，不思为子之时能竭其力，他日何以责子之孝？人人有为兄之日，不思为弟之时恭敬其兄，他日何以责弟之悌？若吾事父未能，事兄未能，而顿欲求备于子若弟，可谓内省不疚，无恶于志乎？故必修身为本，责己宜严，兢兢自立一标榜，确足为子弟师表，然后可以为人父兄。"修身为本，责己宜严，兢兢自立一标榜，确足为子弟师表，然后才可以为人父兄，这是陆陇其开出的金玉良方，值得每一个人借鉴。

3. 兄弟亲爱，同心土金

父慈子孝、兄友弟恭是儒家理想中的家庭伦理关系。父子关系出自天性，血脉亲情不可断绝，陆陇其在《同心土金》篇中指出："父子天性，呼吸痛痒相关者也。曾是呼吸痛痒相关者，而可一日不在左右哉？故子虽婚娶成人，决当同居共饮。"儿女婚娶之后，还是否要与父母同居共饮，陆陇其的看法有其时代的局限性，但是出发点总是好的。

对于兄弟关系，陆陇其在《字义联属，共当体认》篇中指出兄弟本是"极亲极爱者也，有兄不可无弟，有弟不可无兄"，"喻人情亲爱之至，必曰如兄如弟"，"喻人兄弟亲爱之至，必曰如手如足"，"兄兄弟弟，父母岂不乐哉？"如果兄弟不和，动辄相残，"充其心岂不欲父母单传而快乎？""父母若单传，恐又自伤其孤特矣"。

如何处好兄弟关系，陆陇其在《子尽子责》篇中指出："一父母所生兄弟，凡遇公事皆当协力同心。内而养生送死，外而吉凶庆吊，固必均任。傥或贫富不同、贤愚不等，即一力承充，不必分派兄弟以伤和气。”遇到公事，兄弟应当协力同心，如果有贫有富、有贤有愚，富者、贤者多承担些，关系才能和谐，不能因为强行分派而伤了和气。

兄弟之间若因故伤了和气，也应多反思、多自责，不能盲目自尊、苛责他人，正如陆陇其在《自反不尤》篇中所说：“人惟单见人有不是处，故不见自己有不是处。人若知自己有不是处，遂不见人有不是处。此在凡有血气者，时宜省察，而于兄弟叔侄间尤宜刻刻自行反省。有不觉困心衡虑不胜自失之悔矣，何至有参商凌竞之日哉?”如此，才能兄弟亲爱，同心土金，如同古人所说：“兄弟齐心，其利断金。”

4. 孝子爱日，逢忌举祀

父母在时，定当勉力奉养，死后哀荣怎及生前受惠。陆陇其在《孝子爱日》篇中指出：“人子于父母在时不思勉力奉养，及至殁后，虽享祀丰洁，一陌纸钱值几文，一滴何曾到九泉耶?况又有一陌不烧、一滴不灌者也。”

父母去世之后，子欲养而亲不待，祭祀就成了子女遗憾无缘侍奉父母的愧疚心理的一种精神补偿。因此，陆陇其在《逢祭举祀》篇中指出：“每逢时节定要备祭馔、纸钱，且必荐一二时物。切勿失礼，使先灵永作恶鬼，使逆子看样效尤。”祭祀父母之时，必须“虔诚恭敬”，如同《论语·八佾》所说“祭如在，祭神如神在”。祭器也要虔诚，“要另备祭器，酒盅、碗箸弗用家常器皿，使阴灵不以吾为亵”。

二、尊重

孟子说："恭敬之心，礼也。"礼就是对他人的恭敬和尊重。陆陇其在《亲贤远奸》篇明确提到了需要尊重的对象："敬重孝友端人。敬重实有情义正人。敬重真心实意正人。敬重读书君子。若游荡无信、骄傲刻薄、合赌、弄牌、扛醵者勿近。"陆陇其尊重端人、正人、君子，具体地说就是孝友、有情义、真心实意和读书之人，对那些游荡无信、骄傲刻薄、赌博弄牌、凑钱酗酒之人，要敬而远之。《治嘉格言》中的尊重思想主要体现在尊师重傅、待师从厚，卑勿议尊、敬老爱幼，读书遵注、字写法帖，自重取重、切勿失足等方面。

1. 尊师重傅，待师从厚

陆陇其是个读书人，做官之外，长期担任私塾先生，深知教书育人的重要意义。陆陇其在《教子无欲速》篇中指出："易子而教，安得不讲尊师重傅四字。"他又在《尊师重傅》篇中说："只要我尊师重傅为主，一概教法、心思俱不必参用。"在陆陇其看来，读书之家必须尊师重傅，必须以尊师重傅为主。

为何要尊师重傅？陆陇其认为"待师从厚有益"，他在《待师从厚有益》篇章中指出："师爱其弟，弟爱其师，加工倍常，无言不悦。其加工处，又要知感知谢。先生晓得主人知感，愈觉高兴。子弟从此终身受益矣。"待师从厚，弟子爱师，师傅高兴，把弟子当作自己的子女一般去爱，正课之余，还不时的开些小灶、加些教诲，时间长了，弟子自然受益更多。

读书有快有慢，有好有差，读书好的、快的，晓得尊师重傅的好处，能够做到尊师重傅；读书慢的、差的，一时半会体会不到尊师重傅的好处，时间长了可能就会懈怠。那么，如何做到尊师重傅？陆陇其在《弗责备先生》篇中说："读书一事，要涵育熏陶，俟其自化，不可欲速。但可责子弟之不率教，不可责先生之不诚，子弟自然成器矣。切勿归罪先生，使先生笑我乍出头也。"读书差别很大，读书之家可以责备子弟不率教，不可责备先生不诚，只有真心实意做到尊师重傅，才能督促子弟更好读书成才。

2. 卑勿议尊，敬老爱幼

陆陇其严格恪守尊卑观念，倡导卑者尊重尊者，晚辈给长辈写信，要一笔一划，恭恭敬敬，"凡卑幼达字尊长，定当楷书如一，带草便属不敬"；同时要求"卑勿议尊"，因为"凡处卑幼，若向人前议论尊长，无损于尊长，必见鄙于正人"。由此延伸出去，陆陇其要求人们"敬老慈幼"："见扶杖老人须真心敬重，见孩提有志气者须加意爱护。"此外，还要"嘉善而矜不能"："见肯读书儒童须加意劝奖。见初学作文须短中求长，圈出好处，加意鼓舞，使其有兴。"陆陇其对读书人的喜爱，由此可见一斑。

3. 读书遵注，字写法帖

除了尊师重傅、敬老爱幼，陆陇其还特别提到了读书人对经书和书法的尊重。陆陇其在《读书遵注》篇中指出，"习举业子弟，四书遵正注，断不可删削"，这是他为了维护儒家经典正统阐释而做的强调，为何要这样呢，"盖先贤曲体圣人立言奥义，其口下一之乎者也闲字，文法自有顿挫。奚容后学窃取妄削，得罪先师，贻讥识者？"对于书法，陆陇其认为字要按照法帖去写，他在《字写法帖》篇中指出："写字不临法帖，则点画撇捺布置间架俱无格式。

故每日须摩仿法帖几行。久之笔头纯熟，依稀仿佛矣。若精神懈怠，随意落笔，便不入彀。”写字要临法帖，每日须临帖几行，而且要精神专注，如此一来，才能把字练好。

4. 自重取重，切勿失足

读书人除了尊重可敬之人，还要做到自重。陆陇其在《自重取重》篇中指出：“做秀才原要自重，切莫将别事干渎府县。”秀才当如何和官府打交道呢，以下是陆陇其的经验之谈：“每月朔望当送窗课两篇。无论看与不看，官府自有子弟在衙，当有识拔神交者。万一有切己之事相问，或即与吾昭雪，未可知也。傥遇观风季考，月课不可不试。若经年不见上官，便不熟面，未必呼天辄应。”秀才交接上官的正确方式是把课业做好，按时交到官府，无论官府看与不看，至少混个脸熟，长此以往，功名才有希望。此外，陆陇其还强烈反对读书人涉入官府事务，他在《切勿失足衙门》篇中指出：“子弟以读书为主。若不然，吾亦不能代汝谋矣。切不可误入衙门，坏心术，舞文法，系囹圄，受刑辱，惊妻累子，玷祖辱宗。”读书人考取功名，或举人，或进士，正途出身，做官即可，但是不能“失足衙门”，做一些“坏心术、舞文法”的事，如果因此而“系囹圄、受刑辱”，以至于“惊妻累子”，甚至是“玷祖辱宗”，那就大错特错了。陆陇其见多识广、志虑精纯，却也严守门户、偏见极深，这些不单单体现在他治学“尊朱辟王、痛斥佛老”，也体现在他对官府（衙门）的认识上，做官可以，做吏就难，做讼师（律师）就更不允许了；当然，自重取重是必须的，切勿失足也是对人极好的提醒，人人都要自重，人人都不能失足，尊重他人，更要尊重自己。

三、节制

节制也是中华传统美德。节制与知人、知己有关。老子说“知人者智，自知者明”，将知人划入智的范围、知己划入明的范围，可惜世上智者多、明者少，因而造成了知人者多、知己者少。陆陇其对此做了进一步的阐释，他说：“人惟单见人有不是处，故不见自己有不是处。人若知自己有不是处，遂不见人有不是处。”陆陇其认为，人往往明于识人，而暗于察己，缺乏自知之明；但是，人一旦知己之不足，就能宽恕他人之不足，做到知人、知己，拥有节制美德。《治嘉格言》中的节制思想主要体现为慎言和节欲。

1. 慎言

言为心声，知人、知己定当慎言。陆陇其的慎言思想分为戒、谨、勿三个层面。

戒：慎言的第一个层面。陆陇其要求人们严格遵守一些做人、说话的底线，如“戒谈闺阃”（今人刻薄，喜谈淫乱，造言生事，妄议人闺阃，供其戏笑。我一概勿听、勿信、勿传、勿述）、“戒刺戒谑”（语言切勿刺人骨髓，戏谑切勿中人心病。又不可攻发人之阴私）等。“戒谈闺阃”不是因为厚道，而是因为“经目之事犹恐未真”，按照常理应当如此。“戒刺戒谑”是因为言语太过刻薄、刺虐，必当使人怀恨在心，若逞一时口快，最终必受伤害。陆陇其还要求人们“弗作风云”，他认为：“大凡富贵长者，出言定是持重。若立地风云变化，毫无情实，自谓谈笑有机锋，倜傥过人。吾谓削元气，非正人君子之道也。”那些喜欢插科打诨、谈笑风生，自以为风流倜傥者，不可不戒，因为“口过开罪于人”，正如陆陇其所说："凡人言论易致差失，以口过开罪于人者不少，而后生辈尤易发泄。故无论恩断义绝，须慎尔言也。即我理直气壮，亦不可已甚说尽。异日傥或相见，自可无惭无悔。"即使真理在握，理直气壮，人也不可把话说尽，要留有回缓的余地，给他人以脸面，"怒人言，不可说尽，当思君子绝交，不出恶声"，只有这样才能做到再见之时"无惭无悔"。

谨：慎言的第二个层面。除了必戒的言语之外，人总要说话、交流，这时就要努力做到"称述得情"："凡述人言语必照其前后次第一一顺说，断不可颠倒其字而失其意旨。尤不可揣摩其言添出话头，致错怪了人。"若要言语恰当，只是做到称述得情还远远不够，还要深通为人处世之道，注意场合、随机应变，当说才能说、不当说必不能说，做到"谨"。为此，陆陇其要求人们"密时谨言"："花无百日红，人无千日好。虽当相知极密时，语极要谨慎。此亦利害关头，切须记着。逢人且说三分话，作事宜存一点心。古人云，妻前只说三分话。况他人耶?"除了做到"密时谨言"，还要做到注意言语对象，不能动辄开口求助，白白遭人鄙视。对此，陆陇其在《慎言无愧》篇中说："凡开口不定是借财，宜加谨。或托人谋事，或托人荐扬，或自为人举荐，谅人必不从者，切勿轻言。令人生厌，且致笑我不达事务。"轻言的后果就是让别人笑话自己不达时务，因此，言语不得不"谨"。

勿：慎言的第三个层面。戒是底线，谨是原则，这些都要遵守，但是，人总不能总是踏着底线、原则说话做事，除了必须遵守的底线、原则之外，还有一些规矩也是要遵守的，那就是"勿"。比如说"弗向人称能""切勿离间人骨肉""切勿听人谗谮"等等。陆陇其认为，“人纵十分能事，犹当谦让未惶，况吾涉历未几，尚不更事，尤宜养辩于讷，藏锋于钝”，因此，“断不可议论风生，向人前称能，使人鄙我为油嘴猴子”。他还认为，“凡父子、叔侄、兄弟、夫妻、姑媳、妯娌间，或以小事有言语偶乖处。然风雷无竟日之怒，亦即刻自消矣”，因此，“断不可乘隙离间，搬是搬非，填说挑拨，使人家骨肉参商”。对于那些离间之话，“人欲间离骨肉，间离朋友，使无端谗谮，借景挑拨，默使人亲者疏、是者非”，也不可去听去信，“我一概勿听勿信，所以全骨肉、敦友谊者多矣”。家人之间，如有口舌之争，“说过便消，断不可效彼长舌，反复再道，又动人气”，如果是道听途说之言，“莫述人浪说”，更不可“向妻孥前称述”，比如怪力乱神之类言语，听过即当搁置，免得引起不必要的麻烦。

2. 节欲

陆陇其生于江南水乡小镇泖口，一生清苦，清廉自守，安贫乐道。他的节欲思想分为节制物质之欲、节制精神之欲和从心所欲不逾矩三个层面。

节制物质之欲：节欲的第一个层面。物质匮乏时代，贪吃贪喝是人生大忌；即使是在繁荣昌盛时节，也不可奢侈浪费。对此，陆陇其说“男子好闲者必贫，女子好吃者必淫”，他认为“败家皆因贪吃坏法”，他要求人们“勤俭持家，切勿贪吃，切勿生事坏法”，他还要求人们“切勿佘取店帐”“痛戒使米”“衣饰弗宜当”等等。陆陇其在《治嘉格言》中多次提到节制物质之欲，他在《勿贪吃着》中说：“人孰不欲着衣吃饭。品行姣姣，贫不求人，即盐齑、酸汤淘饭，尽自适矣。破衣蒙戎蔽体，亦愿足矣。人亦不得笑我。我何尝乞于人？若贪吃贪着，穷作富态，美其食，丽其衣，终将不继，被人议我丰啬不均。不如守我寒素，蔬食布衣为可常也。”平常人家“勿贪吃着”，还要在冬天“积足一年饭米、一年柴草，并多积砻糠者”，如此才能做到“足食宽怀”，欢乐开眉，此谓“节俭免求人”。

节制精神之欲：节欲的第二个层面。陆陇其在提倡节制物质之欲的基础上提出节制精神之欲，他认为“男女好乐者必殃”，精神之欲太过旺盛（“好乐”）必然会导致不幸结局（“殃”）。除了游乐之外，奢求回报也是精神之欲的一种。陆陇其在《戒贪无厌》篇中指出“人应谢我，切勿过望。过望则未免有施劳心，非正人君子之道”，帮助他人，自己心灵愉悦即可，不必奢求他人的回报。此外，如能做到节俭免于求人，也能够使精神平衡，做到节制精神之欲，如同陆陇其在《节俭免求人》篇中所说：“要知求人时未必有济。纵或勉强应承，究竟终不如愿。当面背后，不知无数言语。气色淡薄，情状、面相难当。何如有时常思此光景且节俭。莫待无时亲遭此苦楚，自怨自艾也。”

从心所欲不逾矩：节欲的第三个层面。《论语·为政》篇说：“子曰：吾十有五而志于学，三十而立，四十而不惑，五十而知天命，六十而耳顺，七十而从心所欲不逾矩。”从心所欲而不逾矩是孔子所说的一生修养的最后阶段，也是儒家所倡导的“内圣外王”之学的最高境界。陆陇其是忠实的儒者，从心所欲而不逾矩是他所提倡的节欲的最高境界。陆陇其在《安贫志学》篇中说：“衣，身之文也。若服之不衷，又身之灾也。食，民之天也。若饮食之人，则人贱之矣。故衣蔽缊袍而不耻，蔬食饮水而乐在。鹑衣百结，箪食瓢饮，古圣贤每每如此。吾何独不然？乃欲着好衣、吃好饭耶？孔子曰：‘士志于道而耻恶衣恶食者，未足与议也。’所当终身颂之。”陆陇其认为，安贫志学，才能人品、学问日有长进，才能达到延年益寿，进而达到圣贤境界；即使是平常人，如能做到“足柴足米，无忧无虑。早完官粮，不惊不辱。不欠人债起利，不入典当门庭”，也能做到心安理得，从心所欲不逾矩，“只消清茶淡饭，便可益寿延年”。

四、仁爱

仁爱二字是孔子所认为的理想品格，也是中国传统礼仪思想的重要内容。陆陇其《治嘉格言》中的仁爱思想主要体现在默体其心、阴行善事，材质在人、宽严适宜，体心行善、好义急公等方面。

1. 默体其心，阴行善事

陆陇其怀着仁爱之心，以仁爱之情对待下级、晚辈及弱者和贫者。陆陇其在《近仁四端》篇中说：“亲朋有急难须多方救济。儿女有过失须着实切责。嫁人非大过须佯痴宽恤。租户无好人须刻意宽恕。”人若能做到这四点，也就是有仁爱之心了。陆陇其要求人们“勿欺贫重富”，他特别关注家中的仆人，他在《恤人》中说：“我为家主，如下人效力于吾，务要体恤其饥寒劳苦。酒肉凡事再弗吝惜。若于农工，酒食尤宜加厚。不然一味掂斤播两，便非体统，且不近人情。”如果仆人做错了事该怎么办呢？陆陇其的做法是默体其心、阴行善事，他在《默察仆妇》篇中说：“主母托使女淘米，被其做一袋子藏于袖中，逐日不论干湿必撮袖半升三合。主母不觉或不知如此。即油盐柴草取出，暗藏一处，乘间运出。皆当默默稽察，使其没得做出来，而后为善处两全也。”默默地观察，暗地里纠正，自己既没有遭受损失，又很好地保全了他人脸面，这真是个“不负如来不负卿”的两全之法。

2. 材质在人，宽严适宜

陆陇其长期担任私塾先生，教书育人阅历丰富，待人接物也自有门道，他门下弟子数十，这些人年龄不同、材质不同，贤愚、快慢皆有，他却能因材施教、启发诱导，这与他的仁爱思想密切相关。陆陇其教人待人宽恕，切勿刻薄，他在《戒刻薄》篇中说：“男女刻薄者必不长寿，且必无子。”刻薄之人有子无子是宿命之论，且不去说，戒刻薄却是理所应当。他希望人们不但不能刻薄，还要成人之美，努力做到“人有好事，切勿插入破句，自坏心地”。他还希望人们“肯于先生面上加厚一分，亲友面上用情一分，而于租户面上宽让一分，于奴仆面上薄责一份”，如此便能积累功德，胜过烧香拜佛一万倍。陆陇其在《宽严论》篇中专门讨论了待人接物的宽严之理，他说：“故诸生全率教者则全用我宽。全不率教者，则全用我严。率教者多则多用宽，不率教者多则多用严。又就一人而言，始而率教则用我宽，继而不率教则用我严，终而又不率教则仍用我严也。一分率教，我有一分之宽。一分不率教，我有一分之严。材质在人，因之而已，而我何与焉？是之谓宽严适宜。”陆陇其自己能够根据各人“材质”做到“宽严适宜”，进而做到“事无隐情而教无遗术”。

3. 体心行善，好义急公

陆陇其的仁爱之心还体现在体心行善，好义急公。他在《体心行善》篇中说，“亲友贫窘时见吾若难开口，或于冰冻十二月见其衣单，不妨脱一件与之。或于青黄不接时见其食贫，不妨携升斗周之”，这是君子所为！他希望人们“善培初念”“知非即灭”：“若有一念之差，便当随起随灭。勿使任意直差到底，以致崩溃、决裂。”他还希望人们“为善止谤”：“为善不求人知，求知非真为善。受谤不急自解，无辩可以止谤。”在具体事务上，陆陇其认为如果有人前来借钱借物，“当即借与”“或有或无，切勿风雨累人奔走，使人怀恨”；如果有人搭船，“无论文人俗人、晴天雨天，察其言貌未必不良，切勿却阻。此是方便事，不过半日光景。无损于我，人亦知感”，如此等等，皆可见到他的仁爱之心。此外，对于那些“我辈身命所系”之事，他也非常看重，教导人们“好义急公”，不可轻易托付他人。他在《好义急公》篇中说，“凡钱粮或在图或在册，宜照法早纳，切勿累管数人比较”，以此才能保全体面，也能免去重纳之累。

陆陇其《治嘉格言》中还提到了许多具体的礼仪行为，如《幼习礼仪》篇“子弟幼时读书，须教其端坐，不许摇身摆膝，习成恶态。朝夕须教其作揖，使知礼貌”，《少犯毛病》篇“凡少年子弟，切勿许两手反背，如老人然”，《老官人何当汝尊称》篇“读书子在人前必须称家父家兄”，《见交情》篇“亲友喜庆或可不随众附贺，独吊唁决不可缺礼”等等。这些具体的礼仪行为是在他的礼仪思想指导下开展的，让我们能够更为明显地理解《治嘉格言》中所蕴含的孝悌、尊重、节制、仁爱等礼仪思想。

陆陇其《治嘉格言》礼仪思想既有益于当年，又有益于当下，尤其对于青少年最为有益，如果子孙能“勤劳好问，修德合道”，做到“肯读书，能孝悌，做好人，行好事”，则可以“与父祖美名，亦可以为人矣，亦可以为子矣”。

惠栋与清代吴派易学

谷继明（同济大学）

一、经学史中的惠栋

学界对惠栋的主流认识是：清代朴学大师、考据学的代表或领袖。根据在于，惠栋说过一些类似的话："经之义存乎训，识字审音，乃知其义。故古训不可改也。"[1]

比如漆永祥把清代考据学分三派：惠派、戴派、钱派。[2] 又如陈祖武说："离开文字训诂，乾嘉学派将失去依托。"是以文字训诂为最根本的标志。又说："戴学毕竟发展了惠学，它并不以诸经训诂自限，而只是以之为手段，去探求六经蕴含的义理，通经以明道。"[3] 这句话暗含着，戴震学是求义理的，惠栋是"以诸经训诂自限"。

但是陈黄中说他"识趣高迈，又雅不欲仅以经师自命"(《惠定宇先生墓志铭》)。可见所谓的小学，并非惠栋的志向。如何看待这种理解或定位的偏差呢？

1　惠栋：《九经古义 · 述首》，乾隆间《贷园丛书》本，第 1 页。

2　漆永祥：《乾嘉考据学研究》，中国社会科学出版社，1998 年，第 121 页。

3　陈祖武：《乾嘉学派吴皖分野说商榷》，《贵州社会科学》，1992 年第 7 期。

还是回到问题的根本，即传统的经学史、学术史乃至思想史建构。传统的学术史、思想史，将理学看作是宋明的主流，将考据学看作是清代的主流，同时又将学术史看作具有一条脉络乃至“规律”。此做法肇端于梁启超的思想史研究。虽说他这种叙述方式和概括有当时不得已的苦衷，筚路蓝缕也值得敬重。但不得不说它还是给思想史和学术史带来了令人迷惑的后果。“从理学到考据学”“明清之际转向”以及“from philosophy to philology”[4]这样的问题，都来源于这个研究模式。学界纷纷给这个转向提供解释，比如理学反动说、内在理路说、社会经济转型说。

然而在某种程度上，这是不是一个偏见，或者是伪问题？这种根深蒂固的观念，使得我们把惠栋当成了考据学家的代表。

二、狐狸与刺猬之间的戴震

对以考据学概括清代学术的叙事，学界并非没有反对的声音。最主要的反例是戴震。戴震自己便说过，他一生最关键的，不是声韵学、名物度数之学（比如算术、《考工记》研究等），而是义理之学，他的代表作是《原善》《孟子字义疏证》，是“正人心之要”。[5]余英时在《论戴震与章学诚》中还借以赛亚·伯林刺猬和狐狸的类型分析，认为不能用考据学家来看待戴震；戴震是迫于考据学压力，伪装成考据学家的思想家。[6]他最自负的恰恰是钱大昕认为“不

4 艾尔曼：《从理学到朴学》，赵刚译，江苏人民出版社，2012 年，第 2 页。

5 戴震：《戴震文集》，中华书局，1980 年，第 241 页。

6 余英时：《论戴震与章学诚》，生活·读书·新知三联书店，2000 年，第 142 页。

必传”的哲学著作《孟子字义疏证》。但不管把戴震的学问看作考据学、语文学还是义理之学，我们都可以说戴震是“用语言分析来讲哲学思想”的一个学者（或思想家？）。从学于戴震的段玉裁、王念孙等，也是真正地要走向小学独立的道路。

如何看待宗师戴震与考据学弟子高邮二王、段氏诸人的不同？或许我们过多地强调了考据与义理之间的矛盾，而忽视了其中的共同点。共同点即在于，二者都从以经为中心，转向了以“字”为中心。戴震归纳群经中某字的用法，推出某字的哲学意义；二王归纳群经中某字的用法，推出某字的语文学意义。虽然旨趣不同，但方法其实无歧。

戴震自名著作曰《孟子字义疏证》，“字义”恰恰是宋学的写作体裁，戴震拿过这一体裁，不过是把考据放在里面，但仍然继承了以字（概念）来讲思想的路子。这意味着什么呢？也就是说，他做的是独立的语言学，独立的义理学（哲学）。正因戴震以字为本位而非以旧训为本位，传统的学术史叙述，戴震被奉为考据学宗师，水平比皖派高；因戴震关注概念的哲学义涵，传统的哲学史研究中，戴震的地位也高得不可想象，甚至被认为是可以与理学系统的朱子和阳明相颉颃的大思想家。

但惠栋完全是另外一种思路。我们也不能仅以考据学的眼光来看惠栋，惠栋用以表达其哲学思想的，不是语言分析。

三、义理如何承载和呈现

宋代的理学家程颐等曾经将学问划分为三类：文章之学、训诂之学、儒者之学，并且认为最真实的学问是儒者之学。[7] 训诂之学即对应于考据学。儒者之学即义理之学，在宋明是道学，在戴震那里虽以反道学的姿态出现，但讨论的方式仍是宋学式的。

把汉唐的学问归纳为训诂之学，当然是不公允的。但这种归纳背后，仍表现了一种方法论上的实质分歧：汉唐是以解经为主，宋明以明道为主。人们不免会质疑：解经不就是为了明道吗？宋人明道又何尝不根据于经书呢？这么问似乎有道理，可我们还是要正视它们形式上的不同。明道只是"根据"于经书，经书为我所用，我先有天理（道）在心中。解经则把经书看做一个全体，平平稳稳地解读下来——道理经由经文的脉络而展现。朱熹曾经说：

> 《语》《孟》《中庸》《大学》是熟饭；看其它经，是打禾为饭。[8]

表面看来，这是个时效长短和转换效率的问题，实际上则缘于方式的不同。理学依据于四书，直面问题，单刀直入，提出问题，以群经贯穿。解经之学先不管是否实用，先把经典的意思逐句逐章解释明白，再返归自己心性和现实，当然是"打禾为饭"。但"打禾为饭"是否就没有义理呢？当然不是。这涉及义理的承载方式的问题。

在经典形成的时代，人们还都比较质朴，直接的论断和辩难不多。他们有对于义理的思考吗？当然有，只是展现为制度、政治观点、具体的道德训诫等等。诗、书、礼、乐是具体的教育门类，也

7　程颢、程颐：《二程集》，中华书局，2004 年，第 187 页。

8　黎靖德编：《朱子语类》，中华书局，1986 年，第 429 页。

是文化门类。既没有道学，更没有哲学。但不能说诗、书、礼、乐里面没有义理。当时的教育，便是要人在政治文件、政治事件、诗歌吟咏、礼仪规范的实践中，体悟义理。即便到了孔子，他也不像《周礼》那样，去凭空讲一个制度，而取鲁史，借事明义，作《春秋》。所谓“我欲载之空言，不如见之于行事之深切著明也”。[9]

但到了东周，王权失坠，官学下移，百家之学兴起，进入《庄子》所谓“道术将为天下裂”的时代。诸子发表议论，自然要论点鲜明，或称引《诗》《书》，如儒、墨；或晓以利害，如申、韩；或善譬喻，如庄周；或苛察缴绕，如公孙龙、惠施。不论以何种辩论风格，都要采取议论的形式——也正是在这个意义上，出现了系统的义理表达，以及“准哲学”形态。胡适、冯友兰等以此时为中国哲学史的开端，[10] 是有理由的。

自此，义理以两种书写方式展开，一是诸子传下来的直接讨论的传统，一是注释经典来阐发义理的传统。自汉代开始，注经占据主流。注经如何呈现义理呢？当时的经生儒士，研究经典，是作为平时的工夫，遇到国家要讨论重大的制度、行政、伦理问题，便根据经义来断。可以说注经是体，经义决事是用。

既然要讨论经义，就必然涉及义理的讨论以及义理体系的构建，把这种讨论和构建连篇累牍地附在经注中，便有些不得体。当时五经博士的章句繁衍到解说经文几个字都花费三万字，引起当时学者的厌恶。其实以后世的学术文章来衡量，解释一个哲学概念花

9 《史记·太史公自序》引孔子语。

10 冯友兰以孔子为私人著述之始，故为中国哲学开山（见氏著《中国哲学史》，华东师范大学出版社，2000 年，第 19 页）。胡适的《中国哲学史大纲》从老子开始。

费几万字、一两本书的，比比皆是。所以问题不在于几万言的写作不可行，而在于把这几万言放在注释中不得体，朱熹所谓的“不可令注脚成文”。[11] 但当时注经既是主流，许多学者不愿放弃直接单独说解的做法，最直接的办法就是减省章句——或者干脆废弃掉章句，重新换成更清简的注解。东汉后期马融、郑玄的崛起，便是这种经注革命的代表。

郑玄、何休以清简的风格注经，并没有放弃义理。相反，他们有更强烈的一以贯之的义理品格，要把一以贯之的思考融铸到经注中。但意思被分解到经注中，要遵循经文的脉络，所以仅仅读他们一两段的注释，根本无法了解他们一以贯之的思考。乔秀岩将“结构取义”定为郑玄的第一原理。[12] 其实不止郑玄，何休也有明显的义理构建。

或许有人会质问：你们这些经注家，为何这么别扭，把自己的意思分散到经注里，非得读完全经和全部经注，才能明白你们的意思呢？这种质问忽视了一个问题：经注家一以贯之的理论，是根据经典研究得来的；如果没有先读经典，就无法理解经注。对于礼学（《仪礼》《周礼》）和《春秋》学经典（《公羊》《穀梁》）来说，尤其如此。此与汉代经学义理的品格有关系。彼时的义理还很少直接脱离开具体的制度、伦理来直接发挥抽象的义理。制度的安排有义理的考量，当然属于义理之学。但制度必须考虑现实和历史传承，就不能纯粹抽象地去谈，而是深入具体性和经验之中，又能从中跳出来。

11　朱熹：《朱熹集》，四川教育出版社，1996 年，第 3886 页。

12　参见乔秀岩：《郑学第一原理》，《学术史读书记》，生活 · 读书 · 新知三联书店，2019 年。

伏生、郑玄、何休等人的注解，当然可以称作“训”。但这些“训”要与两种学问区别开来：一是纯粹的文字、音韵、训诂之学（小学），一是由分析语义、辨析概念而引申出的概念哲学。

四、古训是式

惠栋即着手恢复这种“训”，即经义体系。他称之为“古训”。他解释“古训是式”：

> 《诗》云：“古训是式。”汉时谓之故训，又谓之诂训。诂训者，雅言也。《鲁语》曰：“诗书执礼，皆雅言也。”周之古训，仲山式之；子之雅言，门人记之。《尔雅》以观于古，故又谓之《尔雅》。俗儒不信《尔雅》，而仲山之古训，夫子之雅言，皆不存矣。后之学者，省诸《尔雅·释故》、《释训》，乃周公所作以教成王，故《诗》曰：“古训是式。”[13]

这个口号极易被误解，即把此段话看做清代学术转向文字音韵训诂之学的标志。徐复观就评价道：“遵法先王之训典，乃周公的常教，此参阅《尚书》中所录周公之言可见。毛、郑、孔的解释，以训诂为可据，于义理为明顺。乃惠氏转一个弯以‘古训’为解文释字的‘诂训’，为‘训诂’，于是仲山甫在西周便遵法了清代汉学家所提倡的训诂之学了。这种牵强附会，轶出了常识范围，但居然

13　惠栋：《左传补注》卷三，文渊阁《四库全书》第181册，第172页。

发生了影响，被钱大昕、陈奂们所信服。”[14]考据学家们以惠栋此语而引为同道，徐复观因惠栋此语而作为批判考据学的靶子。他们的共同点就是理解反了惠栋的意思。

惠栋首先说《烝民》的“故训”就是汉代的“诂训”，貌似是用清代语言学意义上的训诂学来解释《诗经》的“故训”；但接下来惠栋却又用“雅言”来解释“诂训”。雅言，即《诗》《书》等经典。[15]任何一个有常识和基本国学素养的人，都不可能将《诗》《书》等与作为语言学的训诂学等同起来，惠栋更是绝不可能。所以在这里，惠栋其实不是要用狭窄的“诂训”去定义《诗》《书》，而是用《诗》《书》来解释“诂训”。惠栋恰恰是要展示，他所从事的“诂训”不是狭窄的语言学，而是古代的典籍、先王的教训。

进一步细读可发现，惠栋一再申说的“诂训”“故训”等等，强调的重点在于“古”，而非语言学意义上的“训”。他把“古训”与“雅言”并提，相对于雅的是俗，相对于古的是今。他由此宣告了他的学术是要追求古雅，遮拨今俗。

五、惠栋的经学史研究

“古训”的核心不是作为考据学的训诂，而是师法（家法）。惠栋说：“经之义存乎训，识字审音，乃知其义，是故古训不可改也，经师不可废也。”[16]以往对这段的解读，主要是关注“识字审音”。

---

14 徐复观：《中国思想史论集续编》，上海书店出版社，2004年，第365页。

15 《论语》：“子所雅言，《诗》、《书》、执礼，皆雅言也。”

16 惠栋：《九经古义·述首》，载《松崖文钞》，《续修四库全书》第1427册，第269页。

然而更值得关注的是，惠栋强调古字、古言，将之与经师传承和口授联系起来。师法所传，明显不仅仅是虫鱼之学。因此这不是把经学化约或还原为考据学意义上的“故训”，而是要把“故训”扩大为追求经义和大道的诠释。微言和大义，皆存在于经师历代的授受之中，因此他特别重视师法、家法而反对靡所依傍、师心自用。笔者曾经指出：“二程子的决断，使他上承孔孟，建立了道统的谱系；松崖的决断，则使他上承两汉（有师法的）大儒，进而至于七十子、周孔，建立起师法的谱系。两种谱系之后，是思想之表现与传承方式的差别。”[17]

“求古”之学的实质，是要恢复整个汉代的经学特别是经义系统，进而上溯先秦。它不是依托着独立的“字义”来讲的。“字义”意味着从经义系统中剥离出来，回归原典本身，依据作者自己的哲学思考来重新组织其体系。惠栋强调“师法”，就是要恢复原有的整个经义系统。

惠栋此方面典型的代表，专题性的如实呈现汉代师法，是《易汉学》；依经作注，重新建构汉代经义的师法，是《周易述》；阐发其哲学与政治理想，是《易微言》与《明堂大道录》。

考据学者可能十分畏惧或厌烦听到微言、大义、大道这样的词。可惠栋一发全用了：《易微言》《易大义》《明堂大道录》。

惠栋讲的微言和大义，是一个精心建构（或恢复）的系统。如果简要地表述，就是：《周易》的爻变之正成既济（元亨利贞）

17　谷继明：《惠栋易学的定位问题》，载《道家文化研究》第三十一辑，中华书局，2017年，第447页。

(《周易述》)，即《中庸》的天地位、万物育（惠栋有《易大义》，即《中庸注》之别名，漆永祥已辨析），即《公羊》学的致太平，即《礼运》的“天下为公”（惠栋有《礼运注》，今佚，可见他对此文献及理念的重视），即《月令》讲的明堂之政（《明堂大道录》）。

明堂是政治的施设形式，天下为公是政治的指导理念，致太平是政治目标，《中庸》的天地位万物育是天道（宇宙论）支撑，《周易》的爻变之正成既济是所有这些道理的象数化表达。惠栋的著作不是心血来潮，而是有目的的、精心安排的。

由是，《易汉学》不仅仅是一部考据学或者易学史著作。惠栋的汉代易学史研究，就是要恢复整个汉易的师法体系，再通过裁断，上推至七十子的大义，乃至于孔子的微言。由此再衡之以己心，推出自己对于形上学和政治的构想。经学史（易学史）研究是惠栋建立自己思想的阶梯。惠栋既然强调经义系统，强调师法，就必然恢复师法——这就是他经学史研究的缘由。《易汉学》完成后，必然有后面这一系列“微言”“大义”“大道”的著作。在师法考证和恢复中，“由词以通其道”并没有什么地位。

戴震贬低《明堂大道录》，由此也不难理解了。戴震说：“晤惠定翁，读所著《明堂大道录》，真如禹碑商彝，周鼎齐钟，蕴藏千载，班班复睹。微不满鄙怀者，好古太过耳。”[18] 他看不清楚这个貌似“好古太过”其实一点都不过，因为惠栋的全部政治理想皆寄托在此，而戴震则茫然不知其用，仅仅把它当做一个古玩。换句话说，惠栋是真得汉学精神的人（惠栋更古典），而戴震则是现代性

18 戴震：《戴震全书》第七册，黄山书社，2010 年，第 149 页。

的头脑。

六、略评高邮王氏对惠氏易的批评

由此就可以重新审视高邮王氏《经义述闻》的《周易》部分对惠栋的批评。此书的《周易》部分，常常批评惠栋。但检视其中条目，可以说王念孙、王引之根本理解不了惠栋。当然我们也不能说王氏父子对《周易》的解释就是错的，但王氏与惠栋根本在两个频道，批评不到点子上。

王引之在与焦循的通信中抱怨："惠定宇先生考古虽勤，而识不高，心不细。见异于今者则从之，大都不论是非。"[19] 但王引之与焦循也不相同。就易学而言，王氏父子以《易经》文辞训诂为中心；[20] 惠栋以师法经义为中心；焦循直接离开文本和师法，师心自用，自建象数体系。

梁启超便跟着王引之等来批评惠栋。他把惠栋看作是"整理旧学"，说他"凡古必真，凡汉皆好"，实是踵袭旧说。甚至说"苟无戴震，则清学能否卓然自树立，盖未可知也"，[21] 则完全没理解惠栋的旨趣。

面对梁启超、胡适等人的批评，陈伯适等人有辩护。[22] 但这种辩护是什么呢？梁启超等说惠栋没有求是的精神，不讲逻辑，"不

---

19 王引之:《王文简公文集》，凤凰出版社，2000 年，第 205 页。

20 当代高亨、李镜池的《易》学，就是走的王念孙的路。这个路可能不通。因为《易》的象辞结构决定了它没办法完全以辞为中心进行分析。许多辞就是不符合逻辑的、跳跃的。

21 梁启超:《清代学术概论》，上海古籍出版社，1998 年，第 34 页。

22 陈伯适:《汉易之风华再现》，文史哲出版社，2008 年，第 1075 页。

科学”，陈伯适就竭力地证明惠栋是讲逻辑和科学的。这种辩护，还是纯粹地落到别人的窠臼中。惠栋的经义之学，根本就不是按照现有的逻辑和科学来写的。

真正理解惠栋的，是张惠言与曹元弼，尽管张惠言对惠栋有补正。

曹元弼说：

> 鸿儒巨制，阐明绝学，诂释群经，统系相传，直追两汉师承。而尤以婺源江氏、吾吴惠氏为群儒宗。两先生皆兼通五经，博极群书。而慎修先生尤精于《礼》，松崖先生尤精于《易》。……余不揆梼昧，治经数十年，于《礼》由江氏之传，以达郑君神恉；于《易》由惠氏之传，以究郑、荀、虞三家微言。庶几上窥先圣元意，而下整百家不齐。以正人心、息邪说，维六经彝训、天秩人伦于不敝。[23]

由惠栋所开创的吴派易学，以苏州为中心，再传至张惠言，而后至姚配中、李锐、刘逢禄、宋翔凤，最后至曹元弼总其大成。吴派易学通过考辨汉儒经说系统来思考现实问题，虽不作长篇议论，却在纂辑经注之中见其微言，可谓经学之典范，非得仅以哲学史、考据学史或学术史来衡量。

---

23 曹元弼：《王欣夫松崖读书记序》，见复旦大学图书馆藏《松崖读书记》卷首。

江南三校南大、浙大、复旦校训校歌与儒家文化

翟奎凤（山东大学儒学高等研究院）

在近现代，儒学遭到全面放逐和尖锐批判，但这并不意味着儒学对社会就没有影响了。虽然儒学在整体上来说，在一定意义上来讲，在近现代是被解构了。但儒家经典的很多格言、思想，依然对中国人、中国社会发生着持续的影响，这些格言思想，可以说代表了儒学与中华文化的普遍价值、永恒魅力。我们看到，在近现代兴起的很多大学，其校训、校歌多半都借用或化用了儒家经典的格言名句，其中，江南三大名校南大、浙大、复旦的校训校歌尤其有代表性。本文主要是通过这三大名校的校训校歌，来透视儒家文化在近现代江南地区的传承发展。这三大名校的创办者或者校歌校训的作者基本上都是严格意义上的江南人，就本文叙述的人物而言，如与南京大学关系甚大的张謇为江苏南通人，江谦是婺源人（当时为安徽徽州地区），郭秉文为南京浦口人（生于上海青浦），罗家伦为浙江绍兴人，匡亚明为江苏镇江丹阳人；与浙江大学关系甚大的竺可桢、马一浮都是浙江绍兴人；复旦大学创始人马相伯是江苏镇江人，校歌歌词作者刘大白是浙江绍兴人。这其中，浙江绍兴人就有四位。江谦、马一浮与佛学的关系比较大，而马相伯、李登辉有基

督信仰背景。这些人物里面，马一浮是公认的现代新儒家，但如果跳出儒学看儒学，这些人物其实骨子里都洋溢着儒学与中华文化的精神，这种精神的一个重要体现就是强烈爱国救国情怀、自强不息的精神。在近现代，儒学、中华文化、中华民族都在苦痛中经历凤凰涅槃、脱胎化骨、寻求新生，他们的努力也代表了中华民族与中华文化生生不息的刚毅追求。通过本文的叙述，也可以表明，开放、包容、多元、融合、创新是江南儒学的重要特征。

一、江谦与南京大学：以诚为本，摄智仁勇

晚清高等教育的兴办，与洋务运动有着密切关联，洋务运动奉行“中学为体，西学为用”的理念，中学主要也就是指儒家的伦理道德，其代表性人物如曾国藩、李鸿章、张之洞、左宗棠等可以说都是儒学的信奉者和践行者，其中，张之洞对近代高等教育产生的影响尤为重要。1902 年，张之洞、魏光熹等人创办三江师范学堂；1906 年，更名为两江师范学堂（南京大学、东南大学等高校前身），李瑞清[1]主持学堂，他以“嚼得菜根，做得大事”为校训，勉励学生以清苦自励，专心学问，成就大事。这句话的典故，可追溯到北宋汪革（信民），朱熹《小学》曰“汪信民尝言‘人常咬得菜根，则百事可做’，胡康侯闻之，击节叹赏”，[2]胡康侯即北宋大儒胡

1 李瑞清（1867—1920），教育家，美术家，书法家。中国近现代教育的重要奠基人和改革者，中国现代美术教育的先驱，中国现代高等师范教育的开拓者。字仲麟，号梅庵、梅痴、阿梅，晚号清道人，玉梅花庵主，戏号李百蟹。江西抚州人。

2 朱熹：《小学》卷十一，朱杰人、严佐之、刘永翔主编《朱子全书》第 13 册，上海古籍出版社、安徽教育出版社，2002 年，第 484 页。

安国，朱熹也曾说“某观今人因不能咬菜根而至于违其本心者众矣，可不戒哉”。[3] 本心可谓善心良知，不能咬菜根，就是过不了清苦淡泊的生活，这个校训大旨即“宁静致远，淡泊明志”之义。

1914年，两江优级师范学堂改名为南京高等师范学校。江谦、[4] 郭秉文 [5] 先后出任校长。江谦为著名儒商张謇的弟子，他继承李瑞清的办学思想，明确校训为“诚”，其作词的校歌第一句即“大哉一诚天下动”。江谦在1915年8月《关于南京高等师范学校开办状况报告书》中提出：“本校校训所用诚字，‘诚者自成，所以成物’；先圣至言，实为教育精神之根本。演言之，诚则有信心，有信力。有信心，乃知非教育不足以救国；有信力，乃知非实行教育不足以救国。期望学生以信心为体，以信力为用，此本校训育之主旨也。”[6] 江谦是安徽婺源人，曾在家乡紫阳书院读书，后受业于南京文正书院，为山长张謇赏识。张謇 [7] 为一代儒商，其实业救国的理念浸润着儒家的爱国信念，江谦一生与张謇都很默契，他们亦师亦友，都有着强烈的儒家救世救民的价值情怀。1916年，民国教育部还“以诚字为全国师范学校共同之校训”，[8] 以诚字为训，是

3 黎靖德：《朱子语类》卷十三，岳麓书社，1997年，第215页。

4 江谦（1876—1942），著名教育家，字易园，号阳复，徽州婺源（今属江西省婺源县）人，幼颖悟，就读紫阳书院二年后，受业于南京文正书院，为山长张謇所赏识。

5 郭秉文（1880—1969），字鸿声，南京浦口人，生于上海青浦，早年卒业于上海清心书院，1908年赴美留学，1914年获哥伦比亚大学教育学博士学位；回国即参与“南高”创办，先后任南京高等师范学校教务主任、校长和国立东南大学校长。

6 载《南大百年实录·中央大学史料选》（上卷），南京大学出版社，2002年，第45页。

7 张謇（1853—1926），字季直，号啬庵，祖籍江苏常熟，生于江苏省海门市长乐镇。清末状元，中国近代实业家、政治家、教育家，主张“实业救国”。

8 《教育部采录全国师范校长会议案八条》，载中国第二历史档案馆编：《中华民国史档案资料汇编》第3辑，江苏古籍出版社，1991年，第703页。

民国乃至当代很多大学校训的重要理念。

1921年10月南京高师正式易名为国立东南大学，原南高师校长郭秉文出任东大校长，他把“止于至善”确立为校训。这与厦大确立“止于至善”为校训（时任校长为爱国华侨林文庆）大致在同一时期，可谓英雄所见略同。张亚群认为“郭秉文与林文庆所学专业虽然不同，但都对中西方文化有深刻理解，认同中国传统的大学之道，倡导人类种族文化平等与和平发展，主张大学应促进中西文化的交流、融合。这些都是远见卓识的办学理念，具有恒久价值”。[9]郭秉文认为：“《大学》里‘平天下’的‘平’字，乃是治学治事最好的座右铭。”“生平为人为事，终是本于平和二字。平乃能和，和乃能进。”[10]“平天下”是《大学》“八条目”之一，所谓“平”，并非武力征服，而是文化融合；“平天下”是“文治”与“王道”，而非“武功”与“霸道”。[11]可见，郭秉文的办学理念及价值认同与林文庆十分相似。在郭秉文、刘伯明的支持下，梅光迪、吴宓、胡先骕等东南学人以“昌明国粹，融化新知”为宗旨，创办《学衡》杂志，在思想文化界形成了一个文学复古、反对新文化运动的学衡派，学衡同仁“一方面重视传统，一方面强调理性态度与审慎选择，主张文化无分新旧中外，只问是否永久与普遍”。[12]

---

9 张亚群：《“同归而殊途　一致而百虑”——郭秉文与林文庆办学理念之比较》，《东南大学学报（哲学社会科学版）》，2011年第6期。

10 引自张其昀《郭师秉文的办学方针》，载《郭秉文先生纪念集》，台北“中华”学术院1971年印行，第3页。

11 张亚群：《“同归而殊途　一致而百虑”——郭秉文与林文庆办学理念之比较》，《东南大学学报（哲学社会科学版）》，2011年第6期。

12 张亚群：《“同归而殊途　一致而百虑”——郭秉文与林文庆办学理念之比较》，《东南大学学报（哲学社会科学版）》，2011年第6期。

1932年，罗家伦[13]被国民政府任命为国立中央大学校长，这年10月17日，罗家伦在“总理纪念周”发表了颇有影响的《中央大学的使命》就职演说，他认为中央大学的使命就是“为中国建立有机体的民族文化”，认为“一个民族要能自立图存，必须具备自己的民族文化，这种文化，乃是民族精神的结晶和民族团结图存的基础。如果缺乏这种文化，其国家必定缺少生命的质素，其民族必然要被淘汰”。[14]基于此，罗家伦从传统文化中提取出“诚朴雄伟”四字作为中央大学校训，他认为：“所谓诚，即谓对学问要行诚意，不以为升官发财的途径，不以为文饰资格的工具。”“朴就是质朴和朴实的意思……崇实而用笨功，才能树立起朴厚的学术气象。”“雄就是‘大雄无畏’的意思……若是我们要雄，便非从‘善养吾浩然之气’着手不可。”“伟便有伟大崇高的意思……凡事总从大的方向做去，民族方有成功。”[15]显然，诚朴雄伟四字也主要是代表了儒家的人格精神气象。

形成于1916年前后，江谦作词、李叔同谱曲的《南京高等师范学校校歌》第一句就是称颂“诚”德之伟大崇高：

> 大哉一诚天下动，如鼎三足兮，曰知、曰仁、曰勇。千圣会归兮，集成于孔。下开万代旁万方兮，一趋兮同。踵海西上兮江东，巍巍北极兮，金城之中。天开教泽兮，吾道无穷；吾愿无穷

13 罗家伦（1897—1969），字志希，笔名毅。浙江绍兴柯桥镇江头人。他是“五四运动”的学生领袖和命名者，我国近代著名的教育家、思想家和社会活动家。

14《南大百年实录：中央大学史料选》（上卷），南京大学出版社，2002年，第297页。

15《南大百年实录：中央大学史料选》（上卷），南京大学出版社，2002年，第299—300页。

兮，如日方暾。

校歌以“诚”统“智”“仁”“勇”三德。江谦在1915年8月《关于南京高等师范学校开办状况报告书》中提出：“本校校训所用诚字，‘诚者自成，所以成物’，先圣至言，实为教育精神之根本。演言之，诚则有信心，有信力。有信心，乃知非教育不足以救国；有信力，乃知非实行教育不足以救国。期望学生以信心为体，以信力为用，此本校训育之主旨也。”[16]《中庸》说“诚者自成也，而道自道也。诚者物之终始，不诚无物。是故君子诚之为贵。诚者非自成己而已也，所以成物也。成己，仁也；成物，知也”。为倡导诚实、俭朴之风，江谦在校园西北角建了3间茅屋，取名“梅庵”，以纪念两江师范学堂监督李瑞清（字梅庵）；并把李瑞清所书两江师范学堂校训——“嚼得菜根，做得大事”题于木匾，悬在梅庵门首，挂在膳堂之内，以此督勉学生。[17]在先秦儒家经典里，最深入讨论“诚”德的莫过于《中庸》，“大哉一诚天下动”实化用《中庸》“唯天下至诚，为能尽其性；能尽其性，则能尽人之性；能尽人之性，则能尽物之性；能尽物之性，则可以赞天地之化育；可以赞天地之化育，则可以与天地参矣”。同时，“智”“仁”“勇”三德的整体表述也见于《中庸》——“知仁勇三者，天下之达德也”“好学近乎知，力行近乎仁，知耻近乎勇”。

---

16 朱有瓛主编：《中国近代学制史料》第3辑（下册），华东师范大学出版社，1992年，第638页。

17 冒荣：《至平至善　鸿声东南：东南大学校长郭秉文》，山东教育出版社，2004年，第164页。

校歌由近代著名音乐家李叔同[18]谱曲。1915年李叔同应南京高等师范学校首任校长江谦之聘，任该校音乐、国画教师，前后约两年，经常往返于杭州、南京之间。据孙继南考证，李叔同在为校歌谱曲期间也作有一首歌名为《诚》的乐歌，民国时期周玲荪所编《中等学校唱歌集》《高中唱歌集》均收入此乐歌："大哉一诚，圣人之本。弥纶六合炳日星，唯诚可以参天地，唯诚可以通神明。大哉一诚，执厥中；大哉一诚，圣人之本。大哉，大哉，一诚！"这也可以看作是对校歌"大哉一诚天下动"的再诠释。宋儒周敦颐也很推崇"诚"，他在《通书》中就曾强调"诚者，圣人之本"。周玲荪于《诚》乐歌也出注说"诚为天地之精气，又为吾人立身之根本。古人以智仁勇三者包含于诚"。[19]

"千圣会归兮，集成于孔"，这大概是近现代对孔子最为尊崇的校歌了：当时的背景是新文化运动开始兴起，非孔与尊孔相抗衡，争论激烈。江谦与南高师的尊孔情节可谓渊源有自，两江师范学堂监督李瑞清对孔子就很崇拜，他在《诸生课卷批》中倡言"孔子之学，以时为宗旨者也。以孝弟为本，以忠恕为用，以改良进化为目的。其所用以达其目的者，知仁勇也""吾断断奉孔子为中国宗教家，吾愿吾全国奉孔子为教主"。[20]看来，自李瑞清开始，"智

18 李叔同（1880—1942），著名音乐家、美术教育家、书法家、戏剧活动家，是中国话剧的开拓者之一。他从日本留学归国后，担任过教师、编辑之职，后剃度为僧，法名演音，号弘一，晚号晚晴老人，后被人尊称为弘一法师。1913年受聘为浙江两级师范学堂（后改为浙江省立第一师范学校）音乐、图画教师。1915年起兼任南京高等师范学校音乐、图画教师，并谱曲南京大学历史上第一首校歌。祖籍浙江平湖，生于天津。

19 引自孙继南：《〈诚〉：李叔同百年乐歌新发现，兼及周玲荪唱歌教材与李叔同歌曲史料研究》，载《音乐艺术》，2006年第2期，第65页。

20 李瑞清：《清道人遗迹》卷二，中华书局，1939年，第40—41页。转引自沈卫威：《"学衡派"谱系：历史与叙事》，江西教育出版社，2007年，第190页。

仁勇”三达德的育人理念就已经突显。当然，校歌融入了江谦本人对孔子儒学的深厚情感和理性认同。江谦（1876—1942），徽州婺源人，曾在家乡紫阳书院就读，后在崇明瀛洲书院学习，为山长张謇激赏。[21] 不久又游学于张謇主持的南京文正书院。[22]1902 年废科举，张謇在南通创办我国第一所民办通州师范学堂，江谦为其得力骨干，最后也升任校长，据说江谦在通师期间以身作则，以阳明知行合一之学，来熏陶后进。[23] 张謇可谓是江谦的伯乐，两人有着亦师亦友的亲密关系。江谦长期追随张謇，是张謇展开教育事业的重要助手，张謇的为人及其精神世界对他有很大影响。张謇为近代著名儒商，他始终认为孔孟之道是最为完善、最为尊贵的学说，绝非其他宗教所能比拟：“孔道并非国教，孔子本无宗教性质。彼佛教、道教为上等人说法，清净寂灭而失之于空；耶教、回教为下等人说法，洗礼膜拜而失之于固。我孔子则取中庸主义，不偏不易，纯为人道。所谓日月经天，江河行地，初不借国教而始重。如必以孔子为教主，与佛道耶回争无谓之权，反觉小视孔子。盖孔子所说，足以包括佛老耶回诸教而熔冶于一炉者也。”[24] 显然，与李瑞清不同的

---

21 张謇曾应江谦之请作《江生祖母七十寿序》(清光绪二十三年九月初十日)，序里记载了两人知遇之情：“方余校艺崇明书院之三年，得婺源江生谦文，嘉叹以为美才非县所尝有，再试再冠其曹。……生故尝介请问学，至是由崇明渡江来谒，进止温而恭，察其业，颇窥三代两汉之书，与人语，辞顺而气下，益爱重之。明年从游江宁，朝夕与居处，谂其家世，生盖慎修先生族孙……”(《张謇全集》“艺文杂著”，上海辞书出版社，2012 年，第 270 页)“慎修”指清代著名经学家、徽派学术的开创者婺源人江永。

22 详参崔荣华:《张謇与江谦的师生情缘》,《南通大学学报（社会科学版）》, 2009 年第 6 期，第 124 页。

23 蒋维乔:《江易园居士传》，引自卞孝萱、唐文权编:《民国人物碑传集》，凤凰出版社，2011 年，第 723—724 页。

24 张謇:《尊孔会第一次演说》(1918),《张謇全集》第四卷，江苏古籍出版社，1994 年，第 147 页。

是，张謇反对把孔子之教视为宗教，认为这样会“矮化”孔子，他把孔子的中庸之教解释为人道教化，包容并超越了其他宗教。这个观点很深刻，想来江谦会非常认同张謇此说。在尊孔的同时，张謇对佛教也有一定认同，他说：“儒者立身大本，曰智仁勇。释氏成佛精义，曰慈悲、曰解脱、曰大无畏。慈悲，仁之施也；解脱，智之极也；大无畏，勇之端也。故儒与释，其名家也不同，而致力之处，入德之门，所以裨世道而范人心者，一而已。”[25] 这里强调“智仁勇”为儒者立身大本，看来，江谦与张謇在关于孔子儒学的尊崇和理解上多有相似之处。

江谦 38 岁出任南高师校长，作校歌时 40 岁左右，可谓正当盛年，据说他在南高师期间“一本平素知行合一之精神，讲读四书，列为专课。并以阳明《传习录》、李二曲《四书反身录》、曾文正公家书授诸生，令看读作日记”。[26] 校歌所言“下开万代旁万方兮，一趋兮同”“天开教泽兮，吾道无穷；吾愿无穷兮，如日方暾”，可谓寄托了他基于儒家情怀的伟大抱负、远大理想，以及他对南高师的殷切希冀。“下开万代”为时间维度，有“为万世开太平”义，“旁万方”为空间维度，是天下太平的意思，合起来就是天下万世太平，世界每个角落都充满和平与繁荣。“一趋兮同”，这个“同”就是儒家“大道之行，天下为公”的大同世界理想。大同社会思潮在晚清近代非常盛行，江谦这里所说的“一趋兮同”应该说也包含

25 《海门长兴镇创建无量寺袝祀节孝记》(1922),《张謇全集》第五卷，江苏古籍出版社，1994 年，第 191 页。

26 蒋维乔:《江易园居士传》，引自卞孝萱、唐文权编:《民国人物碑传集》，凤凰出版社，2011 年，第 725 页。

着今天意义上的全球化、一体化。“天开教泽，吾道无穷”是对儒家大道的自信，“吾愿无穷，如日方暾”，这个万世太平、天下大同的宏愿洋溢着青春的力量。在江谦那个时代，儒学遭到普遍怀疑与反思，他还对儒学之道、儒家价值的永恒性、超越时空的魅力有如此坚定的自信，并且浩浩荡荡地贯彻到当时教育实践中，这是多么崇高的心灵、伟大的胸怀、坚定的信念，也可以看出即便在民族苦难危机中，一个伟大民族的高贵的“绝对精神”！李昭昊认为“我们依然可以从这首磅礴大气的楚辞体歌词中读出‘中学为体，西学为用’的精神底蕴，但它用中国传统学术语言，表达出来的对学术和人生境界的崇高追求，对外来文化的开放心态以及融会世界先进文化的气魄，比‘中体西用’更进了一步。歌词配合浑厚的充满宗教神圣感的乐律，表达出中华学人充满文化自信”。[27] 然而，江谦的生平事迹、教育功业与学术思想，现在很少为人们具体了解和称道，直接研究他的学术文章非常之少。

1919 年，由于积劳成疾，江谦正式辞去南高师校长职务，郭秉文接任校长。江谦退隐后，他的兴趣与精力更多转向了佛学。江谦认为“出世间法宜采用佛教，世间法宜采用儒教”，主张“儒佛合一”。[28] 蒋维乔认为江谦“于世法，最服膺叔重、阳明、二林之学。于出世法，则究心莲池、灵峰之著述，及近代谛闲、印光二大师之宗风。故其一言一动，皆可为世法，为子尽孝，为父止慈，处

---

27 李昭昊：《守望与超越：漫谈百年东大的精神传统》，载郑立琪主编：《百年回望话精神》，东南大学出版社，2008 年，第 189 页。

28 蒋维乔：《江易园居士传》，引自卞孝萱、唐文权编：《民国人物碑传集》，凤凰出版社，2011 年，第 724 页。

世以恭，接人以和”，[29] 叔重为许慎，“二林”为清人彭绍升（亦主儒佛会通）。总体上看，阳明学对江谦影响很大。其著述有《阳复斋丛刊》，里面也多有对儒家经典义理的发挥。郭秉文接任南高师校长，此后他主持的东南大学继续重视儒学与中华优秀传统文化的传承弘扬，在近现代激烈反传统浪潮中，南高师、东南大学可谓是固守儒学与中华文化价值的学术重镇，一直到尊孔的匡亚明[30] 掌校南京大学，成立中国思想家研究中心，这一传统一直在延续。1999 年南京大学曾广泛征集新校歌，但反复评比，始终感觉新不如旧，于是在 2002 年百年校庆之际确立以南高师老校歌作为南大校歌。2014 年公布的《南京大学章程》第八章第八十五条“学校校歌为江谦作词、李叔同作曲的《南京大学校歌》”，这首产生于近代、最为尊孔的老校歌，在历史上一度中断后，最终成为新世纪南京大学的校歌，这也是新时代中华民族“文化自信”的重要象征。

二、竺可桢、马一浮与浙江大学：求是、求真、求仁

1897 年，杭州知府林启[31] 创办求是书院，这就是浙江大学最早的前身，林启在请浙江巡抚廖寿丰具折奏办新式书院奏折中说：“窃维居今日而图治，以培养人才为第一义，居今日而育才，以

29 蒋维乔：《江易园居士传》，引自卞孝萱、唐文权编：《民国人物碑传集》，凤凰出版社，2011 年，第 725 页。

30 匡亚明（1906—1996），江苏丹阳人，著名的马克思主义思想理论家、教育家以及社会活动家。1963 年起曾两度担任南京大学党委书记兼校长。

31 林启，清道光十九年（1839），出生于福建侯官，字迪臣，是清同治甲子（1864）举人，于清光绪丙子二年（1876）中进士，担任过编修，陕西学政，后又任浙江道监察御史。

讲求实学为第一义，而讲求实学，要必先正其志趣，以精其术业。《大学》格致诚正、修齐治平之道，合古今中外而不易者也……名曰求是书院"，[32]可见"求是"二字承袭着明清时期儒学发展的实学精神。求是书院后来演变为求是大学堂、浙江大学堂、浙江高等学堂等，1928年始为国立浙江大学，1936年竺可桢[33]出任浙大校长。1938年11月，浙大在西迁途中，竺可桢提出以"求是"作为浙大校训，同月还以"王阳明先生与大学生的典范"为主题发表演讲，认为"本校推原历史的渊承，深维治学的精义，特定'求是'二字为校训，阳明先生这样的话，正是'求是'二字的最好注释，我们治学做人之最好指示"，[34]强调"王阳明先生正是今日国难中大学生最好的典范"，应学习阳明"致知力学的精神""内省力行的精神""艰苦卓绝的精神"，最后又特别指出"处现在外侮深入、国步艰危的时候，阳明先生的伟大处，更应为学者所取法者，尤在他那公忠报国的精神"。[35]1939年2月，竺校长对一年级新生作了《求是精神与牺牲精神》的讲话，强调"所谓求是，不仅限于埋头读书

---

32 《请专设书院兼课中西实学折》，载朱有瓛主编：《中国近代学制史料》第一辑下册，华东师范大学出版社，1986年，第250—251页。

33 竺可桢（1890—1974），字藕舫，浙江省绍兴县东关镇（今属浙江省绍兴市上虞区）人。中国科学院院士，中国共产党党员，中国近代气象学家、地理学家、教育家。中国近代地理学和气象学的奠基者。1909年，竺可桢考入唐山路矿学堂（今西南交通大学）学习土木工程，1910年，竺可桢公费留美学习，1918年获得哈佛大学博士学位。1920年秋应聘南京高等师范学校。1934年竺可桢与翁文灏、张其昀共同成立中国地理学会。1936年4月，担任浙江大学校长，历时13年。中华人民共和国成立后，曾先后担任中国科学技术协会副主席，中国气象学会理事长、名誉理事长，中国地理学会理事长等职。他对中国气候的形成、特点、区划及变迁等，对地理学和自然科学史都有深刻的研究。

34 《竺可桢全集》第2卷，上海科技教育出版社，2004年，第453页。

35 《竺可桢全集》第2卷，上海科技教育出版社，2004年，第452—455页。

或是实验室做实验。求是的路径，《中庸》说得最好，就是‘博学之，审问之，慎思之，明辨之，笃行之’。单是博学审问还不够，必须深思熟虑，自出心裁，独著只眼，来研辨是非得失。既能把是非得失了然于心，然后尽吾力以行之，诸葛武侯所谓‘鞠躬尽瘁，死而后已’，成败利钝，非所逆睹”，[36]“像张苍水[37]这样杀身成仁，也是为了求是”，[38]时值抗日战争时期，竺校长的讲话也处处透出以学术救国、报国的爱国主义精神。在竺可桢的诠释中，求是不仅是求真理，还同时是求“仁义”，求“公忠报国”。

1936年，竺可桢出任浙大校长，上任不久，竺校长就想方设法聘请马一浮[39]来浙大讲学，但由于种种因缘，并未成功。1937年7月，抗战爆发后，战火很快临近上海、杭州，浙江大学在竺可桢的带领下开始了艰苦卓绝的西迁征程。马一浮也被迫离开杭州，携亲友和大量书籍开始颠沛流离的辗转避难生活。1938年3月29日，马一浮一行来到江西泰和浙大临时办学地，至1939年1月，马一浮在浙大讲学十月。1938年10月底浙大又迁到广西宜山。1938年11月19日，竺校长召开校务会议，提议并决定以“求是”为校训，并请马一浮作校歌。12月8日，[40]马一浮完成《大不自多》校歌：

---

36 《竺可桢全集》第2卷，上海科技教育出版社，2004年，第461页。

37 张煌言（1620—1664），字玄箸，号苍水，浙江鄞县（今宁波市鄞州区）人，南明儒将、诗人。张煌言与岳飞、于谦并称“西湖三杰”。

38 《竺可桢全集》第2卷，上海科技教育出版社，2004年，第462页。

39 马一浮（1883—1967），幼名福田，字一佛，后字一浮，号湛翁，别署蠲翁、蠲叟、蠲戏老人。浙江会稽（今浙江绍兴）人，中国现代思想家、诗人和书法家。

40 参见李杭春：《讲学与传道：马一浮与国立浙江大学》，载《浙江大学学报》，2017年第5期，第11页。

大不自多，海纳江河。惟学无际，际于天地。形上谓道兮，形下谓器。礼主别异兮，乐主和同。知其不二兮，尔听斯聪！

国有成均，在浙之滨。昔言求是，实启尔求真。习坎示教，始见经纶。无曰已是，无曰遂真。靡革匪因，靡故匪新。何以新之？开物前民。嗟尔髦士，尚其有闻。

念哉典学，思睿观通。有文有质，有农有工。兼总条贯，知至知终。成章乃达，若金之在熔。尚亨于野，无吝于宗。树我邦国，天下来同。

相比南大、清华校歌，马一浮作的这首浙大校歌显然最为古奥，用典最多，哲理性、思想性很强。作为现代新儒家三圣之一、一代国学大师，马一浮在儒学和古典修养上造诣深厚。这首校歌当时就非常难懂，马一浮又专门作了一篇《拟浙江大学校歌附说明》。后来又有郭斌龢《本校校歌释义》、王驾吾《浙大校歌难字诠释》、刘操南《浙江大学校歌释疏》，但从儒家哲学的角度来看，在义理上仍需要进一步来解读马一浮校歌及其《说明》。

与汪鸾翔一样，马一浮也把校歌之功能比于儒家六艺之乐教，认为“学校不摄兵戎，乐章当垂久远”“故抗战情绪不宜羼入歌辞”。[41] 马一浮认为校歌首章“明教化之本，体用一原，显微无间。道器兼该，礼乐并得。以救时人歧而二之之失。言约义丰，移风易俗之枢机，实系于此”，[42] 即首章实际上是讲儒家教化哲学原理，北

41　马镜泉编：《马一浮学术文化随笔》，中国青年出版社，1999 年，第 95 页。

42　马镜泉编：《马一浮学术文化随笔》，中国青年出版社，1999 年，第 93 页。

宋大儒程颐说“至微者理，至著者象。体用一源，显微无间”，[43] 道为体、为微、为理，器为用、为显、为象，但体用不二，道和器不可看作两个存在。同样，依《礼记 · 乐记》精神，礼主别异，乐主和同，两者又是互补不可离的。理解道器不二、礼乐不二，才能深入儒家的理论和实践智慧。浙大前身为创办于 1897 年的求是书院，马一浮认为“求是”即是“求真”的精神，并结合儒家哲学对此作了进一步发挥：

今人人皆知科学所以求真理，其实先儒所谓事物当然之则，即是真理。事物是现象，真理即本体。理散在万事万物，无乎不寓。所谓是者，是指分殊。所谓真者，即理一也。凡物有个是当处，乃是天地自然之序；物物皆是当，交相为用，不相陵夺，即是天地自然之和。是当，犹今俗言停停当当，亦云正当。序是礼之本，和是乐之本，此真理也。六经无真字，老庄之书始有之。《易》多言贞，贞者正也。以事言，则谓之正义。以理言，则谓之真理。或曰诚，或曰无妄，皆真义也。“是”字从正，亦贞义也。以西洋哲学真善美三义言之，礼是善，乐是美，兼善与美斯真矣。《易》曰：“天下之动贞夫一者也。”《华严》谓之一真法界，与《易》同旨。故谓求是乃为求真之启示，当于理之谓“是”，理即是真，无别有真。[44]

这从儒家哲学特别是宋明理学的角度对现代科学意义上的“真理”

43　程颐：《易传序》，《二程集》，中华书局，1981 年，第 582 页。
44　马镜泉编：《马一浮学术文化随笔》，中国青年出版社，1999 年，第 93—94 页。

作了儒家式解读，认为“真”和“理”是一个意思，真即理，理即真，是讲本体，是“一真法界”。理在事中，理一分殊，“求是”主要是求分殊之理，分殊之理为事理，可谓之正义。马一浮还认为，真兼美、善，礼乐和合，即是真理。显然，这与现代科学意义上的真理观有着很大不同。

对“习坎示教，始见经纶”，马一浮解释说：

> 《易》曰：“水洊至，习坎，君子以常德行，习教事。”义谓水之洊至，自涓流而汇为江海，顺其就下之性而无骤也。君子观于此象，而习行教化之事，必其德行恒常，然后人从之。本校由求是蜕化而来，今方渐具规模，初见经纶之始，期其展也大成，如水之洊至，故用习坎之义。取义于水，亦以其在浙也。

这里主要是依程颐《伊川易传》对坎卦大象传的发挥，程颐说：“水自涓滴至于寻丈，至于江海，洊习而不骤者也。其因势就下，信而有常。故君子观坎水之象，取其有常，则常久其德行。人之德行，不常则伪也。故当如水之有常，取其洊习相受，则以习熟其教令之事。”[45] 唯在程子，取“教”为行政意义上的“教令”，而马一浮则取一般意义上的教育、教化。《坎》卦卦辞说“习坎，有孚，维心亨，行有尚”，《彖传》说“习坎，重险也。水流而不盈，行险而不失其信。维心亨，乃以刚中也。行有尚，往有功也”，因此，坎卦也有在困难险境中，刚中而行、不畏险难之义，这也可以看作

---

45 《周易程氏传》卷二，《二程集》，中华书局，1981 年，第 845 页。

是对浙大在抗战国难西迁艰难困苦中办学的勉励与鼓舞。

马一浮接着说：

> 无曰四句，是诫勉之词。明义理无穷，不可自足。勿矜创获，勿忘古训，乃可日新。开物成务，前民利用，皆先圣之遗言，今日之当务。前民之前，即领导之意。傅说之告高宗曰："学于古训乃有获。"今日学子尊今而蔑古，蔽于革而不知因，此其失也。温故知新可以为师，教者所以长善而救其失，此章之言，丁宁谆至，所望于浙大者深矣。

马一浮认为文化只有在传承中才能创新，这段话可谓是他对当时"学绝道丧"的忧虑，希望浙大能在对中华古典文明的传承上有所作为，能"为天地立心，为生民立命，为往圣继绝学，为万世开太平"。马一浮初到江西泰和浙大讲学时，就以此横渠四句鼓舞学生立志高远，激励民族文化士气。

校歌"念哉典学，思睿观通""兼总条贯，知至知终"，马一浮解释说：

> "念终始，典于学"是《说命》(《尚书·商书》)文，典者常也，"久于其道而天下化成"，乃终始典学之效。成山假就于始篑，修涂托至于初步，要终者必反始，始终如一也。"思曰睿，睿作圣"是《洪范》文。"观其会通以行其典礼"，是《易·系辞》文。"知至至之，可与几也，知终终之，可与存义也"，《易·乾·文言》文。"知至"即始条理事，"知终"即终条理事。

“久于其道而天下化成”为《周易》恒卦彖传辞。这段话用典主要化用《尚书》《周易》中的名句。在解释“尚亨于野，无吝于宗。树我邦国，天下来同”时，马一浮更是集中发挥了《周易》同人卦的义理，他说：

> “同人于野，亨”，《易·同人》卦辞。“同人于宗，吝”，《同人》六二爻辞。野者旷远之地，惟廓然大公，斯放之皆准，而无睽异之情，故亨。宗者族党之称，谓私系不忘，则畛域自封，终陷褊狭之过，故吝。学术之有门户，政事之有党争，国际之有侵伐，爱恶相攻，喜怒为用，皆是同人于宗、致吝之道。学也者所以通天下之志，故教学之道，须令心量广大，绝诸偏曲之见，将来造就人才，见诸事业，气象必迥乎不同，方可致亨。又今学校方在播迁之中，远离乡土，亦有同人于野之象。大学既为国立，应无地方限制。若谓必当在浙，亦是同人于宗，吝道也。

《同人》卦《彖传》说“同人，柔得位得中，而应乎乾，曰同人。同人曰‘同人于野，亨’；‘利涉大川’，乾行也；文明以健，中正而应，君子正也。唯君子为能通天下之志”。这里，“唯君子为能通天下之志”，跟“天下来同”还是很能呼应的，这也是马一浮所说的“学也者所以通天下之志”的意义所在。马一浮这里强调要打破门户，追寻一种跨越时空的普遍之道、大同之道。刘操南认为“儒家理想社会为大同世界。‘同’意会同、和同。突破闭塞，进入大同，务求和谐。同人下卦为离，离象征火，上卦为乾，乾代表天。

火光明，焰上升，与天会同，是为同人的形象”。[46] 与江鸾翔清华校歌“东西文化，荟萃一堂。大同爰跻，祖国以光”有所不同的是，马一浮浙大校歌“尚亨于野，无吝于宗。树我邦国，天下来同”，则更多突显了文化的主体性，有以通过开放的与时俱进、生生日新的中华文明来“协和万邦”的雄心和霸气，或者说是一种文化文明自信从容的王者之气。刘操南认为“马老于校歌中，多援经籍，显示至理要道，见于传统文化精华者多，此与在一部廿四史字缝中只见吃人两字者，异乎其趣矣”。[47]

1941 年 11 月 17 日，竺可桢校长在总理纪念周讲话中说：“本校渴望有校歌者，积四年之久，后得马一浮先生制词，以陈义过高，更请其另作校歌释词一篇。然词高难谱，直至今春始获国立音乐院代制歌谱焉。”[48] 这样浙大才最终确立了马一浮所作校歌，但“70 年来，以是否改写校歌歌词为中心，出现过几次较为热烈的争论”“进入改革开放时期、尤其是上个世纪 80 年代中期以后，关于校歌改写问题重新成为人们争论的中心。1985 年和 1996 年，校内两度争论是否改写校歌歌词，进而引起学校两度作出重撰校歌的决定，甚至面向全国公开征求校歌歌词。在这两次争论中，反方意见占据强势。但是，终因征集到的校歌词曲均不如原有校歌而作罢”。[49] 2014 年 10 月 17 日通过的《浙江大学章程》第八章第七十

---

46 刘操南：《浙江大学校歌释疏》，载毕养赛主编：《中国当代理学大师马一浮》，上海人民出版社，1992 年，第 91 页。

47 刘操南：《浙江大学校歌释疏》，载毕养赛主编：《中国当代理学大师马一浮》，上海人民出版社，1992 年，第 91 页。

48 《竺可桢全集》第 2 卷，上海科技教育出版社，2004 年，第 555 页。

49 张淑锵：《回溯校歌的诞生》，载《浙江大学校报》，2015 年 11 月 20 日第 577 期第 4 版。

三条明确规定“学校校歌为《浙江大学校歌》，由马一浮作词、应尚能作曲”。[50] 2014 年，由教育部新闻办公室在其官方微博上公布了最受网友欢迎的高校校歌前十名，浙江大学的这首文言文校歌荣登榜首。在历史上一度备受争议，但又始终无可替代，曾备受冷落，如今又广为追捧，一定意义上表明马一浮征服了浙大，也意味着儒学与中华文化的核心价值经受住了历史的种种考验，富有跨越时空的永恒魅力，在新时代愈发绽放其光彩！

三、马相伯与复旦大学：独立、自由、爱国

马相伯是复旦的缔造者，一定意义上也可以象征着复旦的精神。马相伯出生于江苏镇江丹阳，为南宋末年著名学者马端临的后代。马相伯父母都是虔诚的天主教徒，[51] 因此他生下来很小的时候也受洗为天主教徒，父亲也有一定的儒学修养，且颇善医术，行医一方，名声很好。马相伯小时也接受过传统私塾教育，1851 年，进入法国耶稣会创办的圣依纳爵公学（后改称徐汇公学，今徐汇中学），1862 年入徐家汇耶稣会小修院，后又入大修院，一方面修习神学，另一方面也广泛学习西方的语言文字、自然科学和人文社会科学，萌发了自由、民主、平等、人权等进步思想。1870 年，获神学博士衔，入耶稣会。1871 年，调任徐汇公学校长兼教务，讲授经史子集；并兼耶稣会编撰，继续研究哲学、数理及天文，译著

50　见《浙江大学年鉴 2015》，浙江大学出版社，2015 年，第 20 页。

51　马相伯晚年曾回忆：“我们家庭奉天主教由来很久，大约在利玛窦到中国来以后，我们的祖先便成为教徒。”见《马相伯集·一日一谈》，复旦大学出版社，1996 年，第 1135 页。

《数理大全》等书百卷。马相伯虽为天主教修士，但他同样有着对国家和民族的一片赤诚炽热之心，晚清中国腐败无能，积贫积弱，即便在教会中，有着西方背景的天主教组织对待中国文化、中国修士也不能予以相应的尊重。[52]国无尊，就谈不上个人的尊严，马相伯强烈的民族自尊心和个人的自尊在教会组织中不断受到伤害，到1876年他终于忍受不了，就脱离了教会组织，跟弟弟马建忠一起追随李鸿章从事外交和洋务活动，做过山东潍县机械局总办、山东矿务调查员，出使过日本、朝鲜、美国、法国和意大利等国。1894年甲午海战失败，1895年李鸿章代表清政府签定丧权辱国的马关条约，意味着洋务运动的破产。在此前后，马相伯的妻子、幼子、母亲先后去世。救国无门，亲人去世，一连串的打击使马相伯心灰意冷，为洋务救中国奔波20余年的他绝望了，于是在1897年又重返教会。但是他始终无法忘怀对民族救亡图富强的关切，1907年，在梁启超的邀请下，出任君主立宪派成立的政闻社的总务员。民国初年，马相伯还任过南京市长、江苏都督府外教司长、江苏代理都督、北京大学代理校长、总统府高等顾问等职务。1916年，马相伯为反对把孔教立为国教，与康有为、陈焕章论辩甚多，主张信仰自由。1922年，在非基督教运动如火如荼的时候，马相伯毅然站出来为基督教和宗教信仰辩护。1931年“九·一八”事变后，马相伯坚决主张“对内团结，对外抗战”，不断向国民政府呼吁“立

52 同治光绪时期，随国势衰败，新来的主教、会士已渐萌轻视中学之心，与华籍会士强烈起来的民族感形成反差。马相伯任校长期间，强调中学，“虽为教徒，而对经史子集之文的讲习颇知注意”。当时，科举重开，公学“应试者颇多”，他“必亲自送考”。马相伯认为，“教会中人因此不放心余，惧余把学生都变为异教徒，遂命我专任研究天文的责务”。为此，他颇不愉快，让他坐冷板凳，加剧了他的不满。

息内争，共御外侮”。马相伯不顾年老体衰，多次在民众中和广播电台发表演说，号召学生“救国不忘读书，读书不忘救国”，被誉为“中国第一位演说家”和“爱国老人”。1937年3月，马相伯任国民政府委员，一时间成为中国抗战的精神领袖。上海沦陷后，马相伯辗转避难，于1939年病逝于越南凉山。

纵观马相伯的百年人生，有几个特征非常突出，第一，就是强烈的爱国、救国精神和民族自尊心，他十八岁时拒聘法领秘书时说“我学法语，非为法国用，是为中国用”，在三十六岁时对耶稣会会长说“我从来不是法国耶稣会士，如果我做法国会士，我宁愿不是耶稣会士”，这些掷地有声的话，反映了马相伯的铮铮铁骨、爱国风骨。第二，坚定的天主教信仰，由于民族自尊，他与耶稣会的关系一度很僵，但他的信仰从未改变。第三，努力以中国语言、中国文化来翻译并诠释天主教信仰，延续明末利玛窦、徐光启一代的弘教策略。第四，把宗教信仰与科学、民主、平等、人权等现代观念融合起来，就当时的国人而言，他本人有很高的科学素养和造诣，也积极推动中国社会的民主进步。

就与儒学及中华文化的关系而言，马相伯虽然对孔子、儒学的某些方面有激烈批判，并坚决反对把孔教定为国教，就此而言，他与当时的反儒学思潮有一致处。但与打倒孔家店、全盘否定传统文化不同，他并不一概反对儒学、反对中华文化。相反，他对孔子的某些言论，对儒学的许多思想，对儒家之外的诸子思想，尤其是文学艺术，非常欣赏。他还试图把中国和法国的人文精神融合起来。

马相伯时代的中国实在太落后了，要寻求富强，必须全面向西方学习。由于家族信仰的原因，马相伯走上了一条通过宗教学习西方、改变中国的途径，应该说早年二十多年的教会学习，他在不出国的情况下，对西方的社会文化做到了比较全面深入的了解。他没有沉迷于宗教信仰，更没有媚于西方，而是有他独立的自我，背后跃动着的依然是一种坚韧不拔、不屈不挠的龙的精神。儒学与中华文化都是在不断发展的，而发展就是要不断融合外来文明，我们可以在这个大视野下来理解马相伯，即便是站在儒学与中华文化的角度也应充分理解其伟大精神。儒学与中华文化融合了佛教，也应该融合基督教成为中华文化的部分，乃至成为大儒学的一部分。这种开放包容融合的精神，我想也是江南儒学精神的重要体现。在这个视野下，我们也许可以更深刻理解马相伯创办的震旦和复旦的用意。

通过办学来救国是马相伯多年的夙愿。具有国际视野，融合中西文化精神，能接中国地气，促进中国社会进步，是他的重要办学理念。1903 年，马相伯创办震旦学院，其办学方针是“崇尚科学、注重文艺，不谈教理”。但由于耶稣会势力的介入，他的办学理念无法执行，于是于 1905 年，另创复旦公学。这个校名取自一般认为是伏胜所作的《尚书大传·虞夏传》“卿云烂兮，纠缦缦兮；日月光华，旦复旦兮”，[53]本义是追求光明，寓含日月生辉、复兴中华之意，以此两字作校名，既是对新学校如朝阳一般的祝愿，也寓有光复震旦的意思。从震旦到复旦，我们都能看出马相伯一片赤诚的爱国、救国心，也表明他对儒学经典相对熟悉并能够根据时代需

53 伏胜：《尚书大传》卷一《虞夏传》,《丛书集成》初编，中华书局，1985 年，第 28 页。“纠缦缦”指萦绕飘浮状。“旦复旦”即日复一日。意思是：祥云灿烂，延绵不绝，日月光辉，永驻人间。

要从中汲取力量来激励人心。关于复旦的办学理念，马相伯一方面强调科学、西学的重要性，同时他也倡导国学，规定学生“有意唾弃国学”者，“虽录取亦随时屏斥”。马相伯还曾说：“一国有一国的文化精神，一国有一国的语言文字。尤其是我国自有数千年的历史，当自家知道爱护发扬它！……如果一律都要数典忘祖，老夫认为很可痛哭！”

1915 年，复旦建校十周年之际，时任校长李登辉[54]主持校训制定工作，经与马相伯及众多师生讨论，最后确定以“博学而笃志，切问而近思”作为校训。这句古话出自《论语·子张篇》“子夏曰‘博学而笃志，切问而近思，仁在其中矣’”，这与《中庸》“博学之、审问之、慎思之、明辨之、笃行之”可以相互发挥，都包含了儒家广学、好学、善思以及融会贯通、下学上达、一以贯之、志通大道的学习精神。实际上，马相伯、李登辉均信仰基督教，而且马相伯对孔子、儒学也曾有过较为激烈的批评，但马相伯很热爱中华文化，马相伯、李登辉在文化与教育理念上大体应该是一致的，这也反映了那个时代很多人可能对儒学在整体上有批评意见，但他们仍然相信儒家经典中一些格言名句还是有着跨时空的智慧和思想魅力，仍然可以为人们信奉，给人以启迪和教育。

---

54 李登辉（1872—1947），我国近代著名教育家，复旦大学老校长（1913—1936），字腾飞，福建同安人，出生于荷属爪哇岛（今印尼），印尼第七代华裔，毕业于美国耶鲁大学。他为复旦大学所培养的学生多学有所成，其中担任大学校长的至少有二十六人，这在中国近现代教育史上是绝无仅有的，在世界教育史上也极为罕见，他被世人誉为“人伦师表”，为维持和发展复旦大学作出了巨大贡献。

1925年，复旦二十周年校庆之际，中文系教授刘大白[55]创作了校歌，丰子恺谱曲。

> 朱仲华："校歌倒有前后两种，前一种记不清楚了（按：即北洋政府将《卿云歌》定为中华民国国歌，复旦曾以此歌为校歌），第二种校歌是在廿周年时创作的。"此时老校友陈于德插话："1925年时，由刘大白作词，丰子恺（时为江湾立达学园教员）作曲。丰先生花了两天时间，赶作此曲。校庆时，我们唱了这首歌。"朱仲华亦是同一看法。[56]

丰子恺（1898—1975），浙江桐乡人。博学多才，擅长漫画、美术理论和音乐理论。曾任复旦大学兼职教授，讲授"音乐原理"。1925年，与匡互生、朱光潜创办立达学园（大学），任校务委员。当年丰子恺家住江湾镇，由于他在复旦大学兼音乐理论课，所以每当夕阳西下时，某些爱好音乐的同学总要漫步到其家中，请教乐理等问题，丰子恺也总是热情接待。其子丰华瞻，为复旦外文系教授。[57]

---

55 刘大白（1880—1932），中国诗人，原名金庆棪，后改姓刘，名靖裔，字大白，别号白屋。浙江绍兴人。与鲁迅是同乡好友，现代著名诗人，文学史家。曾东渡日本，南下印尼，接受先进思想。先后在省立诸暨中学、浙江第一师范、上海复旦大学执教数十年。1919年他应经亨颐之聘在浙一师与陈望道、夏丏尊、李次九一起改革国语教育，被称为"四大金刚"。后任教育部秘书、常务次长，中央政治会议秘书等职。二十世纪二十年代，他曾莅校考察并讲学。1925年为复旦大学校歌作词。复旦校歌歌词介于文言与白话之间，兼取两者优处，由复旦师生传唱至今。

56 许有成、柳浪编著：《复旦经纬：百年掌故及其他》，上海人民出版社，2005年，第146页。

57 许有成、柳浪编著：《复旦经纬：百年掌故及其他》，上海人民出版社，2005年，第146页。

复旦大学校歌歌词如下：

复旦复旦旦复旦，巍巍学府文章焕，
学术独立思想自由，政罗教网无羁绊，
无羁绊前程远，向前，向前，向前进展。
复旦复旦旦复旦，日月光华同灿烂。
复旦复旦旦复旦，师生一德精神贯，
巩固学校维护国家，先忧后乐[58]交相勉，
交相勉前程远，向前，向前，向前进展。
复旦复旦旦复旦，日月光华同灿烂。
复旦复旦旦复旦，沪滨屹立东南冠，
作育国士恢廓学风，震欧铄美声名满，
声名满前程远，向前，向前，向前进展。
复旦复旦旦复旦，日月光华同灿烂。

“学术独立思想自由，政罗教网无羁绊”可以说也是马相伯一贯的办学理念，民国初年他曾努力本着这种精神来筹办“函夏考文苑”。就复旦的校名和马相伯创办的旨趣而言，可以说用意非常深，民族精神、爱国主义情怀非常浓烈，肩负着复兴中华的使命。

复旦的老校歌也是2004年进入新世纪后恢复的。总体上来说，江南三校南大、浙大、复旦这三所百年老校的校歌都是创作于近现代中华民族危难之际，反映了那一代民族先贤继往开来、自强不息的信念与信心。三首老校歌都承载、诠释了儒学与中华文明的精

58　范仲淹：先天下之忧而忧，后天下之乐而乐。

神，既充满了文化自信，同时又开放包容、与时俱进；既洋溢着浓郁的爱国主义精神，又包含了一种世界大同的人类情怀。三首老校歌都曾中断，但进入 21 世纪又都先后恢复，并广受欢迎，这与新世纪中华民族及中华文化的总体复兴态势也是呼应的。

编后记

江南儒学的研究自2018年起，连续开了三年学术研讨会，幸得学界同仁与其他各方面的呼应与支持，渐成一项新事业。我主办学术研讨会，既不喜热闹，又不喜急迫，希望在适当的范围，让与会学者作充分的交流，然后再渐渐形成各自的论文。这本《论集》所收的论文，大致便是这样聚成的，张天杰教授协助我做了许多具体的工作。

起初，既无出版会议论文集的计划，也无出版江南儒学研究论集的打算。去年，复旦大学哲学学院推出了出版计划，同时复旦大学与青浦区成立了“青浦—复旦江南文化研究院”，都把江南儒学纳入了支持项目；今年初，上海彦序服饰有限公司又为江南儒学研究提供了专项支持。因此，出版《江南儒学研究论集》始提上日程。这本《论集》是第一辑，希望能坚持办下去，并且办得越来越好。

江南儒学研究的提出与开展，刚刚起步，需要大家共同努力，我在研究中也在不断调整与探索中。今年五月底，黄晓峰先生与我交流了关于江南儒学的思考，刊于“澎湃·上海书评”，我把这个访谈收在这里，既代作本《论集》的“编后记”，更希望表达对江南儒学研究的未来期盼。

何俊

辛丑大暑前二日于雒城

您是比较早提出江南儒学这个概念的，这就涉及江南儒学界定的问题。我们一般常讲江南的经济和文化，中国到魏晋南北朝的时候，江南才开始大规模的移民和开发，江南经济文化的发展是个长期的过程。会不会有一种后见之明，即江南的经济文化发达了，才觉得有必要提出江南儒学的问题？

何俊：首先要更正一下，江南儒学这个概念不能算我提出来的。复旦大学上海儒学院成立的时候，确定了工作计划，其中一个意向是要开展江南儒学领域的研究，这是上海儒学院的重点工作。但是上海儒学院的同志手上都有自己繁重的教学科研任务，所以这个概念提出来以后，没有实质上启动。我2018年离开浙江到复旦工作以后，哲学学院院长孙向晨教授希望我能把这个领域做起来，江南儒学也主要是他提出的。我当时确实也有点质疑，就像你说的后见之明，而且现在我们研究儒学的，似乎都在纷纷地提各种各样的儒学口号，比如政治儒学、制度儒学，心性儒学、生活儒学。现在突然又提一个江南儒学，到底是不是多余的话题？我自己长期研究宋明理学，也关注区域性的儒学，主要是浙学研究。历史上本来就有浙东学派，也有干脆叫浙学的。改革开放以后，浙江学术界把浙学的问题提得很高。各个省也都有这个情况，即以现在的行政区域为立足点，挖掘自己的历史文化。比方说安徽自然就有皖学，或者叫徽学；江苏似没有明确叫苏学的，但有吴学吧，还有常州学派、扬州学派；江西在明代就有江右之学、赣学；湖南有湖湘学派；陕西本来就有关学；河南有洛学，都是历史上本来就有的名称。现在提一个江南儒学，怎么来理解这个问题？

后来，我在这方面也梳理了一下。我觉得这既然是一个工作，而且从学术的意义上也可以加以论证。我第一步任务就是写了一篇比较长的文章，发表在《复旦学报》上，讨论江南儒学的提出、意旨和分段。我想为以后的江南儒学研究，做一个基础性的工作。同时从 2018 年开始，连续开了三次以江南儒学为题的学术研讨会，其中 2019 年那一次是国际性的。学术界的同仁也给了很大的支持。另外我又在复旦大学开设了江南儒学的系列讲座，大概有二十讲了。在这些学术活动中，江南儒学的概念也逐渐在我脑子里清晰，学术界的同仁也可能或多或少有所了解。当然，我估计质疑声和认同感是并存的。

江南的开发通常是从永嘉南渡开始的。我们从现在的考古发现看，中华文明是一个多元发生的状态。比如浙江的良渚文化、四川的三星堆，这些都是很典型的，很难用单一的黄河文明来解释。在春秋战国时期，江南就有吴越，很难说江南没有参与到中原的文化过程当中。江南的开发，从总体上来讲，可以说是有悠久的历史渊源，有自己独特的特征，同时这也是在充分吸收北方文明的情况下发展起来的，并且逐渐成为中国经济文化的重心。我想大概这样来表述，江南是中华文明大家庭中的一支源头，但它本身也有自己丰富的特征。黄河文明确实构成了后来中国文化的主流，在历史的风云中，有一个向南传播的过程。中国的经济中心基本上是从西向东、由北向南的转移过程，到了明代的时候，江南的重要性已经非常凸显。

我在论文中引用陈子龙的材料，就想表明这一点。陈子龙要证明江南对国家的意义。但是，陈子龙的证明也可以反过来问，他为什么要写这些文章？写这些文章就是表明江南得不到承认。实际上江南对整个明朝帝国承担了巨大的贡献，但在国家政治的意味上，并没有得到应有的尊重和承认。所以他要写文章，向朝廷说明这个问题。所以说，提出江南儒学，也不完全是后见之明，因为它确实是一个历史现象。至少从《南史》中强调南北学术的特点，就表明了江南的学术在追求自己的某种独特性。所以说不完全是今天人的后见之明，确实是有这样一个基本的历史事实。

另外，从学术史的角度来讲，你刚才也讲到了，江南研究以往都是在经济的领域。从安史之乱以后，中国的经济中心往南方迁移。到了南宋、明清就更加如此。因此以经济为中心的江南研究，实际上是从上个世纪中期，就已经成为国际学术研究的一个重要领域。在经济研究的同时，也逐渐向社会和文化做延伸。这样一来，当然就会提出一个重要的问题，不得不承认在经济、社会、文化的背后，存在着更为强有力的绵延的东西，这个东西应该是学术与思想。

我们很难说一个区域有越来越发达的经济，越来越多样化的社会形态，越来越丰富的文化面貌，可是唯独没有背后的学术与思想。只是这方面的工作长期受到忽略。忽略不是说关于区域内的学术思想没有人去做研究，而是说就江南的整体性来研究它的学术与思想不够。这里所讲的与江南研究相呼应的学术思想，重心是指儒学。以江南为整个舞台的儒学研究，没有成为一个独立的学术领域。不是说江南范围内的具体研究没有，做王阳明的人很多了。王阳明当然是明代江南的，但大家在理解他的时候，并没有多大程度上带有江南的意味。龚自珍、章太炎也有人研究，但是有多少人在研究他们的时候带有江南性呢？除了《南史》《北史》讲到了南学、北学的特点以外，后来人，比如北宋时，南与北的意识还是有的，刚才讲了明代陈子龙还讲“有吴风教固殊”，但现在学术界似乎不怎么谈这个话题了。以江南作为一个对象，以往的研究主要是作为经济单位，从以经济为聚焦，逐渐转移到以社会为聚焦、以文化为聚焦，唯独没有聚焦到更背后的儒学。我觉得江南儒学是江南经济、社会、文化背后的学术与思想基础，这是江南研究中应有之义，也是重要的领域，但目前还没有引起足够重视。

所以我觉得从学理上、从学术史的回顾来讲，随着江南研究的深入，从江南区域研究转向或者说推进到去思考、探究江南儒学的问题，这是学术内在逻辑的自然展开，它并不完全是后见之明。

您刚才提到的陈子龙说“有吴风教固殊”，要讲江南儒学，一定和关学、洛学等不一样，是不是可以从这种文教的特殊性中发掘出江南儒学的特殊性？

何俊：陈子龙讲“有吴风教固殊”，我们今天可能把“风教”理解为一般意义上的文化，但其实中国传统有所谓的三教九流。用陈寅恪先生的话来讲，九流是个虚数，三教是一个实数。三教就是儒道佛。儒教实际上就是纲常名教，名教就是陈子龙说的“风教”，所以他讲的“有吴风教固殊”，其实就是儒学的教化固殊。“固殊”

也就是江南儒学的独特性。这个问题很复杂，这正是整个江南儒学研究要来展开研究的。这里不妨提一个特性，我们可以用历史中的个案来讲。

比如说开启了宋明理学的一个重要工作，从儒学运动来讲，就是书院教育。书院教育最重要的开创者，也是为整个宋明理学的书院作为奠基者的人物，就是范仲淹和胡瑗。范仲淹给胡瑗提供了一个舞台。胡瑗在苏州，后来又到了湖州办安定书院，在这个过程中形成了苏湖教法。我可以说这个教法就表明了江南儒学的特殊性。

苏湖教法对后来书院教育的影响很大。我们先讲形式，就是课程设置。它的课程设置分两块，第一个是经义，就是讲儒家经典的文本思想内容是什么，相当于理论学习，这是一门主课。另外一门主课是治事，讲怎么样做事情。当时的江南，正要开发环太湖流域。现在的太湖沿岸，以前都是沼泽，要把那些沼泽疏通好，开发出良田，就有水利的问题。然后是农田的耕耘、建设的问题；还有，做官最重要的事情就是判决案子，以及怎么样来进行武备训练。像这样的事情就是治事。就是开两堂课，一个是经义，一个是治事。从这两门课的特点就可以看出江南儒学的独特性。用胡瑗的学生后来对宋神宗讲的话，就是有体有用。既要有指导思想、理论根据，同时也要能够有本领，有能够拿得起的活。

这就是江南儒学的特点。你不能光坐而论道，你也要能够治事。但又不是只做事，没有理论依据，也要通学理。当然你可以说江北也不是完全没有，但我们要彰显某个地区特殊性的时候，就要把某个东西放大。从课程设置，就可以看出江南儒学的独特性。

第二个是教学方法，我们今天大学教育引进的所谓国外研究生教育，比如seminar、课堂讨论法、师生互动法、以学生为课堂主体的方法，在胡瑗的苏湖教法里面都有实践，而且有明确的说明。比如它最基本的方法，对一条经文、某个古典，对古典里所包含的思想意识，老师提出来，然后学生可以质疑；或者学生提出来，老师对你提出质疑；或者互相质疑、讨论。这是他的课堂教学的最基本方法。

这种教学方法上所表现的精神是非常具有江南特性的。它的背后不是诉诸权威，不是老师说了算，而是基本的文本对我们每个人敞开。这种诉诸自我的质疑，汉代王充如此，明代王阳明也是如此，胡瑗的苏湖教法更是成为一种普遍性的教学法。承认权威，但并不迷信权威。权威的说法要看，但更要自己看文本，我们每个人都可以面对文本，我们每个人都可以有自己的理解。

这个背后是主体性的觉悟、批判性的觉悟、理性精神的高扬。这样的特点，不是说到了苏湖教法才有。孔子就讲了南方之强和北方之强的差别。后来也有学生问程颐，孔子讲的南方之强是什么意思？程颐就说，就是南方人比较讲道理，不是靠权威、权力。可以说江南儒学是注重民生的，追求经世致用的，但又不陷于实务主义；做事的背后要有理论依据，有知识作为基础的，充满理性精神的学术风格，这构成了江南儒学的固殊。

您在文章中曾说："若以江南论儒学，则历史中的亚区域学术思想流派是清晰的，而作为江南的儒学却不免是模糊的。"也就是说浙学、皖学等流派，相对来说比较清晰。但把它们统一在江南儒学的概念里，有怎样的内在一致性？

何俊：这个问题其实很难回答，但也是接下来我们要认真考虑的。事实上，即便是亚区域性的学术思想流派也存在模糊性，比如讲常州学派。常州学派自然是吴学，但常州学派的重要人物龚自珍，就是浙江人。常州学派到了龚自珍的时候就已经转向了，突破了经学的框架。所以模糊和清晰是相对的。我们在研究江南儒学的时候，要注意到这个问题，但不必因此成为一个负担。

第二，应该看到，当我们用江南儒学这样一个笼罩广大区域的思想范畴的时候，其实江南本身就是一个流动的概念，江南的形成本身就是一个流动的过程。所以对江南儒学的理解，也应当有一种流动的概念。江南儒学的内涵也是在变动的，边界是模糊的，它在不断地突破。我认为这正是江南儒学丰富性的表征，这种丰富性导致了江南儒学的生命力、内部的张力。这种张力导致了它内部的学术竞争。我前面讲到江南儒学具有怀疑性、批判精神，这样的思想从哪里来呢？如果都是铁板一块，边界很清楚、内涵很固化，怎么可能有内在的活力？所以我认为这个模糊、多样、内部的复杂，正是思想的丰富性和创造性的动力。

第三，尽管它是模糊的、丰富的、充满张力的，但是它也有共性，而且这个共性是一以贯之的，跟孔子的精神相关，因此它是儒学。大家都讲儒学，孔子的精神就是仁学，仁者爱人。我们再讲具体点，我认为孔子儒学的根本精神，就体现在孔子不讲的东西的反面。孔子讲的东西我们大家都知道，只是难以概括。另一方面，概括了，就等于归约了，也就等于简单化了。但是孔子不讲的东西的反面，却是一个很好的指向。比如，《论语》有一句话："子不语怪力乱神。"孔子不讲这四个方面的东西，不讲，就仿佛是底线。孔子不讲怪，反之，他就是讲常道；不讲力，就是讲和平，拒绝战争；不讲乱，就是讲和谐，人与自然的和谐，人与人的和谐，社会与政府、民间与政府的和谐，士农工商的和谐；不讲神，就是讲人，讲与人相关的，就是关注民生，这就是孔子仁学的核心。这些东西，正是江南儒学共同追求的东西。

北宋欧阳修、王安石提出了与君同治天下，最后发展到明代的四民异业而同道。士农工商虽然各自不一样，但是他们都有天下的共同责任，一直到顾炎武的"天下兴亡，匹夫有责"。还有追求和平。过去常常会认为是投降主义，但如果没有钱镠的纳土归宋，对整个江南百姓的损失与伤害有多大？我认为这些一贯性的东西背后，实际上体现了以人为中心的理性精神，而且我认为这些属于江南儒学中一以贯之的东西，是越来越强的。我也可以这么说，正是因为有这些东西，所以改革开放四十多年，江南的经济，乃至社会与文化建设，还是能走在前面。

所以讲到江南亚区域的学术流派清晰，江南儒学整体上显得相对模糊，我认为还是要从多角度来讲。第一，不要把清晰和模糊固化，应该理解为一个相对的概念。第二，模糊本身也表征着一种丰富性。第三，虽然模糊，但也有一以贯之的主流所在。

您认为，江南儒学自始就呈现出两个源头，一个是来自长江中游的古朴原始的周召遗风，一个则是直承孔子在长江下游传播的仁学。这两个源头流向环太湖流域的江南，是怎样融合在一起的？

何俊：我梳理江南儒学，是从明清往上追溯的。江南儒学虽然最后完型于明清，但是它的源头一直可以追溯到更早。我注意到历史地理学家关于江南的地理说明也是一个流动与边界比较模糊的概念，由此我就注意到了周召二南的问题。这个问题在《诗经》学的研究中是有专门的重要讨论的，因为它是正风。但二南究竟指什么？是讲地理空间，还是讲宗周风化，还是甚至是一种意象？您知道，“南”如果从文字学的意义上来讲，代表着阳气的滋生，是草木生长之地。应该说，各种观点都有合理性，都有历史的事实在其中。我认为周召二南既有历史的痕迹，也有精神层面的东西在其中。如果我们承认《诗经》是孔子整理的，或者与孔子有关，那么他为什么把周召作为正风的标杆就是一个可以追问的问题？所以周召二南有具体的历史文化实景，但也代表了某种意象上的精神性的东西，可以与儒学史上的“周孔之道”联系起来。

周召二南，今天一般认为在江汉之间。江汉之间一跨就进入洞庭湖区域，沿着长江往东，从长沙到南昌，再到上饶，过了上饶就是浙东了。这条路线是先往南，然后在长江中游由西往东，过钱塘江往太湖流域走，这是一条线。如果结合汉代以降的历史看，这条线也是儒学发展的一条重要路线。另外一条线，是从淮河流域进入长江下游流域。长江到芜湖，流向发生转变，由西向东转为由南向北，一直到南京。对于从淮南跨过长江的人来说，就不是从北向南了，而是由西向东的，所以古人称作“江东”，或“江左”。由此跨过长江，便从苏中、皖南进入太湖流域。这个区域原本也有自己的儒学传统，最具象征的就是孔子有一个学生叫子游，“子游南归”，他是这个区域的。从现在学术界的研究来看，子游的思想属于孔子弟子中比较理性的。我现在的假设是这两条路线分别象征着周孔儒学与孔孟儒学，它们最后在安史之乱后汇合在环太湖流域。

环太湖流域如何来建立起江南儒学的一致性？这是一个大问题，实在需要做深入研究。儒学自身的演变当然是重要的，也是研究的重心。我觉得六朝儒学是一个非常重要的时段。以往中国哲学的研究，对这一时段聚焦于魏晋玄学，这当然没有错，但显然以中原为中心的。魏晋玄学这个阶段虽然包含了东晋与南朝，但由于概之以魏晋，江南的视焦是被极大程度消解了。强调六朝儒学，即三国的吴、东晋，以及南朝的宋齐梁陈，就比较凸现江南性。关于隋唐制度对江南的继承，或者说唐代的江南要素，已渐受学界关注。我以为六朝儒学对于安史之乱后的儒学重建，比如从啖助新《春秋》学到胡瑗湖学，相续在江南产生，是有历史因缘的。这些都需要作深入研究。

此外，我觉得江南儒学的研究也应该会涉及跨学科，因为我以为江南儒学与共同的经济作业模式、相对远离于政治中心都是有关的。共同的农耕水利使得环太湖流域形成了一个基于农业之上的手工业和商业区域。我特别要讲商业，用个不恰当的比喻，环太湖流域有一点像环地中海的希腊文明。围绕着太湖来做生意，同时南北大运河相通，使江南太湖流域与北方沟通，又与长江相通，可以向西进入腹地。这样环太湖流域既有内部的经济、社会、文化共同体，足以形成内循环；又能南北、东西作十字打开，与整个帝国形成充分联系，具有足够的张力。从这样的空间来理解江南儒学的形成与发展，理解江南儒学的特征与性质，显然不是单纯的哲学史为进路的儒学研究所能完全承担的，需要有跨交科的合作。

江南的佛教、道教文化都很发达，浙江是东南佛国；晚明以来，天主教一度在江南也很盛行，在作为主流意识形态的儒学之外，其实有很多很丰富的非主流文化。从江南儒学的角度来看，它是怎么样应对这些亚文化的？

何俊：我念博士的时候，做的研究就是晚明天主教的传播和他们的思想关系。我举一个例子来试着回答您的问题。徐光启当年是搞阳明学的，后来又融入了朱子学，都是儒学，这是可以肯定的。他后来皈依天主教，成为天主教的三柱石，但他从来不认为自己不是儒家。他认为天主教的精神跟儒家的精神是合一的。那为什么一定要加入天主教？他认为天主教是可以帮助儒学。在他的思想中，有非常强烈的以我为主，吸取精华的意思。吸取精华的标准是什么？他很清楚的标准有两条。第一条，原则上跟儒家的五经思想不矛盾，他认为信仰的问题不冲突，可以把对天主的信仰理解为对自然的遵从。而且传教士所带来的技术对民生、经济有极大的帮助。第二条，江南儒学强调要明理，要怀疑辨析。徐光启跟利玛窦合作的最重要的工作，就是翻译欧式几何。几何学是中国古代数学所没有的，中国古代只有算术，没有几何。他说几何学是建立在逻辑严密论证的基础上，可以弥补我们儒家学问与道德践行中不够理性的，不够讲逻辑的缺陷。而这样的缺陷，不完全是知识上的东西，更是道德认知和道德实践的问题。所以我们可以看到，他对西学的融入、接纳，完全是基于这两个标准。不是简单地否定，或简单地接受，而是努力将新的东西与传统的东西结合起来。这种结合，既是新的东西本土化，又是传统的东西转出为新的。

您刚才提到佛教与道教，事实上，江南的佛教与道教本身也有这样的特征；同时，佛老与江南儒学也有这种关系。甚至可以说，现代中国学术与思想的建构过程也是江南知识人为主推进的。五四新文化运动的干将主要是江南知识人，以往以为五四全盘西化，现在的研究表明也不是，而是与徐光启差不多，表面上皈依了天主教，全盘西化了，但骨子里是传统精神的转出与新思想的融合。江南儒学对待自身的亚文化与对待外来文化，可以说都具有这样的特征。这种特性本身也构成为一种传统。我随便再举两个例子，比如明末清初的张履祥，他是刘宗周的弟子，桐乡人，但他后来转向朱子学，进入清代以后，他更花大量的精力去研究水利、蚕桑、农学，这与后来胡适强调科学，都是一脉相承的，有内在的理路。再比如现代新儒学的大师马一浮，他讲儒学很重要的特点是以佛学讲儒学。实际上，马一浮不仅以佛学讲儒学，这是显象；他对儒学的阐发是先经过西学的进出的。总之，江南儒学具有高度的理性特征，无论对待新学旧学，要依靠理性来分辩，而目标是务实的。

最近十多年，以儒学为核心的国学有复兴的趋势，至少形式看很热闹。您认为，因应着当代社会的江南儒学，会有怎样的发展和变化？可以提供什么样的思想方案？

何俊：确实如你所说，最近的十多年来以儒学为核心，国学在复兴，因此儒学的研究也是风生水起。各种说法都有，过去主要讲心性儒学，然后又有制度儒学、政治儒学，现在又有生活儒学等等。我认为无可厚非，因为这样的阐发至少对儒学的内涵有一个展开的过程。当然，这些展开我也不认为是创新，因为本身就在儒家的思想里。当你用现代的语词对它加以表达，足以使得原来潜藏的内涵幽德发光。但江南儒学并不是这样，并不仅仅是对过去的阐发，还有立足于当下的面向，至少这样的面向是自觉的，而且是坦陈的。

陈来教授在江南儒学的一次国际研讨会上，讲到江南上海儒学院建立的初期，有三个基本的定位，第一个是立足江南，第二个是面向东亚，第三个是放眼世界。从这三个定位来讲，很明显是说，我们不只是对过去的历史情怀的寄托，而是希望从过去的历史研究中，追求今天的创造性继承和创新性发展。创新发展的根本目的在哪里？我们今天研究江南儒学，它的根本目的，当然就是文化自觉和自信，这可以说是总目标。再往具体讲，我想至少有这么几点：

第一个是处理人与自然的关系。我长期在浙江工作，我就举浙江的例子。浙江各地都讲两山理论，绿水青山就是金山银山。这个命题的背后，其实就是要追求人与环境的共生。江南的历史证明，人类生活空间的拓展需要和自然环境和谐共处。太湖我刚才讲过，在唐宋时期就是沼泽，进入宋代以后仍然需要长期治理。到了明清逐渐好转。我是太湖边的人，在我小的时候，太湖水患仍然是一个大问题。怎样使得江南的开发和环境达成一种共生共长，实际上是江南儒学很关注的问题，不仅是观念上，而且是技术层面的，前面我讲胡瑗的教学，水利就是一个重要内容。

第二个问题，还是我前面讲到的湖学，经义和治事，就是物质生活和精神生活的两富。现在大家都在追求物质生活，后现代一个重要的标志，就是消费主义流行，背后就是物欲的彻底释放。怎么样在精神层面上能够有所建设，江南儒学提供了路径。传统儒学讲耕读为本，江南普通农村里基本上就是这两点，一个是读书，一个挣钱。您到温州去看，温州给人的印象好像就是只想赚钱，其实温州人也很要读书的。这是非常典型的物质文明和精神文明双富裕。江南为什么经济能够持续发展，浙江的贫富差距不是那么大。我认为很重要的原因，就是除了单纯发展经济以外，对教育的重视。

第三，刚才我讲江南儒学的模糊性当中有一贯性。一个很重要的精神支撑点是追求和平，然后追求发展，在政治上追求与君同治天下。到了明代，就提出四民异业而同道。虽然是商人，赚钱以外，还是可以思考道义的问题。江南儒学明代江南地区大量的商人修桥修路，就是慈善事业。所谓有担当的精神，再进一步讲，就发展出天下兴亡，匹夫有责了。虽然从事一般的工作，但是对人类共同命运，也有共同的考虑。江南儒学的内在特质，是面向未来的，这样的思想正是我们在江南儒学研究当中所要着力阐发的。不是只满足于发思古之幽情，更重要的是从历史的陈迹中把握其精神、脉搏。朱熹的思想之所以能够承续汉唐以来历史的丰富性，在他这里集大成，并且引领后来中国的八百年，一个很重要的原因，他的思想并不是简单地复古，而是通过对历史深刻的理解，把握它的内在精神，从而使这种精神和当下的生活相结合，发展出新的样态。马一浮就讲得非常清楚，他认为儒家的根本精神就是六艺，而六艺是一个完整的整体生命的呈现，以这样的整体来面向未来，所以儒家的精神不是保守的，它是进步的、是革命的、是前进的，也是世界的，不是狭隘的。

这样的思想是我们研究江南儒学所要发掘的，并不是仅仅为现代人做注脚。我们还是要从历史本身的事实当中来发掘，但河流总还是有一个奔向，总是向大海奔去。疏通河流，把合理的部分给堵掉，这是不行的，还是要让源头活水不断涌出，沛然前行。这是立足于对历史精神的把握，从中发掘出与当代实践生活相呼应的精神来引领我们的生活，追求实现民族文化的复兴。

我认为这大概是江南儒学的自我期许和期望。当然，这需要大家一起努力来做。

图书在版编目(CIP)数据

江南儒学研究论集.第一辑,江南儒学的兴起/何俊主编.--上海:上海古籍出版社,2021.11
ISBN 978-7-5732-0096-9

Ⅰ.①江… Ⅱ.①何… Ⅲ.①儒学-哲学学派-华东地区-文集 Ⅳ.①B222.05-53

中国版本图书馆 CIP 数据核字(2021)第 223968 号

江南儒学研究论集(第一辑) 江南儒学的兴起

何俊 主编

上海古籍出版社出版发行
(上海市闵行区号景路 159 弄 A 座 5F 邮政编码 201101)
(1) 网址:www.guji.com.cn
(2) E-mail:guji1@guji.com.cn
(3) 易文网网址:www.ewen.co

印刷 启东市人民印刷有限公司印刷
开本 890×1240 1/32
印张 13.875 插页 2 字数 310,000
版次 2021 年 11 月第 1 版
2021 年 11 月第 1 次印刷
ISBN 978-7-5732-0096-9/B·1229
定价:68.00 元